CONNAITRE & PRATIQUER LA GESTION

Michel Lebas
professeur et directeur des études
au Centre HEC-ISA

Comptabilité analytique de gestion

NATHAN

A Michael,
A mes parents.

ISBN 2-09-192110-6

AVANT-PROPOS

Cet ouvrage est destiné aux responsables ou futurs responsables d'entreprise soucieux d'éclairer les aspects micro-économiques de leurs décisions ou de celles de leur entreprise. Tout au long des 6 chapitres, l'accent est mis sur l'utilisation de l'information comptable plus que sur les aspects strictement mécaniques des calculs de coûts.

La comptabilité analytique est présentée comme un outil d'aide à la prise de décision. La matière est essentiellement pratique. C'est pourquoi chaque chapitre est :

(1) illustré de nombreux exemples chiffrés d'utilisation des concepts ;
(2) suivi d'un grand nombre de sujets de problèmes, de complexité diverse, qui permettront au lecteur d'élargir sa maîtrise opérationnelle de l'utilisation de la comptabilité analytique.

Le contenu de cet ouvrage trouve son origine dans les activités de conseil et les enseignements dispensés par l'auteur, à des publics très variés, en France et aux États-Unis. Il a subi les critiques pratiques, théoriques et souvent pédagogiques des étudiants d'HEC, de l'ISA et de l'Université de Washington. Il est aussi le fruit de nombreux séminaires de formation permanente tant en France, dans le cadre du CFC, qu'à l'étranger.

Je remercie les nombreux amis, praticiens ou enseignants qui ont apporté à ce manuscrit leurs critiques et suggestions et particulièrement Messieurs Edmond Marquès, Gérard Baglin, Alexandre Lamy, Jean-Loup Ardoin, Hugues Jordan, Daniel Michel, Jean-François Bucaille et Robert Bowen. Je remercie également Bruno Solnik, responsable de la collection, qui m'a guidé et motivé tout au long de l'aventure qu'a été la rédaction de ce manuel.

Bien que mon ordinateur Macintosh® ne soit pas une personne animée, je tiens à le mentionner dans les remerciements car sa simplicité d'usage avec Microsoft Word® et les capacités graphiques de MacPaint® m'ont grandement facilité la tâche et je crois que, sans lui, ce livre ne serait pas ici aujourd'hui.

Enfin je tiens à remercier ma femme Michael dont la tendresse et le soutien m'ont accompagné à tout moment dans les joies et les peines de la rédaction.

TABLE DES MATIÈRES

1. QU'EST-CE QUE LA COMPTABILITÉ ANALYTIQUE ?

La comptabilité est un langage, un système de codage et de transmission d'informations descriptives. C'est un langage qui décrit les événements en les quantifiant en termes financiers ou monétaires.

La comptabilité est l'un des principaux langages des organisations, de n'importe quel type d'organisation : entreprise manufacturière, hôpital, commune, agence de voyage ou association à but non lucratif, toutes les organisations ont besoin de la comptabilité pour se gérer.

I - Gérer c'est allouer des ressources pour atteindre un but.

1. Gérer.

Gérer c'est allouer des ressources pour atteindre un but ou un objectif. Un gestionnaire est une personne qui décide de l'allocation des ressources et qui en supervise la mise en œuvre. Par ressources des organisations nous entendons aussi bien les hommes et les femmes qui y travaillent que les moyens financiers ou techniques dont l'organisation dispose ou peut disposer, que la réputation de l'organisation auprès du marché ou de ses clients.

2. Besoin d'information.

Pour pouvoir gérer, le gestionnaire a besoin d'informations sur les conséquences possibles de telle ou telle allocation de ressources, puisqu'il choisira a priori l'action qui offre le meilleur rapport entre ressources consommées et résultat obtenu (les conséquences) ; il a besoin d'informations sur les conséquences passées des allocations qui ont été réalisées pour construire un ou plusieurs modèles de causalité permettant de prévoir les conséquences dans le futur ; il a besoin de comparer les allocations réelles et les allocations prévues, et de comparer les conséquences réelles et celles qui étaient prévues afin de réajuster le tir et atteindre effectivement et efficacement l'objectif retenu. La comptabilité est une source privilégiée de telles informations.

3. La comptabilité est un langage financier.

Parce qu'elle est un langage financier, la comptabilité ne prendra cependant en compte qu'un aspect des ressources que le gestionnaire alloue par ses décisions : seules celles qui peuvent avoir une valeur mesurable en termes monétaires seront saisies par la comptabilité. Toutes les autres ressources telles que qualité de la vie, équilibre écologique ou longévité du personnel ne seront mesurées qu'en fonction de leurs conséquences monétaires. La comptabilité n'est donc pas un langage exhaustif. Les informations qu'elle aidera à formuler et à communiquer devront toujours être regardées avec prudence puisqu'elles peuvent ne donner qu'une image partielle du vécu de l'entreprise.

4. Il existe deux types de comptabilité.

Il existe deux types de gestionnaires qui demandent des informations à la comptabilité ; on tient donc deux types de comptabilité.

— Certains gestionnaires sont à l'extérieur de l'entreprise ou de l'organisation (1) et se posent la question de savoir s'ils doivent lui allouer une partie des ressources dont ils ont la responsabilité. Pour ceux-là on a créé la comptabilité générale.

— Les autres gestionnaires sont à l'intérieur de l'entreprise et se posent la question de savoir comment allouer les ressources qui leur ont été confiées par l'extérieur pour atteindre le mieux possible le ou les objectifs qui leur sont assignés. Pour ceux-là on a créé la comptabilité analytique.

a) La comptabilité générale : base d'allocation des ressources externes à l'entreprise (2).

La comptabilité générale est destinée aux partenaires externes de l'entreprise pour les aider à analyser leurs décisions d'allocations de ressources vers telle ou telle entreprise. Ces décisions peuvent relever notamment des questions suivantes :

— Pour un banquier : doit-on maintenir, réduire ou augmenter les crédits ou les facilités de paiement accordés à cette entreprise ?

— Pour un investisseur boursier : la relation risque-rendement est-elle modifiée et faut-il qu'il reconsidère la structure de son portefeuille boursier ?

— Pour un fournisseur : ce client paiera-t-il régulièrement ? continuera-t-il à être un de nos clients ? risque-t-il de déposer son bilan ?

— Pour un employé : mon employeur pourra-t-il maintenir un salaire en rapport avec mes aspirations ? pourra-t-il assurer la retraite ou le complément de retraite promis ?...

— Pour un syndicat : la richesse créée par l'entreprise est-elle répartie de façon équitable entre les partenaires ?

La comptabilité générale fournit des informations aux gestionnaires qui se posent de telles questions en donnant une vision agrégée de l'entreprise : quelles sont les consommations de ressources, mesurées par grandes familles ? (on parle de comptabilité par nature de ressources), et quels sont les résultats de l'entreprise dans son ensemble ?

Cette comptabilité laisse dans l'ombre le processus d'utilisation des ressources confiées à l'entreprise. Elle fait l'hypothèse de la séparation des responsabilités : le gestionnaire extérieur à l'entreprise confie des ressources à celle-ci avec un "contrat" de rémunération (salaires, prix d'achat, rendement boursier, taux d'intérêt, etc.), et ne demande que le respect du contrat, sans intervenir dans le détail de l'utilisation de ces ressources par les gestionnaires internes à l'entreprise. Le processus de transformation est considéré

---

(1) Afin de ne pas alourdir exagérément la présentation, nous emploierons dorénavant le terme *entreprise* pour décrire ce que nous appelons ici entreprise *ou* organisation. En effet, une simple transposition permet d'appliquer les concepts que nous allons développer à toute forme d'activité organisée, qu'il s'agisse d'une entreprise manufacturière ou de service ou de tout autre organisation. Le cas de l'entreprise manufacturière étant le plus complexe, le lecteur devrait pouvoir extrapoler les concepts à toute situation particulière.

(2) Pour un traitement complet de la comptabilité générale, consulter le livre d'Edmond Marquès, *Comptabilité Générale,* dans la même collection, chez F. Nathan, Éditeur.

comme une boîte noire dans laquelle on ne peut pas pénétrer. La figure 1-1 ci-dessous illustre le point de vue de la comptabilité générale quant au processus de transformation dans l'entreprise.

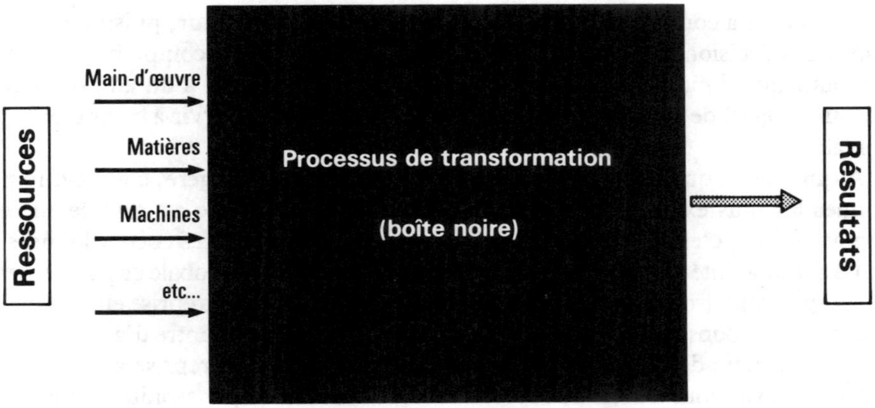

Figure 1-1 : *La vie de l'entreprise vue par la comptabilité générale*

b) La comptabilité analytique : base d'allocation des ressources à l'intérieur de l'entreprise.

Le gestionnaire interne à l'entreprise a pour mission de transformer les ressources qui lui sont confiées par l'extérieur pour générer des conséquences permettant de satisfaire les clauses des contrats passés lors des acquisitions de ressources, et de produire des excédents éventuellement pour assurer la croissance sans avoir besoin de rechercher des ressources à l'extérieur.

Pour pouvoir mener à bien sa mission le gestionnaire interne agit directement sur le processus de transformation des ressources en résultat. Le terme *analytique* dans *comptabilité analytique* rend compte de cette volonté d'avoir le moins possible de "boîtes noires" et donc de détailler les étapes par lesquelles on passe des ressources (comptabilité par nature) aux résultats (comptabilité par destination).

La figure 1-2 ci-dessous illustre la façon dont la comptabilité analytique ouvre la boîte noire que représente le processus de transformation, et détaille par centre de responsabilité et par produit le processus de conversion des ressources consommées en résultats.

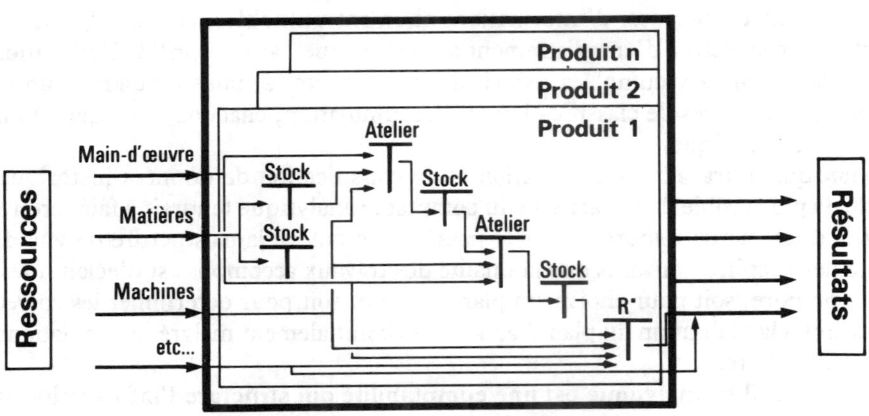

Figure 1-2 : *La vie de l'entreprise vue par la comptabilité analytique*

On note qu'en comptabilité générale on n'obtient qu'un seul résultat, alors qu'ici ce résultat est éclaté (analysé) en plusieurs composants élémentaires.

L'analyse de la décision d'allocation des ressources à l'intérieur de l'entreprise passe par la réponse à trois questions : quand ? à qui ? pour quoi faire ?

— **Quand ?** La comptabilité analytique est tournée vers le futur, puisqu'elle cherche à éclairer des décisions qui, par définition, affectent l'avenir. La comptabilité analytique est un outil qui alimente le processus de planification (un plan à un an est en général appelé un budget) de l'allocation de ressources, et qui pourra servir à comparer le prévu et le réalisé.

— **A qui ?** Pour que le processus de transformation soit bien géré, c'est-à-dire par les personnes les plus expertes à utiliser les ressources, l'entreprise est divisée en centres de responsabilité, c'est-à-dire en cellules décisionnelles spécialisées et coordonnées entre elles. La comptabilité analytique décompose donc l'information globale en sous-ensembles qui correspondent grosso modo à des micro-entreprises dans l'entreprise elle-même. Chaque centre de responsabilité — le Plan Comptable 1982 parle de centre d'analyse — représente une première destination des ressources acquises par l'entreprise à l'extérieur. La comptabilité analytique a donc un aspect de comptabilité de responsabilité en même temps que la décomposition permet d'avoir une meilleure connaissance du processus de transformation.

— **Pour quoi faire ?** Chaque centre de responsabilité a la mission de fournir une prestation à un ou plusieurs "clients" : prestation de transformation (pouvant constituer une ressource qui sera consommée par un autre centre de responsabilité) ou prestation de mise à disposition de produits ou de services auprès d'un marché extérieur. La comptabilité analytique décompose donc l'information par destination finale de la consommation des ressources : les produits que l'on fabrique et commercialise, ou le service que l'on vend.

II - La comptabilité analytique est prévisionnelle.

La comptabilité analytique n'est pas seulement un langage d'accumulation de données à propos des consommations de ressources. C'est cela bien sûr, mais c'est surtout un langage de prévision. La connaissance des consommations passées n'est intéressante pour le comptable analytique que parce qu'elle permet de construire des modèles prévisionnels aidant à évaluer les conséquences des actions que l'on envisage de prendre.

Afin de pouvoir disposer d'informations aisément utilisables, la comptabilité analytique offre une structure d'enregistrement qui est conçue dans l'esprit de l'utilisation spécifique des données accumulées. Ainsi, dans le chapitre 2, nous étudierons un certain nombre de structures de classification et d'accumulation, chacune répondant à un type de décision spécifique.

Le fait que le travail d'accumulation et de classification de données historiques soit la tâche la plus visible dans l'activité du comptable analytique tendrait à faire croire qu'il s'agit là d'une activité tournée vers le passé. Il ne faudra jamais perdre de vue dans la lecture des chapitres suivants que la finalité des travaux accomplis est d'éclairer les décisions à prendre, soit pour choisir un plan d'action, soit pour déterminer les corrections nécessaires à la réalisation du plan d'action prévu initialement malgré des déviations dans la mise en œuvre.

La comptabilité analytique est une comptabilité qui structure l'information sur les consommations de ressources par destinations et dans un but d'utilisation essentiellement prévisionnel.

III - Comptabilités analytiques et finesse des informations.

Alors qu'on peut admettre qu'une certaine standardisation de la comptabilité générale (le Plan Comptable 1982 en est un exemple) permette de répondre à une grande partie des besoins des gestionnaires externes à l'entreprise (le point est cependant très débattu, surtout dans le monde anglo-saxon), il n'est pas concevable d'imaginer une comptabilité analytique uniforme qui répondrait à tous les besoins de toutes les entreprises. D'où l'usage du pluriel dans l'intitulé de cette section.

La comptabilité analytique sert à éclairer la prise de décision. Peu d'entreprises ont les mêmes décisions à prendre dans des contextes identiques. Dans une même entreprise, des décisions du même type ne se prendront pas de la même manière d'une période à l'autre. Il est donc indispensable de se poser la question suivante : **Quelles informations pour quelles décisions ?**

Il y aura donc autant de manières d'accumuler les informations et de les exploiter qu'il y a de décisions. Nous appellerons comptabilité analytique l'ensemble des diverses méthodes qui permettent de répondre à la variété des besoins d'information financière des gestionnaires internes à l'entreprise.

Le choix fait dans ce livre est de ne présenter que les décisions les plus courantes et, par conséquent, les grands principes communs à toute comptabilité analytique. Nous ne rechercherons pas de réponses aux besoins de tel ou tel secteur industriel ou commercial, ou aux besoins d'entreprises dans telle ou telle situation particulière. Cet ouvrage est un livre d'introduction et le lecteur trouvera à la fin de l'ouvrage une bibliographie pouvant lui permettre de répondre à des besoins plus spécifiques. Pour faciliter au lecteur la pratique des concepts de la comptabilité analytique, chaque chapitre contient un ou plusieurs exemples complètement analysés, et est suivi d'une variété de problèmes ou de mini-cas qui permettent d'étendre les concepts à une variété de situations tout en vérifiant l'acquis des connaissances.

IV - Le modèle fondamental de la comptabilité analytique.

La comptabilité analytique aide les gestionnaires à choisir les actions qu'ils mettront en œuvre ; on peut donc dire qu'elle s'intéresse au processus de détermination du résultat R de l'entreprise.

> **Le résultat est** la différence entre le chiffre d'affaires et la valeur des ressources consommées pour la génération de ce chiffre d'affaires.
>
> **La valeur de ressources consommées est ce que nous appelons un coût.**

L'équation du processus de détermination du résultat est donc :

(1) **R = chiffre d'affaires − coûts totaux,**

dans laquelle le chiffre d'affaires est défini comme suit :

$$\text{Chiffre d'affaires} = \sum_{i=1}^{n} PV_i \times Q_i ,$$

où PV_i désigne le prix de vente unitaire du produit i, et Q_i la quantité produite et vendue du produit i.

Dans ce livre, nous n'aborderons pas la manière d'obtenir le prix de vente et les quantités vendues (et donc le chiffre d'affaires) [3]. Nous nous consacrerons essentiellement à ce que nous appelons les coûts et à leur analyse, dans le but d'aider le gestionnaire à choisir la meilleure allocation de ressources pour atteindre les objectifs de l'entreprise.

Dans le chapitre 2, nous verrons comment éclater ces coûts, qui pour l'instant représentent la valeur globale des ressources consommées, en partitions plus fines, et qui rendent plus faciles la saisie et la prévision des coûts pour les gestionnaires. Nous remarquerons en particulier que certains coûts varient proportionnellement avec les quantités de produits fabriquées ou vendues, tandis que d'autres ne varient pas avec les quantités produites ou vendues. Nous verrons aussi que les coûts peuvent être spécifiques à un produit ou communs à plusieurs produits. En simplifiant à l'extrême, on peut dire que les coûts totaux mentionnés dans l'équation (1) peuvent être représentés par l'équation suivante :

$$(2) \qquad \textbf{Coûts totaux} = \sum_{i=1}^{n} \left[\begin{array}{c}\text{quantité}\\ \text{produite}\\ \text{et}\\ \text{vendue}\\ \text{du}\\ \text{produit } i\end{array} \times \begin{array}{c}\text{coût}\\ \text{variable}\\ \text{unitaire}\\ \text{du}\\ \text{produit } i\end{array} \right] + \begin{array}{c}\text{coûts}\\ \text{fixes}\end{array}$$

On peut alors reformuler l'équation (1) en une équation plus détaillée :

$$(3) \quad \textbf{Résultat} = \sum_{i=1}^{n} \left[\begin{array}{c}\text{quantité}\\ \text{produite}\\ \text{et}\\ \text{vendue}\\ \text{du}\\ \text{produit } i\end{array} \times \left(\begin{array}{c}\text{prix de}\\ \text{vente du}\\ \text{produit } i\end{array} - \begin{array}{c}\text{coût}\\ \text{variable}\\ \text{unitaire}\\ \text{du}\\ \text{produit } i\end{array} \right) \right] - \begin{array}{c}\text{coûts}\\ \text{fixes}\end{array}$$

Dans le chapitre 2 nous verrons comment identifier les coûts variables et les coûts fixes, et nous en étudierons les composants. Ce chapitre, essentiel, présentera aussi une variété de concepts qui seront réutilisés par la suite.

Dans le chapitre 3, nous verrons comment la distinction entre coûts fixes et coûts variables peut aider le gestionnaire dans bon nombre de décisions, en partant de deux concepts très simples que nous appellerons point mort et contribution à la couverture des charges fixes. Ce chapitre concerne donc le sous-ensemble suivant de l'équation (3) :

$$(4) \qquad \begin{array}{c}\text{Quantité}\\ \text{produite}\\ \text{et vendue}\end{array} \times \left(\begin{array}{c}\text{prix de}\\ \text{vente}\\ \text{unitaire}\end{array} - \begin{array}{c}\text{coût}\\ \text{variable}\\ \text{unitaire}\end{array} \right) > \text{coûts fixes}$$

Dans l'équation (3), nous parlons de quantité de produits (ou de services) fabriquée et vendue. En fait, il est très rare qu'il y ait synchronisme entre la production et la vente (les exceptions étant fournies par certaines activités de service) ; il y a donc un stock de produits manufacturés. De plus, le processus de transformation n'est pas instantané et il y a des stocks de certaines ressources qui permettent de gérer les décalages entre les

(3) Le lecteur intéressé par cet aspect de la détermination du résultat peut utilement se référer aux quelques ouvrages suivants, parus dans la même collection, aux Éditions Nathan : D. Lindon, *Le Marketing ;* J.P. Détrie et B. Ramanantsoa, *Stratégie de l'entreprise et diversification.*

opérations. Les principes de l'utilisation des stocks dans les flux de ressources transformées sont présentés au chapitre 2. L'étude des méthodes de comptabilisation qui permettent de valoriser les mouvements d'entrée et de sortie de stock est effectuée au chapitre 4. Celui-ci concerne donc le sous-ensemble suivant de l'équation (3) :

$$(5) \qquad \textbf{Coûts totaux mis en œuvre} - \textbf{coûts totaux mis en regard du chiffre d'affaires} = \textbf{variation des stocks}$$

Le processus d'attachement des coûts aux produits fabriqués et vendus, qui est introduit au chapitre 2, est ensuite développé dans le chapitre 5, où l'on montre un certain nombre de règles que toute comptabilité analytique doit suivre pour valoriser les flux de ressources et pour accumuler les données de façon utile pour le décideur. Le chapitre 5 s'intéresse donc au sous-ensemble suivant de l'équation (3) :

$$(6) \qquad \textbf{Coûts totaux} = \textbf{somme de coûts attachés aux produits}$$

Le chapitre 6 est tourné spécifiquement vers l'utilisation prévisionnelle des concepts vus dans les précédents chapitres. Il est en effet consacré aux procédures de mesure et d'analyse des déviations de la réalisation d'un plan d'action par rapport au plan original. Ce chapitre s'applique donc à la comparaison de deux valeurs de l'équation (3), une valeur pour les données réelles et une valeur pour les données prévisionnelles. Ainsi, l'équation (7) représente l'instrument de base du contrôle de gestion qui a pour objectif d'aider les gestionnaires à assurer la maîtrise de leur gestion :

$$(7) \qquad \mathbf{R_r - R_p = \sum_{i=1}^{n} \{(Q_{r_i} - Q_{p_i}) \times (cvu_{r_i} - cvu_{p_i})\} - (CF_r - CF_p)}$$

Dans cette équation **r** et **p** réfèrent au réel et au prévisionnel, tandis que **i** réfère à un produit spécifique dans le portefeuille de produits de l'entreprise. **Q** représente une quantité produite et vendue, **cvu** le coût variable unitaire d'un produit, et **CF** le montant des coûts fixes.

Comme on le voit, l'équation (3) est donc l'équation fondamentale autour de laquelle la comptabilité analytique s'articule. Il est donc important de ne jamais oublier qu'une section portant sur un aspect restreint de la comptabilité analytique trouve sa logique dans le cadre plus large défini par l'équation (3).

V - Conclusion.

La comptabilité analytique contribue au processus de gestion des entreprises en accumulant et traitant des données sur les consommations de ressources, et en les transmettant aux décideurs pour éclairer leur choix de plan d'action dans le cadre d'une analyse coût-bénéfice. La comptabilité analytique est donc une branche des sciences de la décision, c'est aussi une branche de la micro-économie car elle s'attache à décrire le fonctionnement de l'entreprise, et les informations qu'elle fournit sont elles-mêmes sujettes à une analyse coût-bénéfice, puisque le gestionnaire ne dépensera jamais plus pour une information de comptabilité analytique que ce qu'elle sera susceptible de lui rapporter dans l'amélioration de la décision.

LES MOTS CLÉS DU CHAPITRE

(Si ces mots n'ont pas encore un sens clair et précis pour vous, il vous serait utile de relire tout ou partie du chapitre.)

COMPTABILITÉ PAR NATURE
COMPTABILITÉ PAR DESTINATION
RESSOURCE
CONSOMMATION

QUESTIONS

1.1. Que pensez-vous de la déclaration suivante : « Il faut absolument enregistrer le coût de remplacement car c'est la meilleure estimation de la réalité économique objective » ?

1.2. Vous êtes le nouveau contrôleur de gestion dans une usine. Vous avez la responsabilité de la comptabilité analytique. Lors de votre prise de contact, un chef d'atelier vous tient le langage suivant : « Les comptables tiennent leurs comptes pour les actionnaires et pour le fisc, qu'ils s'arrêtent là et qu'ils ne viennent pas fourrer leur nez dans mes affaires. Je sais ce que je fais et ici c'est moi le patron — jamais un comptable ne pourra m'apporter quoi que ce soit pour mon boulot. » Commentez.

1.3. En quoi la comptabilité patrimoniale diffère-t-elle de la comptabilité analytique de gestion ?

1.4. Qu'entendez-vous par information *utile* ? Une information peut-elle être *inutile* ?

1.5. Le Plan Comptable Général, approuvé par le Conseil national de la Comptabilité le 15 juin 1979, donne la définition suivante de la comptabilité analytique d'exploitation et précise ses objectifs :

« La comptabilité analytique d'exploitation est un mode de traitement de données dont les objectifs essentiels sont les suivants :

D'une part,
— connaître les coûts des différentes fonctions assumées par l'entreprise,
— déterminer les bases d'évaluation de certains éléments du bilan de l'entreprise,
— expliquer les résultats en calculant les coûts des produits (biens et services) pour les comparer aux prix de vente correspondants.

D'autre part,
— établir des prévisions de charges et de produits d'exploitation (coûts préétablis et budgets d'exploitation, par exemple),
— en constater la réalisation et expliquer les écarts qui en résultent (contrôle des coûts et des budgets, par exemple).

D'une manière générale, elle doit fournir tous les éléments de nature à éclairer les prises de décision. Elle apporte son concours dans l'application de méthodes mathématiques telles que la recherche opérationnelle.

Pour atteindre ces objectifs, le système de comptabilité analytique d'exploitation d'une entreprise doit être adapté exactement à sa structure organique et aux activités d'exploitation particulières qu'elle exerce.

Il s'ensuit que si les dispositions de la comptabilité analytique d'exploitation intéressent les entreprises autant que celles de la comptabilité générale, leur présentation est différente.

Celles de la comptabilité générale sont pratiquement uniformes ; celles de la comptabilité analytique d'exploitation sont constituées par un éventail de solutions entre lesquelles l'entreprise doit opérer des choix et des combinaisons en fonction de ses particularités.

Pour faciliter ces choix, l'éventail des solutions est présenté dans un cadre général, adaptable à toutes les entreprises, quels que soient leur dimension, leur dispersion géographique, leur structure organique, leur branche professionnelle et leur degré d'intégration.

Ce cadre général est donc un système ouvert à partir duquel peut être établi un plan de comptabilité analytique en retenant les solutions les mieux appropriées pour répondre aux besoins d'informations exprimés par les responsables de l'entreprise. »

Que pensez-vous de ce texte ?

2. CONCEPTS DE COÛTS

Une première définition

> **On appelle coût** la valeur monétaire des ressources consommées pour réaliser une prestation. Le coût est donc la représentation monétaire de la consommation.

La prestation ainsi générée est une transformation de ressources ''brutes'' en un objet plus élaboré.

Le coût d'un objet est la somme des coûts des ressources consommées pour le réaliser. Le coût d'un objet — on dit aussi coût de revient — est la représentation monétaire de l'ensemble des ressources consommées qui ont contribué à la génération de l'objet.

Pourquoi s'intéresse-t-on aux coûts ?

La manière la plus générale de mesurer la qualité de la gestion d'une entreprise ou d'une organisation est d'évaluer le ratio :

$$\frac{\text{valeur des produits (ou services) créés}}{\text{valeur des ressources consommées}}$$

La responsabilité du gestionnaire est donc principalement de sélectionner, acquérir et allouer les ressources qui vont être transformées dans l'entreprise pour créer les produits ou services qui définissent son activité. Cette transformation entraîne la consommation de ressources dont la valeur correspond à ce que nous appelons les coûts. Il est donc primordial pour le gestionnaire d'évaluer, pour prendre ses décisions, les coûts avec lesquels il travaille et d'en comprendre les caractéristiques.

Il n'est cependant pas nécessaire de prendre en compte tous les coûts pour chacune des décisions. En effet, le gestionnaire peut avoir à engager des actions à court ou à long terme ; il peut être intéressé par la connaissance du résultat ponctuel d'une décision ou, au contraire, s'intéresser au résultat agrégé de plusieurs actions ; il peut s'intéresser au passé ou au futur, etc.

Il importe donc que le gestionnaire puisse associer, à chaque contexte décisionnel, les **coûts pertinents**, c'est-à-dire ceux et uniquement ceux qui sont utiles pour une décision particulière. Il est en effet inutile d'introduire dans le processus décisionnel des informations sans influence sur la prise de décision. Selon les cas, seule une partie des coûts est à considérer. Par exemple, le salaire mensuel des ouvriers n'est pas pertinent dans la décision de produire une unité supplémentaire de produit fini tant que les ouvriers ne doivent pas faire d'heures supplémentaires.

D'autres fois c'est la totalité des coûts qui devra être retenue. Par exemple, si l'on cherche à se donner une borne inférieure pour le choix du prix de vente à moyen terme d'un produit, il est bon de prendre en compte tous les coûts de l'entreprise.

Il est donc utile de pouvoir se référer à une classification des coûts permettant de choisir rapidement ceux qui correspondent aux besoins d'un contexte décisionnel particulier. Pour l'instant, nous envisagerons une typologie des coûts fondée sur trois dichotomies dont chacune répond aux besoins d'une grande famille de décision de gestion [1].

Exemples de contextes décisionnels	*Dichotomie des coûts*
• Savoir si la consommation de ressources varie ou non avec le niveau d'activité : — pour prévoir les conséquences d'une décision, (prévisionnel) ; — pour comprendre les conséquences d'une décision passée (historique).	Coût ↙ ↘ variable fixe
• Savoir si une consommation de ressources est causée par l'existence d'une activité ou d'un produit : — pour décider de l'abandon éventuel de cette activité ou de ce produit (prévisionnel) ; — pour évaluer la part de cette activité ou de ce produit dans le résultat de l'entreprise (historique et prévisionnel).	Coût ↙ ↘ direct indirect
• Savoir à chaque stade du processus de fabrication et de commercialisation combien de ressources ont été consommées en cumulé : — pour connaître le résultat de l'entreprise ; — pour connaître le coût des objets ou services fabriqués, à chaque stade ; — pour valoriser les stocks d'en-cours, de produits finis et semi-finis.	Coût ↙ ↘ de produit de période

Ces trois dichotomies ou partitions, que nous allons examiner en détail dans ce chapitre, s'appliquent à la même masse de coûts. Ce ne sont que trois manières différentes de voir — et donc d'analyser — une même chose. Nous pourrions donc donner à notre typologie la représentation suivante.

---

(1) Dans ce chapitre et dans les trois suivants nous n'introduirons pas la différence entre analyse *prévisionnelle* et analyse *historique*. Les cinq premiers chapitres sont donc indifféremment applicables aux coûts historiques et aux coûts prévisionnels. C'est au chapitre 6 que nous ferons la distinction entre ces deux concepts et que nous verrons comment ils s'articulent.

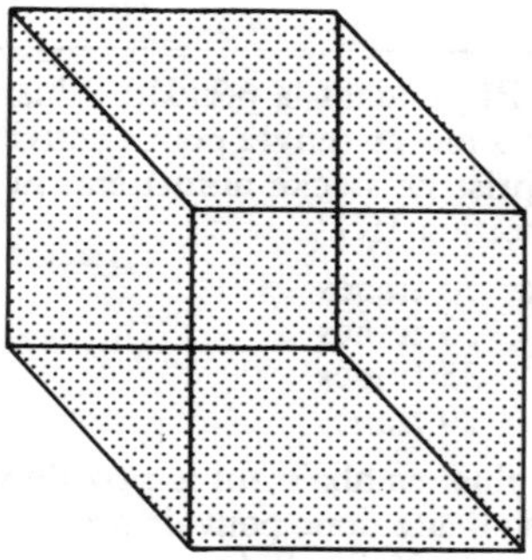
La masse des coûts

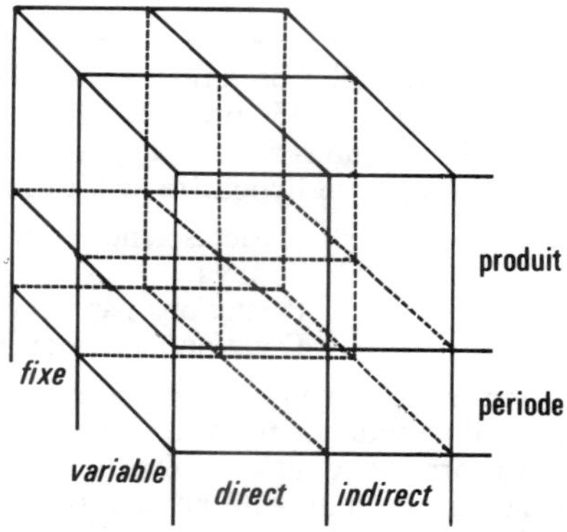

Les trois partitions des coûts

La masse des coûts représente la totalité des coûts mis en œuvre dans une entreprise pendant une période donnée. Il s'agit donc de consommations très variées concernant à la fois les matières premières, les pièces détachées ou les composants, la main-d'œuvre ouvrière, la maîtrise, l'encadrement, la force de vente, les machines, les fluides et l'énergie, les locaux de travail ou d'entreposage, les prestations fournies par des tiers, la sous-traitance, etc.

Ces trois dichotomies utiles — et nous examinerons cette utilité — ne sont pas les seules partitions possibles. Dans la quatrième section de ce chapitre nous en passerons quelques autres en revue, correspondant, pour le gestionnaire, à des décisions moins courantes.

I - Les coûts varient-ils avec l'activité ? Coûts variables et coûts fixes.

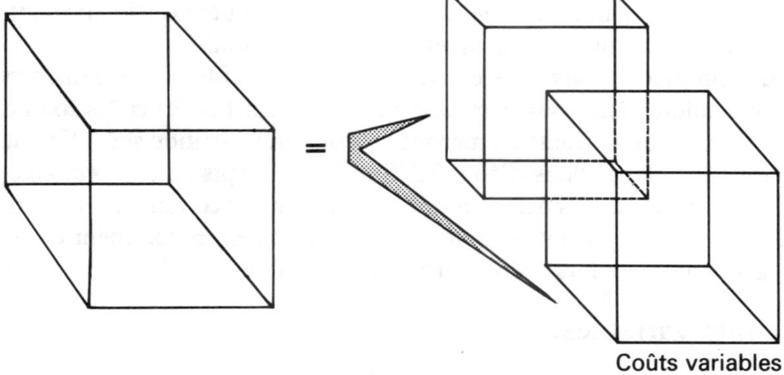

En général, le décideur estime les conséquences probables des actions qu'il envisage avant d'en choisir une et de la mettre en œuvre. Cette classification va donc permettre au gestionnaire de déterminer le coût total (ou partiel) qui correspond à un niveau d'activité envisagé.

Exemple :

L'entreprise VARFIX a produit et vendu 100 produits P1 pendant la période. L'usine a une capacité de production de 150 produits P1 par période. On a mis en œuvre pour l'activité de 100 P1 les coûts suivants (nous ferons l'hypothèse que l'entreprise ne stocke ni matières ni produits semi-finis ou finis ; cette hypothèse sera relaxée dans la section III).

Matières achetées et consommées	70 francs
Salaires	25 francs
Prestations par tiers	35 francs
Dotation aux amortissements	20 francs

Le gestionnaire se demande s'il ne pourrait pas vendre plus, en abaissant le prix de vente des P1. Bien sûr, il ne souhaite pas voir son profit baisser. Il souhaite donc pouvoir prévoir la masse des coûts qui correspondrait à un niveau d'activité supérieur à 100 P1. Il doit alors se demander, pour chaque ligne de coût (coût par nature), si la quantité de ressources consommées va changer quand le niveau d'activité va changer. Il va donc dichotomiser chaque ligne en coût variable et en coût fixe. Il arrive à la décomposition suivante :

		variable	*fixe*
Matières achetées et consommées	70 francs	70	0
Salaires	25 francs	15	10
Prestations par tiers	35 francs	30	5
Dotation aux amortissements	20 francs	0	20

Si nous faisons l'hypothèse que tout va se passer dans le futur comme dans le passé, nous pouvons dire que sur les 150 francs de coûts totaux, 115 varient avec le niveau d'activité et 35 ne varient pas. On peut alors établir l'équation qui décrit l'évolution du coût par rapport au niveau d'activité : le coût variable ramené à l'unité est de 1,15 franc ; donc l'équation du coût total est :

coût total = 35 francs + (1,15 franc × quantité produite et vendue).

Grâce à cette équation le gestionnaire peut tester toutes sortes de combinaisons de prix de vente et de quantité pour évaluer le résultat de chaque décision possible et prendre la décision la plus intéressante pour l'entreprise. Cette équation, qui n'est pour l'instant qu'une simple extrapolation du passé, peut être corrigée pour refléter l'évolution future prévue ou prévisible des ressources que l'entreprise consomme, ce qui donne à la distinction variable/fixe toute son utilité prévisionnelle.

La distinction fixe/variable permet d'utiliser l'équation de base que nous avons vue au chapitre 1 pour mesurer le résultat d'une action :

$$R = \sum_{i=1}^{n} Q_i \,(PV_i - cvu_i) - CF$$

Nous voyons qu'il suffit de connaître le coût variable unitaire (cvu_i) d'un produit **i** et les coûts fixes (CF) pour évaluer les conséquences de toute décision portant sur le prix de vente et sur la quantité de l'un quelconque des **n** produits.

Le rôle du comptable analytique est de fournir aux décideurs ces deux types d'informations. Nous allons donc voir comment on peut identifier les coûts fixes et les coûts variables. L'analyse de l'utilisation managériale de cette partition sera effectuée en détail dans le chapitre 3. Nous allons d'abord définir les concepts de coût variable et de coût fixe, puis nous utiliserons ces deux « outils » pour montrer comment toute situation peut se ramener à ces deux concepts simples. Nous verrons enfin comment calculer dans la pratique, la valeur des coûts fixes et des coûts variables.

1. Les coûts variables.

> **Un coût variable est** un coût dont le montant total varie en proportion directe de l'activité.

En général, le mot activité est défini en termes d'unités de produit fabriquées (coût variable de production) ou vendues (coût variable de commercialisation). On peut cependant, et nous le ferons souvent par la suite, parler de coût variable par rapport à une activité mesurée d'autres manières. Par exemple, on parlera de coût variable par rapport à l'activité mesurée en termes d'heures de main-d'œuvre ou d'heures de machines. Il n'y a pas là de différence fondamentale, car on peut très bien considérer qu'un atelier élabore en fait une ressource intermédiaire, telle que des heures de machines ou des heures de main-d'œuvre, et que cette ressource intermédiaire n'est transformée en objets manufacturés que dans une seconde étape. On peut ainsi passer indifféremment d'une activité mesurée en termes de ressources intermédiaires à une activité mesurée en termes de produits.

Ce qui est important, pour que nous appelions **coût variable** une consommation de ressources, c'est que l'on puisse dire qu'**une variation d'activité cause une variation de la consommation de ressources,** c'est-à-dire une variation du coût. Il est clair, par exemple, que plus on fabrique de chaises dans une menuiserie, plus on consomme de bois. Le bois, la matière première, est donc dans notre acception un coût variable. Dans un atelier « familial » de bonneterie, où la rémunération est encore fréquemment « à la pièce », le coût de la main-d'œuvre est un coût variable. Ainsi, des coûts tels que le coût du téléphone ou le coût de l'électricité consommée sont des coûts variables. Ceci est vrai, tout au moins, en dehors de l'abonnement qui est un exemple de ce que nous appelons un coût fixe.

Un coût variable peut être représenté graphiquement par une ligne droite passant par l'origine.

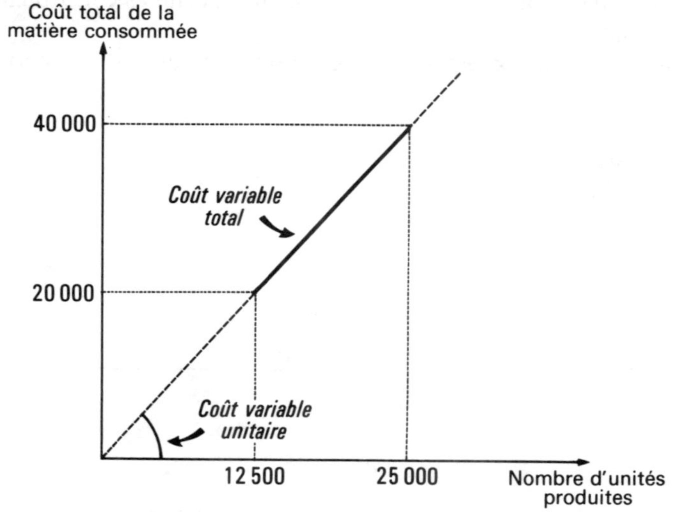

Sur ce graphique on peut voir que le coût total de consommation de matières passe de 20 000 francs pour 12 500 unités produites à 40 000 francs pour 25 000 unités. Le coût de matières augmente en proportion directe de l'augmentation de l'activité. De fait, la proportionnalité est le résultat de la définition du coût lui-même : nous voyons que le coût de matière ramené à l'unité produite est de 1,6 franc : ceci est le résultat conjoint de deux processus :

— d'abord, un processus technique (par exemple : il faut 2 unités de matières pour faire un produit fini) ;

— ensuite, un processus de valorisation (par exemple : une unité de matière première coûte 0,80 franc [2]).

(2) Par souci de simplification, à ce stade, nous considérerons que le coût unitaire de la matière est égal au prix de cette ressource sur le marché.

On voit donc qu'**un coût variable est constant par unité d'activité.** Comme cette constance résulte de celle des deux paramètres sous-jacents (la consommation physique et la valorisation unitaire de la ressource), on doit donc s'attendre à ce que le coût variable unitaire ne soit constant que sur certaines plages d'activité. En effet, les économies d'échelles et les rabais pour quantité peuvent amener le coût variable unitaire à changer lorsque certains seuils sont franchis.

2. Les coûts fixes.

Un coût fixe est un coût dont le montant reste constant quel que soit le niveau d'activité.

Les coûts fixes représentent, en général, des consommations de ressources qui contribuent à créer la structure dans laquelle l'activité de l'entreprise prend place. Les coûts fixes sont donc souvent appelés coûts de structure ou coûts de capacité. Par exemple, la rémunération d'un chef d'atelier est la même quel que soit le niveau d'activité (jusqu'à un certain seuil, bien sûr). De même, le coût représenté par la dotation aux amortissements [3] est bien un coût fixe et un coût de structure puisque, par définition, la dotation est invariante par rapport à l'activité et que les machines constituent bien l'infrastructure de la production.

Graphiquement, un coût fixe est représenté par un segment de droite horizontale, comme ci-dessous.

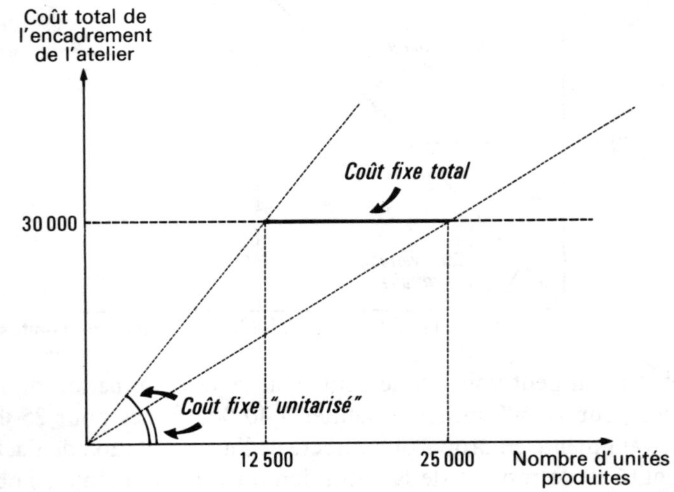

(3) La dotation aux amortissements est la quote-part du coût d'achat — ou de la valeur de remplacement — d'un actif immobilisé, machine ou immeuble, que l'on considère comme étant consommée dans l'année, ou toute autre période de calcul, et qui est en général obtenue en divisant la valeur d'achat — ou de remplacement — par le nombre d'années utiles que l'on attend de la machine.
Il est à noter qu'en comptabilité analytique on se réfère rarement à la notion fiscale de l'amortissement mais plus volontiers à la notion économique, c'est-à-dire qui part de la valeur de remplacement et de l'obsolescence réelle.

Sur ce graphique, on peut voir que le coût total de l'encadrement de l'atelier reste à 30 000 francs même lorsque l'activité passe de 12 500 unités à 25 000 unités. Par contre, si on veut ramener ce coût fixe global à l'unité produite, on remarque que le coût « unitarisé » varie pour chaque changement d'activité : 2,4 francs par unité à un niveau d'activité de 12 500 unités, et 1,2 franc par unité à 25 000 unités.

Tandis que le coût variable unitaire était, lui, constant par unité d'activité, quelle que soit l'activité, le coût fixe « unitarisé » varie, lui, pour chaque changement de niveau d'activité. Comme, en général, le niveau d'activité est l'un des paramètres que le décideur cherche à évaluer pour en choisir un, on constate que le coût fixe ne doit pas être « unitarisé » pour prendre des décisions.

Les coûts fixes sont des coûts de capacité. Par conséquent, ils vont augmenter quand la capacité va être augmentée. Les coûts fixes ne sont donc fixes que pour une capacité donnée. C'est ce qui est montré sur le graphique précédent avec la droite en pointillés hors de la plage de capacité appropriée.

3. Les hypothèses sous-jacentes à la représentation linéaire du comportement des coûts.

Avec ces deux « outils », coûts fixes et coûts variables, nous pouvons exprimer toute consommation de ressources, c'est-à-dire tout coût « Y », par une équation du type $Y = a . X + b$, où a mesure le coût variable unitaire, b les coûts fixes, et où X représente le niveau d'activité. Mais, dans quelle mesure ce modèle est-il utilisable ? Quatre types de questions se posent, que nous aborderons dans l'ordre.

— Dans quelles conditions cette hypothèse de linéarité est-elle respectée ?
— La linéarité est-elle valide pour tout niveau d'activité ?
— Pourquoi travailler avec une représentation si simple ?
— La linéarité est-elle affectée par la situation économique ?

a) Dans quelles conditions la linéarité est-elle respectée ?

La linéarité ne sera respectée que si trois conditions sont remplies :

• **La relation technique et physique** entre les ressources consommées et les produits fabriqués grâce à ces ressources doit être constante. En effet, nous l'avons évoqué dans la présentation des coûts variables, tout coût variable est le résultat de la multiplication d'une quantité physique de ressources à consommer (4) par le prix de la ressource. Dès que des gains de productivité viennent réduire la consommation unitaire de ressources, le coût ne peut plus être linéaire.

• **Le prix auquel les ressources** sont acquises avant consommation doit être stable. En effet, si le prix auquel les ressources sont acquises varie, par exemple par suite de rabais pour quantité ou de ristournes pour paiement comptant, le coût ne peut plus être linéaire.

• **Les ressources disponibles sont effectivement utilisées.** Par exemple, lorsque l'entreprise dispose d'une réserve de capacité inutilisée ou de main-d'œuvre excédentaire, on peut très bien avoir une augmentation du volume d'activité engendrant des coûts qui n'ont pas le même comportement que ceux enregistrés jusqu'à ce stade.

---

(4) Les consommations de matières ou de composants sont définies dans la *nomenclature* ; les consommations de ressources telles que la main-d'œuvre ou les machines sont définies dans la *gamme opératoire*.

Si ces hypothèses ne sont pas vérifiées dans la réalité, notre représentation linéaire ne sera qu'une très mauvaise approximation du comportement réel des coûts. Il faut imaginer une solution qui nous permette de rester simple et de continuer à ne parler que de coûts fixes et variables. Nous allons donc introduire le concept de **linéarisation par segments.**

b) La linéarisation par segments et les plages pertinentes d'activité.

Même si le comportement réel des coûts est curvilinéaire, on peut toujours décomposer la courbe en une suite de segments pour lesquels l'approximation linéaire reste une représentation acceptable de la réalité que l'on cherche à décrire.

Si nous prenons la courbe en S, ci-dessous, qui traduit assez bien le développement d'une entreprise, nous pouvons voir que trois segments de droite permettent une assez bonne approximation de la courbe.

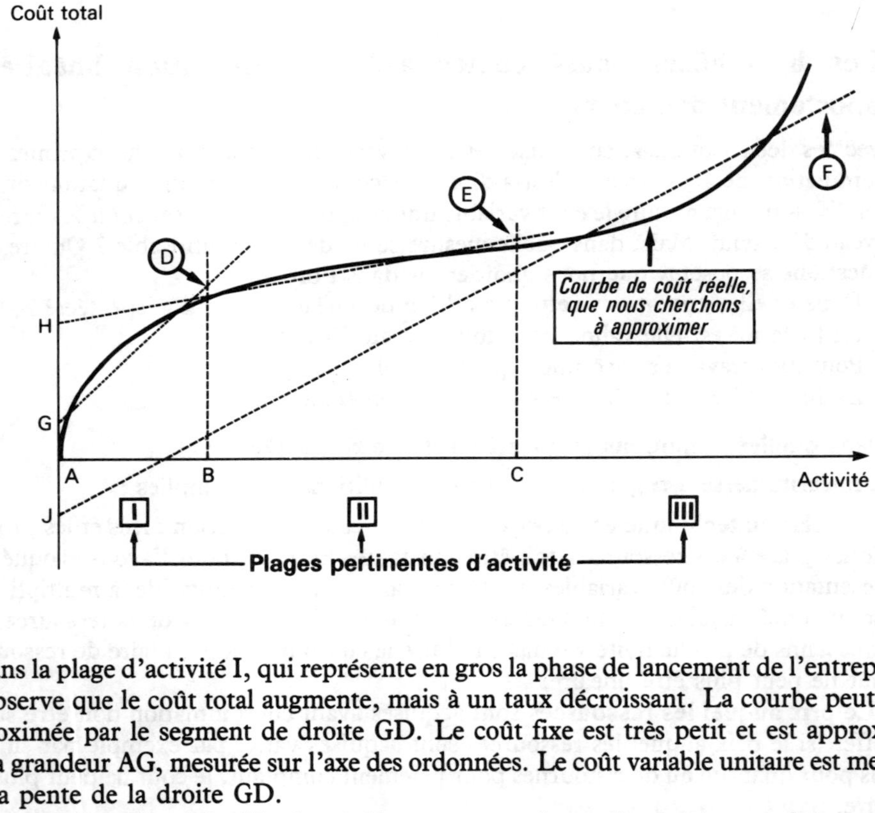

Dans la plage d'activité I, qui représente en gros la phase de lancement de l'entreprise, on observe que le coût total augmente, mais à un taux décroissant. La courbe peut être approximée par le segment de droite GD. Le coût fixe est très petit et est approximé par la grandeur AG, mesurée sur l'axe des ordonnées. Le coût variable unitaire est mesuré par la pente de la droite GD.

Dans la plage d'activité II, c'est-à-dire pour un volume d'activité compris entre B et C, l'entreprise atteint une croissance régulière et la courbe de coût peut être approximée par le segment de droite HE. Le coût fixe, spécifique à cette tranche d'activité, est mesuré sur l'axe des ordonnées par la grandeur AH.

Dans la plage d'activité III, c'est-à-dire pour un niveau d'activité supérieur à C, la linéarisation mène à une situation qui peut paraître paradoxale : il semblerait en effet que nous ayons un coût fixe négatif mesuré par le segment AJ ! Cela, en fait, n'a rien d'étrange car on doit se souvenir que **l'équation linéaire n'est qu'une représentation** du comportement du coût **à l'intérieur d'une plage d'activité**. Nous pouvons donc dire que la droite JF représente bien une simplification acceptable de la réalité pour toute activité supérieure à C. Si l'on souhaitait obtenir une équation décrivant le comportement du coût sur la plage d'activité III, qui ne comporte pas de coût fixe « négatif », on pourrait utilement opérer un changement de coordonnées et utiliser l'équation suivante :

$$\text{Coût total} = \text{coût fixe} + \text{coût variable unitaire} \times (Q - Q_c),$$

dans laquelle le coût fixe serait défini comme étant le coût total pour l'activité au point C.

Le choix des points A, B et C nous a permis de trouver une linéarisation par segment qui nous semble acceptable (a) pour décrire la relation entre le niveau d'activité et le coût total représentant la valeur de toutes les consommations de ressources, et (b) pour utiliser les équations qui en découlent comme un outil descriptif, prévisionnel et décisionnel.

Mais en fait on aurait aussi bien pu placer les bornes, définissant les plages pertinentes, à d'autres niveaux d'activité, ou même en choisir un plus grand ou plus faible nombre.

Comme le montrent les trois graphes ci-dessous, on peut aussi trouver des linéarisations différentes pour une même réalité.

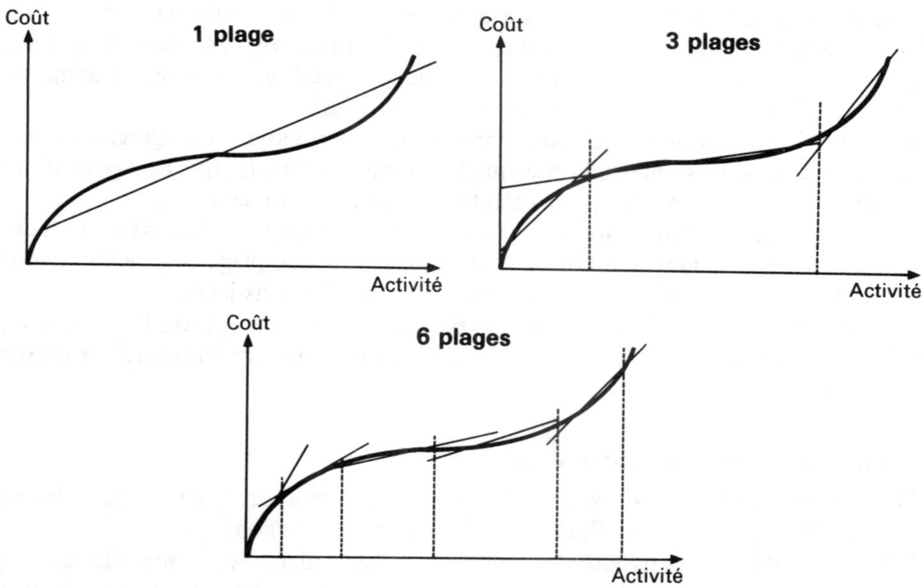

Aucune plage d'activité n'est objective. Certaines sont, certes, naturelles. Par exemple, le passage d'une équipe à deux équipes doit normalement représenter un changement de plage d'activité. Mais, en fin de compte, c'est par rapport aux besoins du décideur que le comptable **choisira** ses plages d'activité, car il y a tant de seuils « naturels » (équipes, seuil de rabais, technologie, etc.) qu'il s'agit surtout d'en **choisir** quelques-uns parmi les plus utiles.

Une **plage pertinente d'activité définit un intervalle d'activité** à l'intérieur duquel le gestionnaire et le comptable sont d'accord pour considérer le comportement des coûts comme linéaire, avec des paramètres invariants (coût variable unitaire par unité d'activité et coût fixe total). Il peut y avoir autant de plages pertinentes d'activité que les besoins du gestionnaire le requièrent. Bien sûr, il ne faut pas tomber dans l'excès, dans un sens comme dans l'autre : trop peu de plages, et l'approximation est si grossière qu'elle devient inutile ; trop de plages, et le gestionnaire ne peut pas extrapoler à la hausse ou à la baisse pour tester les conséquences des fluctuations d'activité (trop de plages peuvent aussi créer des problèmes sérieux d'estimation des paramètres des segments de droites qui approximent la courbe « réelle »).

La tentation est grande de prendre comme plage pertinente d'activité le niveau d'activité que le décideur est en train de considérer, et par exemple de prendre une plage comprise entre plus et moins 15 % de l'activité moyenne considérée. En fait, cela est très dangereux car il se peut que sur la plage ainsi définie on ait plusieurs seuils importants qui restent ignorés. Le comptable analytique doit donc rester en éveil, surtout si les informations sont utilisées en gestion prévisionnelle, afin de repérer tous les seuils naturels importants.

c) Pourquoi la linéarité ?

Nous venons de voir que l'hypothèse de linéarité est difficile à respecter et qu'elle implique de nombreuses précautions et quelques « contorsions ». On est alors en droit de se demander pourquoi se forcer à utiliser un modèle, au fond simpliste, alors que les ordinateurs semblent être capables de modéliser les équations des courbes les plus complexes.

La réponse comporte plusieurs volets :

- Réduction de la complexité : il y a dans l'entreprise plusieurs milliers, parfois des dizaines de milliers, de courbes de coûts dont on devra estimer les paramètres. La saisie exhaustive des données serait une contrainte telle qu'il faudrait consacrer un temps démesuré à l'établissement et à l'analyse de toutes ces courbes.
- Agrégation des données : les équations linéaires permettent une agrégation facile de données, ce qui est très important puisque la comptabilité analytique agrège continuellement des coûts de ressources pour calculer des coûts de revient.
- Conservation de l'information : l'utilisation de droites permet la construction de graphiques simples qui, tant que l'on reste à l'intérieur d'une plage pertinente d'activité, ne perdent rien de la puissance analytique de la courbe sous-jacente.
- Communication de l'information : les équations linéaires sont très faciles à interpréter. Elles constituent donc un bon moyen de communication, même entre des personnes très diverses.

d) Linéarité et situation économique

Deux problèmes liés à la situation économique peuvent affecter la validité de la linéarisation sur laquelle nous travaillons : l'inflation et la récession.

L'inflation affecte nos hypothèses de linéarité non seulement par son effet sur le prix des ressources acquises sur le marché, mais aussi par son effet sur les actifs (5), et donc sur les coûts fixes (6), et sur l'homogénéité des données.

- L'entreprise travaille avec des équipements et des bâtiments qui ont été acquis à diverses dates. Le montant des amortissements est donc difficile à traiter de façon homogène, sauf à passer par une évaluation en coût de remplacement. Mais c'est là poser un autre problème car les valeurs de remplacement sont souvent difficiles à déterminer.
- Malgré les difficultés apparentes, le comptable doit cependant faire un choix et se ramener à une unité monétaire constante, au moins pour l'année courante. Pour ce faire, il peut utiliser les méthodes de déflation/reflation en prenant soin de bien choisir les indices les plus appropriés.

---

(5) C'est-à-dire les équipements et immobilisations qui permettent l'activité.

(6) La dotation aux amortissements des actifs immobilisés est une source importante de coûts fixes.

Exemple :

La déflation, comme la reflation, consiste à se ramener en unités monétaires constantes d'une période autre que la période considérée en divisant le coût exprimé en francs courants par l'indice des prix de la période, l'indice de base 100 étant celui de la période de référence. Par exemple si nous avons un poste de coût de salaires sur trois années qui montre les coûts suivants, en francs courants :

période 1	200 francs
période 2	300 francs
période 3	400 francs

Les indices des prix pour les trois périodes sont les suivants :

	période 1 = 100	*période 3 = 100*
période 1	100	77
période 2	125	80
période 3	130	100

On peut alors déflater (exprimer en unités monétaires de la période 1) ou reflater (exprimer en unités monétaires de la période 3) :

	déflation	*reflation*
période 1	(200/100) × 100 = 200,00 F	(200/77) × 100 = 259,75 F
période 2	(300/125) × 100 = 240,00 F	(300/80) × 100 = 375,00 F
période 3	(400/130) × 100 = 307,70 F	(400/100) × 100 = 400,00 F

On a alors deux séries chronologiques homogènes car exprimées dans les mêmes unités. L'une ou l'autre des deux séries peut être utilisée pour déterminer le comportement de ce poste de coût. On préfèrera, en général, la reflation car le but de la comptabilité analytique est d'aider le décideur à prévoir ; et exprimer notre équation de coût en termes de la période la plus récente rend celle-ci plus facilement utilisable pour la période future, car psychologiquement, on peut sans doute estimer plus facilement l'inflation de la période 4 à partir de la période 3. Mais, de toute façon, on peut toujours déflater et estimer l'indice de prix (base 100 en période 1) qui sera observé en période 4, ce qui donnerait un résultat identique pour la période 4.

Pour tout travail, prévisionnel ou historique, le comptable analytique doit garder en mémoire, explicitement, toute hypothèse faite quant au taux d'inflation.

La récession cause un autre type de problème pour la linéarité : la courbe de coût en expansion et la courbe de coût en récession sont vraisemblablement différentes l'une de l'autre, même à l'intérieur d'une plage d'activité correctement définie, à cause de la réticence à (et parfois l'impossibilité de) réduire les charges de structure, les effectifs, etc. Il n'est pas rare qu'un poste de coût, variable en expansion, devienne fixe en situation de récession.

Par exemple, à une macro-échelle, la main-d'œuvre ouvrière peut être considérée comme étant variable en situation d'expansion car il faut continuellement embaucher pour faire face à la demande ; mais en phase de récession il est beaucoup plus difficile de réduire les effectifs, et un poste de coût qui était sans aucun doute variable, devient fixe ou, pour le moins, reste variable mais avec une pente bien moindre que précédemment, quoique nous soyons restés à l'intérieur d'une même plage pertinente d'activité.

Le diagramme ci-dessous permet de visualiser une telle situation.

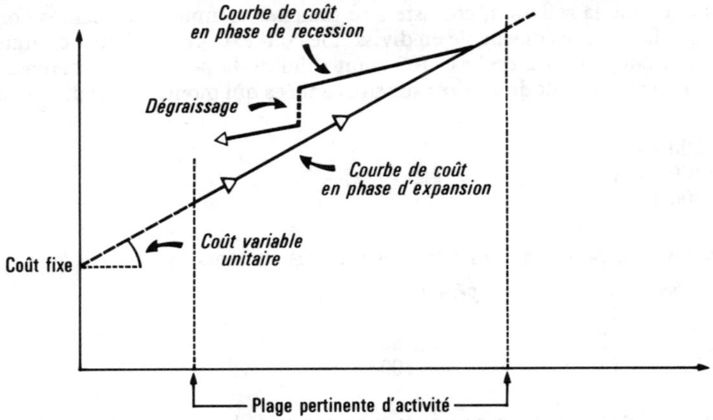

Un coût peut ne pas être le même à la hausse et à la baisse

4. Application de la partition : variable/fixe.

Même s'il existe bon nombre de coûts qui sont strictement fixes ou strictement variables, il en existe beaucoup aussi qui ne le sont pas. Ceux-là, nous pouvons maintenant les décomposer en deux éléments : la partie variable et la partie fixe.

On parle ainsi de **coûts semi-variables** ou **semi-fixes**. Un exemple typique de ces coûts est donné par le coût de l'électricité consommée par une entreprise. Il y a certainement une partie qui est strictement fixe : c'est le coût de l'abonnement. Il y a une seconde partie qui est semi-variable : le coût de l'électricité consommée. Cette partie du coût se décompose en deux parties :

— une partie fixe prenant en compte les consommations qui n'ont rien à voir avec l'activité, telles que l'éclairage minimal des locaux, la consommation du système de sécurité ou même les pertes en ligne ;

— une partie variable qui, elle, va dépendre de l'activité ; c'est par exemple une partie de l'éclairage des locaux, la consommation électrique des machines ou des chariots élévateurs.

La représentation graphique d'un coût semi-variable est un segment de droite qui ne passe pas par l'origine. Ce segment, ou son extension hors de la plage pertinente d'activité, coupe l'axe des ordonnées en un point que nous choisissons d'appeler le montant des coûts fixes pour ce poste de coût et pour cette plage pertinente d'activité.

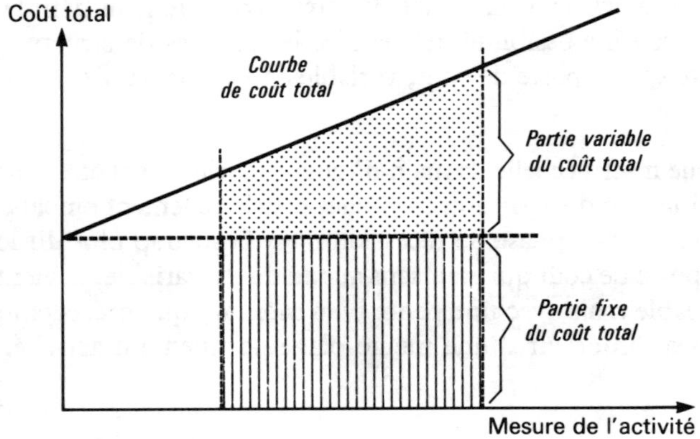

Coût semi-variable ou semi-fixe

Lorsqu'on est amené à choisir une plage pertinente d'activité assez large, on peut observer des **coûts en escalier** ou **coûts fixes par palier**. Ce sont des coûts qui évoluent par sauts brusques comme sur le diagramme ci-après.

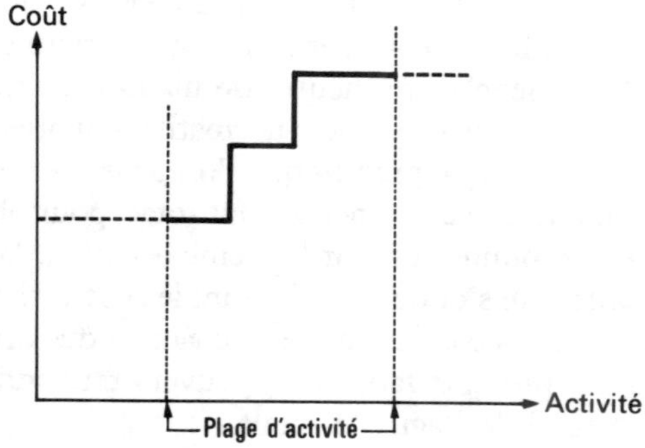

Coût en escalier

Un coût traditionnellement considéré comme étant un coût en escalier est le coût de la maîtrise dans un atelier. En effet, ses effectifs doivent augmenter lorsqu'on augmente le nombre des équipes. Dans une petite entreprise le coût de la main-d'œuvre ouvrière peut être considéré comme un coût en escalier car l'arrivée d'un ouvrier supplémentaire représente une augmentation-relative brusque et importante de ce poste de coût.

Comme le montre le diagramme ci-dessous, dans de nombreux cas c'est une question d'échelle qui va nous amener à qualifier un coût de « variable » ou « en escalier ».

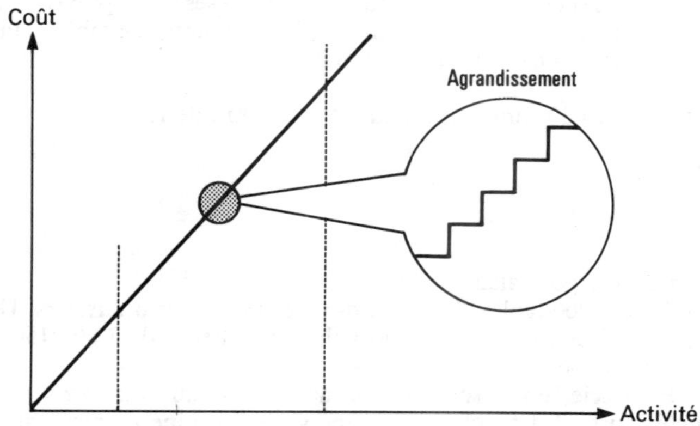

Un coût variable peut être un coût en escalier, c'est une question d'échelle.

5. Méthodes de détermination du comportement des coûts.

Pour calculer les paramètres de notre représentation linéaire de la fonction coût sur une plage pertinente d'activité, nous disposons de deux méthodes qui se complètent et s'éclairent mutuellement : l'approche normative et l'approche statistique.

a) L'approche normative

Cette approche ne part pas de l'analyse du passé mais d'une étude a priori de ce que les coûts doivent être dans certaines circonstances.

Nous avons dit plus haut qu'un coût variable était le résultat de la multiplication d'une quantité physique par un prix ou un coût élémentaire. On peut donc, à partir de ces normes physiques et d'une estimation du prix des ressources, trouver les coûts variables. Il y a dans les entreprises des ingénieurs, dans les bureaux des méthodes ou les bureaux d'études, qui ont pour mission précisément de déterminer les nomenclatures et les gammes, c'est-à-dire les consommations théoriques de ressources pour chaque produit (matières et composants pour la nomenclature, heures de main-d'œuvre et de machine pour la gamme). Il suffit alors de multiplier ces coûts normatifs unitaires par la quantité d'activité (c'est-à-dire le nombre de chaque produit que l'on pense fabriquer et vendre durant la période pour laquelle on cherche à estimer le coût total) pour obtenir le coût variable total de chaque ressource consommée et, par la même occasion, la pente de la droite de coût variable correspondante (qui s'obtient en divisant le coût variable total par la mesure de l'activité). Les coûts variables correspondant à chacune des diverses ressources, qui contribuent à la création des produits fabriqués, peuvent être additionnés pour donner la partie variable du coût total de l'activité totale.

Pour ce qui concerne les coûts fixes, la démarche est la même, à la différence près qu'au lieu de rechercher au départ une norme de consommation unitaire, nous allons rechercher la norme de moyens de capacité qui permettront de fabriquer la quantité demandée. Si l'on fait cette étude pour plusieurs niveaux d'activité, on trouve les tronçons de la courbe de coût fixe qui nous intéresse. Ainsi, on peut faire une construction de la courbe point par point et ceci avant même de disposer de données historiques.

Exemple :

Une menuiserie fabrique des tables. Elle cherche à connaître ses coûts prévisionnels. Le bureau des méthodes a fourni les nomenclatures et gammes suivantes pour une table, dans la mesure où la production serait comprise entre 750 et 1 200 unités.

Nomenclature :

bois : 3 mètres linéaires en 10 mm d'épaisseur et 1,5 mètre de large ;

Gamme :

scie circulaire : 15 min,
dégauchisseuse : 5 min,
défonceuse : 10 min,
presse à coller : 20 min,
temps de la main-d'œuvre polyvalente : 2,5 heures.

Il est prévu de produire 1 000 tables. Il faudra donc 2 500 heures d'ouvriers. Un ouvrier peut fournir 150 heures productives par mois. Il faudra donc un effectif de 2 500/150 = 17 ouvriers, en arrondissant au chiffre supérieur.

Il faudra 250 heures de scie, soit 2 scies, car on ne travaille qu'avec une seule équipe.

Il faudra 1 dégauchisseuse, 2 défonceuses car une seule machine ne peut satisfaire le besoin exprimé ; il faudra 3 presses à coller.

On peut alors commencer à construire l'équation normative, ou a priori, de la fonction de coût de cette entreprise.

Les factures indiquent que le bois coûte 47 francs le mètre linéaire, et que l'électricité est facturée 30 centimes par kilowattheure. Le responsable de la production informe le comptable que la puissance installée des machines est de 25 kW.

Le coût variable peut alors être calculé. Il se compose de :

— la matière : 3 m à 47 francs, soit 141 francs par table ;

— l'électricité consommée : les machines doivent fonctionner 50 min pour faire une table. Le coût de l'électricité consommée est donc :

(50 min/60) × (puissance installée de toutes les machines) × (coût du kWh),
soit (5/6) × (25) × (0,30 F/kWh) = 6,25 francs par table.

Le coût variable unitaire est donc de 147,25 francs par table.

Pour calculer les coûts fixes, le comptable regardera les factures, les bulletins de salaire et se renseignera auprès de la comptabilité générale pour connaître la dotation aux amortissements.

Le coût fixe se compose de :
— la main-d'œuvre : 17 ouvriers à 9 000 francs/mois, soit 153 000 francs ;
— l'abonnement à l'électricité : 2 500 francs par mois ;
— l'amortissement des 8 machines : 75 000 francs par mois,
soit un coût fixe total mensuel de 230 500 francs.

Ainsi, on peut établir que l'équation décrivant le comportement du coût total de cette menuiserie est la suivante :

coût total = 230 500 francs + (147,25 francs) × (quantité de tables), pour une activité comprise entre 750 et 1 200 tables.

Nous avons jusqu'ici utilisé, pour l'équation des coûts, la plage pertinente d'activité qui était valable pour la nomenclature et la gamme. Elle n'est pas tout à fait correcte pour notre objectif. En effet, l'utilisation des machines requiert que plus ou moins de machines soient mises en œuvre selon la quantité de tables produites. Si nous allions vers les 1 200 tables produites, il faudrait 2 scies, 1 dégauchisseuse, 2 défonceuses et 4 presses, soit 9 machines au lieu de 8. Il faut une colleuse supplémentaire, ce qui va donc modifier le coût fixe total et le coût variable unitaire, puisque la puissance installée des machines sera augmentée. Par ailleurs, il nous faudrait embaucher 3 ouvriers supplémentaires pour faire face à une demande de 1 200 tables, ce qui augmenterait aussi les coûts fixes.

On doit donc repréciser la plage d'activité et considérer que notre équation prévisionnelle normative n'est valable que sur une plage d'activité plus réduite. Ainsi, il faudra construire plusieurs équations qui nous permettront de prévoir l'équation du coût total pour toute la tranche d'activité qui nous intéresse, soit de 750 à 1 200 tables, avant même que nous ne sachions combien en produire et en vendre.

La plage pertinente d'activité pour laquelle l'équation calculée ci-dessus est valable se situe entre 960 et 1 020 tables.

L'approche normative est particulièrement appropriée lorsqu'on cherche à identifier les coûts d'une activité nouvelle. Elle est aussi très utile pour valider a posteriori les résultats de l'analyse statistique par un simple examen de vraisemblance des résultats de cette dernière. A ce titre, l'approche normative est un excellent outil de contrôle de gestion.

b) L'approche statistique

Contrairement à l'approche normative, cette approche est empirique et part de l'analyse d'un historique de données. Cet historique permet de comparer des montants de coûts enregistrés avec le niveau d'activité production ou commerciale correspondant, et d'en tirer des hypothèses quant à l'équation qui décrit le mieux la relation de causalité entre l'activité (variable explicative) et les coûts enregistrés (variable expliquée).

Quatre conditions préalables doivent être remplies pour que l'analyse statistique fournisse un outil de prédiction utile.

• **Il doit y avoir concordance dans le temps entre les données que l'on compare.** En effet, il est crucial que l'activité mesurée et les coûts correspondent aux mêmes périodes ; cette exigence n'est pas toujours facile à satisfaire car la connaissance du coût des ressources consommées n'est pas toujours disponible au bon moment. Par exemple, toute facture d'électricité indique le coût de l'abonnement pour la période à venir mais le coût des consommations de la période écoulée... Il faut donc prendre soin, dans la constitution de la base de données, de bien « dater » les informations afin que les coûts et les activités soient en paires appropriées.

• **Il faut que le coût unitaire des ressources élémentaires soit stable, sur la période de l'étude.** Il faudra donc soit disposer d'assez de données sur une période courte pour que le problème de la dérive inflationniste puisse être évité, soit avoir pris soin de reflater (ou déflater) les coûts sur lesquels on va travailler.

• **Il faut que la méthode de production employée pendant la période d'accumulation des données ait été invariante.** Il est clair que si on ne respectait pas cette condition, on mélangerait deux ou plusieurs modèles de causalité et l'analyse ne pourrait donner de résultats significatifs.

• **Il faut éliminer de la base de données utilisée tout événement que l'on considère comme anormal ou atypique.** Il faut, par exemple, éliminer les enregistrements correspondant à des périodes affectées par des mouvements sociaux (à moins que ceux-ci soient endémiques et considérés comme une pratique normale de la conduite des affaires dans ce secteur), ou au cours desquels des conditions climatiques extraordinaires sont venues perturber les approvisionnements ou le fonctionnement de l'entreprise.

D'autres prérequis sont assez évidents, nous ne les mentionnerons que pour mémoire : il faut disposer de mesures de l'activité, de données accumulées sur des périodes homogènes et à une fréquence régulière ; il faut que les coûts ne résultent pas de calculs d'allocation, ce qui implique que l'analyse soit menée centre de responsabilité par centre de responsabilité, etc.

Deux méthodes d'analyse vont être présentées : la méthode visuelle et la méthode de régression par la droite des moindres carrés. Elles sont très différentes dans la rigueur de leurs résultats, mais elles se complètent et s'éclairent mutuellement.

— L'approche visuelle et à main levée

Cette approche commence par le dessin d'un **graphe de dispersion**. Ce travail consiste à représenter dans un système de coordonnées à deux axes les paires de données pour voir :

— s'il existe ou non une relation apparente entre le coût, qui est la variable expliquée, et la mesure de l'activité, qui est la variable explicative ; ce qui permet d'éliminer certaines mesures d'activité que l'on peut avoir envisagées initialement ;

— si des données apparaissent aberrantes, auquel cas il faudrait faire quelque recherche supplémentaire pour voir si ces paires de données ne correspondent pas à des événements anormaux. On peut ainsi éliminer un certain nombre de points qui ne correspondent pas au processus réel que nous cherchons à modéliser.

Exemple :

Une entreprise de stockage et de manutention a accumulé des paires coût-activité pour 13 périodes. Les chiffres sont donnés ci-dessous.

période	coût total	nombre d'unités entrées	nombre de jours × unités stockées
1	18	4	16
2	26	12	5
3	23	5	22
4	23	12	21
5	20	11	18
6	18	3	12
7	19	12	12
8	17	11	10
9	14	4	7
10	14	7	11
11	15	10	12
12	16	5	13
13	16	11	14
	239 francs	107 unités	173 jours × unités

Sur les deux diagrammes de dispersion ci-après, on peut voir que le nombre d'unités stockées correspond à une mauvaise mesure de l'activité car celle-ci donne un graphe très « ouvert » sur lequel on n'obtient pas de relation claire. Par contre, le nombre « de jours × unités » constitue apparemment une bien meilleure variable explicative. C'est donc sur ce diagramme que nous allons poursuivre notre étude.

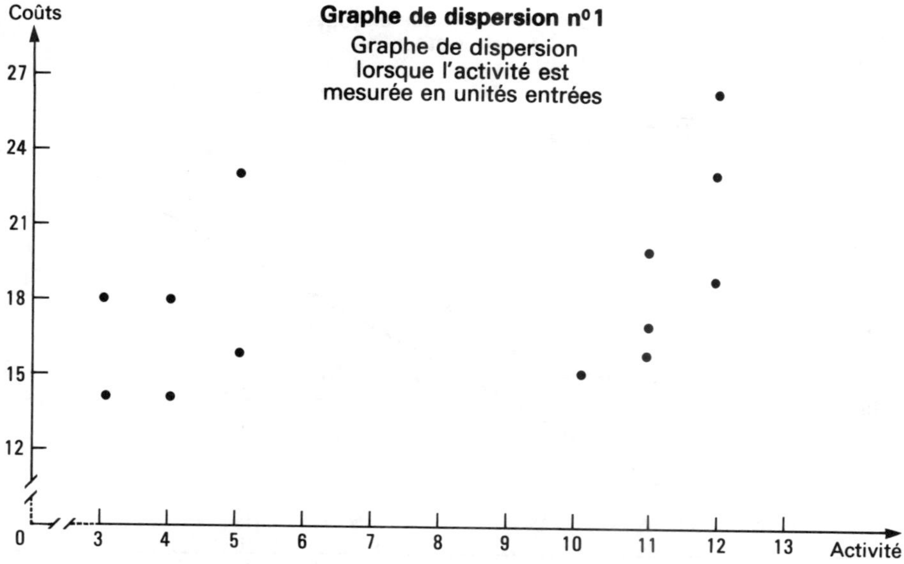

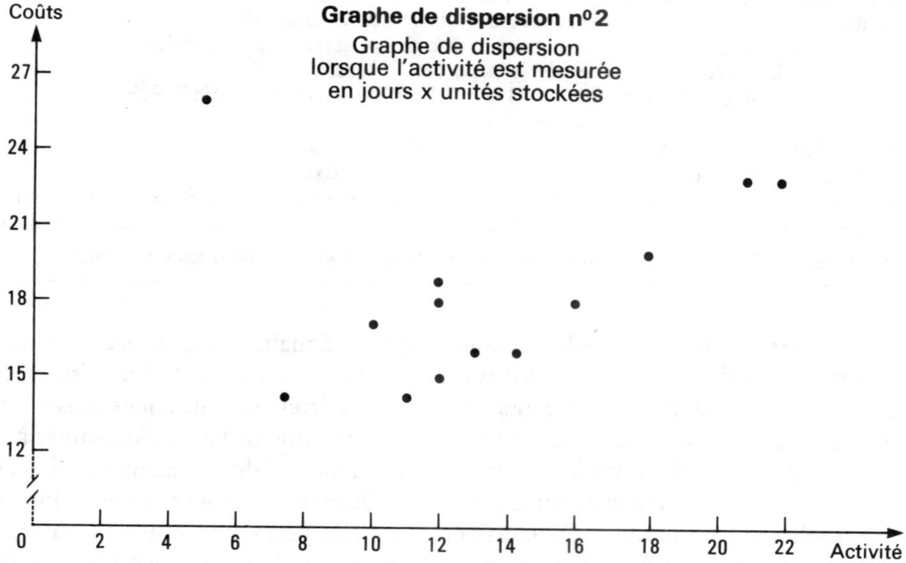

Sur le graphe de dispersion n° 2, on constate que l'une des données semble détonner. C'est la seconde paire (coût = 26, activité = 5). Une étude des événements de la période montre qu'il s'agit là d'une période anormale par suite d'une panne de chauffage qui a amené à déménager toutes les unités stockées vers un entrepôt voisin, avec du matériel loué pour l'occasion, puis à les réintégrer dans l'entrepôt d'origine après la réparation. Nous allons donc dorénavant éliminer cette donnée et ne travailler qu'avec les 12 paires de données considérées comme valides. On peut alors tracer à main levée la droite qui nous semble représenter le processus sous-jacent de la façon la plus appropriée.

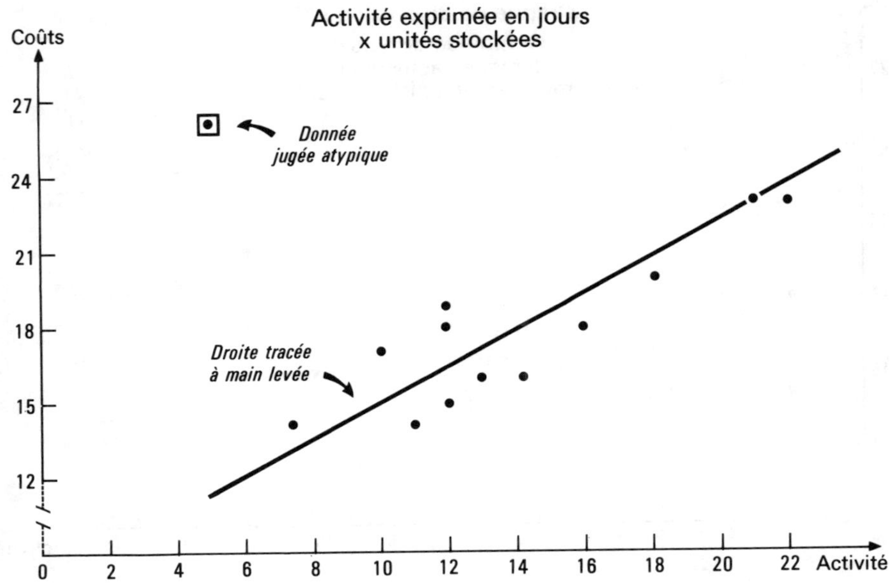

L'équation de la droite tracée à main levée, qui semble décrire pour nous, compte tenu de nos hypothèses, la relation entre le coût et l'activité, peut être calculée de la façon suivante. On choisit deux points, assez éloignés l'un de l'autre, sur la droite que nous venons de tracer à main levée. Par exemple, choisissons les deux points suivants :

activité = 21, coût = 23 (qui est l'une des observations originales),
activité = 10, coût = 15,75 (qui n'est pas une des observations originales).

La pente de la droite est donnée par le ratio des différences :

coût variable par unité d'activité = (23 − 15,75)/(21 − 10) = 0,659090909...,
que nous arrondirons à 0,66 F/unité d'activité.

Le coût fixe est alors trouvé par substitution dans l'équation :

coût total = (coût variable unitaire) × activité + coût fixe,
par exemple : 23 = 0,66 × 21 + coût fixe, donc le coût fixe est 23 − (0,66 × 21) = 9,14 francs.

L'équation de la droite tracée pour décrire la relation entre l'activité et le coût total est la suivante :

0,66 francs × (quantité de « jours × unités stockées ») + 9,14 francs par mois

---

Nous voyons que par l'approche visuelle et le tracé à main levée, on peut obtenir une ou plusieurs équations différentes décrivant la même fonction coût. En effet, le choix d'éliminer certaines données et le choix du tracé de la droite sont des questions d'appréciation personnelle. Le calcul de la pente (coût variable unitaire) et de l'ordonnée à l'origine (coût fixe) est, au fond, subjectif dans cette méthode. La droite retenue par l'analyste ou le comptable sera cependant traitée **comme si** elle était la meilleure description possible de la relation de causalité. On considérera qu'elle permet de prévoir le niveau du coût total pour toute activité définie entre les bornes de la plage d'activité retenue.

Cette approche manque de rigueur car il est peu probable que tous les gestionnaires ou comptables décident de tracer la même droite sur un même graphe de dispersion. Nous allons donc voir maintenant une approche statistique plus rigoureuse, la droite des moindres carrés.

L'analyse de régression et la droite des moindres carrés

Cette méthode pose comme a priori que le processus générateur des données est effectivement linéaire. On n'utilisera donc cette méthode qu'après avoir éliminé les données considérées comme aberrantes et choisi, par la méthode visuelle vue ci-dessus, une ou plusieurs plages d'activité définissant les bornes de l'étude.

Cette méthode peut donner des résultats apparemment significatifs avec des données qui n'ont aucun rapport entre elles.

Par exemple, on peut montrer qu'il existe une relation très forte entre le nombre annuel de personnes tuées sur la route en France au cours de la période 1955-1972 et le nombre annuel de pianos vendus pendant la même période. Une relation statistique forte n'implique pas nécessairement une relation de causalité. Ici, la méthode donne bien une réponse, mais elle est absurde : les ventes de pianos ne sont pas la cause des accidents de la route.

Il est donc primordial de ne l'appliquer que lorsqu'on a de bonnes raisons de penser que telle ou telle mesure de l'**activité cause l'existence du coût et ses fluctuations.**

La méthode de la droite des moindres carrés recherche la droite qui permet de minimiser le carré des distances des points à la droite, mesurées parallèlement à l'axe des ordonnées. On trouvera en annexe 1 à ce chapitre la dérivation mathématique des paramètres de cette droite [7].

La méthode peut apparaître assez lourde dans son appareillage, mais il ne faut pas oublier que la majorité des petits ordinateurs (à plus forte raison les gros) et même certaines calculatrices manuelles comportent des programmes statistiques qui permettent de calculer les paramètres de la droite.

En reprenant les données de l'exemple ci-dessus, nous pouvons trouver l'équation de la droite de régression :

0,604 francs × (quantité de « jours × unités stockées ») + 9,30 francs par mois

On voit que ces chiffres sont, au fond, très proches de ceux que nous avons trouvés sur la droite à main levée ; mais ce n'est là qu'un cas particulier dû au fait que nous avions des données montrant un fort lien de causalité. La pratique ne fournit pas toujours des relations aussi claires. Les paramètres que nous avions calculés auparavant étaient subjectifs, tandis qu'ici les valeurs calculées sont le résultat d'une prise en compte rigoureuse de toutes les données jugées représentatives.

Un aspect intéressant pour nous, c'est qu'en plus d'une estimation du coût variable unitaire et des coûts fixes, cette méthode permet d'obtenir des coefficients mesurant la fiabilité de notre estimation.

• *Le coefficient de corrélation ou coefficient de détermination*, qui indique le pourcentage de la « variance » de l'échantillon expliqué par la variable explicative. Ce coefficient sera un excellent moyen, par exemple, de choisir entre plusieurs mesures possibles de l'activité : plus grand est le pourcentage de la variance de l'échantillon qu'une mesure d'activité explique, plus grande est la probabilité que cette mesure saisisse la cause de la fluctuation du coût.

• *Les coefficients d'erreurs sur les paramètres ou valeur t.* Ceux-ci permettent de vérifier si la valeur des paramètres est fiable (t est grand et en tout cas supérieur à 3) ou peu fiable (t est inférieur à 2). Connaissant la fiabilité des coefficients, on peut faire des simulations en prenant plusieurs valeurs des paramètres autour de leur valeur trouvée dans l'analyse de régression. Cette analyse de sensibilité est très importante lorsqu'on veut prendre des décisions sur la base de la valeur de ces paramètres. En particulier, si une décision n'est pas sensible à une petite erreur sur la valeur des paramètres, il n'est pas utile d'affiner l'analyse puisque, de toute façon, le choix reste le même quelle que soit la valeur plus précise des paramètres que l'on pourrait trouver. Si, par contre, une petite différence dans les paramètres amène à prendre des décisions différentes, il est très important de faire une étude plus fine, soit pour trouver des paramètres plus fiables, soit pour analyser le risque pris avec la décision qui a été retenue.

---

(7) Pour un traitement complet de la méthode, consulter le chapitre 7 du livre de Ch. Marmuse, *Les Aides à la décision*, dans la même collection, aux éditions Nathan.

Nous avons vu précédemment comment l'on peut définir une approximation linéaire de la variation d'un coût. Nous verrons en détail au chapitre 3 quelles utilisations le gestionnaire pourra faire de cette dichotomisation. Mais, sans plus attendre, signalons un résultat fondamental qui découle de la distinction fixe/variable : pour une plage d'activité donnée, le résultat de l'entreprise ne dépend pas réellement des frais fixes mais seulement des quantités, du prix de vente et du coût variable unitaire. Nous reviendrons par la suite en détail sur la notion de **contribution à la couverture des charges fixes,** qui correspond à la marge sur coût variable, c'est-à-dire à la différence entre le prix de vente et le coût variable unitaire. Cette contribution permet de mesurer rapidement la différence de résultat entre plusieurs plans d'action, sur une même plage pertinente d'activité.

Nous avons donc mis en évidence l'utilité de la distinction fixe/variable ; mais, ce faisant, nous constatons que la clarté de cette distinction est loin d'être absolue. En effet, la valeur des paramètres fixes et variables que nous avons calculés est le résultat d'un assez grand nombre de choix subjectifs et personnels. Très peu de coûts sont réellement fixes ou réellement variables. Mais, comme la dichotomie variable/fixe représente un outil de gestion prévisionnelle très utile, nous considérerons que les avantages compensent largement les inconvénients (qu'on aura pris soin de minimiser par le choix de plages pertinentes d'activité appropriées), et nous supposerons dorénavant que cette distinction est claire et que les paramètres calculés sont exacts.

Étudions maintenant la seconde dichotomie annoncée au début de ce chapitre : coût direct et coût indirect.

II - Les coûts sont-ils causés par tel ou tel produit ? Coût direct et coût indirect.

La distinction direct/indirect ne se conçoit que dans le contexte de la multi-production puisque cette distinction a pour but de répondre à la question : quels coûts seraient éliminés si on abandonnait tel ou tel produit ? La distinction précédente, fixe/variable, permettait de prévoir l'évolution du coût en fonction du niveau d'activité ; ici nous posons une question plus radicale : élimination ou non.

La dichotomie s'applique de nouveau à la totalité des coûts mis en œuvre par l'entreprise et peut être représentée comme suit.

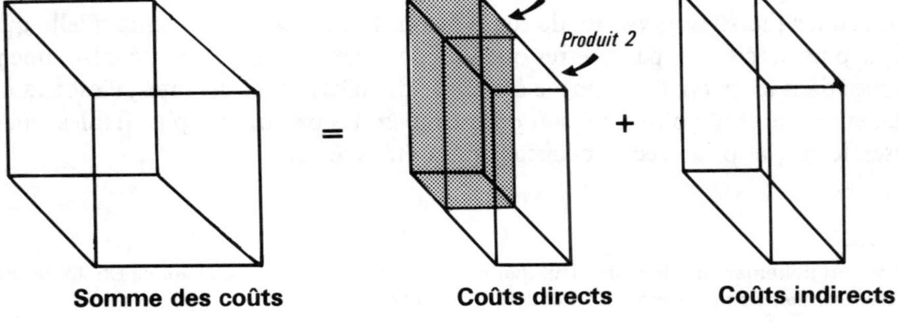

Dans le cas d'une entreprise monoproductrice, tous les coûts sont éliminables si l'on arrête l'activité (seuls les coûts fixes subsistent, à court terme, mais peuvent être éliminés à moyen terme). On dit alors que tous les coûts sont directs. Mais lorsqu'une entreprise fabrique et commercialise plusieurs produits, il est important de savoir quelle est la part des coûts résultant de telle ou telle partie de l'activité, puisqu'il n'est pas question d'éliminer toute activité mais seulement de déplacer l'effort d'une activité vers une autre.

La distinction entre **coût direct et indirect** est donc le reflet du **lien de causalité** entre le coût et l'existence des produits ou services qu'on fabrique et commercialise.

> **Un coût est réputé direct** par rapport à un produit lorsqu'il est causé, au premier degré, sans ambiguïté et sans hésitation, par l'existence même de ce produit.

Par exemple, le coût de la matière consommée est un coût direct car on peut en attribuer la cause sans hésitation par le biais des bons de sortie de magasin, qui indiquent tant la quantité que la nature de la matière et la destination de la sortie (donc de la consommation).

Un coût est réputé indirect dans le cas contraire. Par exemple, tout coût dont l'attribution à un produit résulterait de calculs complexes serait réputé indirect car il ne respecterait pas les trois exigences de la définition du coût direct.

> Un **coût indirect** représente des consommations de ressources qui sont encourues afin de **créer un environnement** dans lequel le processus de transformation (l'activité productive et commerciale) peut prendre place.

Par exemple, les coûts liés à l'encadrement de l'activité de production ou de commercialisation, les coûts des locaux et les coûts d'administration générale sont considérés comme des coûts indirects car ils bénéficient à tous les produits, en créant le contexte à l'intérieur duquel la production et la vente pourront se développer, et parce qu'il n'est pas possible de spécifier la part de « responsabilité » de l'un quelconque des produits dans l'existence de ces coûts.

On peut dire qu'un coût direct représente une consommation de ressources qui sont devenues partie intégrante du produit. Mais cette définition n'est pas parfaite. En réalité, le direct et l'indirect sont deux extrêmes, et la majorité des coûts se situent quelque part entre ces deux bornes. Le comptable et le gestionnaire choisissent de placer une frontière entre ces deux bornes et **déclarent** tel coût direct et tel autre indirect. Le diagramme ci-dessous montre l'aspect simplificateur de la décision.

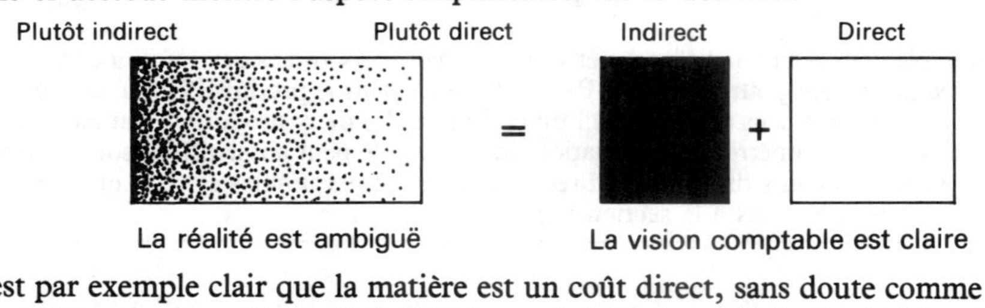

S'il est par exemple clair que la matière est un coût direct, sans doute comme le coût de la main-d'œuvre ouvrière qui travaille le produit, il est difficile de décider si le coût des manutentionnaires, ou le coût des chefs d'équipe sont directs ou indirects. S'il est par ailleurs clair que les coûts de la direction générale, de la direction financière ou de la direction du personnel sont des coûts indirects, qu'en est-il des coûts de la direction commerciale, de la direction production ? Face à cette ambiguïté, le comptable créera une frontière claire, une dichotomie que les gestionnaires recevront comme l'image de la réalité.

Exemple :

Une entreprise qui a des coûts totaux de 150 francs fabrique et vend deux produits différents, P1 et P2. En examinant, ligne par ligne, les consommations de ressources on peut se demander si celles-ci se produisent à cause de tel ou tel produit.

Les coûts par nature sont les suivants :

matières :	70 francs
salaires :	25 francs
prestations de tiers :	35 francs
dotation aux amortissements :	20 francs.

Le comptable va alors se poser la question : est-ce direct ou indirect ? Il cherchera à accumuler le maximum d'informations pour éclairer sa décision. Le comptable ne fera pas le calcul unitairement pour chaque produit, mais cherchera à savoir quels coûts sont causés directement par tel ou tel produit, quelle qu'en soit la quantité produite et vendue. Il recherchera donc les coûts directs par rapport à chacun des divers produits.

Les matières : il découvre qu'elles sont toutes utilisées par les deux produits et que l'on peut les attribuer à chacun, sans ambiguïté, par les bons de sortie de magasin. Il trouve que 40 francs sont attribuables au produit P1 et 30 francs au produit P2.

Les salaires : il en existe de deux types ; 19 francs pour les salaires des ouvriers et 6 francs pour les salaires des cadres. Le comptable estime qu'on peut attribuer les salaires des ouvriers sans ambiguïté aux deux produits sur la base des heures travaillées consacrées par les ouvriers à chaque produit. Il calcule alors que le produit P1 a un coût direct de main-d'œuvre de 7 francs et le produit P2 12 francs. Pour les salaires des cadres, il ne voit pas de règle simple pour les attribuer à l'un ou l'autre des deux produits ; il décide donc de les considérer comme des coûts indirects.

Les prestations par tiers : en analysant les factures, le comptable voit que seuls 5 francs, une facture de consommables, sont attribuables spécifiquement et sans ambiguïté aux deux produits, et que cette somme se répartit à raison de 2 francs sur P1 et de 3 francs sur P2. Les autres coûts de cette nature, soit 30 francs, sont considérés comme des coûts indirects. Ils regroupent les coûts de ressources telles que l'énergie (l'entreprise ne s'est pas dotée de moyens de mesure qui permettraient de rendre ce coût direct, au moins pour partie), l'entretien par des entreprises extérieures, les frais de déplacement des commerciaux (qui vendent les deux produits), etc.

La dotation aux amortissements : le comptable sait que deux des machines sont spécialisées chacune pour un produit. La dotation aux amortissements qui leur correspond est donc un coût direct pour chacun de ces produits. 5 francs sont à ajouter à ce titre aux coûts directs par rapport à P1, et 1 franc aux coûts directs par rapport à P2. Le reste, soit 14 francs, qui représente la dotation aux amortissements des autres machines et des locaux, est considéré comme un coût indirect.

En résumé :

Nature du coût	*Coût direct de P1*	*Coût direct de P2*	*Coût indirect*
matières	40 F	30 F	—
salaires	7 F	12 F	6 F
prestations de tiers	2 F	3 F	30 F
dotation aux amortissements	5 F	1 F	14 F
	54 F	46 F	50 F

Le comptable peut maintenant informer le gestionnaire : 54 francs des 150 francs mis en œuvre l'ont été spécifiquement pour le produit P1, et 46 francs pour le produit P2. Par contre, 50 francs ne sont pas attribuables sans ambiguïté à l'un ou l'autre des deux produits. Pour aider le gestionnaire à analyser les paramètres de la situation, le comptable peut aussi affiner son information et rechercher parmi les coûts directs et indirects ceux qui sont variables et ceux qui sont fixes, en utilisant les procédures vues à la section précédente.

On voit à travers cet exemple que les partitions direct/indirect et variable/fixe sont bien des partitions croisées de la même masse de coûts. Elles répondent chacune à un besoin décisionnel spécifique.

Les coûts directs variables les plus fréquents concernent la matière et la main-d'œuvre. Les coûts directs fixes les plus courants sont les amortissements de machines ou de brevets spécifiques à un produit particulier.

Les coûts indirects variables les plus courants sont relatifs aux consommations d'énergie, de fluides, de petit outillage, etc., qui contribuent à créer l'environnement dans lequel l'activité productive peut prendre place, mais qu'il est difficile d'attribuer à un produit plutôt qu'à un autre. Ces coûts indirects variables sont d'ailleurs la plupart du temps variables plus par rapport à l'activité mesurée en unités d'œuvre (ou ressources intermédiaires) que par rapport à l'activité définie en termes de produits.

Les coûts indirects fixes les plus courants sont les salaires du haut encadrement et la dotation aux amortissements des locaux.

Le comptable trace une frontière pour chaque type de ressources et déclare quelle proportion peut être considérée comme attribuable sans ambiguïté aux produits, les coûts directs, et quelle proportion sert à créer le contexte, l'environnement dans lequel l'activité de production et de commercialisation des produits peut avoir lieu, les coûts indirects. On représente les choix du comptable par le diagramme ci-dessous :

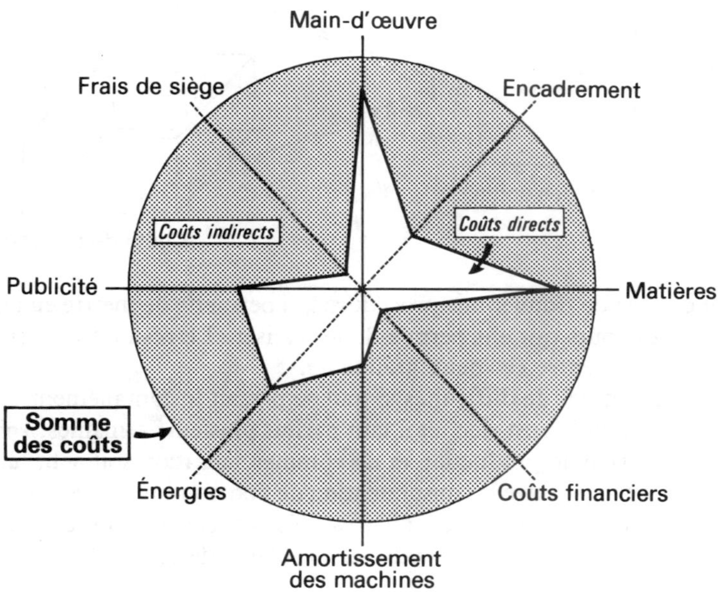

Nous avons jusqu'ici parlé de coûts directs ou indirects par rapport à un produit. Mais, en fait, on peut élargir le problème et déplacer le niveau de l'analyse : on se pose alors la question de l'élimination pour un atelier, un département ou une région commerciale. **Il y a donc des coûts directs et indirects par rapport à tout centre de responsabilité ou centre d'activité dans l'entreprise.** Le comptable doit donc établir la frontière entre coûts directs et indirects non seulement par rapport aux produits, mais aussi par rapport à tout sous-ensemble d'activité de l'entreprise, pour lequel on se pose la question de savoir s'il y a intérêt ou non à le conserver.

Nous avons vu que la distinction coût direct/indirect est une distinction, dans une certaine mesure, artificielle puisqu'elle repose sur un certain nombre de choix. Cette distinction est cependant très importante pour le gestionnaire car elle permet d'analyser les conséquences de l'arrêt total de telle ou telle activité.

Nous allons maintenant étudier la troisième dichotomie, celle qui consiste à répondre aux questions : quel est le coût d'un objet à chaque stade de sa fabrication et de sa commercialisation ? et quel est le résultat de l'entreprise ?

III - Coût d'un objet et résultat de l'entreprise : coût de produit et coût de période.

Cette troisième dichotomie va permettre de calculer le résultat de la gestion de l'entreprise pour une période donnée. Les dichotomies précédentes avaient un but décisionnel clair à court terme, celle-ci est plus tournée vers la communication avec l'extérieur et vers la mesure du résultat agrégé de toutes les décisions de l'entreprise. Une fois encore, nous repartons de la totalité des coûts, que nous allons répartir en coûts de produits et coûts de période, comme le représente le diagramme ci-dessous :

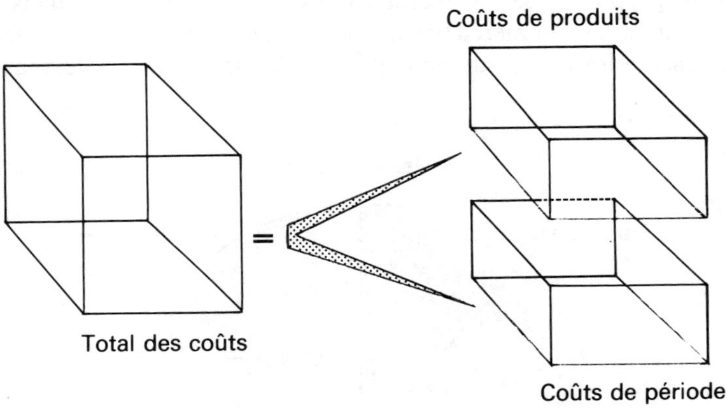

Le problème ici est de trouver une procédure qui permette de mettre en regard le chiffre d'affaires et les coûts qui ont permis de le réaliser. Le résultat de l'entreprise est, en effet, la différence entre ces deux grandeurs.

On ne rencontrerait pas de difficultés si tout se passait instantanément dans la vie de l'entreprise. En fait, il n'en est rien, et il faut parfois plusieurs semaines, voire plusieurs mois, pour que le cycle de production et de commercialisation soit achevé. Il y a donc un décalage dans le temps entre la consommation de bon nombre de ressources (les coûts) et la réalisation d'une vente (le chiffre d'affaires). Nous allons introduire le concept d'**attachement** pour montrer comment résoudre ce problème de concordance dans le temps.

1. Principe de l'attachement.

Le coût des ressources mises en œuvre pour la réalisation d'une prestation contribuant à la réalisation d'un objet, devient partie intégrante du coût de l'objet. On dit alors que le coût des ressources s'attache au coût de l'objet.

Le coût de l'objet se constitue donc progressivement, à la manière d'une boule de neige qui descend une pente, par l'attachement successif de toutes les ressources consommées pour la réalisation de cet objet...

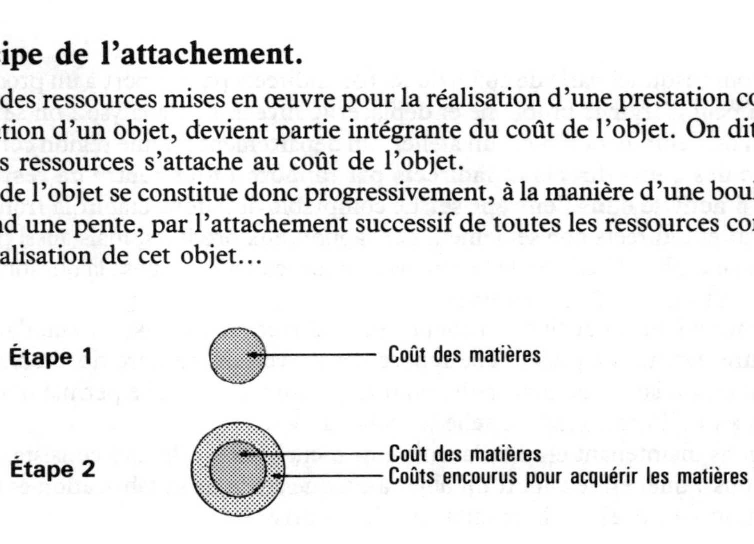

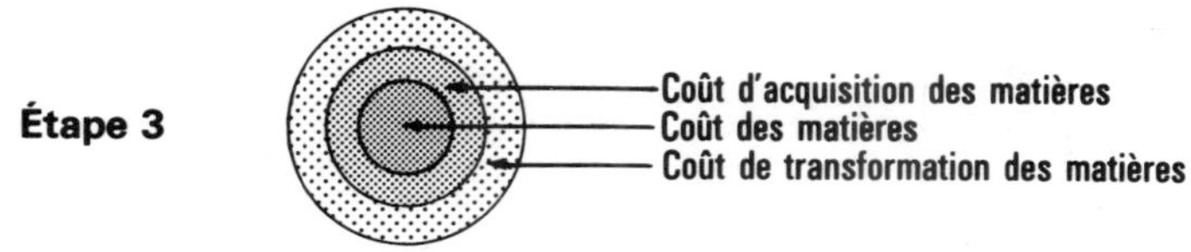

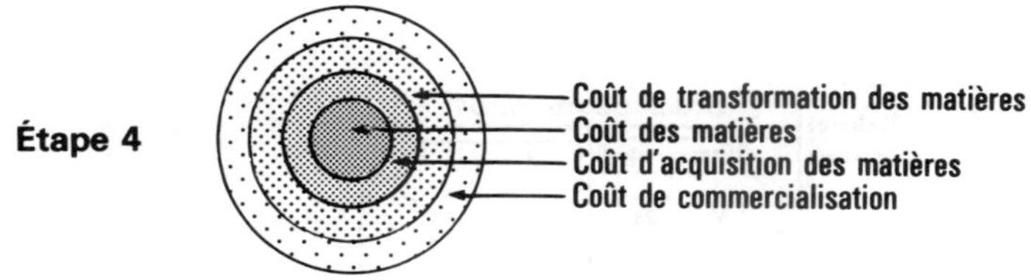

... et s'analyse, à partir du chiffre d'affaires, comme une poupée russe :

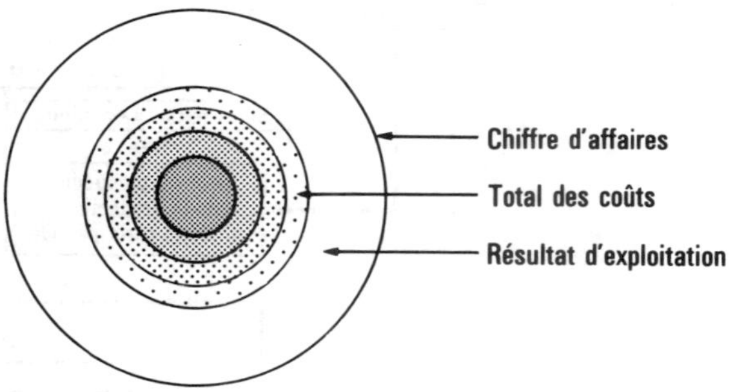

Le processus d'attachement est donc une image du processus physique de fourniture des prestations qui contribuent à la création de l'objet.

La marge ou le résultat (profit ou perte) généré par la vente de l'objet est la différence entre le revenu de la vente et le cumul de tous les coûts qui ont été attachés à l'objet jusqu'au moment de la vente.

2. Coûts de produit-coûts de période : difficultés d'attachement.

Un objet fabriqué mais non encore vendu est considéré comme étant en stock. Tous les coûts qui ont été attachés à cet objet au cours de sa fabrication seront donc, en comptabilité, considérés comme « stockés », c'est-à-dire non encore **reconnus.**

> On dit qu'**un coût est reconnu** dans une période lorsqu'il est mis en contrepartie d'un revenu généré par une vente.

Tout coût attaché à un objet stocké est donc « en attente de reconnaissance ». Tous les coûts doivent à un moment ou un autre être reconnus. Ils doivent donc apparaître un jour ou l'autre au compte de résultat. Tous les coûts non reconnus constituent la valeur des stocks. Le schéma ci-après montre comment les coûts se déplacent, en cascade, de compte en compte, et arrivent éventuellement à être mis en contrepartie du chiffre d'affaires au compte de résultat.

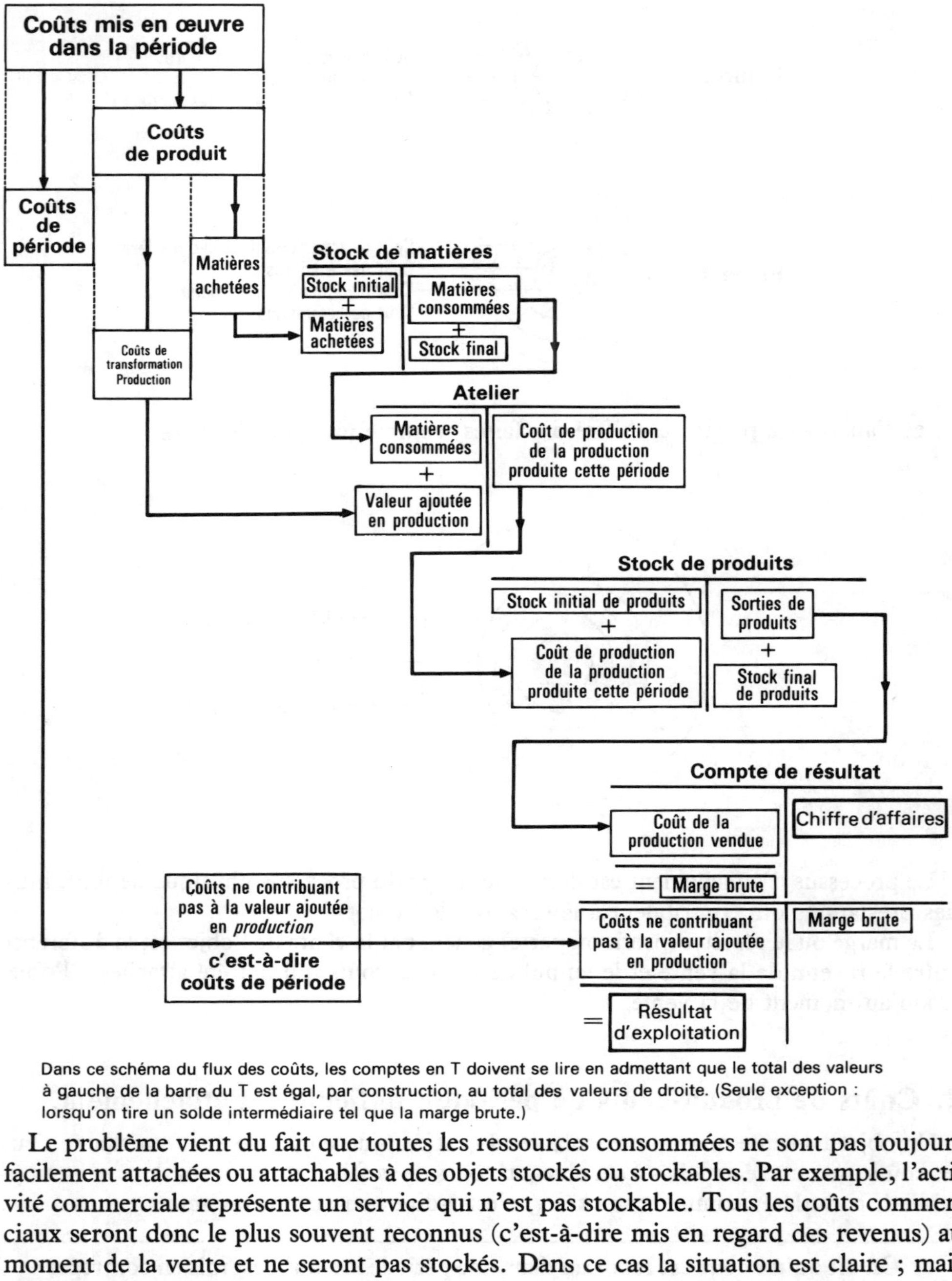

Dans ce schéma du flux des coûts, les comptes en T doivent se lire en admettant que le total des valeurs à gauche de la barre du T est égal, par construction, au total des valeurs de droite. (Seule exception : lorsqu'on tire un solde intermédiaire tel que la marge brute.)

Le problème vient du fait que toutes les ressources consommées ne sont pas toujours facilement attachées ou attachables à des objets stockés ou stockables. Par exemple, l'activité commerciale représente un service qui n'est pas stockable. Tous les coûts commerciaux seront donc le plus souvent reconnus (c'est-à-dire mis en regard des revenus) au moment de la vente et ne seront pas stockés. Dans ce cas la situation est claire ; mais qu'en est-il des ressources consommées telles que la rémunération du directeur général ? Sa prestation, que l'on peut décrire comme une prestation de coordination, bénéficie tant à l'activité de production (et à ce titre elle est attachable à l'objet fabriqué — donc stockable) qu'à l'activité commerciale (et à ce titre elle n'est pas stockable).

De nombreuses ressources mises en œuvre dans l'entreprise pourront être soit attachées à l'activité de production soit à l'activité commerciale. Du fait de l'existence des stocks le comptable devra choisir la procédure d'attachement qui lui paraît la plus utile. On parlera de **coût de produit** (c'est-à-dire de coûts stockables) et de **coûts de période** (c'est-à-dire de coûts non stockables).

Dans une comptabilité de caisse, la marge serait définie par la différence entre les recettes enregistrées et les coûts mis en œuvre pendant la période ; donc le principe d'attachement n'aurait aucun intérêt. Or nous ne sommes pas dans une comptabilité de caisse, et les stocks viennent jouer ici un rôle important.

Le compte de résultat, qui nous permet de calculer le profit, se présente en effet de la manière suivante :

Revenus enregistrés (dont la recette en espèces peut être asynchrone)
moins
Coûts de produit reconnus (c'est-à-dire coûts attachés aux produits sortis du stock pendant la période)
égale
Marge brute
moins
Coûts de période (c'est-à-dire non attachés à des produits stockés)
égale
Résultat de la période (produit ou perte).

Le Plan Comptable 1982 désigne par **coût de la production vendue** ce que nous avons appelé ci-dessus coûts de produits reconnus dans la période.

> Un **coût de produit** est un coût que l'on choisit d'attacher à un objet stockable et qui, par conséquent, servira à valoriser les stocks.

Tout coût de produit transitera toujours, même fictivement le cas échéant, par un stock (puisque les coûts suivent les flux physiques) avant d'être reconnu au compte de résultat.

Exemple :

Les coûts mis en œuvre dans un service Achats permettent de rendre la matière première disponible pour la production en créant le transfert de la marchandise de chez le fournisseur au magasin de l'entreprise, où elle devient effectivement disponible pour les producteurs. La matière première a donc bénéficié de la prestation représentée par les coûts du service Achats. On attachera donc les coûts du service Achats (au prorata de la prestation reçue) au coût de la matière première. Après, celle-ci est valorisée à son coût d'acquisition (prix payé au fournisseur plus tous les coûts des prestations d'acquisition). La matière première achetée est stockée et, comme la comptabilité n'est que le reflet de l'activité physique, les coûts attachés à la matière seront donc mis dans un compte stock, en attente de consommation — c'est-à-dire d'attachement à un objet plus élaboré qui « transportera » tous les coûts dont il a bénéficié et qui lui sont attachés, vers le compte de résultat (dont bien sûr une partie des coûts du service Achats qui lui ont été attachés lorsqu'on a intégré la matière au coût de l'objet). Les coûts du service Achats sont sans ambiguïté des coûts de produit puisqu'ils transitent par un compte de stock avant de pouvoir être reconnus au compte de résultat.

> Un **coût de période** est un coût que l'on choisit de reconnaître au compte de résultat dans la période où il est mis en œuvre sans le faire transiter, même conceptuellement, par un quelconque compte de stock.

Exemple :

Si l'on juge trop difficile le fait d'imaginer une procédure raisonnable et rationnelle pour attacher les coûts de la direction technique aux divers produits fabriqués dans les ateliers, on peut considérer ceux-ci comme des coûts de période qui seront reconnus au compte de résultat de la période, quelle que soit la variation des stocks d'objets auxquels la production a contribué. Les coûts de la direction technique sont donc, dans ce cas et par choix, des coûts de période qui ne seront pas pris en compte dans la valorisation des stocks.

Un court exemple chiffré permet d'entrevoir les conséquences de ces choix.

Soit une entreprise qui fabrique 10 flûtes et en vend 8, à 14 francs pièce, pendant une période. Les coûts variables de production sont de 9 francs par unité, et le coût de la direction de production est de 30 francs par période. Les coûts variables de production sont, sans ambiguïté, des coûts de produit ; par contre, un choix reste à faire concernant les coûts de la direction de production.

Si l'on considère les coûts de la direction de production comme des coûts de produit, le coût unitaire d'une unité produite est de 9 + (30/10) = 12 francs. Le résultat de la période est donc : (14 × 8) − (12 × 8) = 16 francs. 24 francs ne sont pas reconnus au cours de cette période, ils constituent la valeur du stock. Le stock final est de 2 flûtes, donc valorisées à 12 francs pièce (le coût de production unitaire, c'est-à-dire le montant des coûts attachés à chaque flûte).

Si, par contre, on considère que les coûts de la direction de production sont des coûts de période, le coût unitaire de production des flûtes ne va pas prendre en compte ce poste de coûts, et seuls les coûts variables de production seront des coûts de produit. Le coût unitaire de production est donc alors de 9 francs pièce. Le résultat de la période s'élève dans ce cas à :

(14 × 8) − (9 × 8) − 30 = 10 francs.

Le stock final, 2 flûtes, est dans ce cas valorisé à 9 francs pièce puisqu'aucun coût de la direction production n'a été attaché aux produits.

On voit donc que le choix entre coût de produit et coût de période peut avoir un impact très important sur le résultat d'une période, puisque les coûts reconnus, donc mis en regard du chiffre d'affaires au cours de cette période, évolueront selon les choix effectués.

Ici encore, nous nous trouvons dans une situation où la partition est conceptuellement claire, mais où la réalité l'est moins. Ici encore, il s'agit d'un continuum de coûts, qui sont clairement des coûts de produit, tels que matières et main-d'œuvre, et des coûts de période, tels que les coûts de commercialisation ou les coûts de recherche ; la majeure partie des coûts, cependant, tombe dans le « flou intermédiaire » et, à nouveau, le comptable doit faire des choix.

On parle alors de **coûts partiels** (la méthode des coûts variables est l'exemple le plus courant d'une méthode de coûts partiels) et de **coûts complets**, selon qu'on choisit de traiter les coûts plus ou moins en coûts de produit ou en coûts de période. Nous allons analyser en détail deux cas particuliers correspondant aux deux prises de position extrêmes :

— la méthode des coûts complets (tout coût de production est traité en coût de produit) ;

— la méthode des coûts variables (seuls les coûts de production variables sont traités en coût de produit).

3. La méthode du coût complet.

Cette méthode part du principe que **tous les coûts ayant trait à la production ou aux achats, de près ou de loin, sont des coûts de produit.** Il faudra donc trouver, surtout dans le cas de la multi-production, des règles pour attacher les coûts ainsi définis comme étant des coûts de produit aux divers objets fabriqués. Nous verrons comment résoudre ce problème dans le principe, mais le détail de ces types d'algorithmes sera examiné dans le chapitre 5.

Tous les coûts relatifs à l'activité production sont donc considérés comme formant le coût de la production produite. Ces coûts sont alors « transportés » au compte de résultat par les unités vendues afin d'être reconnus.

a) Le coût complet en mono-production

Exemple :

Prenons le cas d'une entreprise qui fabrique des saucissons d'âne. Le prix de vente d'un saucisson de 700 grammes est de 40 francs. Les coûts de production unitaires se composent de 10 francs de coût matière et de 5 francs de coût de main-d'œuvre variable. Les coûts de structure (loyer de l'atelier et des séchoirs, amortissement des machines, etc.) se montent à 70 francs par période.

Le coût de l'encadrement est de 30 francs par mois. Le coût de commercialisation est une commission au vendeur de 4 francs par saucisson et de 28 francs par mois.

Nous allons examiner la gestion de cette petite entreprise sur trois périodes pendant lesquelles l'activité de production et de vente a été la suivante :

	Période 1	*Période 2*	*Période 3*
Production :	8 saucissons	10 saucissons	12 saucissons
Vente :	5 saucissons	10 saucissons	15 saucissons

Les coûts de produit sont ici : 15 francs de coûts variables et 100 francs de coûts fixes de production. Ni la commission ni les coûts fixes de commercialisation ne peuvent être des coûts de produit puisque les saucissons n'ont pas bénéficié de la mise en œuvre de ces ressources avant leur stockage, et n'en bénéficieront que lors de la vente. Les coûts de commercialisation sont donc bien, comme prévu, des coûts de période.

La production changeant à chaque période, le coût unitaire de production changera également puisque les coûts fixes de production, eux, ne varient pas proportionnellement à la production. Ce coût de production unitaire est :

Période 1	*Période 2*	*Période 3*
15 + (100/8) = 27,50 F	15 + (100/10) = 25 F	15 + (100/12) = 23,33 F

C'est à ce coût unitaire que nous allons valoriser les entrées en stock. Comme il n'y a pas identité entre les quantités produites et les quantités vendues, il nous faut trouver une règle pour déterminer comment les coûts stockés sont « choisis » pour être reconnus au compte de résultat. Nous verrons en détail au chapitre 4 quels choix existent et quels sont leurs avantages et inconvénients respectifs. Pour l'instant, contentons-nous d'utiliser la méthode dite du « dernier entré-premier sorti », dans laquelle nous choisissons de sortir, c'est-à-dire de reconnaître, d'abord, les unités produites dans la période en cours. Dans cette méthode, si la production est supérieure aux ventes, les objets, sortis pour être vendus, ont un coût unitaire de la production vendue égal à leur coût unitaire de production.

Le compte de résultat de chaque période se présente donc comme suit :

	Période 1	*Période 2*	*Période 3*
Chiffre d'affaires :	5 × 40 = 200,00 F	10 × 40 = 400 F	15 × 40 = 600,00 F
Coût de la production vendue :	5 × 27,5 = 137,50 F	10 × 25 = 250 F	12 × 23,33 + 3 × 27,50 = 362,50 F
Marge brute :	62,50 F	150 F	237,50 F
Coûts de période :			
- commerciaux variables :	5 × 4 = 20,00 F	10 × 4 = 40 F	15 × 4 = 60,00 F
- commerciaux fixes :	28,00 F	28 F	28,00 F
Résultat :	14,50 F	82 F	149,50 F

Les coûts demeurant attachés à la production qui est restée en stock sont les suivants :

	Période 1	*Période 2*	*Période 3*
Période 1	3 × 27,50 = 82,50 F	82,50 F	0
Période 2	—	0	0
Période 3	—	—	0
Valeur du stock final	82,50 F	82,50 F	0

On voit par cet exemple :

— que le coût unitaire de production varie quand le volume varie. Ceci implique que le coût de revient qu'on calculera sur cette base ne pourra pas être un bon outil de décision, car pour choisir le niveau d'activité, il faudrait déjà connaître le niveau d'activité ;

— que le coût de la production vendue est proportionnel aux quantités vendues ;

— qu'une partie des coûts fixes de production est « stockée » dans le stock final et ne sera reconnue que plus tard. Ici, 3/8 des coûts fixes de production de la période 1 ne sont reconnus qu'à la période 3. Mais, bien entendu, tous les coûts sont reconnus à un moment ou à un autre.

b) Le coût complet en multiproduction

Il est simple, nous l'avons vu, d'attacher les coûts fixes de production aux objets quand on se trouve en mono-production, puisqu'il suffit de diviser les coûts fixes par la quantité. Mais le problème est plus complexe s'il y a deux ou plusieurs produits différents. On ne peut pas en effet diviser les coûts par une quantité de produits puisqu'il s'agit à la fois « de pommes et d'oranges ».

On passera donc par une unité intermédiaire qui nous permettra de mesurer l'activité indépendamment des objets fabriqués : cette unité est une **ressource intermédiaire** (on l'appelle aussi unité d'œuvre) qui mesure, en fait, la prestation fournie par l'atelier ou le centre de responsabilité. Par définition, tous les objets fabriqués dans un atelier bénéficient de cette prestation, et il est logique d'attacher les coûts aux objets au prorata de leur consommation de cette prestation. Les coûts de l'atelier servent donc d'abord à générer un volume de prestation qui est ensuite utilisé pour réaliser des produits. Le coût unitaire de la ressource intermédiaire peut se calculer exactement comme le coût de n'importe quel produit. Pour passer de ce coût au coût d'un produit précis, il suffit de multiplier le coût unitaire de la ressource intermédiaire par la consommation unitaire requise par chaque produit, pour obtenir le montant de coût que l'on va attacher à chaque produit.

En général, le choix de la ressource intermédiaire résulte de la nature de l'activité de l'atelier. Par exemple : pour un atelier très mécanisé, ce sera l'heure de machine (par groupe homogène de machines) ; pour un atelier de montage, ce sera l'heure de main-d'œuvre ; pour un atelier de manutention, ce sera le poids ou le volume manutentionné ; etc.

Exemple :

Une entreprise fabrique des chaises et des fauteuils :

Par unité	*Chaise*	*Fauteuil*
Consommation matières : Consommation main-d'œuvre : Consommation machines :	30 francs 0,50 heure 2,00 heures	50 francs 1 heure 3 heures
Coûts fixes de la période : Salaire horaire de la main-d'œuvre :	442,00 francs 40,00 francs	
Quantité produite :	5 chaises	8 fauteuils

Il est clair que nous devons pouvoir attacher ces 442 francs de coûts fixes de production aux fauteuils et aux chaises. On ne peut bien entendu pas diviser par 13 objets (5 chaises et 8 fauteuils). Par contre, on observe que l'heure de machine est une bonne ressource intermédiaire puisque l'atelier apparaît comme étant assez mécanisé (plus d'heures de machine que d'heures de main-d'œuvre). En passant par cette ressource intermédiaire on peut mesurer l'activité de l'atelier :

5 chaises × 2 heures/chaise + 8 fauteuils × 3 heures/fauteuil = 34 heures de machine.

Par une simple règle de trois on peut alors attacher les coûts fixes de production à chaque objet :

Coût fixe attaché à une chaise : (442/34) × 2 = 26 francs.
Coût unitaire d'une chaise : 30 + 20 + 26 = 76 francs.
Coût fixe attaché à un fauteuil : (442/34) × 3 = 39 francs.
Coût unitaire d'un fauteuil : 50 + 40 + 39 = 129 francs.

La ressource intermédiaire permet d'attacher les coûts de produits aux objets fabriqués, même en multiproduction. Nous verrons au chapitre 5 comment généraliser cette procédure.

c) Les problèmes du coût complet.

Le premier problème évoqué dans l'exemple des saucissons (voir plus haut), relève du fait que le coût complet n'**est pas un instrument décisionnel à court terme,** puisqu'il suppose une connaissance du volume d'activité avant d'effectuer les calculs. Or c'est précisément ce volume d'activité que l'on cherche à définir dans le cadre d'une gestion à court terme.

Le second problème est qu'il rend le résultat de l'entreprise **dépendant de la politique de production et de stockage** : si l'on veut montrer, à court terme, un bon résultat d'exploitation, il suffit de produire plus qu'on ne vend, donc d'augmenter les stocks, pour différer la reconnaissance d'une partie des coûts fixes de production vers une période future. Le coût complet, ainsi, permet de faire des travaux « cosmétiques » à court terme sur le compte de résultat.

C'est d'ailleurs, sans doute, parce que le législateur considère que l'économie française est normalement en expansion et, par conséquent, que les stocks sont toujours en augmentation (en anticipation de ventes futures), qu'il impose l'utilisation de la méthode du coût complet pour la détermination du résultat fiscal ; dans la mesure où le stock augmente effectivement, l'entreprise est amenée à payer l'impôt sur les bénéfices plus tôt qu'elle ne le ferait en utilisant la méthode du coût variable (que nous verrons plus loin dans ce chapitre).

d) Quand le coût complet est-il approprié ?

Nous venons de voir quelques problèmes posés par le coût complet. Pourquoi son usage est-il cependant si répandu ?

La première raison tient sans aucun doute au fait qu'il est **obligatoire sur le plan fiscal** (sauf de rares exceptions).

La seconde raison est qu'il y a des cas où la question du niveau d'activité n'est pas celle que l'on se pose. En effet, si par exemple on a déjà lancé un produit et que l'on cherche à voir quel en sera le **coût de revient à moyen terme** pour borner par le bas le prix de vente, il est possible que l'on connaisse le volume d'activité (avec une hypothèse de variation de stock nulle). En effet, on peut trouver dans le concept de cycle de vie de produit [(8)] un moyen de connaître le niveau d'activité. Lorsqu'un produit atteint sa « phase plateau », son volume annuel d'activité est assez stable. On connaît donc dans ce cas le dénominateur et l'on est en droit d'utiliser la méthode du coût complet pour calculer le coût de revient du produit.

Lorsqu'on est en multiproduction, il est possible d'utiliser la méthode du coût complet à des fins décisionnelles tant que le **niveau d'activité de la ressource intermédiaire est constant, et le restera**, quelles que soient les décisions prises. Dans le cas de plusieurs ateliers, le coût complet ne serait acceptable à des fins décisionnelles que si l'ensemble des ateliers opérait à un niveau d'activité constant pendant toute la période concernée par la décision.

L'emploi du coût complet est approprié lorsque le plein emploi des ouvriers ou des machines est assuré quels que soient les produits fabriqués (le plein emploi peut se définir comme un emploi de la main-d'œuvre à 95 % et des machines à 90 %, afin de garder

---

(8) Ce concept est développé en détail dans le livre de D. Lindon, *Le Marketing*, Fernand Nathan Éditeur, dans la même collection.

une certaine flexibilité nécessaire en gestion). Dans ce cas, le niveau d'activité, mesuré en unités de la ressource intermédiaire ou unités d'œuvre du ou des ateliers, est connu (par exemple, heures de main-d'œuvre ou heures de machine). On peut donc calculer le coût complet d'une unité de la ressource intermédiaire, et alors construire le coût complet de chaque produit, puisque le coût d'un produit est la somme des coûts de toutes les ressources consommées, y compris, bien sûr, la ressource intermédiaire. Toute utilisation de ce coût complet à des fins décisionnelles repose sur l'hypothèse que si un produit voit son niveau de vente baisser, un autre produit viendra consommer les ressources ainsi libérées et sera vendu à son tour. L'atelier flexible, dans lequel on peut passer indifféremment d'un produit à un autre, offre un contexte dans lequel le coût complet n'est pas inapproprié.

Il faut toujours vérifier, avant d'utiliser la méthode du coût complet, si l'hypothèse de niveau d'activité constant est bien respectée.

Décider du niveau d'activité de l'entreprise ou d'un atelier, ou du niveau des ventes d'un produit sont les décisions les plus fréquentes que les gestionnaires doivent prendre. La méthode du coût complet ne peut répondre aux besoins d'éclairer ce type de décision, puisque le calcul du coût complet requiert la connaissance du niveau d'activité, pour attacher les coûts fixes aux produits sur une base unitaire. Il y a là un **paradoxe** : utiliser le coût complet pour décider du niveau d'activité revient à choisir d'abord un niveau d'activité, puis à utiliser les calculs faits sur la base de ce niveau d'activité pour choisir **le** niveau d'activité ! Il nous faut donc trouver une méthode de calcul des coûts et de détermination du résultat qui soit indépendante de la réponse à la question que nous posons.

Nous voyons que la méthode du coût complet n'est pas utilisable dans toutes les situations décisionnelles. La méthode du coût variable apporte des éléments de réponse qui permettent de prendre des décisions à court terme sans tomber dans le piège du paradoxe mentionné ci-dessus.

4. La méthode du coût variable (9).

Le coût complet n'est pas un bon outil car il implique de diviser des coûts fixes par une quantité d'activité. Dans l'exemple des saucissons, le coût unitaire « non variable » passait de 27,50 francs/pièce à 25 francs/pièce et à 23,33 francs/pièce, selon que le niveau de la production était de 8, 10 ou 12 unités. Par contre, le coût unitaire variable restait le même quel que soit le niveau d'activité.

C'est donc uniquement la décision de traiter les coûts fixes de production comme des coûts de produit qui entraîne des problèmes dans l'utilisation du coût complet.

Il est logique par conséquent de créer une méthode dans laquelle **on n'attache aux produits que les coûts variables, directs et indirects, c'est-à-dire ceux qui restent constants par unité.** On retrouve alors dans les coûts de période tous les coûts fixes de production et les coûts fixes et variables de commercialisation, et les autres coûts que l'on choisit de traiter en coûts de période.

Voyons la différence de présentation du résultat en reprenant les données de l'exemple des saucissons.

---

(9) Cette méthode est également appelée « **Direct Costing** » ou « **Direct Costing évolué** ». Dans le Direct Costing on ne prend en compte comme coût de produit que les coûts **directs et variables**. Le Direct Costing évolué prend en compte, comme nous le faisons ici, les coûts **variables directs et indirects**.

	Période 1	Période 2	Période 3
Coût de production unitaire variable :	15 F	15 F	15 F

Comme toutes les unités sont produites au même coût unitaire, le problème de la valorisation du stock est simplement résolu et on n'a pas à spécifier, comme nous avions dû le faire pour le coût complet, dans quel ordre sont sortis les objets, et donc quels sont les coûts reconnus dans telle ou telle période. Le stock final sera le suivant :

Période 1	Période 2	Période 3
3 × 15 = 45 F	3 × 15 = 45 F	0

Comptes de résultat

	Période 1	Période 2	Période 3
Chiffre d'affaires :	5 × 40 = 200 F	10 × 40 = 400 F	15 × 40 = 600 F
Coût de la production vendue :	5 × 15 = 75 F	10 × 15 = 150 F	15 × 15 = 225 F
Marge :	125 F	250 F	375 F
Coûts de période :			
— coût de production fixe :	100 F	100 F	100 F
— coût de commercialisation variable :	5 × 4 = 20 F	10 × 4 = 40 F	15 × 4 = 60 F
— coût de commercialisation fixe :	28 F	28 F	28 F
Résultat de la période :	**– 23 F**	**82 F**	**187 F**
Pour mémoire, rappel du résultat en coût complet :	14,50 F	82 F	149,50 F

Nous voyons, en comparant les deux dernières lignes du tableau ci-dessus, que le choix coût complet/coût variable affecte le résultat de chaque période, mais n'affecte pas le résultat cumulé des trois périodes prises ensemble. En effet, nous avons construit un exemple dans lequel nous partons d'un stock initial nul et nous arrivons à un stock final nul. Il n'y a donc pas, lorsqu'on prend les trois périodes ensemble, de décalage de date de reconnaissance des coûts puisqu'on reste globalement à stock nul. Dans la vie quotidienne des entreprises, il est rare de rester à stock nul (sauf, bien sûr, dans le cas d'une entreprise de service) ; par conséquent, le choix d'incorporer tel ou tel coût dans les coûts de produit aura un impact sur le calendrier des résultats.

Si la méthode des coûts variables était autorisée sur le plan fiscal, il y aurait un décalage dans la date de paiement des impôts par rapport aux flux de paiement que l'on constate avec le coût complet (si l'entreprise est bénéficiaire), ce qui affecterait les cash-flows des entreprises et laisserait aux sociétés en expansion plus de ressources pour investir. Dans des pays tels que les États-Unis, chaque entreprise est libre de définir ses coûts de produit et de période en fonction de ses propres besoins, à la condition de ne pas changer de méthode plus d'une fois tous les cinq ans et, bien sûr, à condition de réévaluer les stocks en cas de changement, pour leur affecter une valeur correspondant à celle que la nouvelle méthode aurait donnée.

La méthode du coût variable est plus qu'une méthode de détermination du résultat, c'est aussi une méthode apportant des outils décisionnels puissants sur lesquels nous reviendrons en détail dans le chapitre 3. Essentiellemment, la méthode du coût variable soustend le concept de **contribution à la couverture des charges fixes** que nous avons introduit dans la section 1.

La **marge de contribution unitaire** représente la différence entre le prix de vente unitaire et la somme des coûts variables unitaires (de production, directs et indirects, comme de commercialisation). Pour simplifier le langage, nous substituerons le terme **contribution unitaire** au terme **marge** de contribution unitaire.

La contribution unitaire mesure la capacité d'un produit à **absorber** les coûts fixes, c'est-à-dire à les résorber. Chaque produit vendu contribue à résorber (absorber ou couvrir) les coûts fixes totaux qui sont, par définition, indépendants du volume d'activité. Or, cette capacité unitaire d'absorption des coûts fixes est constante pour un produit donné, quel que soit son niveau d'activité (à l'intérieur d'une plage pertinente d'activité, bien sûr), parce que ne sont pris en compte que des coûts variables.

La décision de gestion revient donc à déterminer le niveau d'activité de tous les produits de telle manière que la somme des **contributions globales de chaque produit** (c'est-à-dire la contribution unitaire multipliée par le nombre d'unités vendues) couvre au moins les coûts fixes. La contribution continuant à être générée, après que les coûts fixes aient été absorbés, construit le profit éventuel de l'entreprise qui résulte des niveaux d'activité choisis par le gestionnaire.

5. Le choix coût de produit/coût de période affecte la saisie des informations tout au long du cycle de gestion.

Maintenant que nous avons vu le principe du choix « produit/période », il nous faut élargir le tableau pour bien comprendre que ce choix se pose dans l'entreprise à chaque fois qu'il y a un stock ou à chaque fois qu'il y a un changement de ressource intermédiaire ou d'unité d'œuvre définissant la prestation d'un centre de responsabilité (ou centre d'analyse).

Le décalage dans la reconnaissance des coûts fixes dans un compte de résultat sera d'autant plus grand qu'il y a un processus de production plus complexe.

Nous allons donc voir quels flux permettent de construire le résultat.

On constate sur le diagramme de la page suivante que le calcul du coût d'un objet, le calcul de son coût de revient et le calcul du résultat de l'entreprise sont l'aboutissement de calculs en cascade qui permettent au coût de toutes les ressources consommées d'arriver un jour ou l'autre à être reconnu. Les coûts qui « transitent » ainsi d'une ligne à l'autre sont toujours attachés à un support physique : l'objet semi-fini ou fini. Il se déplace d'un atelier à un autre et cause un mouvement parallèle en comptabilité puisque le **coût est l'image de l'objet.** Les coûts se déplacent ainsi de compte en compte, comme les objets se déplacent d'atelier en atelier.

Comme on peut le remarquer dans ce diagramme, il y a plusieurs endroits où le choix coût complet/coût partiel affecte les flux :

— dans l'allocation des coûts du service Achats,

— dans chaque atelier où les produits semi-finis ou finis sont élaborés.

Nous avons, dans ce diagramme, introduit un mot nouveau : **en-cours.** Cela a été nécessaire parce que les coûts mis en œuvre au cours d'une période le sont pour trois finalités dans chaque centre de responsabilité :

• Pour terminer des unités qui ont été débutées mais non finies dans la période précédente. La valeur des ressources attachées à ces objets, au cours de la période précédente, est la valeur de l'en-cours initial.

• Pour débuter et transformer complètement des unités dans cet atelier pendant cette période.

• Pour débuter, sans avoir le temps de les terminer, des unités pour lesquelles la valeur des ressources qui leur ont été attachées est la valeur de l'en-cours final. Ce sont des unités qui n'ont pas encore reçu la totalité de la prestation de transformation de l'atelier, et donc ne sont pas encore transférables à un stock, en aval, de produits finis ou semi-finis. La valeur des ressources consommées par ces objets, soit le montant des coûts qui leur sont attachés au cours de cette période, constitue la valeur de l'en-cours final.

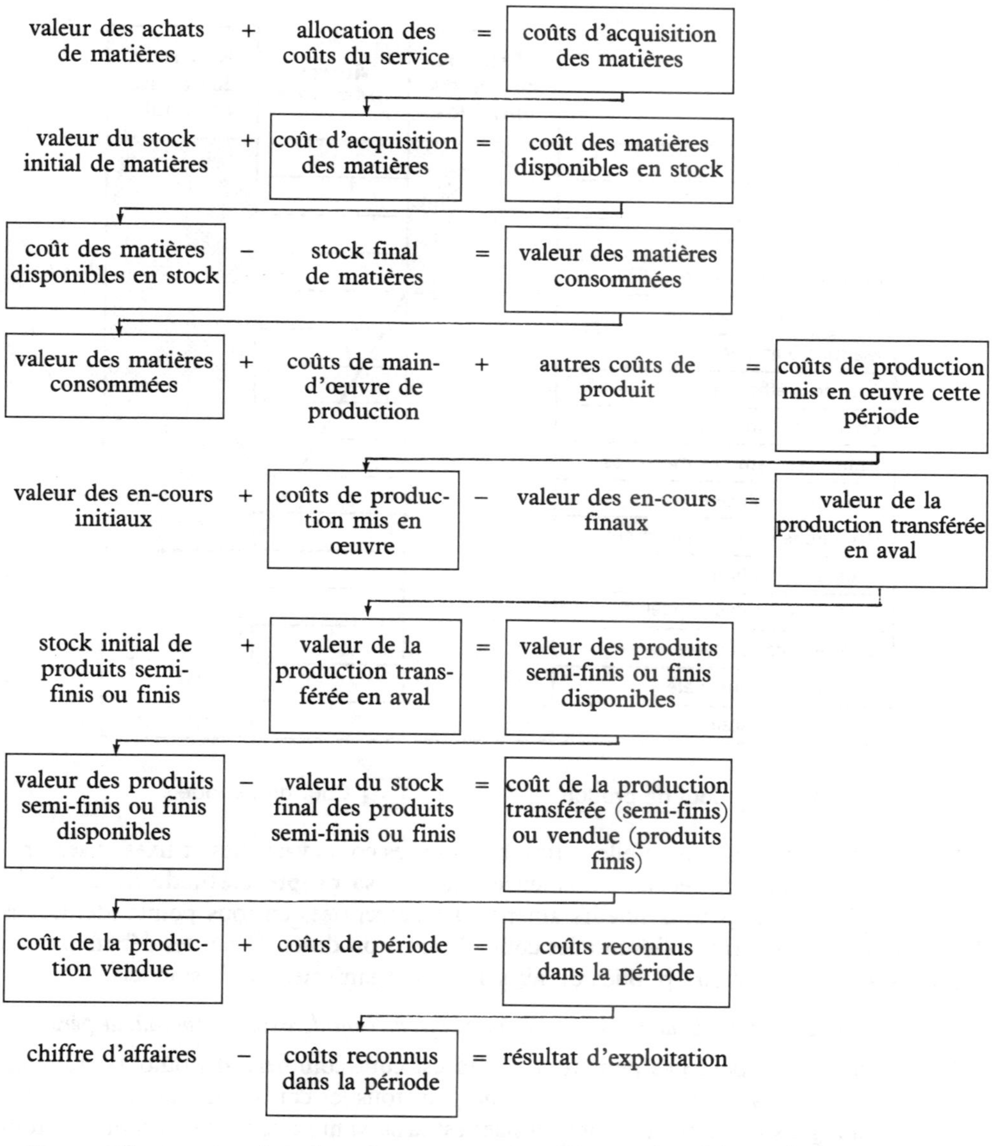

On appelle en-cours la valeur des ressources attachées à des objets qui n'ont pas encore reçu la totalité de la prestation de l'atelier dans lequel cet en-cours est calculé.

Aucune ressource ne reste indéfiniment dans un en-cours puisque les ressources mises en œuvre au début de la période suivante sont réputées servir à terminer l'objet (par rapport à ce stade de transformation) afin qu'il puisse « emmener » avec lui les ressources qui lui sont attachées vers un compte de stock et, on le voit sur le diagramme ci-dessus, éventuellement vers le compte de résultat.

6. Coût de produit/coût de période : conclusion.

Nous avons vu comment les deux choix étudiés avaient mené à des méthodes différentes de calcul du résultat. Il existe en fait une infinité de possibilités qui représentent **les méthodes des coûts partiels.** Comme le montre le diagramme ci-dessous, la méthode des coûts variables et la méthode des coûts complets ne sont que des cas particuliers. Nous les avons exposées pour leur valeur illustrative et aussi parce qu'elles sont fréquemment utilisées dans les entreprises, seules ou conjointement.

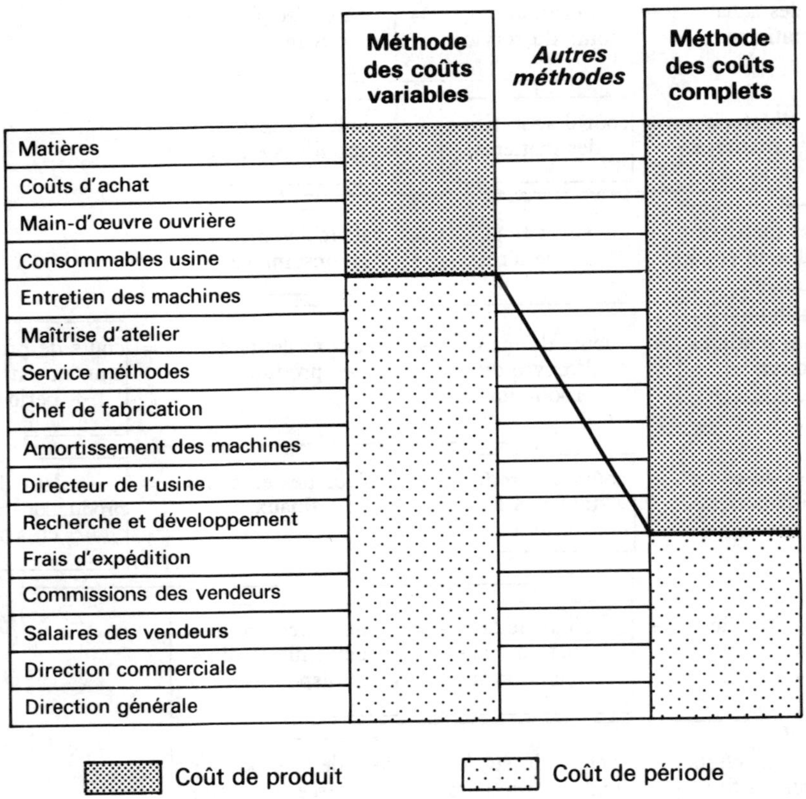

Chaque entreprise, parce qu'elle définit ses propres coûts variables et fixes et ses propres coûts directs et indirects, sera amenée à définir **sa propre méthode** de calcul du coût de revient. Ceci peut d'ailleurs amener des entreprises en tous points identiques à calculer de manière très différente les coûts de leurs produits. D'où des débats parfois difficiles avec les pouvoirs publics ou au sein des organismes professionnels.

Comment décider si un coût doit être attaché à un objet ou considéré comme un coût de période ?

La question ne se pose pas pour tout ce qui est coût commercial (toujours traité en coût de période), mais c'est un vrai problème pour tous les coûts qui touchent à la production. La règle simple que l'on doit utiliser est la suivante : ce poste de coût, qui touche à la production, sera-t-il affecté par ma décision d'avoir tel ou tel niveau d'activité ? Si la réponse est oui, il faut alors le considérer comme un coût de produit. L'important dans cette règle est que la définition coût de produit/coût de période peut changer avec chaque décision.

En fin de compte, il ne faut pas perdre de vue que la comptabilité analytique s'adresse aux décideurs, et c'est à leurs besoins qu'elle doit répondre. Il ne doit par conséquent pas y avoir d'a priori sur une méthode plus qu'une autre.

Fixe-variable, direct-indirect, produit-période : nous avons vu dans les trois sections précédentes comment l'on pouvait décomposer une masse de coûts pour répondre aux besoins des décideurs. Il faut se souvenir que ces **découpages constituent des choix** et qu'ils sont donc toujours croisés.

Déplions notre « cube » du départ et voyons quelques exemples de coûts à l'intérieur des 8 sous-sections que nos dichotomies ont créées.

		coût variable	**coût fixe**
coût de produit	**coût direct**	• main-d'œuvre payée à la pièce • matières premières consommées • emballages	• main-d'œuvre mensualisée • dotation aux amortissements d'une machine monoproduit
coût de produit	**coût indirect**	• énergie • fournitures • petit outillage	• salaires de l'encadrement • dotation aux amortissements des machines multi-usages et multi-produits • dotation aux amortissements des bâtiments de production
coût de période	**coût indirect**	• communications téléphoniques des commerciaux • remises pour quantité multi-produit au réseau	• salaires de l'administration • frais financiers sur un emprunt remboursable en une seule fois • salaire du directeur commercial
coût de période	**coût direct**	• commissions aux vendeurs	• salaire d'un assistant-chef de produit ne travaillant que pour un seul produit

Exemples de coûts dans les trois partitions

Cette liste d'exemples n'est bien entendu pas exhaustive, et chacun pourra la compléter en fonction de son expérience propre et de ses besoins.

Nous avons vu dans les sections précédentes les trois partitions de coûts les plus importantes et les plus fréquemment utilisées. Mais d'autres concepts de coûts peuvent répondre à des besoins différents. Nous allons voir dans la section qui suit trois autres définitions de coûts répondant à des besoins très spécifiques.

IV - Classification des coûts par rapport à la prise de décision.

Jusqu'ici, nous avons considéré les trois classifications dont le comptable dispose pour analyser les données du passé. Ces concepts permettent d'aider le gestionnaire à évaluer et à contrôler le fonctionnement de son organisation, et à identifier éventuellement les actions correctives requises. Cependant, dans une très large mesure, ces données sont historiques et ne sont pas, dans leur forme analytique pure, à même de nous informer complètement pour les décisions de planification. La connaissance des coûts historiques est la première étape dans le processus de prévision des coûts pour le futur. Les classifications que nous avons identifiées plus haut seront d'une grande aide pour la prévision puisque chaque classification nous amène à réfléchir à tel ou tel aspect des relations causales spécifiques de cette activité. Si nous pouvons attacher les labels de nos classifications à chaque poste de dépense du compte de résultat de la comptabilité générale, nous disposons d'une bonne base pour identifier les paramètres et les relations que nous devrons quantifier afin de prévoir les nouveaux coûts pour une décision particulière. Nous parlons alors de coûts prévisionnels. Ce point sera développé en détail lorsque nous aborderons les coûts standards et la comptabilité prévisionnelle ou budgétaire, dans le chapitre 6.

En plus du besoin de prévision de l'évolution des coûts en fonction du volume d'activité, du changement de technologie ou du taux d'inflation, une autre forme de pensée et de mesure s'avère nécessaire. Au lieu de dire : « Tel était le coût, dans la mesure où nous pouvons le déterminer en fonction de ce qui s'est produit », le comptable doit maintenant répondre aux besoins du gestionnaire et lui dire : « Tels seront les coûts, dans la mesure où nous pouvons prévoir ce qui va se passer ». Le comptable doit donc utiliser les informations passées, les introduire dans un modèle de prévision et estimer le coût futur. Outre l'estimation des montants de coûts afférents à un plan d'action complexe, le comptable est amené à participer à des études ponctuelles pour lesquelles deux concepts de coûts seront utiles : le coût marginal et le coût d'opportunité.

1. Le coût marginal.

Le coût marginal est le coût encouru pour produire et/ou vendre une unité d'activité supplémentaire par rapport au plan d'action existant.

Le coût marginal peut être évalué par différence entre le coût du plan d'action existant et le coût (prévisionnel) du plan d'action révisé qui comprendrait l'unité d'activité supplémentaire.

Exemple :

Calcul des coûts supplémentaires qui seront encourus si une commande supplémentaire de 100 000 unités était acceptée. La connaissance du coût supplémentaire ou marginal permettra au gestionnaire de décider à quel prix, éventuellement plus bas que le prix courant, il pourrait négocier cette commande supplémentaire exceptionnelle. Nous produisons et commercialisons actuellement 500 000 unités à 1,25 F par unité.

	Coût total au volume d'activité actuel	Coût total si la commande est acceptée	Coût marginal de la commande
Matière	100 000 F	125 000 F	25 000 F
Main-d'œuvre	300 000 F	360 000 F	60 000 F
Électricité	20 000 F	23 000 F	3 000 F
Amortissement	50 000 F	50 000 F	—
Main-d'œuvre indirecte	50 000 F	55 000 F	5 000 F
Entretien	10 000 F	12 000 F	2 000 F
Autres coûts	20 000 F	20 000 F	—
	550 000 F	645 000 F	95 000 F

Le coût marginal de la commande est donc de 95 000 F, soit un coût moyen de l'unité produite au coût marginal (de 500 001 unités à 600 000 unités) de 0,95 F, alors que le coût moyen de l'unité « normale » est de 1,1 F. Nous voyons dans cet exemple que l'on pourrait envisager de négocier la commande marginale à un prix de vente inférieur au prix « normal » de 1,25 F.

2. Coût marginal et coût variable.

On appelle coût marginal le changement de niveau des coûts résultant d'un changement du plan d'action qui était (ou qui est) en train de se réaliser.

On peut dire que le coût marginal est un coût variable dont la cause de variabilité est le changement du plan d'action. Bien que très souvent on confonde coût variable (tel que défini dans la section I) et coût marginal, on doit se rendre compte que c'est là une simplification abusive. En effet, on peut avoir un coût « fixe » qui change de palier avec le changement du plan d'action : par exemple, le changement ne peut être réalisé que si une nouvelle machine est acquise, le coût de l'amortissement augmente à cause du changement, nous avons donc un coût marginal positif mais la nature du coût d'amortissement reste celle d'un coût fixe.

Parce qu'on considère qu'un coût variable est linéaire pour une certaine plage d'activité, on peut très souvent identifier le coût marginal unitaire au coût variable unitaire. Mais la loi des rendements décroissants nous indique que lorsqu'on arrive à saturation de l'outil de production, le coût marginal unitaire réel tend à être supérieur au coût variable unitaire résultant de l'hypothèse de linéarité.

3. Coûts engagés indifférents.

Tous les coûts ne changent pas lorsque la firme modifie son plan d'action. De même que nous avons des coûts fixes par rapport au volume d'activité, il existe des coûts « fixes » par rapport au changement de plan d'action : que le choix aille dans un sens ou dans l'autre, les coûts sont les mêmes. Ces coûts n'ont donc aucun impact sur la décision puisqu'ils restent les mêmes dans toutes les alternatives envisagées. En général, les coûts « engagés indifférents » sont des coûts hérités du passé, soit qu'ils se rapportent à des activités terminées, soit que rien dans le futur ne puisse les modifier.

Par exemple, dans la réalisation d'un projet comprenant plusieurs étapes, à la fin de la première étape, on se pose la question de savoir si l'on conserve le plan d'action initial (appelons-le phase 2) ou si l'on adopte un nouveau plan d'action à la suite de l'introduction d'une nouvelle technologie (appelons cette voie phase 2 bis). Les coûts de la phase 1 sont des coûts « engagés indifférents » puisque ils portent sur le passé et que le choix entre « phase 2 » et « phase 2 bis » ne viendra pas le modifier.

Ce concept est particulièrement important dans les décisions d'investissement. En effet, très souvent on entend les gestionnaires dire : « On ne peut pas abandonner cette voie, on y a déjà beaucoup trop investi, il faut rentabiliser l'investissement ». En fait, les montants engagés ne nous intéressent pas véritablement. **Seuls les coûts futurs importent.** Si, en continuant sur le plan initial, on pense que des pertes vont continuer à s'accumuler, tandis qu'en abandonnant le plan on observera une cessation des pertes, il est clair que, quel que soit le montant de « l'investissement » engagé jusqu'à ce jour, il vaut mieux renoncer au plan d'action initial. C'est un tel raisonnement qui a amené la Grande-Bretagne et la France à abandonner le projet Concorde après la fabrication de la 14e unité, et ceci malgré un énorme investissement cumulé sur le projet : les coûts de développement engagés ont été indifférents dans le choix fait ; seuls les flux de coûts pour le futur ont été pris en considération.

Nous pouvons déduire de la définition du coût marginal et des coûts engagés indifférents, une troisième définition, qui résume bien la problématique décisionnelle dans laquelle nous nous trouvons, celle du coût pertinent.

On appelle coût pertinent tout coût futur qui peut être modifié par la décision de retenir tel ou tel plan d'action.

4. Coût d'opportunité.

Lorsqu'on prend la décision d'allouer des ressources pour un certain plan d'action, par définition, on ne les alloue pas aux plans d'action qui ont été rejetés par l'analyse de leurs résultats prévisionnels.

On appelle coût d'opportunité d'une décision la différence entre la marge générée par un plan d'action et celle, supérieure, qu'aurait générée un meilleur plan d'action.

Exemple [10] :

Je possède une machine d'occasion que je peux vendre aujourd'hui 5 000 F. Si je la vends dans un an, sa valeur de revente ne sera que de 75 F. Si je la garde en production pendant un an, elle générera une marge de 6 000 F [(prix de vente − coûts directs) × quantité de produits fabriqués et vendus − coûts de maintenance et de fonctionnement de la machine].

Plan d'action 1 : je garde la machine, je reçois donc : 6 000 + 75 = 6 075 F.

Plan d'action 2 : je vends la machine tout de suite, je reçois donc : 5 000 F.

La différence entre les marges des deux plans d'action (abstraction faite de toute incidence fiscale) est de 1 075 F. Choisir le plan d'action 2 reviendrait à renoncer à la possibilité de recevoir 1 075 F de marge supplémentaire. Le coût d'opportunité du plan d'action 2 par rapport au plan d'action 1 est de 1 075 F. Le coût d'opportunité du plan d'action 1 par rapport au plan d'action 2 est égal à zéro puisqu'on a pris la meilleure décision.

Nous appellerons coût d'opportunité d'un système d'information, la perte de marge que ce système engendre en amenant le gestionnaire à prendre une décision qui n'est pas la décision optimale.

Autre exemple :

Soit une entreprise qui fabrique et commercialise deux produits P_1 et P_2. Supposons que cette entreprise ait un système d'information lui indiquant que la marge sur le produit P_1 est de 13,75 F par unité et celle sur le produit P_2 de 15 F par unité. Par ailleurs, il faut une unité de matière pour chacun des produits et un produit P_2 consomme deux heures de main-d'œuvre alors que P_1 n'en consomme qu'une seule.

Le problème de gestion réside dans la combinaison des quantités de P_1 et P_2 à produire pour maximiser la marge sur une période. Il peut être représenté sous la forme d'un programme linéaire :

Maximiser $13{,}75\ Q_1 + 15\ Q_2$, c'est-à-dire obtenir la marge totale la plus importante possible, sous réserve de satisfaire les contraintes suivantes :

— $Q_1 + Q_2 \leqslant 400$ car 400 unités de matière sont disponibles pour la période ;
— $Q_1 + 2\ Q_2 \leqslant 500$ car 500 heures de main-d'œuvre sont disponibles pour la période ;
— $Q_1 \geqslant 0$ et $Q_2 \geqslant 0$ puisque la production ne peut être négative.

Une représentation graphique du problème montre que seules 3 combinaisons de production méritent d'être examinées :

(1) $\begin{cases} Q_1 = 0 \\ Q_2 = 250 \end{cases}$ (2) $\begin{cases} Q_1 = 300 \\ Q_2 = 100 \end{cases}$ (3) $\begin{cases} Q_1 = 400 \\ Q_2 = 0 \end{cases}$

(10) Dans cet exemple, on ne tiendra compte ni de l'incidence de la possibilité d'investir ces 5 000 F, ni de la dépréciation monétaire subie par les 75 F au cours de la période.

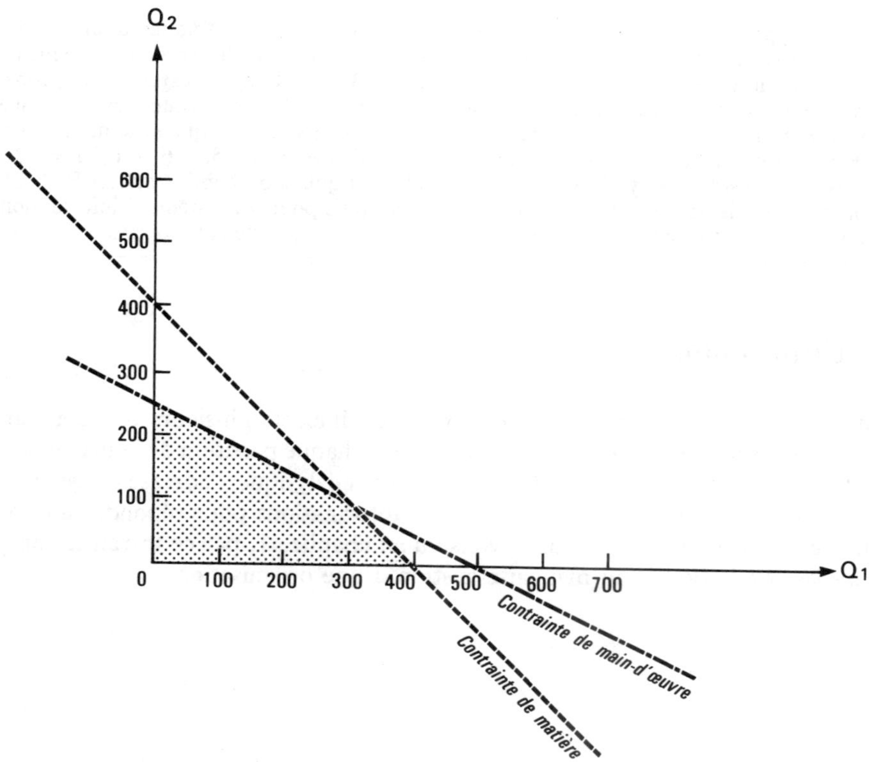

Pour ces 3 points (3 plans d'actions exclusifs), les marges sont :

(1) (13,75 × 0) + (15 × 250) = 3 750 F
(2) (13,75 × 300) + (15 × 100) = 5 625 F
(3) (13,75 × 400) + (15 × 0) = 5 500 F

Il est évident que la combinaison (2) donne la marge la plus grande, en l'occurrence 5 625 F. Donc le choix du gestionnaire se portera sur cette combinaison : $Q_1 = 300$; $Q_2 = 100$.

Du fait que le comptable a probablement établi les marges unitaires par l'utilisation d'approximations linéaires (voir section I), on peut se demander si le choix (2) est bien, en fait, le bon choix. Examinons trois autres valeurs possibles que nous aurions pu trouver pour la marge sur P_1 si l'on avait défini, par exemple, les plages pertinentes d'activité d'une autre manière. Voyons si le choix aurait changé.

Marge « vraie » sur P_1	Choix « optimal »	Marge totale réelle générée par le plan d'action choisi : $Q_1 = 300$ $Q_2 = 100$	Marge totale optimale (si l'on avait fait le choix optimal)	Coût d'opportunité du système d'information qui donne une marge de 13,75 F
10 F	$Q_1 = 300$ $Q_2 = 100$	4 500 F	4 500 F	0
15 F	$Q_1 = 300$ $Q_2 = 100$	6 000 F	6 000 F	0
20 F	$Q_1 = 400$ $Q_2 = 0$	7 500 F	8 000 F	500 F

On constate que, même si la marge réelle n'est pas égale à celle qui avait été estimée, soit 5 625 F, le coût d'opportunité du système d'information est nul tant que la décision optimale ne change pas.

Le coût d'opportunité d'un système d'information est toujours lié à la notion d'analyse de sensibilité, et c'est ce coût d'opportunité qui sera comparé au coût d'amélioration du système d'information qui aurait donné une valeur de 20 F au lieu de 13,75 F. On peut exploiter les probabilités que la véritable marge soit de 20 F quand le calcul nous dit 13,75 F pour évaluer en fait l'espérance de coût d'opportunité. En effet, si la probabilité que le réel soit 20 F quand le message indique 13,75 F n'est que de 10 %, le coût d'opportunité ne s'élève qu'à : 500 F × 0,10 = 50 F. Si, par contre, on considère le système comme peu fiable, et que la probabilité atteint 50 %, le coût d'opportunité est de 250 F. On est donc prêt à payer plus pour un système d'information amélioré, lorsque le système existant donne une forte probabilité qu'une autre décision soit optimale.

V - Conclusion.

Notre but dans ce chapitre a été de montrer qu'il existe plusieurs concepts de coûts servant à analyser une même réalité économique : chaque partition de la masse des coûts répond à un objectif décisionnel. La comptabilité analytique s'adresse au gestionnaire, et le comptable doit structurer et agréger les informations pour répondre aux besoins de chaque situation. Comme nous l'avons vu au chapitre 1, par ce travail le comptable est à la base de la bonne ou mauvaise gestion d'une organisation.

Annexe 1 : Dérivation des paramètres de la droite des moindres carrés.

La méthode des moindres carrés recherche la droite qui permet de minimiser la somme des carrés des distances, mesurées parallèlement à l'axe des ordonnées entre la droite et les points du graphe de dispersion.

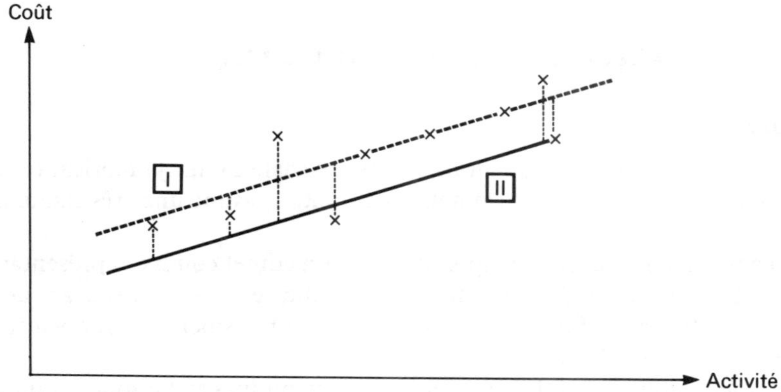

Ainsi, la droite I représente une meilleure estimation de la relation linéaire que la droite II, car elle engendre une somme des carrés des déviations mesurées parallèlement à l'axe des ordonnées plus faible que celle de la droite II. Pour chaque volume d'activité l'écart est calculé comme étant : $C_i - (CF + cv \times V_i)$, où C_i est le coût observé au volume V_i, et où CF et cv sont les paramètres de la droite de régression.

Donc on cherche à minimiser la somme S :

$$S = \sum_{i=1}^{n} [C_i - (CF + cv \times V_i)]^2$$

Pour minimiser cette fonction on prend les dérivées partielles de S par rapport à CF et cv, et on recherche les valeurs pour lesquelles elles s'annulent :

$$\frac{dS}{dCF} = \sum_{i=1}^{n} (-2) [C_i - (CF + cv + V_i)] = 0$$

et :

$$\frac{dS}{dcv} = \sum_{i=1}^{n} (-2 V_i) [C_i - (CF + cv \times V_i)] = 0$$

En simplifiant, on trouve :

$\Sigma C_i - n\, CF - cv\, \Sigma V_i = 0$ et : $\Sigma V_i \times C_i - CF\, \Sigma V_i - cv\, \Sigma V_i^2 = 0$

Par substitutions successives, on obtient :

$$CF = \frac{\Sigma C_i - cv\, \Sigma V_i}{n}$$

et :

$$\Sigma V_i \times C_i - \left(\frac{\Sigma C_1 - cv\, \Sigma V_i}{n}\right) \Sigma V_i - cv\, \Sigma V_i^2 = 0$$

Par conséquent :

$$cv = \frac{n \Sigma (V_i \times C_i) - \Sigma V_i \Sigma C_i}{n \Sigma V_i^2 - (\Sigma V_i)^2}$$

Annexe 2 : Exercice d'application corrigé.

Le problème

Bohuslav Czarda est un fabriquant de jouets, spécialisé dans la fabrication et la commercialisation de maquettes de locomotives en laiton, ayant une très haute qualité de finition.

Il emploie une main-d'œuvre temporaire que l'on admet comme représentant un coût variable. L'atelier est équipé de machines variées qui servent à finir, avant assemblage, les pièces reçues brutes de fonderie (les pièces ne sont pas stockées). Il n'y a aucun stock de maquette au début d'octobre.

Les fiches techniques (simplifiées) des deux locomotives sur lesquelles on a travaillé en octobre 19X6 s'établissent comme suit :

	Loco. 141-E	*Loco. 030-T*
Matières (pièces)	150 francs	200 francs
Main-d'œuvre	3 heures productives	1 heure productive
Utilisation des machines	2 heures de machine	6 heures de machine

La main-d'œuvre coûte, toutes charges comprises, 100 francs par heure de travail productif.

Le coût de l'atelier, hors matières et main-d'œuvre, est considéré par Bohuslav Czarda comme pouvant se formuler ainsi :

4 500 francs/mois + 80 francs/heure de machine.

Les coûts commerciaux se composent d'un coût fixe mensuel de 6 270 francs et d'un coût variable (commissions) de 10 % du prix de vente.

La locomotive 141-E est vendue 800 francs pièce et la locomotive 030-T 1 700 francs pièce.

L'activité du mois est décrite dans le tableau ci-dessous :

	Loco. 141-E	*Loco 030-T*
Production	45 unités	25 unités
Vente	40 unités	20 unités

Question 1.

a) Quel est le coût unitaire variable de production pour chaque modèle de locomotive ?

b) Quel est le coût unitaire complet de production pour chaque modèle de locomotive ?

Question 2.

Quel est le coût de revient unitaire direct de chaque modèle de locomotive vendu ?

Question 3.

a) Quel est le coût de revient unitaire variable de chaque locomotive vendue ?

b) Quel est le coût de revient unitaire complet de chaque locomotive vendue ?

Question 4.

Quel est le coût de la production vendue pour le mois d'octobre 19X6 ?

Question 5.

Présenter le compte de résultat du mois d'octobre 19X6 :

a) en utilisant la méthode des coûts variables ;

b) en utilisant la méthode des coûts complets.

Question 6.

a) La locomotive 141-E est-elle un produit rentable ? Commentez.

b) En faisant l'hypothèse que l'on abandonne la 141-E, quel serait le résultat du mois d'octobre 19X6 si l'on fabriquait 35 locomotives 030-T et que l'on en vendait 32 ?

Question 7.

(On revient, pour cette question, à la situation de la question 5.)

En novembre 19X6, Bohuslav Czarda n'a aucune activité de production. Il vend les maquettes qu'il détenait en stock à la fin d'octobre. Présenter le compte de résultat de novembre 19X6 :

a) en utilisant la méthode des coûts variables ;

b) en utilisant la méthode des coûts complets.

Avant de lire les réponses proposées, vous êtes invité à traiter vous-même les questions.

Éléments de réponse :

Question 1.

a) Le coût variable de production est composé des coûts de matières et de main-d'œuvre, et des coûts indirects variables de l'atelier. Le coût variable unitaire de production est donc :

		141-E		*030-T*
Matières		150 F		200 F
Main-d'œuvre	3 × 100 =	300 F	1 × 100 =	100 F
Frais indirects variables	2 × 80 =	160 F	6 × 80 =	480 F
Coût unitaire variable de production		610 F		780 F

b) Le coût complet de production est égal au coût variable de production plus une allocation de coûts fixes de production. Pour pouvoir allouer les coûts fixes de production entre les deux modèles de locomotives produites, il faut passer par une unité de ressource intermédiaire ou unité d'œuvre, puisque les deux types d'objets fabriqués sont différents. Le nombre d'heures de machines est la mesure de la consommation des unités de ressources intermédiaires que nous retenons. Ce choix est, en fait, déjà indiqué dans l'énoncé même du problème, puisque l'équation de coût décrivant le processus de génération des coûts de l'atelier mentionne que les coûts variables de l'atelier (c'est-à-dire les coûts indirects variables) sont proportionnels au nombre d'heures de machines. Ce choix est également motivé par le fait que l'entreprise consomme plus d'heures de machines que d'heures de main-d'œuvre, ce qui suppose un atelier assez automatisé.

L'activité productive du mois, pour les 45 locos 141-E et les 25 locos 030-T, a requis :

2 h × 45 + 6 h × 25 = 240 heures

Avec chaque heure de machine utilisée, nous pouvons donc attacher au produit qui en a bénéficié un montant de coûts fixes de (4500/240) = 18,75 francs.

Le coût complet unitaire de production s'établit alors comme suit :

		141-E		030-T
Coût variable de production..........		610,00 F		780 F
Coûts fixes de production alloués.....	2 × 18,75 =	37,50 F	6 × 18,75 =	112,50 F
Coût unitaire complet de production..		647,50 F		892,50 F

Question 2.

Le coût de revient direct est constitué de tous les coûts directs qui doivent être attachés à un produit pour qu'il puisse être vendu. Les coûts directs sont ici au nombre de trois : les matières, la main-d'œuvre et les commissions aux vendeurs. Les coûts de l'atelier sont par définition considérés comme des coûts indirects puisqu'ils représentent les consommations de ressources requises pour créer l'environnement dans lequel l'activité productive s'inscrit.

Le coût unitaire direct de chaque type de locomotive est donc :

	141-E	030-T
Matières	150 F	200 F
Main-d'œuvre.........................	300 F	100 F
Commissions des vendeurs.............	80 F	170 F
Coût de revient unitaire direct.........	530 F	470 F

Question 3.

a) Le coût de revient variable unitaire est égal à la somme de tous les coûts variables qui ont été attachés à une locomotive pour la fabriquer et la vendre. Dans ce cas précis, où nous sommes dans une entreprise qui n'a pas de stock initial et qui produit plus qu'elle ne vend, nous pouvons facilement déterminer le coût de la production vendue en coût variable. Il est, en effet, égal au coût de production variable. Cette égalité, cependant, n'est pas toujours vérifiée si l'on travaille en coût historique, puisqu'il peut y avoir des unités en stock initial qu'il faudra prendre en compte. Le chapitre 4 traitera en détail les procédures requises pour résoudre ce problème particulier. L'égalité coût variable unitaire de production et coût unitaire variable de la production vendue est, par contre, le plus souvent vérifiée en gestion prévisionnelle car, les stocks étant éphémères, la valorisation du stock ne sera pas prise en compte dans la majorité des décisions du type de l'analyse de rentabilité ou du choix d'un niveau d'activité.

Les coûts variables unitaires sont donc les suivants :

	141-E	030-T
Matières	150 F	200 F
Main-d'œuvre.........................	300 F	100 F
Frais indirects variables d'atelier.......	160 F	480 F
Commissions aux vendeurs............	80 F	170 F
Coût unitaire de revient variable........	690 F	950 F

b) Le coût unitaire de revient complet est égal au coût unitaire de production complet plus les coûts de commercialisation, variables et fixes. Nous nous trouvons donc dans une situation analogue à celle vue avec les coûts de production : comment allouer les 5 940 francs de coûts fixes commerciaux aux deux types de locomotives vendus. Il nous faut donc choisir une unité de ressource intermédiaire. Si nous prenions les unités vendues comme base d'allocation, nous ferions l'hypothèse, peu vraisemblable, que les deux produits requièrent le même effort de vente (en effet, il faut se souvenir que le coût fixe de commercialisation représente les consommations de ressources requises pour créer un environnement dans lequel la commercialisation peut avoir lieu). Nous allons donc choisir un substitut à l'effort de vente et dire que, vraisemblablement, l'effort de vente est fonction du chiffre d'affaires de chaque produit (la relation est, sans doute, en sens inverse, mais nous la considérerons quand même, faute de mieux, dans le sens mentionné) ; la ressource intermédiaire qui va nous servir à allouer le coût fixe de commercialisation aux produits sera donc mesurée par le chiffre d'affaires.

Nous allons attacher (6 270/[{40 × 800} + {20 × 1 700}]) = 0,095 F, à chaque franc de chiffre d'affaires pour absorber les coûts fixes commerciaux ; soit 800 × 0,095 = 76 F pour une locomotive 141-E, et 1 700 × 0,095 = 161,5 F pour une locomotive 030-T.

Le coût de revient unitaire complet est donc :

	141-E	*030-T*
Matières	150 F	200 F
Main-d'œuvre	300 F	100 F
Frais indirects variables d'atelier	160 F	480 F
Frais indirects fixes d'atelier	37,50 F	112 50 F
Commissions aux vendeurs	80 F	170 F
Coûts commerciaux fixes alloués	76 F	61,50 F
Coût de revient unitaire complet	803,50 F	1 224,00 F

On remarquera qu'en attachant 0,095 F pour chaque franc de chiffre d'affaires, on absorbe bien les 6 270 francs de coûts fixes commerciaux lorsqu'on vend 40 locos 141-E et 20 locos 030-T. En effet : (76 × 40) + (161,5 × 20) = 3 040 + 3 230 = 6 270 francs. Si l'on vendait une quantité différente de chaque modèle, on absorberait une masse de coûts différente dans le calcul du coût de revient. Nous reverrons en détail au chapitre 6 comment traiter cette situation.

Question 4.

On ne précise pas si l'on doit calculer le coût de la production vendue en utilisant la méthode des coûts variables ou la méthode des coûts complets. Il faut donc procéder selon les deux méthodes.

Selon la méthode des coûts variables.	*141-E*	*030-T*
Stock initial :	0	0
Coût de la production produite :	45 × 610 F	25 × 780 F
Articles disponibles :	45 × 610 F	25 × 780 F
Articles sortis de stock :	40 × 610 F	20 × 780 F
Stock final :	5 × 610 F	5 × 780 F

Le coût de la production vendue est égal à la valeur des coûts attachés aux unités sorties de stock, et s'élève donc à : (40 × 610) + (20 × 780) = 40 000 F

Selon la méthode des coûts complets.	*141-E*	*030-T*
Stock initial :	0	0
Coût de la production produite :	45 × 647,50 F	25 × 892,50 F
Articles disponibles :	45 × 647,50 F	25 × 892,50 F
Articles sortis de stock :	40 × 647,50 F	20 × 892,50 F
Stock final :	5 × 647,50 F	5 × 892,50 F

Le coût de la production vendue est donc : (40 × 647,50) + (20 × 892,50) = 43 750 F

Question 5.

Il y a deux comptes de résultat, un pour la méthode des coûts variables et un pour celle des coûts complets, puisqu'il y a deux valeurs du coût de la production vendue :

	Méthode des coûts variables	Méthode des coûts complets
Chiffre d'affaires	66 000 F	66 000 F
Coût de la production vendue	40 000 F	43 750 F
Marge brute	26 000 F	22 250 F
Coûts de production fixes	4 500 F	—
Coûts commerciaux fixes	6 270 F	6 270 F
Commissions	6 600 F	6 600 F
Résultat d'exploitation	8 630 F	9 380 F

La différence de résultat s'explique uniquement par la différence de valorisation des stocks, c'est-à-dire la différence dans le calendrier de reconnaissance des coûts encourus pendant la période. Ainsi, on peut constater que la différence de résultat : 9 380 − 8 630 = 750 francs, est égale à la différence de valeur des stocks de produits finis à la fin octobre :

Stock final selon la méthode des coûts variables :	5 × 610 + 5 × 780 =	6 950 F
Stock final selon la méthode des coûts complets :	5 × 647,5 + 5 × 892,5 =	7 700 F
	différence :	− 750 F

La différence que nous observons ici est tout simplement due à la différence de prise en compte des coûts fixes de production dans les deux méthodes de calcul des coûts. En effet, tous les coûts sont traités de façon identique dans les deux méthodes, à l'exception des coûts fixes de production. En coût variable, la totalité des 4 500 francs de coûts fixes de production a été reconnue en octobre, tandis que seulement 3 750 francs de ces coûts ont été reconnus en coût complet. En effet, on a reconnu 40 × 2 et 20 × 6 heures de machine dans les ventes des deux modèles de machines. On a reconnu 200 heures sur les 240 qui avaient été mises en œuvre, donc seulement (4 500/240) × 200 = 3 750 francs, soit 750 francs de moins que dans la méthode des coûts variables. On trouve bien ici confirmation du fait que tout coût encouru mais non reconnu se trouve dans un stock, et que tous les coûts ne restant pas dans un compte de stock ont été reconnus.

Question 6.

a) La locomotive 141-E est-elle rentable ? On serait, sans doute, tenté de répondre non, puisque le coût de révient complet est de 803,50 francs, tandis que le prix de vente n'est que de 800 francs. En fait, tenir une telle position serait totalement erroné car le coût de revient complet est, nous l'avons dit, un très mauvais instrument de décision. En effet, chaque modèle de locomotive 141-E génère une contribution à la couverture des coûts fixes de 800 − 690 = 110 francs. Tout objet qui génère une contribution unitaire positive est potentiellement rentable, puisqu'il contribue à la couverture des charges fixes. La réponse à la question s'exprime donc en deux étapes :

1) Il y a potentiel de rentabilité dans la 141-E ; si la quantité produite et vendue est suffisamment importante, la 141-E a le potentiel de couvrir tous les coûts fixes à elle seule. La notion de rentabilité ne peut se mesurer qu'en prenant en compte le potentiel de ventes.

2) Il faut aussi se poser la question de l'éventuelle réallocation des ressources qui sont utilisées pour produire la 141-E. En effet, si la 141-E génère 110 francs de contribution en utilisant deux heures de machine, on pourrait réutiliser ces deux heures à produire des locomotives 030-T. Voyons si M. Czarda a intérêt à déplacer des ressources (heures de machine) vers la 030-T. Une 0-30 T offre une contribution de 1 700 − 950 = 750 francs. S'il réduit la production des 141-E de 3 unités, M. Czarda peut produire une 030-T. Il perd donc : 3 × 110 F = 330 francs de contribution en réalisant 3 modèles de 141-E de moins, et il gagne, potentiellement, la contribution d'une 030-T, soit 750 francs. Il a donc intérêt à augmenter, si le marché le permet, la production des 030-T au détriment de celle des 141-E. Par conséquent, on aboutit à cette conclusion : la 141-E apporte une contribution positive à la couverture des charges fixes (ce qui en fait un produit digne d'intérêt), mais cette contribution est moindre que celle de l'autre modèle de locomotive (ce qui en fait un produit moins intéressant).

b) Si l'on abandonnait la 141-E et que les ventes de la 030-T puissent être augmentées, quel serait le résultat ? Ici encore, il faut faire les calculs selon la méthode des coûts variables et selon la méthode des coûts fixes. Les coûts variables unitaires vont rester identiques à ceux que nous avions lorsque les deux produits étaient fabriqués et vendus. C'est la définition même des coûts variables qui veut cela. Ce ne sera pas le cas, par contre, pour les coûts fixes unitarisés. Comme nous sommes ici en mono-production, nous n'aurons cependant pas besoin de passer par une ressource intermédiaire pour attacher les coûts fixes aux produits fabriqués ; il nous suffira de faire une règle de trois.

		Méthode des coûts variables	Méthode des coûts fixes
Chiffre d'affaires	1 700 × 32 =	54 400 F	54 400 F
Coût de la production vendue :			
	780 × 32 =	24 960 F	32 × (780 F + [{4 500 F}/35]) = 29 074,29 F
Marge brute		34 880 F	25 325,71 F
Coûts fixes de production		4 500 F	—
Coûts fixes commerciaux		6 270 F	6 270 F
Commissions		5 440 F	5 440 F
Résultat d'exploitation		13 230 F	13 615,71 F

On peut s'assurer de l'exactitude des calculs en vérifiant que la différence de résultat d'exploitation entre les deux méthodes est bien égale et de signe inverse à la différence de valeur des stocks. Les stocks sont de 3 × 780 F = 2 340 F en coût variable, et de 3 × (780 + [{4 500 F}/35]) = 2 725,71 F. Donc, la différence est de 385,71 F, ce qui correspond très exactement à la différence entre les deux résultats trouvés.

Question 7.

La question du mois de novembre est particulièrement intéressante car elle permet de montrer les limites du principe d'attachement. En effet, il n'y a aucune production en novembre. Comment peut-on attacher les coûts fixes de production à une production qui n'existe pas ? Dans ce cas, et dans ce cas seulement, le coût fixe de production sera traité comme un coût de période, y compris dans la méthode des coûts variables. Le coût de la production vendue sera, bien entendu, la valeur des sorties de stock, c'est-à-dire la valeur des unités en stock à fin octobre, dont nous avons calculé la valeur à la question 4.

	Méthode des coûts variables	Méthode des coûts complets
Chiffre d'affaires	12 500 F	12 500 F
Coût de la production vendue	6 950 F	7 700 F
Marge brute	5 550 F	4 800 F
Coûts de production fixes	4 500 F	4 500 F
Coûts commerciaux fixes	6 270 F	6 270 F
Commissions	1 250 F	1 250 F
Résultat d'exploitation	– 6 470 F	– 7 220 F

On remarque que la différence entre les deux résultats d'exploitation est maintenant en sens inverse de celle que nous observions en octobre. En effet, si nous cumulons les deux mois, comme nous passons d'une situation de départ avec un stock nul et que nous arrivons à la fin novembre à une situation également avec un stock nul, l'effet de retardement dû aux stocks n'existe pas, puisqu'il n'y a pas de stock. La différence de perception du résultat d'exploitation entre la méthode du coût variable et celle du coût complet est donc bien due à l'existence des stocks.

LES MOTS CLÉS DU CHAPITRE

(Si ces mots n'ont pas encore un sens clair et précis pour vous, il vous serait utile de relire tout ou partie du chapitre.)

COÛT
COÛT PERTINENT
COÛT FIXE
COÛT VARIABLE
COÛT SEMI-VARIABLE
COÛT SEMI-FIXE
COÛT DIRECT
COÛT INDIRECT
COÛT DE PRODUIT
COÛT DE PÉRIODE
LINÉARISATION
UNITARISATION
PLAGE PERTINENTE D'ACTIVITÉ
COMPORTEMENT DES COÛTS
ATTACHEMENT
COÛT DE LA PRODUCTION VENDUE
RECONNAÎTRE UN COÛT
COÛT PARTIEL
COÛT COMPLET
MÉTHODE DES COÛTS VARIABLES
MÉTHODE DES COÛTS COMPLETS
CONTRIBUTION A LA COUVERTURE DES CHARGES FIXES
ABSORBER
EN-COURS
COÛT MARGINAL
COÛT ENGAGÉ INDIFFÉRENT
COÛT D'OPPORTUNITÉ

QUESTIONS

2.1. Identifiez les coûts fixes et les coûts variables ayant trait à la possession et à l'utilisation d'une voiture.

2.2. Supposez une situation dans laquelle vous pouvez embaucher toute la main-d'œuvre souhaitée, mais où vous ne pouvez débaucher que très difficilement et à grands frais. Que pouvez-vous dire du comportement du coût de main-d'œuvre ? En quoi cela affectera-t-il vos décisions ?

2.3. En quoi la « plage pertinente d'activité » est-elle pertinente pour l'étude du comportement des coûts ?

2.4. Y a-t-il des coûts « non marginaux », c'est-à-dire ne variant pas avec un changement de plan d'action, qui ne sont pas des coûts engagés indifférents ? Donnez quelques exemples.

2.5. Le concept comptable de coût fixe est-il identique au concept des économistes lorsqu'ils parlent de coûts fixes ?

2.6. Qu'est-ce qu'un coût d'opportunité ? Un tel coût est-il important dans la prise de décision ? Expliquez.

2.7. Distinguez coût moyen unitaire et coût total.

2.8. On a pu dire que les frais fixes sont variables et que les frais variables sont fixes quand le volume d'activité varie. Commentez.

Problèmes

2-1

Dans les graphes ci-dessous, on considérera que le coût total est mesuré sur l'axe des ordonnées, tandis que le volume d'activité est mesuré sur l'axe des abscisses. Indiquez lequel des graphes décrit de la façon la plus appropriée chaque relation coût-volume indiquée ci-après. Si vous pensez qu'aucun graphe ne fournit une réponse satisfaisante, construisez votre propre graphe.

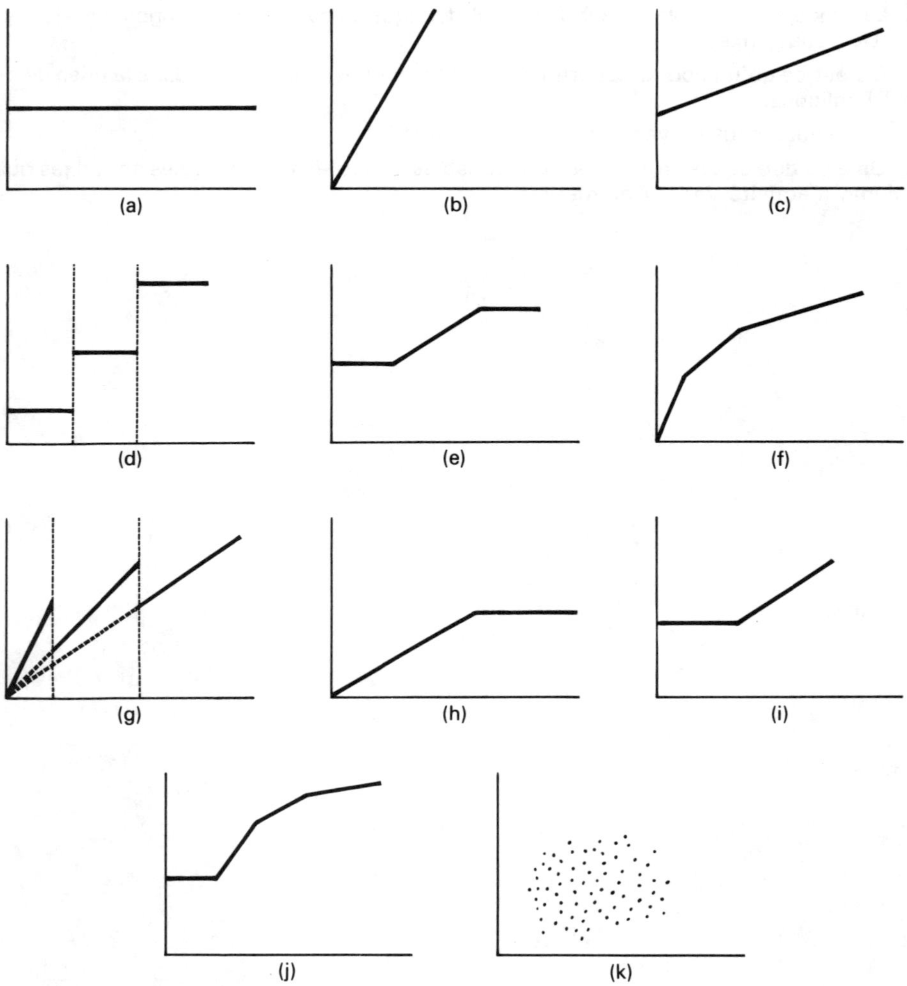

1. Représentants payés exclusivement à la commission.
2. Représentants payés exclusivement à la commission, avec cette réserve que lorsque le volume augmente, le taux de commission décroît. Par exemple, 20 % sur les premiers 10 000 F de ventes, 15 % sur les 20 000 F suivants et 10 % sur toutes ventes au-delà de 30 000 francs.
3. Loyer d'un magasin : un minimum de 1 000 F par mois et 1 % de ventes pour les ventes au-delà de 100 000 F par mois.

4. Un tarif dégressif pour l'électricité (consommation mensuelle)
   — premiers 5 000 kWh : 0,25 F par kWh,
   — 10 000 kWh suivants : 0,18 F par kWh,
   — au-delà de 15 000 kWh : 0,12 F par kWh.
   Le coût de l'abonnement mensuel est de 100 F.
5. Un sous-traitant accepte de fournir des pièces aux prix suivants :
   — 1 franc pièce pour toute commande de 1 000 pièces ou moins ;
   — 0,9 franc pièce pour toute commande entre 1 001 pièces et 2 000 pièces ;
   — 0,8 franc pièce pour toute commande supérieure à 2 001 pièces.
6. Une usine est louée pour 130 000 francs par an.
7. Un contrat de licence pour l'utilisation d'un brevet fait état d'une redevance de 2 F par pièce produite avec une redevance maximum de 100 000 F par mois.
8. La prime d'assurance d'une usine est proportionnelle au nombre d'heures réellement travaillées dans l'usine. La politique d'embauche de l'entreprise est de disposer d'un personnel stable qui lui permette de répondre à la demande dans le court terme sans heures supplémentaires.
9. Une machine est louée pour 250 F de l'heure.
10. Vous achetez une machine avec un contrat d'entretien. Le contrat indique que l'entretien sera facturé à 20 F de l'heure mais que le coût total ne dépassera pas 1 000 F par mois ; par contre, l'acheteur accepte de payer un minimum de 150 F par mois.

2-2

La société Bilbo dispose de deux rapports sur les coûts d'un de ses départements. Chacun de ces rapports représente les coûts pour des niveaux d'activité différents. Classifiez chaque poste de coût entre :

a.) Coûts de produit et coûts de période.

b.) Coûts variables, fixes, semi-fixes ou semi-variables. Commentez les similarités et les disparités de ces deux types de classification.

Calculez les paramètres de l'équation qui permet de décrire la fonction coût de ce département.

	Niveau d'activité	
Postes de frais	**40 000 unités**	**50 000 unités**
Coûts administratifs	1 000 francs	1 000 francs
Publicité	1 500 francs	1 700 francs
Amortissement des machines	4 000 francs	4 000 francs
Énergie	1 200 francs	1 350 francs
Assurances de l'atelier	25 francs	50 francs
Salaires ouvriers	10 000 francs	12 500 francs
Entretiens et réparations	600 francs	625 francs
Fournitures	1 000 francs	1 250 francs
Matières premières	80 000 francs	100 000 francs
Loyer de l'atelier	5 000 francs	5 000 francs
Frais de commercialisation	8 000 francs	9 000 francs
	112 325 francs	136 475 francs

2-3

L'entreprise Guimard reçoit un appel d'offre pour 100 000 « bidules », qui devront sans doute être vendus en dessous du prix de marché, compte tenu de la taille de cette commande exceptionnelle. Afin d'évaluer la décision, il est décidé d'analyser les coûts récents. Pour une production de 500 000 bidules pendant le mois de décembre 19X1 les coûts ont été les suivants :

Matières premières	100 000 francs
Main-d'œuvre directe	80 000 francs
Fournitures et matières indirectes	10 000 francs
Salaires encadrement	25 000 francs
Dotation aux amortissements	15 000 francs
Impôts fonciers	1 000 francs
Loyer de l'atelier	4 000 francs
Coûts totaux	235 000 francs

a.) Quels postes de coûts sont susceptibles d'être importants dans une analyse marginale ?

b.) Quels coûts peuvent être considérés comme des « coûts engagés indifférents », c'est-à-dire n'affectant pas le choix ?

c.) Quelle démarche suivriez-vous pour évaluer l'opportunité d'accepter de produire et vendre les 100 000 bidules ?

2-4

Dans le courant d'une conversation avec un chef d'entreprise, ce dernier vous dit : « Nous avons accepté cette commande à un prix unitaire de 5 F parce que ce prix est supérieur à notre coût moyen de production, comme vous pouvez le voir dans le tableau ci-dessous. On y gagne toujours à vendre à un prix supérieur à ce que cela coûte de produire, c'est une règle d'or. »

Coûts de production

	Activité normale : 25 000 unités	Activité après acceptation de la commande spéciale : 30 000 unités
Coûts variables totaux	25 000 francs	40 000 francs
Coûts fixes totaux	75 000 francs	85 200 francs
Coûts totaux	100 000 francs	125 200 francs
Coût moyen par unité	4 francs	4,17 francs

Êtes-vous d'accord avec cette analyse ? Si non, quelle approche préféreriez-vous utiliser ?

2-5

Le département X de la société Ajax travaille sur des produits très différents, par conséquent il y a désaccord entre les divers responsables quant au choix d'une mesure du volume d'activité. Les coûts indirects et quatre « candidats » possibles comme mesure du volume d'activité sont indiqués ci-dessous.

Coûts indirects par mois	Nombre d'unités produites	Main-d'œuvre directe en heures	Heures de machine	Poids des unités produites (kg)
12 500 francs	1 000	4 090 h	750 h	15 000 kg
18 000 francs	1 075	3 700 h	1 725 h	23 000 kg
16 000 francs	1 130	3 750 h	875 h	21 800 kg
19 200 francs	1 060	5 350 h	2 050 h	20 050 kg
11 800 francs	1 050	1 600 h	1 660 h	12 000 kg
14 900 francs	1 080	3 100 h	1 720 h	17 000 kg
17 600 francs	1 010	3 320 h	1 950 h	16 000 kg
13 800 francs	1 080	2 490 h	1 550 h	19 300 kg
15 400 francs	1 020	2 980 h	1 100 h	13 900 kg
14 200 francs	1 050	2 500 h	1 240 h	21 400 kg
13 000 francs	1 010	4 100 h	960 h	13 250 kg
16 500 francs	1 060	4 150 h	1 470 h	14 100 kg

a.) Quelle mesure d'activité préférez-vous ? (Une analyse graphique peut vous aider.)
b.) Est-il intéressant de spécifier plusieurs plages pertinentes d'activité ?
c.) Quels types d'activités auraient un modèle causal cohérent avec votre conclusion ?

2-6

En reprenant les données du problème 2-5, identifiez une droite de coûts en utilisant le nombre d'heures de main-d'œuvre directe comme mesure d'activité. Exploitez les 3 méthodes décrites dans le chapitre :

a.) droite à main levée dans le graphe de dispersion,
b.) la méthode algébrique des extrêmes,
c.) la méthode des moindres carrés. On nommera CT le coût et V le nombre d'heures de main-d'œuvre directe :

$\Sigma V^2 = 151\,658\,500, \quad \Sigma\,(CT \times V) = 641\,476\,000$

Comparez les résultats des 3 méthodes de calcul. Commentez l'adéquation de vos résultats avec le graphe de dispersion.

2-7

Eliza Leone dirige une entreprise vendant deux produits qui sont fabriqués dans deux départements. Elle a toute confiance dans les informations que lui fournit sa comptabilité analytique pour ce qui est des coûts directs de matière et main-d'œuvre. Elle est par contre beaucoup moins sûre d'elle pour ce qui concerne les frais indirects. En effet, elle n'a pas pu décomposer les frais indirects de fabrication entre les deux départements. Elle considère, faute de mieux, que le comportement des coûts indirects de production peut être représenté par une seule équation :

Coût total indirect de production = 72 600 F par mois + 60 F par heure de main-d'œuvre directe.

Eliza doit choisir entre quatre programmes mensuels de production qui sont exclusifs et les seuls possibles.

	PRODUIRE ET VENDRE		
	Produit P_1		Produit P_2
Plan 1	700 unités	et	0 unité
Plan 2	0 unité	et	450 unités
Plan 3	100 unités	et	400 unités
Plan 4	400 unités	et	200 unités

Eliza a réuni les informations suivantes sur les produits P_1 et P_2 en plus de son information sur le coût total indirect de fabrication.

	Par unité de P_1	Par unité de P_2
Prix de vente unitaire :	1 040 francs	1 500 francs
Coûts commerciaux à engager pour vendre une unité de P_1 ou P_2 :	40 francs	30 francs
Coûts directs des matières :	100 francs	130 francs
Heures de main-d'œuvre directe requises :		
• dans le département usinage :	3 heures	1 heure
• dans le département finition :	2 heures	6 heures

Les salaires s'élèvent à 80 francs de l'heure dans le département d'usinage, et à 90 francs de l'heure dans le département de finition. Les frais généraux (en plus des coûts indirects de fabrication) se montent à 100 000 francs par mois et sont fixes.

a.) Quel est le plan d'action qu'Eliza devrait choisir ? Justifiez votre recommandation par des calculs clairs.

b.) Quel est le coût d'opportunité du plan d'action sélectionné précédemment ?

c.) Quel est le coût unitaire de P_1 et P_2 dans le plan d'action sélectionné en a) par lequel vous valoriseriez les entrées en stock de produits finis, si l'on utilise :

— la méthode des coûts variables ?

— la méthode des coûts complets ?

d.) Eliza prend donc la décision irrévocable de choisir le plan d'action que vous lui avez recommandé en a) ; le lendemain, son comptable lui présente des informations permettant de séparer les coûts indirects entre les deux départements. Tous deux arrivent à la conclusion qu'une représentation beaucoup plus exacte du comportement des coûts indirects de production est donnée par l'ensemble des deux équations ci-dessous :

Département Usinage :
coûts indirects de production = 30 000 F par mois + 50 F par heure de main-d'œuvre directe.

Département Finition :
coûts indirects de production = 40 000 F par mois + 80 F par heure de main-d'œuvre directe.

Quel est le coût d'opportunité d'avoir utilisé le modèle, imprécis et global, de 72 600 F/mois et 60 F par heure de main-d'œuvre directe ?

2-8

Pour un même exercice comptable d'une entreprise monoproductrice, vous disposez des données suivantes en francs :

Matières consommées	55 000
Main-d'œuvre fabrication variable	25 000
Frais variables d'administration et de vente	70 000
Stock de produits finis au 1/1	0
Stock de produits finis au 31/12	0
Contribution totale de la période(*)	40 000
Stock de matières premières au 31/12	20 000
Coûts indirects de fabrication variables	10 000
Stock de produits en cours au 1/1	0
Stock de produits en cours au 31/12	0
Achats de matières premières	60 000
Coût de production complet des produits fabriqués	110 000
Profit	5 000

On vous demande de calculer :

a.) Le chiffre d'affaires.
b.) Les frais généraux fixes de fabrication.
c.) Les frais fixes d'administration et de vente.
d.) La marge brute (chiffre d'affaires moins coût complet de la production vendue).
e.) La valeur du stock initial de matières premières.

(L'ordre dans lequel vous aurez intérêt à résoudre ces questions peut ne pas être celui indiqué. Seuls les postes figurant dans l'énoncé ou dans les questions doivent être utilisés pour le traitement des questions.)

2-9

On a extrait de la balance de la société Lejeune au 31/12/19X1 les informations suivantes :

— Stock de matières premières au 1/1/19X1	750 000 francs
— Stock de produits en cours au 1/1/19X1	212 000 francs
— Stock de produits finis au 1/1/19X1	500 000 francs
— Achats	1 980 000 francs
— Rabais, remises et ristournes obtenus	30 000 francs
— Salaires usine (ouvriers ; 50 % variables)	1 250 000 francs
— Salaires usine (encadrement)	400 000 francs
— Salaires vendeurs	600 000 francs
— Salaires et rémunérations administration, dont 1/3 pour le service approvisionnement	300 000 francs
— Fuel et électricité (80 % consommés dans l'usine)	180 000 francs
— Prime d'assurance (dont 75 % sont afférents à l'usine)	84 000 francs

(*) On appelle contribution totale la différence entre le chiffre d'affaires et le coût variable total des unités vendues.

— Entretien machines et usine (dont 1/8 pour les matériels de manutention au quai de réception des marchandises)	80 000 francs
— Fournitures usine	60 000 francs
— Dotation aux amortissements de l'usine (dont 1/9 pour les matériels de manutention au quai de réception des marchandises)	90 000 francs
— Dotation aux amortissements bâtiment administratif (la moitié de la surface est occupée par le département commercial).	40 000 francs
— Dotation aux amortissements machines	390 000 francs
— Impôts locaux (90 % sont imputés à l'usine)	36 000 francs

Par ailleurs, les bons de sortie du magasin de matières premières indiquent que l'on a consommé pour 1 870 000 F de matières. Les entrées en stock de produits finis ont été valorisées à 4 400 000 francs.

Le coût de production complet des marchandises vendues a été de 4 300 000 francs.

Les ventes ont été de 6 000 000 francs.

Tout reliquat d'allocation des charges par nature entre les départements utilisateurs sera réputé alloué au département administration.

a.) Indiquez la valeur des stocks au 31/12/19X1.

b.) Quel est le coût de production complet unitaire si l'on a entré en stock de produits finis 200 000 unités ?

c.) Quel est le coût de production complet unitaire si l'on a entré en stock de produits finis 160 000 unités ?

d.) Pourquoi les deux chiffres obtenus ci-dessus peuvent être différents ? (Soyez bref et concis.)

e.) Quel est le coût de revient complet unitaire si l'on a vendu 200 000 unités ?

f.) Présentez le compte de résultat pour 19X1.

2-10

Le processus de fabrication de la société Psi comprend deux ateliers. La matière première unique est transformée dans le premier atelier. Le produit semi-fini qui en sort est stocké ; il est ensuite transformé dans le second atelier pour devenir le produit fini unique. Celui-ci est stocké avant d'être vendu.

Toutes les informations ci-dessous se rapportent au mois de janvier 19X1, sauf indication contraire :

— Ventes : 900 000 francs
— Profit : 200 000 francs
— Le stock de produits finis a été crédité d'un montant de 300 000 francs.
— Les frais indirects de fabrication sont de 195 000 francs dont 70 000 francs pour l'atelier 1.
— Les cessions de l'atelier 1 au stock intermédiaire sont valorisées à 160 000 francs.
— La main-d'œuvre dans l'atelier 2 a coûté 70 000 francs.
— La valeur des en-cours de l'atelier 2 a été réduite de 5 000 F.
— Le stock de produits finis a augmenté de 60 000 francs.
— Les consommations de matières premières ont été de 60 000 francs.
— La valeur des en-cours de l'atelier 1 n'a subi aucune variation.
— Le centre de responsabilité chargé des approvisionnements et achats a accumulé des coûts d'un montant de 15 000 francs.

— Tous les achats sont réglés aux fournisseurs à 2 mois sans aucun retard. On n'achète que des matières premières.
— Les achats de novembre 19X0 ont été de 30 000 francs, ceux de décembre de 40 000 francs.
— En janvier le solde du compte fournisseurs a augmenté de 5 000 francs.
— Le stock initial de matières premières au 1er janvier 19X1 était valorisé à 15 000 francs.
— Les consommations de produits semi-finis par l'atelier 2 s'élèvent à 160 000 francs.

a.) Quel est le montant des coûts hors production de janvier 19X1 ?
b.) Quel est le coût de fabrication des produits finis fabriqués pendant le mois ?
c.) Quel est le montant des coûts de main-d'œuvre encourus dans l'atelier 1 ?
d.) Quelle est la valeur des achats de janvier 19X1 ?
e.) Quelle est la valeur du stock final de matières premières ?

2-11

La Jovacienne d'Industries est une société monoproductrice. Tous ses coûts sont des coûts de production. Elle ne supporte aucun coût de commercialisation. La société a accumulé des informations quant à ses coûts historiques. Exprimés en francs constants, les coûts correspondant à divers volumes mensuels sont indiqués dans le tableau ci-dessous.

Volume d'activité (en unités de produit)	Coût total (en francs)
0	1 000
1	8 000
2	9 000
3	11 000
4	12 000
5	14 000
6	15 000
7	16 000
8	17 000
9	18 000
10	19 000

Volume d'activité (en unités de produit)	Coût total (en francs)
11	20 000
12	21 000
13	22 000
14	24 000
15	27 000
16	28 000
17	29 000
18	30 000
19	30 500
20	31 000

La capacité maximale de production est de 20 unités par mois.

a.) Pour chaque plage d'activité que vous identifierez, précisez le coût variable unitaire et les coûts fixes. Commentez brièvement les chiffres que vous avez trouvés : ont-ils tous un sens ? Ont-ils tous le même sens ? (Une représentation graphique du problème devrait pouvoir vous aider à répondre à cette question.)

b.) Le prix de vente net des produits est de 2 000 francs par unité. A quel(s) volume(s) d'activité le chiffre d'affaires est-il égal au coût total ?

c.) Quel est le coût marginal pour chaque niveau d'activité ?

d.) Au prix de 2 000 francs par unité, les ventes mensuelles sont de 15 unités. Quel est le bénéfice mensuel ? Quel est le coût de revient complet unitaire ?

e.) Le directeur pense qu'en abaissant le prix de vente à 1 800 francs par unité, les ventes mensuelles devraient se stabiliser à 20 unités. Est-ce intéressant ? A ce niveau d'activité, quel est le coût de revient unitaire complet ?

f.) Pendant chacun des 3 mois de janvier, février et mars, les ventes vont se stabiliser à 13 unités par mois.

1. Quelle est la répartition dans le temps de la production des 39 unités qui donnera le coût total le plus faible ?
2. Vous choisissez entre une production lissée (13 unités par mois) et la répartition de la production que vous avez trouvée en 1. : le choix est-il encore celui fait en 1. s'il y a un coût de stockage de 220 francs par unité et par mois ? Commentez.
3. Quel est le coût de stockage par unité et par mois qui rendrait votre choix indifférent entre la solution retenue en 1. et la production lissée à 13 unités par mois ?

2-12

Monsieur Daniel Cesse-Perey, à sa sortie d'une grande école de gestion de la région versaillaise, décide de créer sa propre entreprise pour produire les gadgets électroniques qu'il a mis au point pendant ses rares heures de loisirs avec l'aide de son ami Leplubo, qui est encore étudiant à l'École Xentrale.

Dès le début de l'installation de son outil de production, D. Cesse-Perey se pose la question de savoir quel sera le coût de revient de ses produits. Il veut, en effet, pouvoir décider du prix de vente tant lors de l'introduction sur le marché, prévue en avril 19X1, qu'après la stabilisation des ventes, qu'il pense atteindre vers octobre 19X1.

Les deux gadgets, Century et Bicentenial, reposent sur des principes analogues et sont de complexité différente. Leur fabrication utilise des pièces et des outils identiques. Daniel Cesse-Perey pense qu'il y aura trois ateliers de fabrication distincts dans lesquels les gadgets seront fabriqués en série. Les trois opérations de base se font de manière séquentielle, chacune dans un atelier distinct ; ce sont :

— l'assemblage des circuits intégrés,
— le montage des cadrans à cristaux semi-liquides,
— l'implantation des connecteurs et la mise en boîtier.

L'emballage se fait presque automatiquement en fin de chaîne et ne représente pas un poste de travail distinct. Il y aura des stocks intermédiaires entre tous les postes de travail.

Monsieur Cesse-Perey pense pouvoir obtenir des syndicats que les ouvriers et ouvrières soient payés à l'heure pendant la période de lancement, qui ne devrait pas dépasser 6 mois. Dès que la survie de l'opération semble devoir être assurée, Monsieur Cesse-Perey compte payer à tout le personnel de production un salaire mensuel fixe égal au salaire horaire qu'ils auraient touché à pleine capacité. On considérera que le salaire horaire, ramené à l'heure productive, est de 60 francs. Ce taux inclut toutes les charges patronales et la provision pour congés payés. Le salaire est le même dans tous les ateliers. On considérera également qu'un mois normal permet 150 heures productives par ouvrier. Aucune heure supplémentaire n'est prévue.

Le processus d'assemblage de chaque gadget est le suivant :

	CENTURY Pour 1 gadget	BICENTENIAL Pour 1 gadget
Assemblage des circuits intégrés		
• Matières (circuits)	12 circuits	28 circuits
• Fournitures directes	4 francs	6 francs
• Main-d'œuvre productive directe	6 min	15 min
Montage des cadrans		
• Matières (cadrans)	3 cadrans	12 cadrans
• Fournitures directes	1 franc	4 francs
• Main-d'œuvre productive directe	6 min	12 min
Mise en boîtier		
• Matières (boîtiers)	1 boîtier C	1 boîtier B
• Fournitures directes	2 francs	3,70 francs
• Main-d'œuvre productive directe	6 min	6 min

A la tête de chaque atelier, il y aura un contremaître dont le salaire plus charges devrait être de 10 000 francs par mois.

Le personnel administratif se composera de :

Monsieur D. Cesse-Perey : Président-Directeur Général	15 000 F/mois TCC
Une secrétaire	5 800 F/mois TCC
Un comptable facturier	7 400 F/mois TCC
Un magasinier, pour le magasin des matières	5 000 F/mois TCC

On a embauché 29 personnes pour l'atelier d'assemblage des circuits intégrés, 26 personnes pour le montage des cadrans et 20 personnes pour la mise en boîtier.

Les charges spécifiques à chaque atelier, en plus du salaire du contremaître de l'atelier, sont estimées comme suit (on entend par charge spécifique un coût qui est mis en œuvre dans un atelier sans ambiguïté d'attribution et sans répartition) :

Assemblage des circuits	12 francs par heure de main-d'œuvre productive directe plus 277 800 F par mois
Montage des cadrans	6 francs par heure de main-d'œuvre productive directe plus 84 450 F par mois
Mise en boîtier	15 francs par heure de main-d'œuvre productive directe plus 93 330 F par mois

Le loyer de l'usine devrait être de 38 000 F par mois et les premières études semblent indiquer que les charges locatives ne devraient pas dépasser 12 000 francs par mois. Les trois ateliers devraient occuper des superficies à peu près identiques et occuper environ 75 % de la superficie totale, le reste étant partagé à valeur égale entre l'administration et le magasin des matières. Ce coût, loyer plus charges, n'est pas inclus dans les charges indirectes indiquées ci-dessus. Le magasin de matières premières et les coûts y afférant sont considérés comme des coûts administratifs fixes. Ils ne sont pas répartis entre les ateliers, et ne sont pas pris en compte dans les coûts de production. Ils sont alloués aux produits sur la base des quantités vendues, au moment de la vente.

Les coûts indirects administratifs, outre les salaires administratifs, sont de 28 550 francs par mois.

Les premières études de marché indiquent une possibilité de vendre 900 à 1 000 Century par jour et 300 à 450 Bicentenial par jour. On compte 22 jours de production et de vente dans le mois.

Le réseau commercial sera composé de V.R.P. dont la commission brute s'élèvera à 14 F par Century et à 26 F par Bicentenial vendus.

Les approvisionnements se feront selon un contrat à long terme passé avec la firme Électronique Belenfant qui garantit la livraison des circuits intégrés, des cadrans et des boîtiers aux conditions ci-dessous pour les 12 premiers mois d'opérations :

	Livraisons mensuelles		
	Minima	Maxima	Prix unitaire facturé
Circuits intégrés	400 000	500 000	0,75 franc
Cadrans	140 000	190 000	1,5 franc
Boîtiers Century	20 000	22 000	15 francs
Boîtiers Bicentenial	6 500	10 000	25 francs

Le coût des matières premières consommées est considéré égal au coût d'achat. On peut considérer qu'il n'y a pas de variations du stock de matières premières après les premiers achats de constitution de stock.

En dehors de ces fourchettes, une renégociation du contrat devrait être envisagée car l'Électronique Belenfant ne peut garantir à ce jour une augmentation rapide de sa production. Toute commande mensuelle inférieure au minimum contractuel donnerait lieu à une pénalité de 75 000 francs et remettrait en cause les approvisionnements futurs. Le contrat est renégociable après 12 mois, avec un préavis de négociation de 3 mois.

a.) Quelle est la somme des coûts fixes ?

b.) Quelle est la somme des coûts de période ?

c.) Si l'on vendait 950 Century et 400 Bicentenial par jour, quel serait le coût de production unitaire variable ?

2-13

Esmeralda Ipswitch dirige une entreprise de fabrication de Mombats empaillés à Notre-Dame-de-Belleville, Savoie. On a extrait de la balance de ses comptes les données suivantes qui se rapportent au trimestre se terminant le 30 octobre 19X5.

Stock initial de matières premières	500 000 francs
Valeur de l'en-cours initial	212 000 francs
Stock initial de produits finis	600 000 francs
Achats de matières premières	1 600 000 francs
Salaires des ouvriers (dont 50 % variables)	1 000 000 francs
Salaires de l'encadrement de l'usine	400 000 francs
Salaires des vendeurs (rémunération fixe)	600 000 francs
Salaires des acheteurs de matières premières	100 000 francs
Salaires de l'administration générale	210 000 francs

Énergies (usine : 80 %, siège social : 20 %) .... 275 000 francs
Petites fournitures de production .... 45 000 francs
Dotation aux amortissements de l'usine .... 630 000 francs

Conformément aux exigences de la fiscalité, le comptable d'Esmeralda Ipswitch utilise la méthode du coût complet pour les choix coût de produit/coût de période.

a.) Quelle est la valeur des entrées en stock de matières premières ?

b.) Le stock final de matières étant de 350 000 francs, quelle est la valeur des consommations de matières dans le processus de production pendant le trimestre ?

c.) Quels sont les coûts de production qui se sont ajoutés à la valeur de l'en-cours initial pendant la période ?

d.) On a transféré pour une valeur de 2 500 000 francs de produits finis de l'atelier vers le stock de produits finis (c'est-à-dire réduction de l'en-cours de ce montant). Quelle est la valeur de l'en-cours en fin de période ?

e.) Il n'y a pas de produits finis en stock à la fin de la période. Quel est le coût de production de la production vendue ?

f.) Le chiffre d'affaires du trimestre a été de 4 750 000 francs. Quel est le résultat trimestriel ?

2-14

La Société Rinoir et Ront a pour principale activité la cuisson et le conditionnement (mise en boîte) des spaghettis cuits et des raviolis cuits. Grâce à une série d'accords de leasing, elle a considérablement réduit le montant de ses coûts fixes de production. Les dépenses non réductibles s'élèvent chaque année à 1 500 000 F ; les charges annuelles d'amortissement du matériel n'ayant pu être loué se montent à 500 000 F.

La société commercialise deux produits. Les raviolis en conserve, le produit le plus important, sont vendus 25 F la boîte de 5 kg ; les spaghettis sont vendus 19 F la boîte de 5 kg (on garde ce produit car les distributeurs l'exigent pour disposer d'une gamme complète, mais on limite les ventes au maximum).

La direction, dans le but d'établir des prévisions financières, a simplifié les problèmes d'évaluation des coûts en supposant que tous les frais autres que ceux précédemment cités varient proportionnellement au niveau des ventes. Mlle E. Leone, contrôleur de gestion, les a évalués à 19 F par boîte de raviolis et 17 F par boîte de spaghettis.

a.) Quel est, en admettant que le taux de l'impôt sur les sociétés est de 50 %, le bénéfice net après impôt correspondant aux prévisions de ventes de 500 000 boîtes de raviolis et 200 000 boîtes de spaghettis ?

b.) Quelle(s) équation(s) permettrai(en)t de décrire le comportement des coûts ?

c.) Mlle Leone a fait état d'une offre récente, consistant à vendre 15 000 boîtes supplémentaires de spaghettis à 21,40 F pièce. L'accroissement de production en résultant induirait, du fait d'heures supplémentaires, une augmentation du coût variable unitaire, celui-ci passant à 20 F la boîte pour les unités de la nouvelle commande. M. Rinoir se demande si, « au lieu de faire des efforts pour un si faible accroissement des ventes », il ne serait pas préférable d'investir la même somme en obligations émises par la CAECL, avec un rendement actuariel brut de 12 %, obligations qu'il pourrait revendre à n'importe quelle date future.

Si l'on acceptait la commande, les 15 000 boîtes seraient produites en une fois, et devraient être gardées en stock pour deux mois environ. Les conditions de crédit accordées en général par Rinoir et Ront, représentent un paiement d'un tiers à la livraison, un tiers à trois mois et un tiers à six mois. Les installations de stockage sont actuellement suffisantes. La production de ce lot de 15 000 boîtes supplémentaires n'entraînerait aucune augmentation des coûts fixes. Quelle est, du strict point de vue de la rentabilité, la plus intéressante des deux solutions proposées ? Quelles sont les autres considérations pouvant intervenir dans un tel choix ?

d.) Un inventeur, primé du Concours Lépine, vient voir Monsieur Rinoir et lui propose une modification technique qui permettrait de changer le processus de production. Alors qu'il faut actuellement deux fois plus de temps pour remplir une boîte de raviolis qu'une boîte de spaghettis, cet inventeur propose de réduire le temps de remplissage des boîtes de spaghettis de moitié. Le temps de remplissage représente un goulot d'étranglement et a été, jusqu'ici, un obstacle à l'augmentation de la production. M. Ront, le directeur commercial, pense qu'on pourrait vendre infiniment plus de spaghettis si l'on abaissait le prix de vente à 18,6 francs, alors que le marché est limité à 200 000 boîtes si le prix est maintenu à 19 francs. Les coûts variables par boîte de spaghettis sont essentiellement des coûts de matière et d'emballage, et ne seraient pas affectés par la modification du processus technique. Pour des raisons commerciales on continuerait à produire et à vendre 500 000 boîtes de raviolis par an.

L'offre de l'inventeur est-elle potentiellement intéressante ? Pourquoi ? Comment calculeriez-vous le prix maximum à payer pour son invention ?

2-15

L'entreprise XYZ fabrique et vend un produit unique très spécialisé. Au début de 19X0 le marché de ce produit a connu un essor très rapide. La demande prévue pour 19X1 et au-delà devrait être assez stable. Le prix de vente en 19X0 a été de 10 francs par unité. A cause de l'augmentation brusque de la demande, l'entreprise a opéré à pleine capacité pendant toute l'année 19X0. En fait, le directeur des ventes pense que, si la production pouvait suivre, le marché, au prix actuel, serait de 120 000 unités par an.

Pour 19X0 le compte de résultat est le suivant :

Ventes	1 000 000 francs
Coûts :	
— variables	300 000 francs
— fixes	400 000 francs
Profit	300 000 francs

Le directeur de XYZ pense que la meilleure manière de profiter de l'augmentation de la demande serait d'augmenter la capacité de production. En effet, il pourrait obtenir une production supplémentaire de 30 000 unités par an en ajoutant une machine au parc actuel pour un prix de 200 000 F. Les produits fabriqués sur cette machine le seraient au coût variable unitaire de 3,1 F. La machine devrait selon toute vraisemblance avoir une durée de vie de 5 ans, et pourrait alors être revendue à la ferraille pour 25 000 francs.

Le responsable du commercial n'est pas d'accord avec le directeur. Au lieu d'investir plus que nécessaire, il faut selon lui réduire la demande en augmentant le prix de vente. En fait, ses estimations de l'élasticité du marché l'ont amené à estimer que si le prix de vente était de 11 francs la demande annuelle serait de 100 000 unités.

En faisant l'hypothèse que toutes les informations ci-dessus sont correctes, quelle est celle des solutions qui vous paraît être la plus souhaitable dans un objectif de maximisation du profit ? (On ne tiendra pas compte dans cet exercice des incidences de la dépréciation monétaire.)

2-16

L'entreprise Delta-Tau fabrique et commercialise un produit unique.
Pour un même exercice on a accumulé les données ci-dessous :

Ventes : 10 000 unités (à 17,5 F pièce)	175 000 F
Stock initial de produits finis	3 900 F
Stock initial de matières premières	13 000 F
Main-d'œuvre de fabrication	45 200 F
Coûts indirects de fabrication	40 800 F
Coûts indirects de distribution	7 000 F
Coûts indirects d'administration	10 000 F
Profit de l'exercice	3 720 F
Coût de production complet des marchandises produites	149 800 F
Consommations de matières premières	64 800 F
Coûts indirects d'approvisionnement	10 000 F
Coûts directs de distribution	14 280 F
Stock final de matières premières	21 200 F

Les stocks sont tenus selon la méthode du dernier entré premier sorti.
On considère qu'un produit en cours de fabrication à la fin de la période a reçu la totalité des coûts de matières premières et seulement 50 % des autres coûts de fabrication.

a.) Quelle est la valeur des achats de matières premières payés (ou payables) aux fournisseurs ?
b.) De combien et dans quel sens a varié la valeur des en-cours de fabrication entre le début et la fin de l'exercice ?
c.) De combien et dans quel sens a varié le solde du compte de stock de produits finis entre le début et la fin de l'exercice ?
d.) S'il y avait 300 produits finis en stock au début de la période, combien a-t-on fabriqué de produits finis pendant la période ?
e.) Si la variation des en-cours de fabrication a porté sur 100 unités, quel est le coût unitaire de sortie de stock des matières premières, compte tenu qu'il faut une unité de matières premières par produit fabriqué.

2-17 Le prix du progrès(*)

L'Expert d'Efficience (E.E) : Joe, vous dites que vous vendez ces cacahuètes parce que quelques personnes l'ont demandé, mais vous rendez-vous compte de ce que ce présentoir de cacahuètes vous coûte ?

Joe : Ça m'coûtera rien, ça sera du bénéfice. Ben oui, j'ai payé 250 F ce présentoir chic pour poser les sachets mais les cacahuètes me coûtent 60 centimes le sachet et je les vends à 1 F. J'pense vendre 50 sachets par

(*) Traduit du *Lybrand Journal* où l'éditeur a mentionné : « Nous n'avons pas réussi à localiser l'origine de cet article. Si un de nos lecteurs peut nous procurer cette information, nous serions ravis de lui témoigner notre reconnaissance. »

semaine pour commencer. Ça m'prendra 12 semaines et demie pour amortir le coût du présentoir. Après ça j'ai que du profit : 40 centimes par sachet. Plus j'vends, plus j'fais d'sous.

E.E. : Votre approche est complètement dépassée, Joe. Heureusement, les procédures de comptabilité moderne vous permettent d'avoir une image plus correcte qui révèle les complexités du problème.

Joe : Hein ?

E.E. : Pour être précis, ces cacahuètes doivent être intégrées dans toute votre opération. On devrait leur allouer la part qui leur revient des frais généraux. On devrait leur imputer une part proportionnelle de vos frais de loyer, de chauffage, d'électricité, de dépréciation de l'équipement, de décoration, des salaires de vos serveuses, du cuisinier...

Joe : Le cuisinier ? Qu'est-ce qu'il vient faire avec les cacahuètes ? Il sait même pas que je les ai !

E.E. : Regardez Joe, le cuisinier est dans la cuisine, la cuisine prépare les repas et les repas ramènent des gens ici, et les gens veulent des cacahuètes. Voilà pourquoi vous devez imputer une partie du salaire du cuisinier ainsi qu'une partie de votre salaire à la vente des cacahuètes. Cette feuille de papier contient une analyse de coût soigneusement établie et elle indique que l'opération cacahuètes devrait couvrir exactement 12 780 F par an de ces frais généraux.

Joe : Les cacahuètes ? 12 780 F par an de frais généraux ? Les arachides ?

E.E. : En réalité, c'est un tout petit peu plus que cela. Vous dépensez de l'argent chaque semaine pour faire nettoyer les vitres, faire balayer la salle, remettre du savon dans les toilettes et offrir des cocas aux agents de police. Ceci amène le total à 13 130 F par an.

Joe (pensif) : Mais le représentant des cacahuètes a dit qu'jallais faire de l'argent... vous n'avez qu'à les placer au bout du comptoir, a-t-il dit... et empocher 40 centimes de bénéfice...

E.E. : Il n'est pas comptable. Vous rendez-vous compte de ce que vous coûte la partie du comptoir occupée par les cacahuètes ?

Joe : Ça n'me coûte rien... pas de tabouret là-bas... juste un coin mort tout au bout.

E.E. : Le concept moderne de coût ne permet aucun coin mort. Votre comptoir fait 6 m² et vous avez 150 000 F de recettes par an. Par conséquent le 0,1 m² (32 cm sur 32 cm) qu'occupe le présentoir de cacahuètes coûte 2 500 F par an. Du moment que vous avez retiré cette surface du comptoir à l'utilisation générale, vous devriez compter la valeur de cette aire pour l'activité qui l'occupe.

Joe : V'voulez dire que j'dois ajouter 2 500 F de plus par an aux cacahuètes ?

E.E. : Exactement. Ceci amène leur part des coûts de fonctionnement à un total de 15 630 F par an. Maintenant, si vous vendez 50 sachets de cacahuètes par semaine, ces coûts se monteront à 6 F par sachet.

Joe : Quoi ?

E.E. : Évidemment, à cela il faut ajouter le prix d'achat de 60 centimes par sachet ce qui nous amène à un total de 6,6 F. Vous voyez qu'en vendant les cacahuètes à 1 F le sachet, vous perdez 5,6 F sur chaque unité vendue.

Joe : Y'a quelqu'chose qui cloche !

E.E. : Pas du tout ! voilà les chiffres. Ils prouvent que votre opération cacahuètes ne tient pas debout.

Joe (le visage soudain illuminé) : Supposez que j'vende plein, plein de cacahuètes... des milliers de sachets au lieu de 50 par semaine.

E.E. : Joe, vous ne comprenez pas le problème. Si vos ventes de cacahuètes augmentent, vos coûts de fonctionnement augmentent... vous devriez manipuler encore plus de sachets avec plus de temps passé, plus d'amortissements, plus de tout. Le principe de base de la comptabilité est ferme sur ce sujet : « plus l'activité est importante, et plus la part des frais généraux qu'elle supporte est grande ». Non, augmenter les quantités vendues ne vous aidera pas.

Joe : D'accord, vous êtes si doué, vous m'dites alors c'que j'dois faire.

E.E. (condescendant) : Bien... vous pourriez tout d'abord diminuer les frais de fonctionnement.

Joe : Comment ?

E.E. : Installez-vous dans un immeuble où le loyer est plus bas. Diminuez les salaires. Faites laver les vitres une fois toutes les deux semaines. Faites balayer la salle le jeudi seulement. Ne mettez plus de savon dans les toilettes. Diminuez la valeur du mètre carré de votre comptoir. Par exemple, vous pourriez diminuer les frais de moitié. Ceci baissera le montant alloué aux cacahuètes de 15 630 F à 7 815 F par an en réduisant le coût à 3,6 F par sachet.

Joe (lentement) : C'est d'jà mieux, non ?

E.E. : Beaucoup, beaucoup mieux. Cependant même dans ce cas-là, vous perdez 2,6 F par sachet si vous ne les vendez qu'à 1 F pièce. Vous devriez donc augmenter le prix. Si vous voulez un profit net de 40 centimes, vous devriez les vendre à 4 F pièce.

Joe (suffocant) : V'v'lez dire que même après avoir baissé les coûts de moitié, j'dois encore demander 4 F pour un sachet de cacahuètes à 1 F ? Personne n'est aussi fana de cacahuètes. Qui va les acheter ?

E.E. : C'est un problème secondaire. Le fait est que, à 4 F, vous vendrez à un prix fondé sur une évaluation réelle et véritable de vos coûts — qui sont déjà réduits.

Joe (l'air décidé) : Attendez voir ! j'ai une meilleure idée. Pourquoi j'jetterais pas les cacahuètes... à la poubelle ?

E.E. : Pouvez-vous seulement vous le permettre ?

Joe : Bien sûr. Tout c'que j'ai c'est 50 sachets de cacahuètes... ça m'a coûté dans les 30 F... j'perds 250 F sur le présentoir mais au moins je m'sors de cette affaire et bon débarras.

E.E. (désapprobateur) : Joe, ce n'est pas si simple. Vous êtes déjà dans le commerce des cacahuètes. A la seconde où vous vous débarrassez de ces cacahuètes, vous ajoutez 15 630 F de frais généraux au reste de l'affaire. Joe... soyez réaliste... pouvez-vous vous le permettre ?

Joe (complètement abattu) : C'est quand même incroyable ! La semaine dernière j'allais faire du fric. Maintenant j'ai des problèmes... seulement parce que j'pensais qu'un p'tit présentoir de cacahuètes allait me ramener un profit supplémentaire... seulement parce que j'pensais que 50 sachets par semaine c'était facile.

E.E. (en soulevant les sourcils) : C'est ça le but des études de coûts modernes, Joe... ça sert à se débarrasser de ces illusions.

Maintenant, voici quelques questions :

a.) Quel est le coût marginal par sachet de cacahuètes ?

b.) Quel est la contribution hebdomadaire du présentoir de cacahuètes à la couverture des frais fixes de Joe ?

c.) Comment le problème aurait-il changé s'il y avait une autre possibilité d'utilisation de l'espace, par exemple pour vendre du chewing-gum ?

d.) Est-ce que le gestionnaire a besoin quelquefois du coût complet (frais généraux alloués inclus), ou bien toutes les décisions du gestionnaire peuvent-elles être fondées sur la contribution à la couverture des coûts fixes au-delà du coût marginal ?

e.) Discutez le « principe » que l'Expert d'Efficience avance : « plus l'activité est importante et plus la part des frais généraux qu'elle supporte est grande ». Pouvez-vous envisager de meilleurs critères pour l'allocation des frais généraux ?

3. DYNAMIQUE DE LA RELATION COÛTS - VOLUME - PROFIT

Le problème de gestion de toute organisation est, nous l'avons déjà dit, celui de l'allocation des ressources qui représentent la capacité de production et de vente. Lorsque ce problème est examiné à court terme, il devient en fait celui du choix d'un niveau d'activité qui définit le degré d'utilisation du potentiel de production et de commercialisation existant.

La règle simple qui nous donne la solution du problème posé est de continuer à produire ou à vendre dans la mesure où le marché le permet tant que le revenu marginal, c'est-à-dire le chiffre d'affaires supplémentaire de toute nouvelle unité produite ou vendue, est supérieur au coût marginal, c'est-à-dire aux coûts supplémentaires encourus pour produire et vendre cette unité supplémentaire.

Le coût marginal et le revenu marginal sont deux concepts qui requièrent une bonne connaissance du comportement des coûts et des revenus sur l'étendue d'une ou plusieurs plages d'activité.

Nous allons, dans ce chapitre, examiner la relation coûts - volume - profit, d'abord en monoproduction, sa simplification à un problème linéaire, la notion de point mort ou seuil de rentabilité, et les décisions dont la structure de raisonnement s'apparente à celle du seuil de rentabilité ; enfin, nous élargirons la notion de choix de volume d'activité à la multiproduction et nous verrons l'apport de l'analyse de sensibilité.

I - Formulation du problème (en monoproduction).

A court terme, l'entreprise cherche à faire du bénéfice. Le bénéfice est défini par l'équation de base ci-dessous :

Bénéfice = chiffre d'affaires – coûts totaux

$B = CA - CT$

$B = pv \times Q - cv \times Q - CF$

Les stocks initiaux et finaux sont nuls,

(On verra au chapitre 4 comment relaxer cette contrainte de définition du bénéfice. Mais pour tout calcul de seuil de rentabilité on fera toujours l'hypothèse que tout ce qui est produit est vendu dans la même période. En effet, nous nous trouvons ici dans une approche prévisionnelle, et par conséquent nous ne voulons pas pénaliser ou avantager le futur en prenant en compte des éléments de valorisation de stock qui vont disparaître dès que le stock aura été consommé.)

où :

B = bénéfice de la période,
CA = chiffre d'affaires de la période,
pv = prix de vente unitaire,
Q = quantité vendue cette période (qui définit le niveau d'activité),
cv = coût variable unitaire,
CF = coût fixe de la période,
CT (coût total de la période) = cv × Q + CF.

Dans une économie de marché, on peut admettre que le prix de vente pv est l'un des composants de l'équilibre entre l'offre et la demande. Si l'on cherche à augmenter Q, il faudra le plus souvent réduire pv. La courbe de chiffre d'affaires peut donc se représenter comme une série de points qui sont l'extrêmité des segments décrivant la génération du revenu. Ainsi, on voit que dans l'exemple ci-dessous le prix de vente doit baisser de 190 F par unité à 100 francs par unité pour augmenter les ventes de 1 à 10 unités.

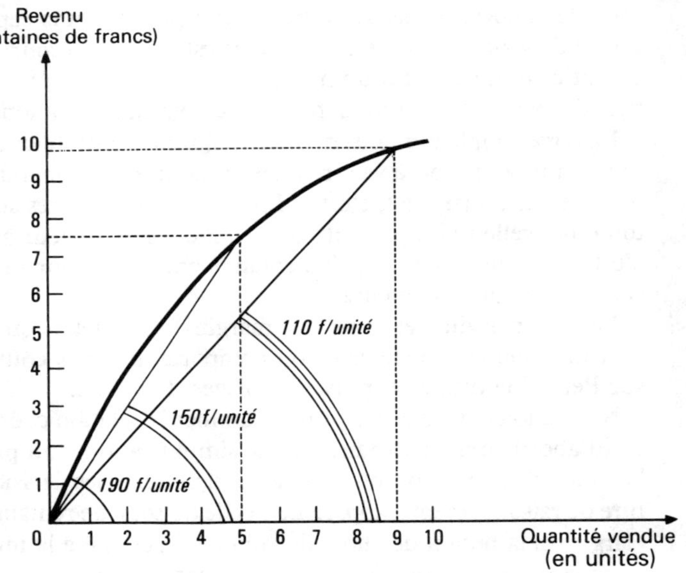

Voici les données de l'exemple :

Q	pv	CA	CT	BÉNÉFICE
0	—	0	180	– 180
1	190	190	275	– 85
2	180	360	340	20
3	170	510	380	130
4	160	640	410	230
5	150	750	450	300
6	140	840	510	330
7	130	910	610	300
8	120	960	750	210
9	110	990	940	50
10	100	1 000	1 200	– 200

On voit que la courbe coût est légèrement en S. Cette forme résulte du fait que, pour produire quelques unités, il faut encourir de toute façon les coûts fixes, et que l'apprentissage ne commence « à payer » qu'après la deuxième unité. Par contre, dès la 6e ou 7e unité il y a décollage de la courbe de coût qui résulte d'inefficiences dues à la saturation de l'outil de production.

Une représentation graphique permet de bien visualiser les données du problème :

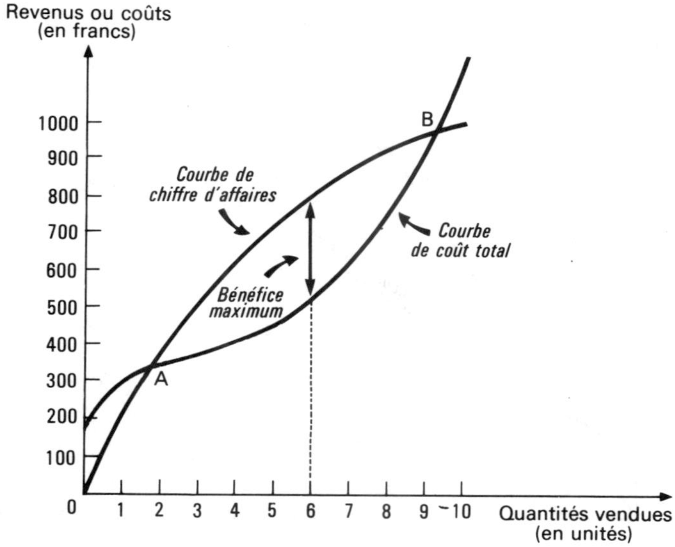

On voit que dans un objectif de maximisation du profit à court terme c'est un volume d'activité de 6 unités qui donnera le profit maximum avec un bénéfice de 330 F. On note également qu'au-delà de 2 unités et en deçà de 10 unités on fait du profit.

On appelle point mort le point à partir duquel on fait du profit ou jusqu'auquel on fait du profit.

Ainsi, les points A et B sont respectivement le point mort bas et le point mort haut. Le point mort est également appelé seuil de rentabilité puisque c'est le point qui indique le passage d'une zone de perte à une zone bénéficiaire, ou réciproquement. Le point mort n'est pas le point focal de notre attention : il n'est qu'un point, particulièrement significatif certes, du processus d'identification du volume d'activité qui donnera le résultat d'exploitation maximal.

II - La simplification linéaire.

Le comptable, nous l'avons vu dans le chapitre précédent, a quelques difficultés à travailler avec des courbes curvilinéaires, à cause de la complexité des paramètres à estimer. Il préfère des approximations linéaires.

En spécifiant bien la plage pertinente d'activité on peut ramener le problème décrit ci-dessus à un problème linéaire. Si nous considérons par exemple la plage pertinente d'activité qui va de 2 unités à 8 unités, on peut approximer la courbe de coût par un segment de droite dont la pente (c'est-à-dire le coût variable unitaire) est de 75 F par unité, et qui coupe l'axe des ordonnées (estimation du coût fixe) à 155 F. On peut, par ailleurs, simplifier la courbe de chiffre d'affaires en la linéarisant au prix de 150 F par unité, qui est le prix unitaire correspondant à la médiane de la plage pertinente d'activité.

On peut alors reposer le problème sur le graphe ci-dessous :

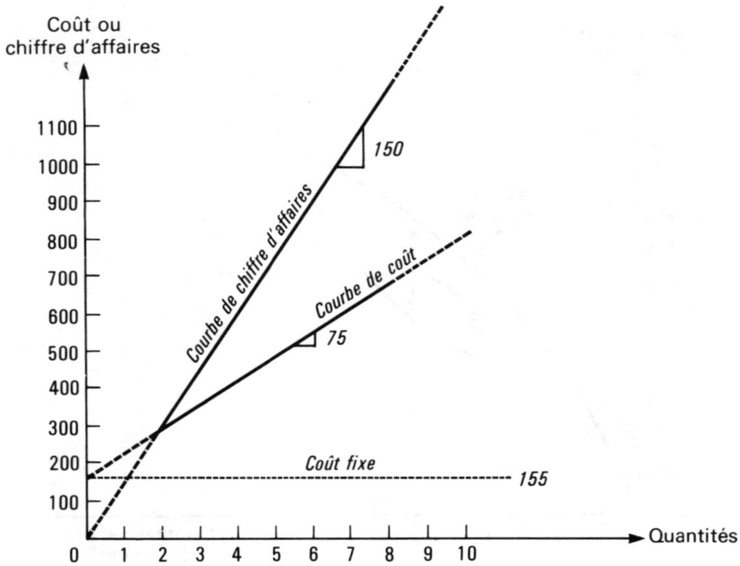

On voit que la linéarisation entraîne une déperdition d'informations réelles :

— le coût fixe est estimé à 155 francs alors que nous savons qu'il est de 180 francs ;
— la notion de maximisation du profit qui nous indiquait une activité optimale à 6 unités nous guiderait ici à croire qu'à 8 unités on fera plus de profit qu'à 6 unités ;
— le point mort bas reste à 2 unités ; mais la notion de point mort haut disparaît avec la linéarisation.

L'avantage de la linéarité des courbes de coût est que celle-ci permet d'utiliser, pour une plage pertinente d'activité donnée, les notions de coûts variables et de coûts fixes que nous avons appris à estimer dans le chapitre précédent. Cette présentation permet de décrire de façon simple le processus de génération du profit puisqu'on sait que, à l'intérieur d'une plage pertinente d'activité donnée, $B = pv \times Q - cv \times Q - CF$, et que pv, cv et CF sont des constantes sur toute la plage pertinente d'activité.

On notera que l'équation ci-dessus peut être simplifiée en mettant en facteur la quantité Q :

$B = (pv - cv)\ Q - CF$

On appelle contribution (sous-entendu, à la couverture des frais fixes) ou marge sur coûts variables la quantité (pv – cv), c'est-à-dire la différence entre le prix de vente unitaire et le coût variable unitaire.

III - Intérêt du point mort et de la contribution.

Le calcul du point mort et de la contribution permet d'exprimer l'objectif de maximisation du profit utilisé dans la section 1 en deux séries d'objectifs plus simples à manipuler, et en une méthode d'estimation simple des actions à engager pour augmenter le bénéfice.

1. Deux objectifs de gestion.

Au lieu d'avoir un objectif de maximisation du profit on peut utiliser deux substituts, plus pauvres mais sans doute plus aisés à manipuler.

• Le gestionnaire doit engager toutes les actions requises pour que le volume d'activité se situe au-dessus du point mort, assurant ainsi un minimum de rentabilité.

• Toute vente est intéressante tant qu'elle génère une contribution positive à la couverture des frais fixes. Cette affirmation, qui résulte de l'identification du coût variable unitaire au coût marginal, est le résultat de la linéarisation (en effet, le coût marginal est la pente de la tangente à la courbe de coût total et, puisque cette dernière est une droite, la pente de la tangente est égale à celle de la courbe de coût).

Il faut noter que ces deux règles simples de gestion ne s'appliquent que si l'on reste à l'intérieur de la plage pertinente d'activité pour laquelle la linéarisation a un sens.

2. Un guide pour les actions de gestion.

La présentation ci-dessus permet d'identifier les 3 facteurs principaux qui affectent le bénéfice à court terme, et d'évaluer rapidement toute modification de la valeur de l'un quelconque de ces facteurs.

Pour augmenter le bénéfice pour une activité donnée on peut combiner les actions suivantes :

— réduire les coûts fixes,
— réduire le coût variable unitaire,
— augmenter le prix de vente unitaire.

a) Réduire les coûts fixes.

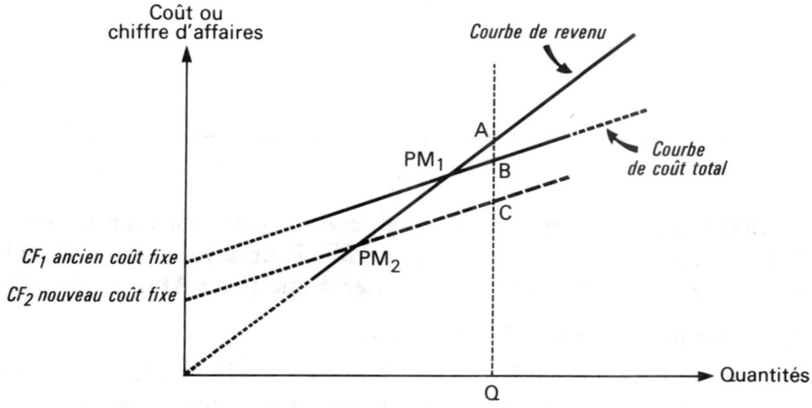

L'abaissement du coût fixe de CF_1 à CF_2 provoque le déplacement du point mort de PM_1 vers PM_2, ce qui correspond à une baisse du volume d'activité minimum requis pour que l'entreprise soit bénéficiaire, le bénéfice passant alors, pour une activité Q, de AB à AC.

b) Réduire le coût variable unitaire.

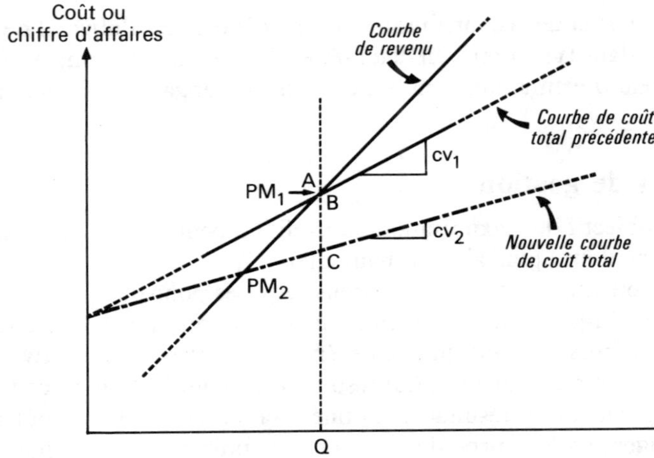

L'abaissement du coût variable unitaire, de cv_1 à cv_2, amène un déplacement du point mort de PM_1 à PM_2, ce qui correspond à une réduction du volume d'activité minimum requis pour que l'entreprise soit bénéficiaire.

c) Augmenter le prix de vente.

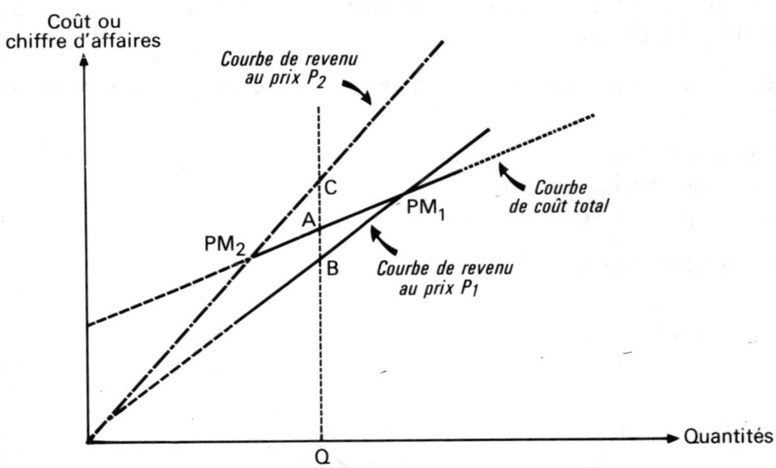

Si rien ne change dans la courbe de coût total, une augmentation du prix de vente unitaire de P_1 à P_2 abaisse le point mort de PM_1 à PM_2. Pour le volume d'activité Q, cette augmentation du prix de vente permet de passer d'une perte AB à un bénéfice AC.

d) Les variations ne sont pas indépendantes.

Dans les trois cas présentés ci-dessus, nous n'avons modifié qu'une seule variable à la fois. Or, dans la réalité, il est peu probable que cela se déroule ainsi.

La situation la plus courante est d'échanger des coûts variables pour des coûts fixes, ou de voir la quantité vendue changer lorsque le prix de vente unitaire est modifié.

L'analyse linéaire présentée ci-dessus permet d'étudier pas à pas la dynamique du compromis.

Prenons, par exemple, la situation suivante :

Coûts fixes : 155 F par période
Coûts variables : 75 F par unité
Prix de vente : 150 F par unité
Ventes actuelles : 5 unités.

Il y a possibilité de réduire le coût variable unitaire à 60 F par unité, en investissant dans une machine, ce qui amènerait le coût fixe à 200 francs. La quantité vendue ne serait pas modifiée. Est-ce intéressant ?

Situation de départ : B = 5 × 150 − 5 × 75 − 155
= 750 − 375 − 155 = 220 francs.
Situation nouvelle : B = 5 × 150 − 5 × 60 − 200
= 750 − 300 − 200 = 250 francs.

Cette nouvelle proposition est intéressante puisqu'elle augmente le bénéfice.

On peut d'ailleurs se poser la question de savoir jusqu'où l'on pourrait accepter d'augmenter les frais fixes pour obtenir ce coût variable unitaire de 60 francs, sans pour autant réduire le profit à court terme ; le problème est alors :

$$5 \times 150 - 5 \times 60 - X = 220$$

d'où l'on obtient que X = 230 francs. Donc, tout investissement qui coûterait au maximum : (230 − 155) = 75 francs à court terme, serait intéressant.

Il faut noter que si un investissement d'un coût supérieur à 75 francs à court terme était considéré, il faudrait poser le problème dans un contexte multipériode qui dépasse l'objet de ce chapitre(1) ; la dynamique de l'analyse serait cependant très similaire.

Envisageons la possibilité d'augmenter le prix de vente à 160 francs. Ce nouveau prix réduirait l'activité à 4 unités vendues. Est-ce intéressant ?

Situation ancienne : B = 5 × 150 − 5 × 75 − 155 = 220 francs.
Situation nouvelle : B = 4 × 160 − 4 × 75 − 155 = 185 francs.

On voit donc que cette augmentation du prix de vente n'est pas intéressante car elle génère une baisse de profit.

Ces raisonnements, qui portent sur la dynamique de la relation coûts - volume - profit, sont à la base de nombreuses décisions de gestion concernant :

• La politique de prix différentiel : actuellement, les cinémas consentent une réduction du prix d'entrée le lundi, jour qui était traditionnellement un jour creux, car mieux vaut remplir une salle à 100 % en vendant la place à 25 francs que la remplir à 50 % en vendant la place à 38 francs. Puisque la plus grande partie des coûts de fonctionnement d'un cinéma sont des coûts fixes qui ne varient pas en fonction du nombre de spectateurs, il suffit de maximiser le chiffre d'affaires pour maximiser le résultat. Par contre, il est évident qu'une réduction de prix le week-end n'aurait pas d'intérêt car les salles sont de toute façon pleines à 95 %.

• La politique d'investissement : dans une économie incertaine, c'est-à-dire où le volume d'activité possible compte tenu du marché est très aléatoire, une entreprise peut choisir d'abandonner une activité qui, pour elle, représentait un gros coût fixe et un petit coût variable pour la donner en sous-traitance, ce qui rend le coût, du point de vue de l'acquéreur du service sous-traité, totalement variable.

---

(1) On pourra utilement consulter le livre de B. Solnik, *La Gestion financière,* dans la même collection, chez F. Nathan Éditeur.

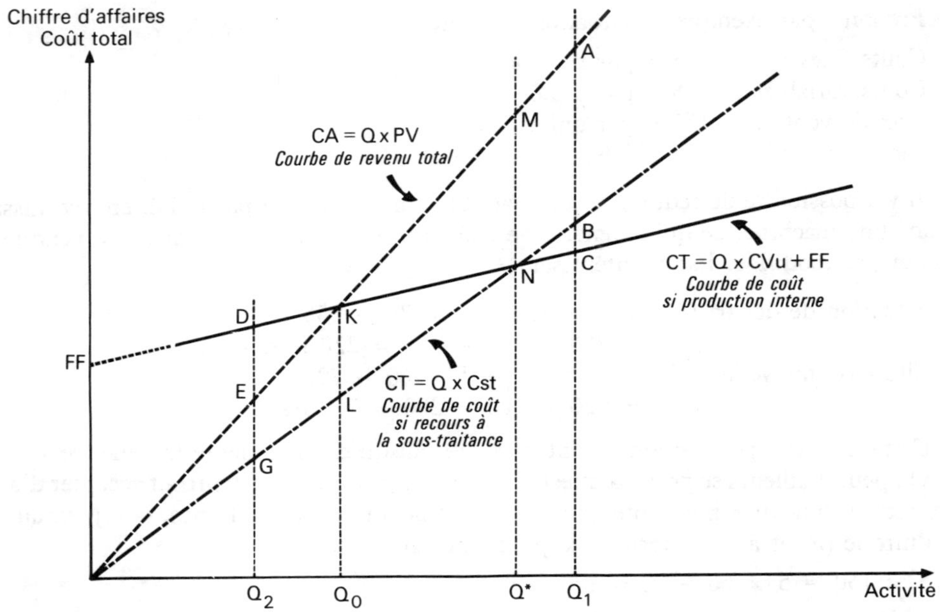

Comme on peut le constater sur le diagramme ci-dessus, lorsqu'on opère au niveau d'activité Q1, la solution de production interne est plus intéressante que celle de sous-traitance, puisque la production interne donne un profit représenté par le segment AC, tandis que le profit que laisserait le recours à la sous-traitance est représenté par le segment AB, qui est plus petit.

Par contre, lorsqu'on a une activité telle que Q2, on perd de l'argent en produisant de façon interne (segment DE), tandis qu'on en gagne encore en ayant recours à la sous-traitance (segment EG).

Comme la pente (CVu) de la courbe de coût en production interne est inférieure à celle de la sous-traitance (Cst), on peut trouver le point d'indifférence entre les deux alternatives : il y aura indifférence entre la sous-traitance et la production interne lorsque le profit sera le même dans les deux alternatives : cela se passera au niveau d'activité Q⋆ qui est le niveau d'activité pour lequel les deux courbes de coût donnent le même coût total.

On peut en trouver la valeur de la façon suivante :

$Q^\star(PV - CVu) - FF = Q^\star(PV - Cst)$,

donc : $Q^\star = FF/(Cst - CVu)$

(Q⋆ est le niveau d'activité pour lequel les deux courbes de coût se coupent).

Pour tout niveau d'activité inférieur au niveau Q⋆, on a intérêt à recourir à la sous-traitance ; tandis que pour tout niveau d'activité supérieur à Q⋆, on a intérêt à produire de façon interne. Bien sûr, cette règle simple ne doit pas forcément être appliquée de façon automatique. En effet, on peut très bien se trouver dans une situation où le recours à la sous-traitance se fera même pour un niveau d'activité supérieur à Q⋆. C'est le cas lorsqu'en sous-traitant on dégage des ressources ou de la capacité de production qui permettent de produire et vendre d'autres objets générant une contribution qui, ajoutée à celle que nous donne encore le produit sous-traité, donne une contribution totale supérieure à celle que le produit sous-traité fournissait lorsqu'il était le seul à être fabriqué et vendu. Il faut, alors, analyser la situation non plus produit par produit, mais globalement en considérant simultanément tous les produits concernés par notre décision.

IV - Les autres situations analogues à celle du point mort.

1. La commande marginale.

Une commande marginale ou supplémentaire pourra être acceptée si elle génère une marge de contribution positive. En particulier, elle doit être acceptée si elle se substitue à une commande existante ou potentielle qui aurait donné une contribution plus faible. Dans tous les cas la commande marginale doit être examinée dans une perspective à long terme car une forte contribution aujourd'hui ne garantit pas forcément que cette contribution se renouvelle dans le futur.

2. Abandonner un produit ou lui en substituer un nouveau.

Ici aussi la question est de savoir si la contribution générée par le nouveau plan d'action est supérieure à l'ancien.

Par exemple, étudions la situation suivante : deux produits P_1 et P_2 ont des coûts variables unitaires respectivement de 15 et 32 francs et des prix de vente de 24 et 56 francs. Les coûts fixes pour la plage d'activité correspondante s'élèvent à 220 francs. Les ventes actuelles sont de 10 P_1 et de 5 P_2. Faisons l'analyse de l'exploitation.

	P_1	P_2
Chiffre d'affaires	10 × 24 = 240 f	5 × 56 = 280 f
Coûts variables	10 × 15 = 150 f	5 × 32 = 160 f
Contribution par produit	10 × 9 = 90 f	5 × 24 = 120 f
Contribution totale	210 f	
Coûts fixes	220 f	
Résultat d'exploitation	– 10 francs.	

Peut-on améliorer la situation ? On peut examiner la possibilité de reporter des ressources d'un produit sur l'autre, ou de créer un autre produit.

Supposons que le marché n'accepte pas de modification du prix de vente. Nous pouvons analyser les ressources consommées. Par exemple : P_2 consomme deux fois plus de main-d'œuvre que P_1. On voit aisément que si l'on reportait l'ensemble de la main-d'œuvre sur la fabrication des P_2 on génèrerait plus de contribution qu'à fabriquer des P_1, à condition bien sûr de vendre tous ces P_2 additionnels.

Si l'on arrête la fabrication de P_1 on perd une contribution de 90 francs à la couverture des frais fixes, mais on pourrait utiliser les ressources ainsi libérées pour produire 5 P_2 qui généreraient une contribution de 120 francs. Il s'en suivrait donc une augmentation de la contribution totale de 30 francs, ce qui permettrait de réaliser 20 francs de profit au lieu d'une perte actuelle de 10 francs.

On aura noté que dans l'analyse ci-dessus les coûts fixes n'ont pas été pris en considération. Tant que l'on reste sur la plage pertinente d'activité, ils n'affectent pas la décision, ce sont des coûts engagés indifférents.

Supposons que l'on ne puisse pas augmenter les ventes de P_1 ou de P_2, et que la stratégie soit de ne pas réduire les ventes. Admettons également qu'aucune réduction de coûts ou augmentation de prix de vente ne puisse être envisagée. L'amélioration de la situation passe par l'introduction d'un nouveau produit que nous appellerons P_3. Ce produit aurait un prix de vente de 34 francs et un coût variable de production de 16 francs. Sa fabrication requérerait de nouvelles installations qui engendreraient un coût fixe supplémentaire de 63 francs. Faut-il lancer le nouveau produit ? La réponse passe par le calcul de la quantité minimum de P_3 à produire et à vendre pour que la situation corresponde, au pire, à un statu quo.

Nous recherchons donc Q_{P3} tel que :

$$34 \times Q_{P3} - 16 \times Q_{P3} - 63 \geqslant 0$$

$$18\ Q_{P3} - 63 \geqslant 0$$

$$Q_{P3} \geqslant \frac{63}{18}, \text{ soit } Q_{P3} \geqslant 3{,}5 \text{ unités}$$

Il faudrait donc produire et vendre 4 unités au moins pour que l'introduction du nouveau produit soit intéressante. On a arrondi la quantité à l'unité supérieure car on ne peut, bien sûr, produire que des produits entiers.

Si l'on souhaitait obtenir de P_3 une marge d'au moins 10 francs pour résorber la perte du statu quo, il faudrait produire $Q^\star_{P3}$ tel que :

$$(34 - 16)\ Q^\star_{P3} - 63 \geqslant 10$$

d'où $Q^\star_{P3} \geqslant 4{,}055$,

donc il faudrait produire et vendre 5 unités pour que la perte enregistrée dans le statu quo soit plus que compensée.

Cette estimation des quantités permet de valider les hypothèses de prix et quantité du service commercial. Si, par exemple, le service commercial considère qu'avec un prix de vente de 34 francs pièce on ne pourra pas vendre 5 unités, on recommence le calcul avec 35 F ou 36 F pièce en regardant si le point mort est compatible avec la courbe de demande qui caractérise le marché. Ainsi, par approximations successives, on peut trouver un équilibre satisfaisant pour toutes les parties concernées.

3. Faire ou faire faire.

Nous avons déjà évoqué ce type de décision. Ici, la courbe de revenu n'intervient pas dans la décision, ce qui nous intéresse c'est de savoir quelle solution, choisie pour mettre les produits à la disposition des vendeurs ou des utilisateurs, engendre le coût minimum au volume d'activité donné ou envisagé dans le plan d'action prévisionnel.

Envisageons par exemple deux situations :

- Situation A, fabriquer totalement : coûts fixes : 100 F, coût variable : 2,5 F par unité.
- Situation B, acheter le produit semi-fini et achever sa fabrication : coûts fixes : 30 F, coût variable : 6 F par unité.

Quelle solution est la plus intéressante ? La réponse dépendra du volume d'activité. Voyons sur une illustration graphique la dynamique de la situation.

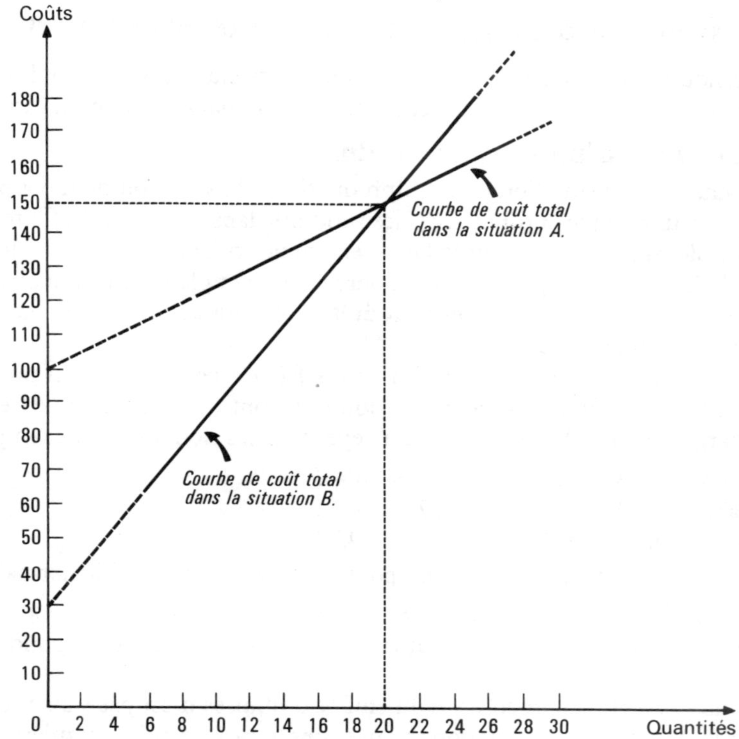

On voit que les deux situations sont équivalentes pour un volume d'activité de 20 unités. Dans les deux propositions le coût de mise à disposition de deux produits serait de 150 francs. On voit également que si l'activité prévue est inférieure à 20 unités par période, c'est la situation B, achat du produit semi-fini, qui est la plus intéressante, tandis que si l'activité prévue est supérieure à 20 unités par période, on a intérêt à recourir à la solution A, c'est-à-dire à fabriquer complètement.

On constate donc que les notions de contribution et de point mort sont des outils de décision très importants pour le gestionnaire. Lorsque l'on veut utiliser ces outils il est indispensable de vérifier que les hypothèses sous-jacentes sont respectées.

V - Les hypothèses sous-jacentes à l'analyse coûts-volume-profit.

- Le comportement des coûts est connu avec précision sur la plage pertinente d'activité.
- Tous les coûts peuvent être séparés en coûts fixes ou en coûts variables.
- L'analyse ne sort pas des limites de la plage pertinente d'activité.
- On appelle coût variable un coût qui varie de façon strictement proportionnelle au volume d'activité production et/ou vente.
- Les stocks sont nuls et il n'y a pas de variation de stock entre le début et la fin de la période : donc les quantités produites sont égales aux quantités vendues.
- Les prix des facteurs de production ne varient pas sur la période.
- Le processus de production est déterminé, connu et ne subit aucune modification en cours de période.
- La situation analysée est telle que seul le volume d'activité affecte le niveau des coûts.

VI - L'extension à la situation de multiproduction.

La plus grande partie des développements précédents était applicable à des situations de monoproduction. Le cas réel le plus courant est cependant celui de multiproduction.

1. Le point mort d'un « super-produit ».

On peut ramener une situation de multiproduction à la situation de monoproduction dans le cas particulier où les proportions des produits dans le chiffre d'affaires sont stables. Par exemple, si un commerçant tailleur vend toujours 2 pantalons pour chaque veste vendue, qu'il s'agisse d'une politique commerciale ou simplement d'une observation a posteriori, on peut redéfinir un **« super-produit »** qui sera ici un « ensemble » comportant 2 pantalons et une veste.

Si nous appelons les pantalons P1 et les vestes P2, on peut définir un produit A tel que : A = 2P1 + P2. On agrège alors les données dont on dispose sur P1 et P2 pour trouver la marge de contribution de A. En reprenant les données de l'exemple, on a :

Prix de vente de A = 2 × 24 + 56 = 104 F
Coût variable de A = 2 × 15 + 32 = 62 F
Contribution unitaire de A = 42 F

Le point mort de A se calcule comme pour un produit tout à fait normal :

$Q^{\star}_{A} = 220/42 = 5{,}238...$ unités, soit 6 unités,
puisqu'on arrondit toujours à l'unité supérieure. Ce point mort correspond donc à 12 pantalons *et* 6 vestes.

Mais, le plus souvent, la composition du chiffre d'affaires n'est pas stable, ce qui pose un problème au gestionnaire. Il faut donc trouver une approche qui ne requiert pas l'hypothèse, trop restrictive, de la stabilité de la composition des ventes. Deux approches permettent de répondre au besoin ainsi exprimé, le point mort en chiffre d'affaires et la contribution par unité de ressource rare.

2. Le point mort en chiffre d'affaires.

Lorsqu'on ne connaît pas la composition des ventes on peut rechercher le chiffre d'affaires qui correspond à une égalité de la contribution totale et des coûts fixes.

Il suffit de connaître le % du chiffre d'affaires que représente la marge de contribution totale pour trouver le chiffre d'affaires au point mort (CA_{PM}) puisque :

CA_{PM} = (coûts fixes)/(contribution exprimée en termes de % du chiffre d'affaires).

Le calcul du point mort en chiffre d'affaires est très répandu. Cette approche du point mort part de l'hypothèse qu'on peut trouver une marge de contribution moyenne pour les ventes futures. Il faut admettre que cette hypothèse est très rarement satisfaite puisque cela suppose, soit que tous les produits ont la même marge de contribution, ce qui est peu probable, soit, comme dans le cas du super-produit, que la composition des ventes est stable et que l'on peut utiliser la marge de contribution moyenne de la période écoulée pour des calculs prévisionnels. L'hypothèse de stabilité est, bien sûr, rarement vérifiée.

On peut, par contre, utiliser l'approche du point mort en chiffre d'affaires dans le cadre d'une procédure budgétaire puisqu'on y travaille avec une composition prévisionnelle des ventes et avec des marges de contribution prévisionnelles, on admet donc que l'hypothèse de stabilité est respectée.

Mais cette technique ne permet toujours pas de déterminer la meilleure combinaison des ventes puisqu'elle suppose de connaître déjà la combinaison des ventes ! Il faut donc introduire une méthode qui ne requière aucune hypothèse préalable et permette de trouver la combinaison des ventes qui sera la plus rentable pour l'entreprise. Cette méthode est l'analyse de la contribution par unité de facteur rare.

3. Le point mort en ressources développées : la contribution par unité de ressource rare.

Cette analyse va permettre de déterminer la composition optimale des ventes à l'intérieur des contraintes de production et de commercialisation.

Dans l'exemple ci-dessus, nous avons déjà introduit les bases d'un concept important pour trouver le mix de production optimal : il s'agit de la **contribution par unité de facteur rare.** Nous avons remarqué que P_1 utilise moitié moins de temps de main-d'œuvre que P_2, par exemple 2 heures de main-d'œuvre pour P_1 et 4 heures pour P_2. Nous avions remarqué qu'il était plus intéressant de produire des P_2 que des P_1 à condition de les vendre tous ; en effet, une heure de main-d'œuvre utilisée pour produire un P_1 génère une contribution par unité de main-d'œuvre de :

$$\frac{9 \text{ francs par } P_1}{2 \text{ heures pour } 1\ P_1} = 4{,}5 \text{ francs,}$$

tandis qu'une heure de main-d'œuvre consacrée à la production des P_2 génère une contribution par unité de main-d'œuvre de :

$$\frac{24 \text{ francs par } P_2}{4 \text{ heures pour } 1\ P_2} = 6 \text{ francs.}$$

Donc l'utilisation optimale de la main-d'œuvre passe par le plan d'action suivant : *essayer de saturer le marché de P_2 en utilisant la main-d'œuvre et, si l'on épuise la main-d'œuvre avant que le marché ne soit saturé, ne produire que des P_2 ; si par contre, on sature le marché de P_2 avant d'avoir épuisé la main-d'œuvre, reporter la main-d'œuvre disponible sur la fabrication de produits P_1 dans la mesure où une contribution de 4,5 francs par heure de main-d'œuvre affectée à la production des P_1 est encore meilleure qu'une contribution nulle.*

Si l'on a 40 heures de main-d'œuvre disponibles et que le marché maximal de P_1 correspond à 8 unités et celui de P_2 à 7 unités, le problème se présente de la façon suivante : il s'agit de maximiser : $9 \times Q_{P1} + 24\ Q_{P2}$, c'est-à-dire la somme des contributions, en respectant les contraintes :

— d'atelier : $2\ Q_{P1} + 4\ Q_{P2} \leqslant 40$ heures,
— de marché : $Q_{P1} \leqslant 8$ unités et $Q_{P2} \leqslant 7$ unités,
— de bon sens : $Q_{P1} \geqslant 0$ et $Q_{P2} \geqslant 0$.

En voici la représentation graphique :

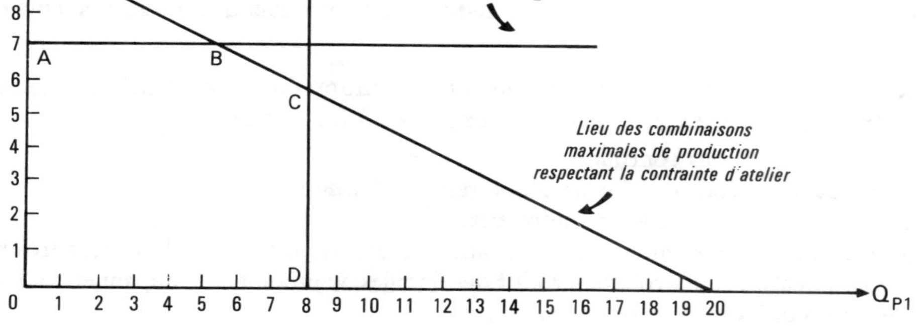

On remarque très aisément que seules les combinaisons de quantité se trouvant à l'intérieur ou sur le périmètre OABCD respectent les contraintes énoncées. On peut soit calculer la contribution totale de chaque combinaison de production :

$$A\begin{cases} Q_{P1} = 0 \\ Q_{P2} = 7 \end{cases} \quad B\begin{cases} Q_{P1} = 6 \\ Q_{P2} = 7 \end{cases} \quad C\begin{cases} Q_{P1} = 8 \\ Q_{P2} = 6 \end{cases} \quad D\begin{cases} Q_{P1} = 8 \\ Q_{P2} = 0 \end{cases},$$

soit appliquer la règle d'action ci-dessus : c'est-à-dire calculer la contribution par unité de facteur rare et chercher à saturer le facteur le plus productif.

Ici, puisque les contributions sont positives, il est clair que les combinaisons B et C sont meilleures que les combinaisons A ou D.

Les contributions par unité de ressource main-d'œuvre ont été calculées plus haut ; ce sont :

pour P_1 : $\frac{9}{2} = 4{,}5$ F par unité de facteur main-d'œuvre,

pour P_2 : $\frac{24}{4} = 6$ F par unité de facteur main-d'œuvre.

Puisque nous voulons saturer la contrainte avec le produit le plus « productif de contribution », il faut fabriquer le maximum de produits P_2 ; donc la combinaison : $B\begin{cases} Q_{P1} = 6 \\ Q_{P2} = 7 \end{cases}$, constitue un bon point de départ.

Voyons si la situation peut être améliorée. Pour produire plus de P_1 il faudrait sacrifier des P_2 ; or il est clair que l'heure utilisée à fabriquer des P_1 est moins rentable que l'heure consacrée aux P_2 ; donc la combinaison B est optimale.

Cette procédure du choix de la combinaison de production qui donne la meilleure contribution peut être étendue à un nombre très grand de produits et de contraintes. Si les contraintes sont linéaires on peut utiliser la technique de la programmation linéaire, disponible sur la majorité des ordinateurs. Le lecteur familiarisé avec la programmation linéaire aura d'ailleurs remarqué que ce que nous avons appelé les contributions par unité de facteur rare sont les variables duales du problème.

Le schéma de raisonnement présenté ci-dessus est surtout utile dans la mesure où il précise la notion de contribution, dans la mesure aussi où il montre bien qu'il est possible d'étendre la dynamique coûts-volume-profit à la situation multiproduit, et combien toute décision quant au mix de production doit passer par une prise en compte simultanée des diverses contraintes et de l'aptitude de tous les produits à générer de la contribution. On pourra observer que très souvent la contrainte « financement » est le facteur de blocage et qu'on peut alors retrouver la notion de rentabilité des investissements induits par un produit : le produit préféré devenant celui qui génère la plus grande contribution par unité de ressource financière investie en compte client, compte stocks, ou en immobilisations. On retrouve bien l'analyse traditionnelle de choix des investissements et la notion de rentabilité de produit.

Les limites de l'approche coûts-volume-profit multiproduit sont les mêmes que celles exposées pour l'analyse monoproduit, auxquelles il faut ajouter :

— la connaissance des contraintes,
— leur quantification sous forme d'une relation linéaire,
— l'indépendance des produits entre eux.

Cette dernière contrainte est facile à satisfaire dans la mesure où l'on peut très bien appliquer l'analyse coûts-volume-profit à des familles de produits regroupant en une seule entité les produits interdépendants.

Il est à noter que si l'on n'arrive pas à saturer au moins une contrainte, la notion de contribution par unité de facteur rare n'a que peu de sens, et l'on peut dans ce cas, et dans ce cas seulement, comparer les produits sur la base de la contribution unitaire.

VII - L'analyse de sensibilité dans la relation coûts-volume-profit.

L'analyse de sensibilité[2] relève d'une technique d'exploration basée sur la question : « Que se passerait-il si... ? ». En effet, nous avons indiqué dans le chapitre 2 que nous retenions comme coût la « meilleure » estimation des coûts mais que ce n'était là qu'une approximation. Il est donc bon de se poser la question de savoir dans quelle mesure une erreur d'estimation affecte nos décisions de choix de volume d'activité, de choix du mix de production, ou d'évaluation de la rentabilité relative des produits.

L'analyse de sensibilité peut aussi être étendue à l'étude des « choix d'investissements » dans le cas de la multiproduction puisque la connaissance des contraintes n'est en général qu'approximative et que, de toute façon, les termes des contraintes peuvent être modifiés par des investissements affectant soit les gammes opératoires (quantité de ressources requises par un produit) soit la capacité de ressources disponibles.

1. Sensibilité aux erreurs de prévision.

Dans l'exemple ci-dessus nous avons trouvé que sur la base des informations concernant la contribution et les contraintes, le choix optimal était :

$$B\begin{cases} Q_{P1} = 6 \text{ unités} \\ Q_{P2} = 7 \text{ unités} \end{cases}$$

On est en droit de se dire que, à cause des hypothèses requises pour linéariser les coûts, les contributions ne sont elles-mêmes que des approximations, et que par conséquent il faut se poser la question de savoir sous quelles conditions un autre choix, A, C ou D, pourrait être meilleur que le choix B. On constate que le décideur serait indifférent entre B et C si le rapport des contributions était égal au rapport des consommations physiques de ressources, soit :

$$\frac{C_{P1}}{C_{P2}} = \frac{2}{4} = 0,5$$

On voit donc que si une erreur d'imputation des coûts variables aux produits ou d'estimation des coûts variables par produit amenait les contributions à 10 pour P_1 et 19 pour P_2 le choix changerait de B à C. La sensibilité du choix à l'erreur d'estimation doit alors être évaluée subjectivement car c'est sur la base de l'estimation du risque encouru que le gestionnaire et le comptable analytique décideront ou non d'acquérir des informations supplémentaires pour affiner la connaissance de la contribution « réelle » de chaque produit.

2. Utilité pour le choix des investissements.

Supposons que nous acceptions avec confiance les chiffres de 9 et 24 pour les contributions. Comment peut-on augmenter le profit de l'entreprise ? Le choix optimal actuel demande que soient produits et vendus 6 P_1 et 7 P_2. Il est évident que tout effort publi-

---

(2) Pour un traitement détaillé des techniques d'analyse de sensibilité, on peut utilement consulter le livre de Ch. Marmuse : *Les Aides à la décision,* dans la même collection, chez F. Nathan Éditeur.

citaire ou promotionnel qui viserait à élargir le marché de P_1 serait vain puisque cet investissement porterait sur une contrainte qui ne « bloque » pas ; en effet, seules les contraintes de marché de P_2 et de production conditionnent actuellement le choix du mix optimal de production. Par contre, tout investissement pour élargir le marché de P_2 ou augmenter la capacité de production mérite qu'on s'y intéresse. Cela ne veut pas dire d'ailleurs que cet investissement soit rentable. Par exemple, si un investissement de x francs par période pour 5 périodes élargissait le marché de P_2 de 1 unité par période pour 5 périodes, le choix optimal serait sans aucun doute de produire 8 P_2 et seulement 4 P_1, ce qui augmenterait la contribution totale par période de : $24 - (2 \times 9) = 6$ francs. On voit alors que si $x < 6$ francs le choix est intéressant ; si $x = 6$ francs le gestionnaire est indifférent, et si $x > 6$ francs cet investissement devrait être repoussé.

La représentation explicite des contraintes permet donc de focaliser l'attention sur les contraintes qui « bloquent » et qui sont donc susceptibles de recevoir un investissement dont l'effet, débloquement de la contrainte, serait de permettre une contribution globale supérieure à celle qu'on avait auparavant. Le gain en contribution permet d'ailleurs de donner une borne supérieure aux coûts qu'on accepterait de mettre en œuvre pour réaliser cet investissement. Le gain en contribution a de fortes chances de se reproduire dans le futur, et à ce titre il ne faut pas comparer le montant de l'investissement avec le supplément de contribution, mais les coûts de fonctionnement supplémentaires et la dotation aux amortissements qui découle de l'élargissement de la contrainte.

VIII - L'analyse de contribution par segment d'activité.

Nous avons jusqu'ici raisonné sur la relation coûts-volume-profit à l'intérieur de l'entreprise, et la seule partition que nous ayons considérée est celle définie par les divers produits fabriqués et vendus. Nous avons donc raisonné sur des coûts variables par rapport aux produits fabriqués et vendus. Mais il y a bien d'autres causes à l'existence de coûts. Comme nous l'avons vu dans le chapitre 2, il y a des coûts directs et indirects par rapport à bien d'autres sous-ensembles de l'entreprise, qui intéressent le gestionnaire. Par exemple, il y a des coûts, variables ou fixes, qui sont mis en œuvre à cause d'un réseau de distribution particulier (grande distribution, petit commerce, vente directe, exportation, etc.) ou d'un type de clientèle particulier (secteur privé, secteur administrations publiques, etc.). Chacun des sous-ensembles ainsi définis est géré de façon spécifique par l'entreprise, et il est donc important de pouvoir analyser la performance de ce secteur (la rentabilité des investissements y est-elle acceptable ?), et de mesurer l'impact que telle ou telle action envisagée pourra avoir sur la performance du secteur et sur le résultat de l'entreprise dans son ensemble.

Un segment d'activité est un sous-ensemble de l'entreprise que le gestionnaire veut analyser pour définir des actions à engager. Chaque segment contribue à la constitution du résultat d'exploitation. Il est donc intéressant d'éclater le profit (ou la perte) de l'entreprise en ses composantes : contribution de chacun des segments et coûts non attribuables à un segment pour mieux maîtriser la dynamique de l'entreprise et assurer sa capacité à atteindre son objectif.

1. Le concept de segment d'activité.

Un segment d'activité est toute ligne d'activité ou toute subdivision d'une entreprise pour laquelle on peut identifier un chiffre d'affaires et des coûts qui sont encourus spécifiquement pour cette partie de l'entreprise. Les segments d'activité sont les sous-ensembles de l'entreprise qui correspondent à des centres de responsabilité ou à des groupes de centres de responsabilité : par exemple, les réseaux de distribution, les familles de produits, les zones régionales ou géographiques de vente, les filières de transformation d'un produit, les types de clientèles, etc.

Le concept de segment est extensible. Le gestionnaire peut créer autant de segments qu'il en a besoin à un moment donné. On peut éliminer des segments ou en créer selon les exigences de la situation. Si on le veut, on peut même travailler en descendant à des niveaux de segments de plus en plus fins, faisant ainsi apparaître les contributions de façon de plus en plus précise.

2. La notion de contribution par segment d'activité.

La notion de **contribution par segment** d'activité est tout à fait analogue à celle de contribution d'un produit : **c'est la différence entre le chiffre d'affaires et les coûts variables directs par rapport à ce segment.** Mais la notion peut être étendue pour trouver une marge spécifique au segment après d'éventuels frais fixes spécifiques ou directs par rapport à ce segment. Préparer une analyse de contribution par segment est, à la fois, l'application de l'outil — calcul de la contribution — et l'esprit dans lequel cet outil est utilisé.

Le principe qui guide le calcul et l'analyse de la contribution par segment est celui des coûts directs que nous avons introduit au chapitre 2. La logique est de chercher à connaître une marge, résultant de l'activité de ce segment, qui ne soit pas le fruit d'allocations de coûts indirects (ici le mot indirect est utilisé pour désigner des coûts qui n'ont rien à voir avec l'activité ou la performance du segment). En effet, toute allocation de coûts amène une dilution de la notion de responsabilité.

---

3. Exemple de calcul de la contribution par segment.

L'entreprise Boncœur fabrique et commercialise un produit unique sur trois territoires de ventes distincts. Le compte de résultat de l'entreprise fait apparaître une perte de 15 400 francs, comme on peut le voir ci-dessous.

Chiffre d'affaires : 100 000 unités à 11 F pièce	1 100 000 F
Coût complet de la production vendue	500 000 F
Marge brute	600 000 F
Frais d'expédition/emballage	168 000 F
Coûts commerciaux	297 400 F
Coûts administratifs	150 000 F
Résultat d'exploitation	– 15 400 F

Le gestionnaire cherche à expliquer et à réduire la perte. Pour cela il va préparer une analyse de contribution en décomposant chaque ligne du compte de résultat pour estimer la part de chaque région dans la création de la perte et pour déterminer où un effort sera le plus rentable.

Les informations suivantes sont collectées avant que le tableau d'analyse de la contribution de chaque territoire puisse être établi.

L'activité commerciale est sous la responsabilité d'un directeur commercial dont le coût pour la période est de 100 000 francs.

Les territoires sont très différents les uns des autres tant par leur éloignement géographique que par leur organisation commerciale.

— Le territoire A, où se situent l'usine et le siège social, emploie 5 vendeurs salariés pour un coût total de 50 000 F pour la période ; on y a vendu 50 000 articles.

— Le territoire B emploie 5 représentants de commerce multi-cartes qui ne sont rémunérés qu'à la commission (8 % du chiffre d'affaires) ; on y a vendu 30 000 articles.

— Le territoire C représente l'exportation en Limurie. On y a vendu 20 000 articles par l'intermédiaire d'un distributeur exclusif qui touche 5 % de commission sur le chiffre d'affaires que Boncœur réalise avec lui. Il dispose de son propre circuit de distribution, sur lequel Boncœur n'a pas d'action directe. Il fixe lui-même le prix de vente sur le marché limurien. Les coûts de la publicité sur ce marché sont partagés à égalité entre le distributeur et Boncœur.

L'emballage du produit se fait au moment de l'expédition et représente un coût de 1 franc par produit (0,50 F pour l'emballage et 0,50 F pour la main-d'œuvre).

Le coût du fret d'expédition varie selon la destination : pour une unité expédiée, le coût est de :

— 0,50 F pour les ventes dans le territoire A,
— 0,70 F pour les ventes dans le territoire B,
— 1,10 F pour les ventes dans le territoire C.

Le coût variable administratif d'une commande est de 2 F par commande quel qu'en soit le montant. Les frais administratifs fixes sont de 100 000 F.

On a enregistré 17 000 commandes vers le territoire A, 6 000 commandes vers le territoire B et 2 000 commandes vers le territoire C.

Les coûts de publicité à la charge de Boncœur se répartissent comme suit :

Publicité nationale :	100 000 F
Publicité locale :	
— territoire A :	60 000 F
— territoire B :	15 000 F
— territoire C :	5 000 F
Total..................	180 000 F

Le coût variable de production d'une unité vendue est de 4 F/pièce. La production se fait à la demande et il n'y a pratiquement pas de stock de produits finis. Les coûts fixes de production se montent à 100 000 F.

Avec toutes ces informations détaillées on peut construire un compte de résultat éclaté par territoires (ici le segment d'activité qui nous intéresse est le territoire).

Compte de résultat

	Entreprise	*territoire A*	*territoire B*	*territoire C*
Chiffre d'affaires	1 100 000 F	550 000 F	330 000 F	220 000 F
Coût variable de la production vendue	400 000 F	200 000 F	120 000 F	80 000 F
Marge brute	700 000 F	350 000 F	210 000 F	140 000 F
Coûts variables pour répondre aux commandes				
— Fret	68 000 F	25 000 F	21 000 F	22 000 F
— Emballages	50 000 F	25 000 F	15 000 F	10 000 F
— Main-d'œuvre expédition	50 000 F	25 000 F	15 000 F	10 000 F
Coûts variables pour obtenir les commandes				
— Commissions vendeurs	26 400 F	—	26 400 F	—
— Commissions distributeur	11 000 F	—	—	11 000 F
Coûts variables d'administration des commandes	50 000 F	34 000 F	12 000 F	4 000 F
Contribution par territoire	444 600 F	241 000 F	120 600 F	83 000 F
Coûts fixes directs				
— Salaires des vendeurs	50 000 F	50 000 F	—	—
— Publicité locale	80 000 F	60 000 F	15 000 F	5 000 F
Marge par territoire	314 000 F	131 000 F	105 600 F	78 000 F
Coûts indirects par rapport aux territoires				
— Coûts fixes de fabrication	100 000 F			
— Publicité nationale	100 000 F			
— Salaire du directeur commercial	30 000 F			
— Frais administratifs variables	100 000 F			
Résultat d'exploitation	– 15 400 F			

Avec la décomposition dont nous disposons maintenant, le gestionnaire peut analyser la situation de l'entreprise, ce qui n'était pas possible avec le compte de résultat trop agrégé que nous avions au début.

On peut par exemple remarquer que le nombre d'unités par commandes varie grandement d'un territoire à un autre : 2,94 articles par commande dans le territoire A contre 5 articles par commande dans le territoire B. Le territoire C n'est pas à prendre en compte ici, puisqu'il s'agit de ventes à un distributeur exclusif. On peut se demander ce qui se passerait si l'on obligeait les clients à passer des commandes plus importantes dans le territoire A. On perdrait peut-être quelques ventes mais l'on économiserait sur le coût de traitement des commandes. On peut alors chercher le point mort de cette décision : combien d'articles vendrons-nous en moins si l'on instaure un minimum de 5 articles par commande ? La marge de contribution des articles vendus dans le territoire A (il faut réintégrer les coûts variables d'administration des commandes dans la contribution territoriale, puisque nous nous posons la question du niveau de ce poste de coût) est égale à : 241 000 F + 34 000 F = 275 000 F, soit 5,5 francs par article. Le point mort correspond à une quantité $Q^\star$ telle que :

$$Q^\star \times 5{,}5 - (Q^\star/5) \times 2 \geqslant 241\ 000 \text{ F}$$

ce qui donne $Q^\star$ = 47 255 unités. Donc, si le gestionnaire pense qu'il ne perdra pas plus de 2 745 unités en refusant les trop petites commandes, il a intérêt à mettre en œuvre cette politique puisqu'elle se traduira par une amélioration de la situation de l'entreprise.

On peut ainsi se poser la question de :

— l'efficacité commerciale des trois formes de rémunération de la force de vente,
— l'efficacité de l'effort de publicité,
— l'impact d'un changement de politique d'expédition avec, par exemple, des envois groupés, etc.

La présentation du compte de résultat ainsi construit donne au gestionnaire les moyens de :

— voir clairement la performance de chaque segment d'activité,
— tester des politiques différentes pour l'avenir et en analyser les conséquences possibles,
— comparer des segments entre eux, sur des bases homogènes, etc.

On voit donc que la **contribution par segment** est un instrument décisionnel très puissant qui donne tout leur sens aux concepts de coût direct et indirect, de coût variable et fixe.

IX - Conclusion.

La gestion de l'entreprise multiproduit doit prendre en compte des facteurs très divers. L'effort de présentation qui est implicite dans l'analyse coûts-volume-profit est très ambitieux. Il va au-delà de la simple présentation en offrant une **approche,** une **méthode d'analyse,** une manière de traiter les problèmes de gestion dynamique de l'entreprise, une **forme de pensée.**

L'approche est utile au niveau opérationnel : elle permet l'analyse de choix très variés concernant :

— niveau d'activité,
— recours à la sous-traitance,
— investissements,
— rentabilité relative des produits,
— performance des segments d'activité,
— acceptation d'une commande supplémentaire, etc.

La puissance de l'outil exige en contrepartie que soient bien respectées les hypothèses requises par l'analyse. En général, celles-ci ne sont pas trop rigoureuses, mais elles conditionnent toute l'efficacité de l'analyse.

LES MOTS CLÉS DU CHAPITRE

(Si ces mots n'ont pas encore un sens clair et précis pour vous, il vous serait utile de relire tout ou partie du chapitre.)

POINT MORT
CONTRIBUTION
COMMANDE MARGINALE
FAIRE OU FAIRE FAIRE
CONTRIBUTION PAR UNITÉ DE FACTEUR RARE
FACTEUR OU RESSOURCE RARE
ANALYSE DE SENSIBILITÉ
SEGMENT D'ACTIVITÉ
CONTRIBUTION PAR SEGMENT

QUESTIONS

3.1. Comment calculeriez-vous la marge sur coûts variables unitaire ou contribution unitaire ?

3.2. Si l'on vous donnait la marge sur coûts variables unitaire, comment calculeriez-vous la marge sur coûts variables totale ?

3.3. Lorsque la marge sur coûts variables totale est égale aux frais fixes de la période, la firme fait-elle un profit ou une perte ?

3.4. Si l'on vous donnait la marge sur coûts variables unitaire, et les frais fixes totaux, comment calculeriez-vous le nombre d'unités à vendre pour atteindre le point mort ?

3.5. Peut-il y avoir plusieurs points morts ? Si oui, quelles sont les caractéristiques des courbes de coûts et de chiffre d'affaires ?

3.6. Traditionnellement on parle d'un point mort unique, pourquoi ?

3.7. Si la contribution unitaire ou marge sur coûts variables unitaire est grande par rapport au prix de vente, pouvez-vous estimer si le point mort requerra un grand ou un petit volume de ventes ?

3.8. Si les coûts unitaires baissent, quel est l'impact sur le point mort ?

3.9. Si une entreprise produit et commercialise plusieurs produits, dans quelles conditions peut-on concevoir une analyse de point mort ?

3.10. Une petite imprimerie pratique la politique de prix suivante : elle facture le prix catalogue jusqu'à ce que le point mort mensuel soit atteint, puis accepte toutes les commandes suivantes à un prix réduit.

Que pensez-vous de cette politique commerciale ? Si vous étiez un client et que vous connaissiez la procédure de décision de cette imprimerie, quel serait votre comportement ?

Problèmes

3-1

Calculez le nombre d'unités à produire si la firme veut arriver au point mort dans chacun des cas ci-dessous :

a.) Les frais fixes sont de 64 000 F par an et chaque unité vendue contribue pour 4 F à la couverture des frais fixes et à la détermination du profit.

b.) Les coûts fixes sont de 81 000 F par an. Le prix de vente unitaire est de 26 F et les frais variables unitaires s'élèvent à 17 F.

c.) Le taux de contribution est de 40 % du prix de vente. Les coûts fixes se montent à 56 000 F par an. Le prix de vente unitaire est de 7 F.

d.) Le coût variable de production est de 70 % du prix de vente. Les coûts fixes représentent 54 000 F par an. Le prix de vente unitaire est de 4,50 F.

e.) On vend deux produits A et B. Les ventes se font à raison d'un rapport fixe entre A et B : pour 5 unités de A on vend 2 unités de B. Les coûts fixes sont de 168 000 F par an. Le produit A est vendu 8 F pièce et les coûts variables spécifiques de la production de A s'élèvent à 4 F par unité. Le produit B est vendu 5 F pièce et les coûts variables spécifiques de la production de B se montent à 3 F par unité.

3-2

La société Piezdoto a réalisé un profit après impôts de 75 000 F en 19X0. La direction souhaite une augmentation de 20 % du bénéfice après impôts pour 19X1. Le taux d'imposition est de 40 % et aucun changement dans ce taux n'est prévu. Les coûts fixes sont estimés à 240 000 F par an et la marge de contribution est évaluée à 25 % du prix de vente.

a.) Calculez le chiffre d'affaires requis pour satisfaire les objectifs de 19X1.

b.) Quel serait le chiffre d'affaires requis si Piezdoto pouvait améliorer sa contribution et l'amener à 30 % du chiffre d'affaires ?

3-3

La société Upsilon fabrique un produit Omega selon une structure de coûts décrite ci-dessous.

Quantité	Coût moyen variable unitaire	Frais fixes
jusqu'à 3 000 unités	1,5	5 000
de 3 001 à 6 000 unités	1	7 000
de 6 001 à 10 000 unités	0,5	15 000

Le directeur des ventes, après avoir étudié et testé le marché, pense que l'on pourrait vendre 2 500 unités si le prix de vente était de 6 francs pièce, ou 5 000 unités si le prix n'était que de 4 francs. Par ailleurs, si en addition aux coûts ci-dessus on dépensait 1 000 francs de publicité et 10 centimes par unité pour un emballage plus attrayant, on pourrait espérer vendre 8 000 unités au prix de 3,50 francs.

Combien la société Upsilon devrait-elle envisager de produire et de vendre : 2 500, 5 000 ou 8 000 unités ? Justifiez votre choix par les calculs appropriés.

3-4

La compagnie J.F.B. fabrique et vend des jouets d'un seul modèle. Le coût de revient variable est de 3 francs pièce.

Il existe des frais fixes mais ceux-ci ne sont pas connus à ce stade. La capacité maximale de production est de 8 000 jouets/période.

Bill Ecau, directeur commercial de J.F.B., reçoit les propositions suivantes pour la période à venir :

— Proposition 1 : vendre 6 000 jouets à 5 francs, ce qui donnerait un bénéfice de 2 000 francs.

— Proposition 2 : vendre 3 500 jouets à 6 francs à un client et 2 000 jouets à un autre client à 4 francs.

Quelle proposition recommandez-vous à Monsieur Ecau d'adopter ? Pourquoi ?

3-5

La société Versaillaise Générale d'Emboutissage (V.G.E.) travaille avec une seule équipe, cinq jours par semaine. A cette cadence, elle peut emboutir jusqu'à 8 000 pièces par semaine ; les coûts fixes sont de 30 000 francs par semaine. En équipe simple et sans heures supplémentaires le coût variable unitaire s'élève à 10 francs par unité quel que soit le volume entre 0 et 8 000 pièces/semaine.

Si la demande l'exige, on peut porter la capacité à 12 000 pièces par semaine en travaillant en heures supplémentaires et le samedi matin. Cette augmentation de capacité peut se faire sans pratiquement aucune augmentation des frais fixes, mais pour les pièces embouties au-delà des 8 000 habituelles le coût variable unitaire passe à 12 francs.

Si la demande l'exige et que la productivité apparaît meilleure, la V.G.E. peut embaucher une seconde équipe qui travaillerait de nuit ; elle peut produire jusqu'à 7 000 pièces par semaine avec un coût variable unitaire de 10,5 francs et un coût fixe supplémentaire de 4 500 francs par semaine. La seconde équipe ne peut pas faire d'heures supplémentaires.

Il n'existe aucune capacité de stockage et l'on doit livrer la production au fur et à mesure : à partir de quel volume hebdomadaire de demande devient-il rentable de lancer la seconde équipe (on fera le calcul sur une semaine sans tenir compte des contraintes sociales ou légales) ?

3-6

(Ce problème est la suite du problème **2.12.**)

a.) A l'intérieur des contraintes commerciales et d'approvisionnement, quelles quantités de chaque gadget faudrait-il produire et vendre afin de maximiser le profit, si les prix de vente déterminés par le marché se sont établis à 200 francs pièce pour les Century et 320 francs pièce pour les Bicentenial ? (On fera l'hypothèse que la main-d'œuvre est parfaitement variable à la hausse comme à la baisse des quantités.)

b.) Quel serait l'impact de la mensualisation du personnel ouvrier (coût salarial fixe mensuel égal à 150 heures × 60 F = 9 000 francs par mois et par ouvrier ; au-delà, les heures seraient payées en heures supplémentaires) sur les coûts de revient ? Cela change-t-il votre réponse à la question **a.**) ?

3-7

Cuisinart est un marchand de cuisinières. Le modèle vendu au prix de 2 200 F pièce est acquis chez un grossiste pour 1 850 F. Le grossiste vient d'informer Cuisinart que pour 19X1 le prix sera 1 950 F. La concurrence est très serrée et Cuisinart sait qu'il ne peut pas répercuter cette augmentation des coûts sur le prix de vente. En 19X0, les coûts fixes ont été de 700 000 F et ne devraient pas varier. En 19X0, Cuisinart a réalisé un bénéfice avant impôts de 350 000 F.

a.) Quel a été le chiffre d'affaires en 19X0 ? Combien de cuisinières ont été vendues ?

b.) Quel sera le chiffre d'affaires requis en 19X1 pour obtenir de nouveau un bénéfice de 350 000 F ? Combien de cuisinières faudra-t-il vendre ?

3-8

Dans le tableau ci-dessous, remplissez les cases vides. Les six variables sont liées de façon cohérente ligne par ligne.

	Chiffre d'affaires	Coûts variables	Coûts fixes	Coûts totaux	Profit	Contribution
a)	1 000 F	700 F		1 000 F		
b)	1 500 F		300 F			450 F
c)		500 F		800 F	1 200 F	
d)	2 000 F		300 F		200 F	

3-9

La Société Industrielle Paget (S.I.P.) fabrique et commercialise trois produits. Le tableau ci-dessous regroupe un certain nombre de données pour cette entreprise, pour 19X0.

	Produit 1	Produit 2	Produit 3
Nombre d'unités produites et vendues	600 000	200 000	200 000
Nombre d'heures de production	300 000	50 000	50 000
Coûts variant avec les heures de production	6 F/unité	12 F/unité	8 F/unité
Coûts variant avec les unités produites(*)	2 F/unité	40 F/unité	4 F/unité
Prix de vente unitaire	10 F	60 F	12 F
Frais fixes attribuables à un produit	1 200 000 F	600 000 F	100 000 F
Valeur brute des investissements spécifiques	3 000 000 F	6 000 000 F	2 500 000 F

(*) Par exemple, le coût des emballages pour une unité produite.

Les amortissements sont inclus dans les frais fixes attribuables.

En plus des coûts fixes attribuables, les coûts fixes communs ont été de 2 400 000 F. Ces frais sont alloués arbitrairement aux trois produits à raison de 50 % pour le produit 1 et 25 % pour chacun des produits 2 et 3.

Les frais de vente et les frais d'administration, d'un montant de 800 000 F, ne sont pas alloués entre les produits. En plus des investissements bruts mentionnés ci-dessus, 3 000 000 francs d'investissements autres ne peuvent être alloués.

a.) Préparez un compte de résultat pour la S.I.P., pour 19X0. Indiquez la contribution par produit, la marge après frais spécifiques, la marge après frais fixes alloués.

b.) Quel est le taux de rentabilité de chaque produit ?

c.) Un certain nombre de changements sont prévus pour 19X1. La liste ci-dessous est exhaustive :

• Les coûts variables par unité de produit 2 seront réduits de 3 F par unité. Aucun changement n'est prévu dans le coût variable par heure de production.

• On devrait pouvoir vendre 100 000 unités supplémentaires du produit 3 à un gros acheteur exceptionnel au prix de 7,20 F. Cette vente n'aurait aucun impact sur les ventes ordinaires.

• On pourrait vendre 100 000 unités supplémentaires du produit 1 si son prix de vente était réduit à 8 F pièce pour toutes les ventes.

Évaluez l'impact de chacun de ces trois changements sur le profit. Quels sont ceux que vous mettriez en œuvre ? Quel sera le profit en 19X1 si les changements que vous avez choisis sont réalisés ?

3-10

Les données ci-dessous concernent les résultats d'un constructeur d'électro-ménager pour 19X0 et le premier trimestre 19X1.

	19X0	19X1 (1er trimestre)
Machines à laver le linge vendues	1 320 000	375 000
• Chiffre d'affaires (en millions de F.)	3 168	937,5
• Coûts de production variables (en millions de F.)	1 900,8	581,25
• Coûts de production fixes (en millions de F.)	690	181,25
• Coûts de vente et d'administration variables (en millions de F.)	47,54	18,76
• Coûts de vente et d'administration fixes (en millions de F.)	78	22
• COÛTS TOTAUX	2 716,34	803,26
• Bénéfice (avant impôts)	451,66	134,24

a.) Calculez le point mort en chiffre d'affaires pour 19X0.

b.) Combien d'unités faudra-t-il vendre en 19X1 pour atteindre le point mort ?

c.) En 19X2, ce constructeur va produire des machines à laver le linge (LL) et des machines à laver la vaisselle (LV). En 19X2, il ne pourra pas vendre plus de 1 200 000 LL et plus de 60 000 LV. (Ces contraintes reflètent les hypothèses de prix, de publicité, de comportement de la concurrence, etc.)

L'entreprise aura deux ateliers qui travailleront tant pour les LL que pour les LV. Les capacités de production de ces ateliers sont limitées de la façon suivante :

(x_1 = nombre de LL et x_2 = nombre de LV).

Atelier moteurs : $0{,}8\ x_1 + 5\ x_2 \leqslant 1\ 000\ 000$ unités d'œuvre.
Atelier châssis : $0{,}5\ x_1 + 2\ x_2 \leqslant 600\ 000$ unités d'œuvre.

Sur la base d'une moyenne des combinaisons de ventes, on considère que chaque LL a une contribution de 970 F et que chaque LV a une contribution de 1 290 F. Les coûts fixes totaux sont budgétés pour 814 800 000 F.

La firme fera-t-elle un bénéfice en 19X2 ?

d.) Quelle est la meilleure combinaison de production envisageable ? (La solution graphique est la plus simple.) Quel sera le profit si cette combinaison de production est mise en œuvre ?

e.) Combien accepterait de payer ce constructeur pour augmenter la capacité de production de l'atelier moteurs de 100 000 unités d'œuvre ? Combien accepterait-il de payer pour augmenter la capacité de production de l'atelier de châssis de 100 000 unités d'œuvre ? (Utilisez la solution graphique pour déterminer la sensibilité de la décision optimale de d.) à chacun de ces changements. Évaluez la différence de contribution entre le statu quo et les changements.)

f.) Quelle serait la conséquence d'une chute de la contribution des LL à 40 F ? Même question si la contribution des LV chutait à 550 F ? (Ici encore l'approche graphique vous guidera ; une autre méthode consiste à calculer la marge de contribution par unité de ressource rare.)

3-11

Vous envisagez d'acheter un appareil de radio. Vous avez le choix entre un appareil peu cher mais qui consomme beaucoup d'électricité et un appareil plus cher mais plus économique.

	Marque X	Marque Y
Prix d'achat	90 F	200 F
Coût des piles	6 F	4 F
Durée de vie des piles	40 heures	80 heures

Chacune des questions ci-dessous est indépendante.

a.) Dans l'hypothèse simplificatrice où le coût des piles est un coût variable linéaire, au lieu d'être une fonction en escalier, combien d'heures devriez-vous écouter la radio pour être indifférent entre les marques X et Y ?

b.) Quelle serait votre réponse en a.) si vous utilisiez la fonction en escalier (qui est plus réaliste) ?

c.) Supposez que vous craigniez qu'après 800 heures d'écoute votre appareil de radio, quelle qu'en soit la marque, se casse de façon irréparable. A quel prix d'achat pour Y seriez-vous indifférent entre les deux marques (X reste à 90 F) ?

d.) Supposez que le modèle Y est en fait équipé de batteries rechargeables par énergie solaire (d'où son prix élevé). Combien faudrait-il d'heures d'écoute avant que le modèle Y constitue le choix le meilleur étant donné que le coût de renouvellement des piles de Y serait nul et la durée de vie infinie ?

e.) Supposez que vous n'acceptiez d'acheter la marque Y qu'à la condition d'espérer économiser 30 F en coûts de fonctionnement pendant la vie de votre radio. Combien d'heures d'écoute envisagez-vous ? (Utilisez l'hypothèse simplificatrice d'un coût variable linéaire.)

f.) Quelle marque achèteriez-vous ? Les questions précédentes vous ont-elles aidé dans la préparation de votre choix ?

3-12

Le service de distribution de la société Tillier S.A. compte 20 représentants, qui utilisent, dans les conditions suivantes, leur voiture personnelle pour les besoins de leur travail.

	Régions			
	Nord	Est	Centre	Sud
Nombre de représentants	8	4	3	5
Distances moyennes parcourues chaque année par chacun des représentants (exprimées en kilomètres)	15 000	20 000	40 000	30 000

La société les indemnise en leur versant 0,90 F par kilomètre parcouru.

En novembre 19X0, la société Tillier S.A. reçoit de la société Mobilrent une proposition de location pour une voiture Citrosim 5 : loyer annuel forfaitaire : 14 000 F ; durée du contrat : 5 ans.

Une fraction des coûts proportionnels au nombre de kilomètres parcourus, soit 0,24 F du kilomètre, resterait à la charge de Tillier S.A.

Les voitures Citrosim 5 peuvent être acquises en toute propriété, pour le prix de 20 000 F (H.T.) payable au comptant.

L'exploitation d'une voiture Citrosim 5, acquise dans ces conditions, entraînerait, sur la base de 20 000 kilomètres parcourus annuellement, les frais suivants (matières consommables et frais proprement dits). Ces informations sont extrapolables à la plage pertinente d'activité allant de 0 à 40 000 km par an.

— Frais proportionnels aux distances parcourues	6 400 F
— Frais indépendants des distances parcourues	7 200 F
Total	13 600 F

Les voitures sont amortissables, linéairement, en 5 ans. Leur valeur résiduelle, après 5 ans d'usage, est jugée nulle.

On considérera que toutes les informations précédentes sont valables entre 0 et 40 000 km par véhicule. (Ne tenir compte ni des problèmes posés par la T.V.A., ni de ceux relatifs à l'impôt sur les sociétés.)

a.) Exprimez le coût annuel par véhicule, en fonction d'un kilométrage annuel x, suivant qu'il y a indemnisation, location ou acquisition.

b.) L'objectif étant de minimiser les coûts annuels d'exploitation des véhicules, quelle solution proposeriez-vous aux responsables de la société Tillier S.A. pour chaque région ?

c.) Chiffrez l'économie annuelle réalisée si les responsables adoptent votre solution. Analysez la sensibilité de vos recommandations à une variation du kilométrage parcouru.
(Adapté de l'examen du D.E.C.S. 1973.)

3-13

L'entreprise Gamma fabrique et commercialise deux produits, Alpha et Beta, pour lesquels on dispose des informations ci-dessous :

	Alpha	*Beta*
Marge sur coût variable unitaire ou contribution unitaire	5,5 F	8 F
Prix de vente unitaire	12 F	20 F
Coût de revient complet unitaire de la période écoulée	12,5 F	18 F
Quantité produite et vendue pour la période écoulée	10 unités	10 unités

Tous les frais fixes sont indirects et ne pourraient être éliminés dans un avenir envisageable.

Tous les frais variables sont directs.

Quelle est la quantité minimum de produit Beta qu'il faudrait produire et vendre pour obtenir un bénéfice d'au moins 20 francs, si l'on abandonnait totalement la fabrication et la commercialisation du produit Alpha ?

3-14

La société Abel vient d'être créée. Elle exploitera un processus de production exclusif pour fabriquer des produits X. Pour la première année la capacité de l'atelier sera de 9 000 unités et toute la production devrait être vendue sans difficultés.

Les coûts estimés sont les suivants :

Main-d'œuvre directe	1,50 franc par unité de X
Matières premières	0,50 franc par unité de X
Autres coûts variables	1,00 franc par unité de X
Coûts fixes	24 000 francs

a.) Si la société désire réaliser un bénéfice de 30 000 francs (avant impôts) la première année, quel devrait être le prix de vente ? A ce prix de vente quelle est la contribution unitaire et quelle est la contribution totale ?

b.) La première année fut bonne et la société Abel désire augmenter sa capacité. Une augmentation des frais fixes de 10 000 francs par an permettra de porter la capacité de production à 50 000 unités. Pour la seconde année, on prévoit une campagne publicitaire de 50 000 francs. Aucun des autres coûts n'est modifié. Combien de produits faudrait-il vendre pour réaliser un bénéfice de 76 000 francs, sachant que pour la seconde année le prix de vente sera de 7 francs par unité ?

3-15

Moulinor fabrique des produits de petit électro-ménager. Les ventes se sont toujours faites par l'intermédiaire de distributeurs. L'année dernière les ventes ont été de 2 millions de francs et le profit avant l'impôt sur les sociétés égal à 10 % des ventes.

Considérant les ventes croissantes des produits du même genre dans les grands magasins et les grandes surfaces, Moulinor envisage de se passer des distributeurs et de vendre directement aux centrales d'achat et aux détaillants.

Cette politique amènerait sans doute une baisse du chiffre d'affaires de 40 % ; cependant, le profit serait de 180 000 francs (avant impôt) compte tenu de l'élimination des commissions aux intermédiaires. Les frais fixes dans ce cas passeraient de 200 000 francs, actuellement, à 300 000 francs puisqu'il faudrait s'équiper d'entrepôts et de matériels de distribution.

a.) Quel est le point mort, exprimé en francs de chiffre d'affaires, si l'on vend par le canal traditionnel des distributeurs ?

b.) Quel est le point mort, exprimé en francs de chiffre d'affaires, si l'on vend directement aux centrales d'achats ?

c.) Quel devrait être le chiffre d'affaires réalisé par Moulinor pour que le bénéfice avant impôt soit, dans l'hypothèse d'une vente directe aux centrales d'achats, égal au bénéfice avant impôt de l'année dernière ?

3-16

La Crêperie Languedocienne vient d'être créée par Monsieur Mosnais pour fabriquer et commercialiser des crêpes dentelles dans le Sud-Ouest et le Languedoc. Monsieur Mosnais peut acquérir deux systèmes de production différents pour fabriquer ses crêpes : des équipements semi-automatiques ou automatiques. Quel que soit l'outil de production choisi, le prix de vente s'élèvera à 5 francs la crêpe.

Machine semi-automatique, coût d'achat : 600 000 francs, durée de vie : 2 ans.

Machine automatique, coût d'achat : 2 000 000 francs, durée de vie : 4 ans.

Coûts variables de production :

— machine automatique : 1,5 franc.
— machine semi-automatique : 2 francs.

Monsieur Mosnais vous demande :

a.) Pour chacune des deux machines, combien faudrait-il vendre de crêpes pour avoir un bénéfice de 10 % sur les investissements bruts ?

Pour les questions suivantes on omettra le bénéfice requis de 10 % sur les investissements.

b.) Quelle machine choisir si le marché est de 300 000 crêpes par an ?

c.) Quelle machine choisir si le marché est de 600 000 crêpes par an ?

d.) Quel est le volume de vente qui donnerait le même bénéfice quelle que soit la machine achetée ?

3-17

Monsieur Ecau envisage la possibilité de créer une entreprise qui fabriquerait et commercialiserait des Mombats empaillés. Le prix de vente des Mombats serait de 16,25 ECU l'unité. Le marché local pourrait absorber 125 unités par mois.

a.) Monsieur Ecau a appris qu'une entreprise limurienne, fabriquant elle aussi des Mombats, estime sa courbe de coût total mensuel par une droite dont l'équation est la suivante :

Coût total = 850 ECU + 9 ECU × quantité de Mombats.

(La Limurie est un pays dont l'économie est tout à fait identique à celle du pays dans lequel opère M. Ecau.)

1. Quel est le point mort ?

2. Puisque le marché ne peut absorber que 125 Mombats par mois, recommandez-vous à M. Ecau de se lancer dans l'affaire ?
Quel bénéfice peut-il en espérer ?

b.) Une recherche plus approfondie aurait permis à M. Ecau de découvrir que les valeurs des coûts totaux mensuels de l'entreprise limurienne sont en réalité les suivants :

Quantité	10	20	30	40	50	60	70	80	90	100	110	120	130	140	150	160	170	180	190	200	210	220	230	240
Coût total	600	900	900	1 200	1 300	1 500	1 600	1 900	2 000	2 000	2 000	2 100	2 100	2 100	2 100	2 100	2 200	2 200	2 200	2 500	2 500	2 500	2 900	2 900

1. L'approximation linéaire utilisée en a.) est-elle correcte ?
2. Si l'on choisit deux plages pertinentes d'activité :
   0 – 90 unités et 91 – 240 unités, quelles sont les équations des approximations linéaires du coût total valables sur chaque plage pertinente d'activité ?
3. En utilisant ces approximations linéaires, quel est le point mort ?
4. En utilisant la courbe réelle de coût, quel est le point mort ? Quelles plages d'activité vous paraissent être utiles pour prendre des décisions de gestion dans cette entreprise ?
5. Recommandez-vous à Monsieur Ecau de se lancer dans l'affaire ? Quel bénéfice peut-il espérer ?

c.) Monsieur Ecau a pris la décision recommandée en a.)2. Combien peut-il payer raisonnablement pour acquérir l'information plus fine donnée en b.) si l'information fournie en a.) est gratuite ?

3-18

La société Futurhom est une chaîne de boutiques vendant des vêtements pour hommes. La chaîne propose une variété de « lots » de chemises, cravates et chaussettes, qui sont vendues 100 F le lot, et uniquement sous forme de lot.

Suivant les différentes qualités, un lot peut contenir une seule cravate ou plusieurs cravates, une seule chemise ou une chemise et une cravate assortie, ou encore une cravate et deux paires de chaussettes assorties, etc.

La chaîne prélève une marge relativement faible et utilise un système de commission pour inciter son personnel à développer les ventes.

Futurhom envisage d'ouvrir une nouvelle boutique, dont les caractéristiques seraient les suivantes :

Prix de vente	100 F par lot
Coût des marchandises vendues	80 F par lot
Commission de vente	5 F par lot

Charges annuelles fixes :

Loyer	110 000 F
Salaires	352 000 F
Électricité	42 000 F
Autres charges fixes	96 000 F

(Traitez chacune des questions suivantes indépendamment.)

a.) Quel est le point mort annuel en nombre de lots et en francs de chiffre d'affaires ?

b.) Si les ventes sont de 35 000 lots, quel serait le bénéfice ou la perte de la boutique à la fin de l'année ?

c.) Si le gérant de la boutique était payé 1 F par lot en plus de sa rémunération prévue dans le texte initial, quel serait le nouveau point mort annuel en nombre de lots et en francs de chiffre d'affaires ?

d.) Reprenez les données de départ. Si le gérant de la boutique était payé 2 F par lot vendu au-delà du point mort, quel serait le bénéfice ou la perte de la boutique en supposant que 50 000 lots seront vendus ?

e.) Reprenez les données de départ. Le P.-D.G. de la chaîne hésite entre deux modes de rémunération. Le premier est celui décrit dans le texte initial : salaires fixes plus commissions de vente. Le second consiste à supprimer les commissions de vente pour les remplacer par une augmentation des salaires fixes de 160 000 F par an.

1. Quel serait le point mort annuel en nombre de lots et en francs de chiffre d'affaires, si l'on utilise le deuxième mode de rémunération (salaires fixes uniquement) ?
2. Quel serait le volume de vente en nombre de lots pour lequel il serait indifférent d'utiliser l'un ou l'autre mode de rémunération ?
3. Calculez le bénéfice ou la perte de la boutique pour chaque mode de rémunération pour des volumes de vente de 25 000 lots et 50 000 lots.
4. Supposez que l'objectif soit de réaliser un bénéfice de 120 000 F par an. Calculez le nombre de lots qui doivent être vendus pour chacun des deux modes de rémunération.
5. Quel est le mode de rémunération que vous recommandez au P.-D.G. de Futurhom ? Pourquoi ?

f.) Le P.-D.G. de Futurhom craint que l'inflation ne réduise ses profits. Il ne veut pas modifier son prix de 100 F par lot ni réduire la qualité de ses articles pour des raisons commerciales. Il s'attend cependant à ce que le coût des marchandises vendues augmente de 10 % l'année suivante. Il souhaite éviter cette augmentation en passant immédiatement une commande ferme et irrévocable de 50 000 lots à 80 F le lot pour l'année à venir. La livraison serait échelonnée tout au long de l'année selon les désirs de Futurhom et les marchandises seraient payées à la livraison. Mais les 50 000 lots devraient être livrés en totalité au plus tard le 15 décembre.

Le P.-D.G. de Futurhom prévoit que s'il n'arrive pas à vendre les 50 000 lots, il soldera le reste des lots à 60 F. Une commission sur vente de 5 % serait payée au personnel sur les soldes.

1. Supposez que les ventes soient de 48 000 lots et que l'on solde le reste (alors qu'on a commandé 50 000 lots), quel serait le résultat net de la boutique ?
2. Si l'on avait eu une connaissance parfaite de la demande, on aurait acheté 48 000 lots au lieu de 50 000. Quel aurait été alors le résultat net de la boutique ? Ayant commandé 50 000 lots, quel est le coût de l'erreur de prévision ?
3. Étant donné un volume réel de vente de 48 000 lots, quelle est l'augmentation du coût d'achat d'un lot que Futurhom pouvait accepter plutôt que de passer une commande de 50 000 lots sans augmentation de prix ?

3-19

La société Velyzindustries produit et commercialise des « épicycloïdes à 92 révolutions ». Le marché est assez nouveau et le directeur commercial ne sait trop à quel prix lancer son produit sur le marché. Il a donc commandé à la société Hecplusultra une étude de marché.

Les résultats de l'étude sont les suivants :

Prix de vente	Ventes annuelles
80 francs	800 unités
70 francs	1 650 unités
60 francs	2 500 unités
50 francs	3 350 unités
40 francs	4 200 unités

Dans la situation actuelle, les coûts variables de production et de commercialisation sont de 30 francs par unité. Les coûts fixes annuels se montent à 40 000 francs par an.

On supposera que le chiffre d'affaires est linéaire entre les points identifiés par l'étude de marché, et que le marché maximal est de 4 200 unités/an.

a.) A quel volume d'activité a-t-on le profit annuel le plus élevé ?

b.) A quel volume d'activité a-t-on le profit par unité le plus élevé ?

c.) Quel est le point mort, en quantité ?

d.) On pourrait abaisser les coûts fixes à 11 200 francs si l'on acceptait d'augmenter les coûts variables à 42 F par unité. Le volume d'activité trouvé en b.) permet-il toujours de maximiser le profit annuel ?

e.) On pourrait réduire les coûts variables par unité à 20 francs si l'on augmentait les coûts fixes à 64 500 francs. Quel volume d'activité, dans cette nouvelle hypothèse, permettrait de maximiser le profit annuel ?

f.) Entre les trois processus de production (3 courbes de coût total) décrits en d.), e.) et dans le texte, quel est celui que vous retiendriez pour maximiser le profit annuel ?

g.) Pour le processus de production retenu en f.) quel sera le prix de vente unitaire ? Quel sera le volume vendu ? Quel sera le profit ?

3-20

Pour réaliser ses approvisionnements et livrer ses produits à la clientèle, la société Mathieu dispose d'un important parc de véhicules de même type.

Le volume de ce parc a été déterminé en fonction de l'activité maximum (la société désire en effet avoir une autonomie totale en ce qui concerne l'exécution de ses transports) ; il en résulte que, à certaines périodes de l'année, une partie des véhicules pourrait être louée à des industriels de la région. La direction vous demande de faire une étude préalable conduisant à l'élaboration d'un prix de location d'un véhicule.

Le contrat de location comporterait la mise à disposition d'un camion et de son chauffeur pendant de courtes périodes (2 ou 3 jours) et pour des transports effectués sur des distances de l'ordre de 1 000 kilomètres.

Le prix payé par le client devrait permettre à la société Mathieu de réaliser une marge de 6 % sur le coût total (pendant la durée de location) du véhicule loué.

Pour réaliser cette étude, vous réunissez les informations suivantes :

• Frais directs indépendants de l'activité : ils comprennent pour chaque véhicule :

— Les frais annuels de financement, calculés sur la valeur d'achat (hors T.V.A.) du matériel neuf sans pneumatiques au taux de 9 % l'an.

— La charge annuelle d'amortissement : la dépréciation réelle en 5 ans est estimée à 90 % du prix d'achat du véhicule neuf sans pneumatiques. Elle est étalée linéairement sur la durée d'utilisation (5 ans).

— Les frais fixes annuels d'entretien : une analyse statistique a permis d'en évaluer le montant par véhicule et par an : 3 600 F.

— Les frais fixes annuels à caractère administratif et fiscal (gestion administrative du véhicule, taxes diverses) : ils peuvent être évalués à 5 800 F par an et par véhicule.

— Salaires et charges sociales du personnel de conduite : sur la base d'un travail respectant la réglementation en vigueur, cette charge est estimée à 60 000 F par an et par véhicule.

• Frais kilométriques directs : ils comprennent :

— les consommations de carburants	0,45 F par km,
— les consommations de lubrifiants	0,04 F par km,
— les frais de pneumatiques	0,09 F par km,
— les frais d'entretien et de réparation	0,22 F par km,
— les frais de route du conducteur	0,20 F par km.

Tous ces frais ont été déterminés à partir d'études statistiques.

• Frais directs semi-variables : il s'agit des frais d'assurances qui comportent deux éléments :

— 9 % du coût fixe direct du véhicule (compte non tenu de la rémunération et des charges sociales du personnel de conduite),
— 10 % des frais kilométriques directs (non compris les frais de route du conducteur).

• Frais indirects semi-variables : il s'agit d'une quote-part des frais généraux de l'entreprise ; leur montant est déterminé sur la base de : 14 % des frais fixes directs et 20 % des frais kilométriques directs.

a.) A partir de ces données, établissez une formule permettant de calculer le prix de location d'un véhicule en fonction de la durée de location exprimée en jours et du nombre de kilomètres parcourus.

Le prix d'achat (hors taxe) du camion est de 210 000 F (dont 10 000 F de pneumatiques). Le véhicule serait normalement utilisé 200 jours par an (utilisation propre et location).

b.) Pourquoi, à votre avis, le prix des pneumatiques a-t-il été exclu de la base de calcul des frais annuels ? du montant de l'amortissement du véhicule ?

Remarque : Les données de ce problème ont été volontairement simplifiées ; ont notamment été éliminées toutes les difficultés d'ordre fiscal.

(Sujet du concours d'admission directe à H.E.C. 2e année.)

3-21

La société Fontanel possède à Beaumont-sur-Oise des installations qui lui permettent :

— de fabriquer en grande série des parpaings de ciment (dimensions 0,15 × 0,19 × 0,40 m),
— de procéder à l'entretien et à la réparation du matériel de chantier (bétonnières, échafaudages, etc).

La fabrication des parpaings est assurée par une équipe de six ouvriers qui, en cas de ralentissement des commandes, peuvent être employés à l'atelier d'entretien. On peut de ce fait considérer leur rémunération comme étant rigoureusement proportionnelle au volume de la production.

Le contremaître, responsable de la fabrication des parpaings, consacre la totalité de son temps à cette seule activité.

Le volume de la production varie sensiblement d'un mois à l'autre car l'entreprise ne travaille que sur commandes pour alimenter des chantiers importants.

Le cycle de fabrication est très simple :

— le sable et le ciment sont mélangés à l'eau dans un malaxeur ;
— le béton ainsi obtenu est pressé dans un moule à plusieurs compartiments ;
— après passage dans une étuve, les parpaings sont « dépotés » (démoulés) ;

— une période de 21 jours de stockage avant livraison est nécessaire pour que les parpaings acquièrent leur résistance définitive. (Dans un but de simplification, il ne sera pas tenu compte dans les questions qui suivent de cette période de stockage, et l'on admettra que les produits finis sont livrés immédiatement.)

Une presse spéciale a été installée. Elle permet la production de 2 400 parpaings à l'heure.

L'ensemble des installations (silos, malaxeur, presse, etc.) a coûté 9 600 000 F. L'amortissement en est prévu sur 4 ans (amortissement linéaire).

Le coût annuel (indépendant du volume de production) des moules utilisés est de 144 000 F.

L'embauche de personnel de remplacement permet de travailler normalement pendant 52 semaines de 40 heures.

Voici quelques renseignements concernant la production et la vente.

• Charges opérationnelles :

— Consommations pour 1 000 parpaings :

Sable	: 11,5 m^3	à 240 F le m^3.
Ciment	: 2,2 t	à 840 F la tonne.
Eau	: 4 m^3	à 2,5 F le m^3.

— Main-d'œuvre directe :
Les ouvriers de l'équipe sont rémunérés sur la base de 48 F de l'heure. Les charges sociales diverses représentent forfaitairement 65 % du salaire.

— Frais de fonctionnement des installations (consommations d'énergie, fournitures diverses, etc.) : 1 200 F l'heure.

— Frais variables de distribution : 34 F pour 1 000 parpaings.

• Charges de structures :

En plus des éléments fixes déjà cités, il y a lieu de tenir compte des charges mensuelles suivantes :

— Salaire du chef de fabrication, charges sociales comprises	: 25 000 F
— Entretien du matériel et de l'outillage	: 65 000 F
— Entretien du bâtiment	: 14 000 F
— Autres charges fixes de production	: 17 000 F
— Charges fixes de distribution	: 27 000 F

a.) Le prix de vente étant fixé à 8 000 F les 1 000 parpaings, calculez le coût variable et la marge sur coût variable pour 1 000 parpaings.

b.) Quelle est la production mensuelle minimum qui permet la couverture des charges de structure spécifiques de l'activité parpaings ?

c.) Quel est le coût de production complet d'un parpaing ?

(Sujet du concours d'admission directe à H.E.C. 2e année.)

3-22

A sa sortie de l'école hôtelière, Monsieur Revert remplace son père à la direction du restaurant familial. Ce restaurant, sans être réputé pour sa haute gastronomie, est fort apprécié par sa clientèle d'habitués.

Les repas servis sont à prix fixe : 120 F par couvert, service et boissons non compris. La cave du restaurant est réputée pour ses vins de terroir d'un prix abordable mais d'une qualité irréprochable. Le prix moyen d'une bouteille s'établit à 30 F.

Le « coût vivres » est proportionnel au chiffre d'affaires de même que le coût d'achat des boissons.

Pour l'année écoulée, on a recueilli les informations suivantes :

— « Coût vivres » : 2 330 160 F, pour 26 600 repas servis.
— « Coût boisson » : 120 000 F.
— Recette totale = 3 192 000 F (repas) + 360 000 F (boissons) = 3 552 000 F.
— Le chiffre d'affaires a été réalisé sur 280 jours ouvrables.
— L'activité maximale par jour ouvrable est de 100 repas.
— Le restaurant supporte en outre 1 010 000 F de frais fixes annuels, dans lesquels on trouve : la rémunération du personnel de cuisine, les charges d'entretien, le loyer, les amortissements, etc.
— Pour conserver sa renommée, et en surveillant de près les consommations de matières premières, le coût « vivres » par repas ne devrait pas descendre au-dessous de 50 % du prix du repas.

Monsieur Revert n'est pas satisfait de la rentabilité de l'établissement. Il souhaiterait au moins doubler le résultat obtenu dès l'année suivante. Suggérez-lui les solutions à envisager, et chiffrez l'impact sur le résultat de celle qui vous paraît la plus réaliste. Justifiez votre position.

4. VALORISATION DES MOUVEMENTS DE STOCKS

Les stocks regroupent l'ensemble des marchandises, des matières ou fournitures, des déchets, des produits semi-ouvrés, des produits finis, des produits ou travaux en cours et des emballages commerciaux qui sont la propriété de l'entreprise et qui ne sont pas destinés à être récupérés (Article 38 ter de l'Annexe III au Code Général des Impôts).

L'existence des stocks résulte du fait que le processus de fabrication et de gestion se situe dans l'espace temps. Un stock est une quantité de matières, de semi-ouvrés ou de produits finis en attente d'utilisation.

Les stocks de matières premières représentent des matières en attente de consommation dans le processus de production. Comme tous les stocks, la quantité stockée a pour but d'amortir les aléas qui peuvent se présenter tant au niveau des approvisionnements, qu'au niveau des consommations, pour permettre une production fluide.

Le stock de produits semi-finis représente des produits qui ont atteint un stade de finition intermédiaire et qui sont en attente de finition pour être amenés au stade de produits finis vendables.

Le stock de produits finis représente des produits terminés, prêts à la vente. C'est lors de la vente de ces produits que se réalise le bénéfice en faisant la différence entre le revenu de la vente et les coûts qui sont attachés aux produits vendus et à l'acte de vente.

Comme nous l'avons vu dans les chapitres précédents, la comptabilité analytique vise à permettre l'évaluation de la rentabilité des produits et des activités de l'entreprise afin de permettre l'allocation optimale des ressources de l'entreprise. L'existence de la répartition dans le temps de la mise en œuvre des ressources qui permet, à terme, la vente des productions, oblige le comptable à se poser la question de la valorisation des entrées et des sorties de stock comme le montre le schéma ci-après :

Stock de
matières premières

Stock de matières premières	
Stock initial de matières Réceptions de nouvelles matières *(à quel prix ou coût ?)*	Consommation de matières dans les fabrications. *(à quel prix ou coût ?)* Stock final de matières *(à quel prix ou coût ?)*

Matières consommées
\+ Autres coûts de fabrication

= Coût de production des produits fabriqués dans cette période.

Stock de
Produits finis

Stock de Produits finis	
Stock initial de produits finis Entrées en stock des nouveaux produits finis au coût de production	Sorties des produits vendus : *Quel est le montant des coûts de fabrication attachés à ces produits ?* Stock final de produits finis ? *(à quel coût ?)*

I - Valorisation des entrées en stock de matières premières[1].

Les entrées en stock sont valorisées à leur coût d'acquisition. Celui-ci représente le cumul de tous les coûts qui sont encourus par l'entreprise pour amener les matières à l'état « stocké », c'est-à-dire prêtes à l'emploi dans le processus de production. Le coût d'acquisition comprend donc :

— le prix payé au fournisseur,
— les coûts de transport s'ils sont à la charge de l'acheteur,
— les coûts d'assurance, de droits de douane, de rémunération des intermédiaires,
— les coûts de déchargement et de manutention jusqu'au lieu de stockage,
— les coûts du service Achats.

On peut également y inclure :

— les coûts liés à l'activité de magasinage elle-même, c'est-à-dire les salaires des magasiniers et les coûts d'amortissement, éclairage, chauffage et énergie, liés au lieu de stockage et au matériel de manutention et de stockage.

(1) Par matière première on comprendra aussi bien des matières premières au sens strict que des composants ou des pièces détachées ou même, dans le cas d'un commerce, les marchandises destinées à être revendues en l'état.

Le Plan comptable considère que les rabais, remises et ristournes obtenus (RRRO) sont en général des produits financiers. A ce titre ils ne sont pas pris en compte dans le calcul du coût d'acquisition. Par contre, le comptable analytique qui cherche à évaluer la rentabilité d'un produit ou d'une activité peut être amené à rattacher un RRRO spécifique à une matière pour évaluer la rentabilité économique ponctuelle d'une fabrication, ou pour évaluer l'intérêt de telle ou telle politique d'achat ou de paiement qui permettrait l'obtention d'un rabais, d'une remise ou d'une ristourne.

II - Valorisation des entrées en stock de produits semi-ouvrés ou de produits finis.

Le principe de l'attachement, vu au chapitre 2 donne la réponse : les entrées sont valorisées au coût de production qui représente le cumul des coûts qui ont permis d'amener l'objet à l'état de finition dans lequel il est stocké. Le coût de production comprend donc tous les coûts encourus, attachés à cet objet depuis le début de la fabrication : c'est-à-dire les coûts de matières consommées, de main-d'œuvre et tous les coûts indirects de transformation qu'on a choisi d'attacher à l'objet (coûts de produit).

Il est clair que tous les coûts liés à des activités postérieures au stockage du produit fini ne peuvent en aucun cas être incorporés dans les coûts de production. Ainsi, tous les coûts de distribution et de commercialisation ne peuvent pas être incorporés dans le cumul des coûts servant à valoriser les entrées en stock.

Par ailleurs, les frais financiers sont exclus des coûts d'acquisition. En effet il ne serait pas logique d'attacher des coûts financiers à un article plutôt qu'à un autre, puisqu'il n'est pas possible de dire lequel des produits amène à recourir au financement externe. Toute la comptabilité analytique séparera d'ailleurs les coûts financiers des autres coûts, tout comme le Plan comptable 1982 l'impose pour la comptabilité générale. La décision financière est une décision différente de la décision d'allocation de ressources que la comptabilité analytique éclaire.

III - La valorisation des sorties de stocks.

Qu'il s'agisse de matières, de semi-ouvrés, de produits finis ou de tout autre objet stocké, les procédures de valorisation des sorties sont les mêmes.

1. Le principe de la valorisation au coût réel.

Le principe de base est que le coût d'un article, d'un objet, d'une commande ne peut être modifié par le passage dans un stock. Les sorties sont donc valorisées, théoriquement, au coût réel spécifique de cet objet, c'est-à-dire au coût auquel il est entré dans le stock.

Ce principe est difficilement applicable car, très souvent, les objets stockés sont indifférenciables les uns des autres. On reconnaît alors soit une fongibilité totale (méthode du coût unitaire moyen pondéré), soit une fongibilité partielle (méthodes du « premier entré — premier sorti » ou du « dernier entré — premier sorti » dans lesquelles les réceptions à des dates différentes sont considérées comme étant non-fongibles), soit même on déconnecte totalement la valorisation des sorties de la valeur historique des entrées en prenant par exemple le coût de remplacement des sorties pour valoriser ces sorties.

Par contre, lorsque les objets stockés sont clairement identifiables dans le stock, on applique la méthode d'identification spécifique dans laquelle l'objet sorti est valorisé à son coût spécifique d'acquisition auquel il a été évalué à son entrée en stock. Cette méthode n'est applicable que lorsqu'il existe un moyen d'identifier distinctement chaque objet : numéro de série pour les machines, date de fabrication ou description pour les bijoux, identité du navire pour chantier naval, etc. ; ou lorsque une réglementation l'exige, comme par exemple dans l'industrie pharmaceutique où le contrôle de qualité est crucial et peut prendre un certain temps.

Dans le cas le plus courant, les produits fabriqués ou les matières achetées sont fongibles, c'est-à-dire indifférenciables dans les faits, même si, comme c'est le cas, par exemple, pour les pneumatiques ou les véhicules automobiles, chaque objet fabriqué reçoit un numéro de série.

2. Les méthodes d'évaluation des sorties de stocks de biens non spécifiquement identifiables.

L'administration fiscale (circulaire du 10 juin 1949 n° 2250 § 9) accepte que l'on utilise le coût unitaire pondéré comme substitut au coût réel lorsque les biens évalués ne sont pas identifiables individuellement.

La Quatrième Directive communautaire et le Plan comptable général 1982 acceptent, en plus de la valorisation au coût unitaire moyen pondéré, que les sorties soient valorisées sur la base du « premier entré — premier sorti » (FIFO).

Les autres méthodes telles que le « dernier entré — premier sorti » (LIFO) sont autorisées par la Quatrième Directive qui laisse chaque pays membre libre de les autoriser ou de les interdire. Ces méthodes ne sont pas acceptées en comptabilité générale en France, mais sont fréquemment utilisées en comptabilité analytique pour déterminer le coût économique le plus approprié à l'évaluation de la rentabilité.

a) Le coût unitaire moyen pondéré (CUMP)

Cette méthode considère qu'il y a fongibilité totale des articles entre eux et donne donc le plus grand lissage possible des fluctuations de coût d'acquisition ou de production.

Une représentation graphique de la valorisation des stocks en CUMP pourrait être la suivante :

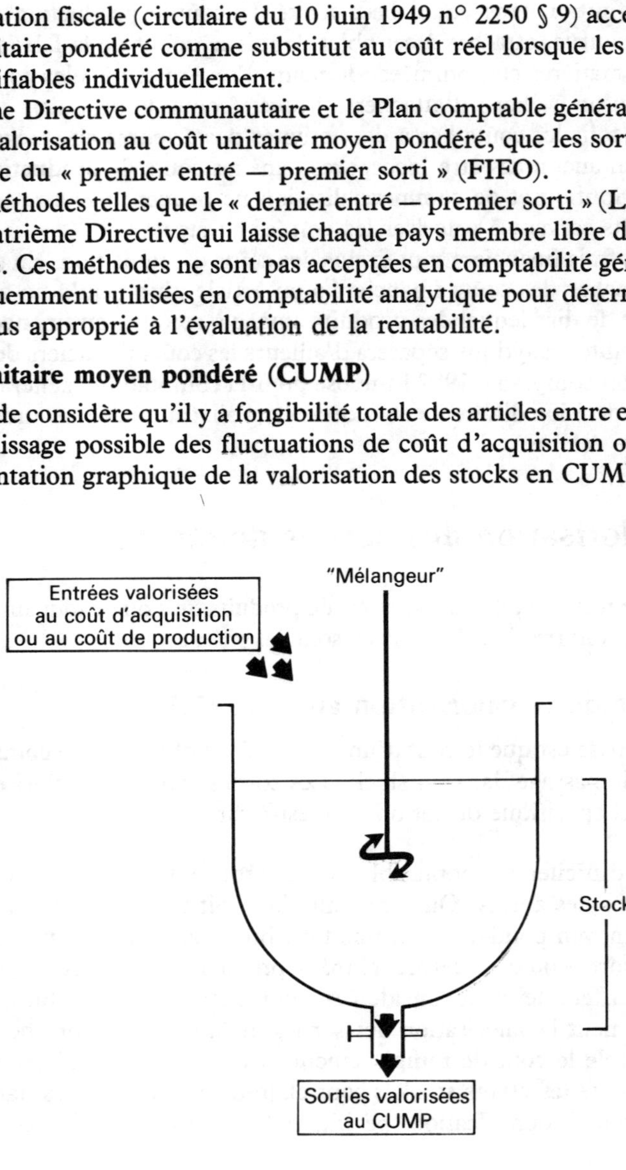

Le calcul du coût moyen peut être réalisé à chaque mouvement d'entrée, on est alors en *inventaire permanent*, ou à la fin de la période, c'est l'*inventaire intermittent.*

Quand on est dans une comptabilité analytique historique, on valorise les sorties *a posteriori* au coût moyen pondéré (qu'on soit en « permanent » ou en « intermittent »). Mais quand on est en comptabilité analytique prévisionnelle, on valorise les sorties à leur coût moyen prévisionnel.

Dans la réalité de la vie quotidienne des entreprises, la lenteur des circuits administratifs de traitement des factures rend la valorisation des mouvements après le recalcul du CUMP trop lente. On travaille donc, en général, en prenant le CUMP de la dernière période connue. On a donc systématiquement une période de retard et il faudra, à la fin de l'année, corriger l'erreur de valorisation ainsi créée.

Voyons les principes de l'inventaire permanent ou intermittent sur le CUMP. Nous verrons plus loin les règles concernant le FIFO et le LIFO.

Inventaire intermittent ou inventaire permanent ?

Le minimum requis par le Plan comptable général et le Code général des impôts est la tenue des stocks en inventaire intermittent.

Dans la méthode de l'inventaire intermittent, les achats ou les entrées en stocks sont considérés provisoirement comme des charges de l'exercice ; la situation est régularisée en fin d'exercice en débitant le compte de résultat d'une éventuelle réduction de stock ou en le créditant d'une éventuelle augmentation de stock, déterminées par un inventaire physique, et valorisée au coût unitaire moyen pondéré de la période, d'après soit les dernières factures soit les derniers coûts de production ou d'acquisition (ce qui en fait une méthode « premier entré — premier sorti »).

Le coût des objets transférés en aval (consommations de matières, transfert à un atelier aval pour transformation ou sorties de stocks pour vente) est calculé par différence, en appliquant l'équation suivante :

$$CS = SI + E - SF$$

où CS = coût des sorties
SI = stock initial
E = entrées (au coût moyen d'acquisition ou de production)
SF = stock final,

et suivant les règles :

$SI_t = SF_{t-1}$ (c'est-à-dire que le stock initial d'une période est égal au stock final de la période précédente), et
« valeur du stock = 0, si le stock physique est nul ».

L'inventaire intermittent est simple et ne requiert pas l'existence d'une comptabilité analytique. Il ne permet pas, par contre, de connaître en détail et rapidement le coût des unités transférées, puisque ce coût est déduit de la connaissance des résultats de l'inventaire physique de fin de période.

L'inventaire permanent, quant à lui, calcule l'impact de chaque mouvement (entrée ou sortie) sur la valeur des unités restant en stock, donc utilisables pour la prochaine sortie.

Exemple : Comparaison de l'inventaire intermittent et de l'inventaire permanent :

Événements	Quantité	Coût unitaire	Valeur
Stock initial 01.02	900	8,00 F	7 200 F
Entrée le 18 février	1 000	9,10 F	9 100 F
Entrée le 3 mars	3 000	10,20 F	30 600 F
Sortie le 30 mars	2 000	?	?
Entrée le 28 avril	1 000	11,30 F	11 300 F
Sortie le 29 avril	2 400	?	?
Stock final le 30 avril	1 500	?	?

En inventaire intermittent, on ne travaille qu'avec les agrégats :
total des entrées de la période : 5 000 unités pour une valeur de 51 000 F.

Unités disponibles pour consommation ou vente : c'est la somme « stock initial + entrées » soit 5 900 unités pour une valeur de 58 200 F.

Les sorties sont valorisées, par exemple, au coût unitaire moyen pondéré du disponible. Ce coût unitaire est de :

$$\frac{58\ 200 \text{ F}}{5\ 900} = 9{,}864 \text{ F/unité.}$$ Les sorties totales ont été de 4 400 unités.

Les sorties valent donc : 4 400 × 9,864 F = 43 401,60 F

Le stock final est calculé par soustraction, en application de l'équation de base :
disponible − sorties = stock final.

Stock final = 58 200 F − 43 401,60 F = 14 798,40 F.

On calculera de préférence le stock final par soustraction pour éviter les erreurs dues aux arrondis. Par cette méthode on est sûr de trouver l'équilibre des débits et des crédits.

En inventaire permanent le coût unitaire moyen pondéré est recalculé après chaque mouvement :

— après le 18 février : le nouveau coût unitaire moyen pondéré est trouvé en appliquant la formule :

$$\frac{\left(\begin{array}{c}\text{valeur du dernier stock}\\ \text{à l'ancien CUMP}\end{array}\right) + (\text{valeur des entrées})}{\text{quantité en stock précédente} + \text{quantités entrées}} = \text{nouveau CUMP}$$

donc le nouveau CUMP est : $\frac{7\ 200 + (1\ 000 \times 9{,}10)}{900 + 1\ 000} = 8{,}58$ F/unité

soit un stock d'une valeur totale de 16 300 F ;

— après le 3 mars : le nouveau CUMP est de :

$$\frac{16\ 300 + (3\ 000 \times 10{,}20)}{1\ 900 + 3\ 000} = 9{,}57 \text{ F/unité}$$

soit une valeur totale des unités disponibles en stock de 46 900 F ;

— la sortie du 30 mars est valorisée au coût unitaire moyen pondéré des existants disponibles soit 9,57 F par unité :

CS (du 30/03) = 2 000 × 9,57 = 19 143 F, donc après cette sortie le stock disponible est de 2 900 unités pour une valeur de 2 900 × 9,57 = 27 757 F ;

— après le 28 avril : le nouveau CUMP est de

$$\frac{27\ 757 + (1\ 000 \times 11{,}30)}{2\ 900 + 1\ 000} = 10{,}01 \text{ F/unité (arrondi) ;}$$

— la sortie du 29 avril est valorisée au coût unitaire moyen pondéré des existants disponibles soit 10,01 F par unité :

CS (du 29/04) = 2 400 × 10,01 = 24 024 F

et après cette sortie le stock restant est de 1 500 unités pour une valeur de 39 057 − 24 024 = 15 033 F. On calcule en effet le stock final par soustraction afin d'éviter de faire des erreurs à cause des arrondis.
Le coût total des sorties CS est, en inventaire permanent, égal à 19 143 + 24 024 = 43 167 F contre 43 404 F en inventaire intermittent.

Le choix de la méthode d'inventaire, permanent ou intermittent modifie donc le résultat, puisqu'il affecte le coût des unités sorties en stock et, par conséquent, le coût de la production vendue.

Étant donné que la lenteur de l'inventaire intermittent ne permet pas de prendre les décisions fréquentes d'allocation de ressources que nécessite la gestion volontariste d'une entreprise, il est recommandé, en comptabilité analytique, d'utiliser l'inventaire permanent. On peut d'ailleurs estimer que l'inventaire permanent est un inventaire intermittent dans lequel la périodicité de calcul serait aléatoire et où le calcul serait déclenché par un mouvement de stock.

Fiscalement la périodicité doit être calculée sur la période de rotation des stocks (circulaire du 23 avril 1941 n° 2162 § 25). Ainsi, si le stock tourne trois fois dans l'année, sans variation saisonnière, le coût moyen pondéré doit être recalculé au moins tous les quatre mois. Le CUMP fiscal annuel donne donc, en période inflationniste, une valeur des sorties qui peut être différente de celle que l'inventaire intermittent annuel du Plan comptable général aurait donné.

Mais la méthode CUMP ne correspond pas toujours à la réalité des flux physiques, qui, nous l'avons vu plus haut, sont le support de la comptabilité des coûts. Une gestion saine des stocks oblige le plus souvent, afin d'éviter de constituer des stocks de « rossignols », à sortir physiquement les articles dans l'ordre de leur arrivée, c'est-à-dire « premier entré — premier sorti ».

b) La méthode FIFO

Le nom de FIFO vient de l'anglais « *F*irst-*I*n, *F*irst-*O*ut » et est utilisé communément pour désigner la valorisation des sorties par la méthode du « premier entré — premier sorti ».

Cette méthode considère les articles en stock comme n'ayant qu'une fongibilité partielle. En effet, dans cette méthode on considère que les entrées se font par « lots » homogènes définis par leur date d'entrée. Les « lots » s'empilent les uns sur les autres, comme des couches sédimentaires, sans se mélanger, les nouvelles entrées se faisant par le haut et les sorties se faisant par le bas. La fongibilité existe pour les unités d'un même « lot » et pour les unités sorties.

On pourrait donner la représentation graphique suivante :

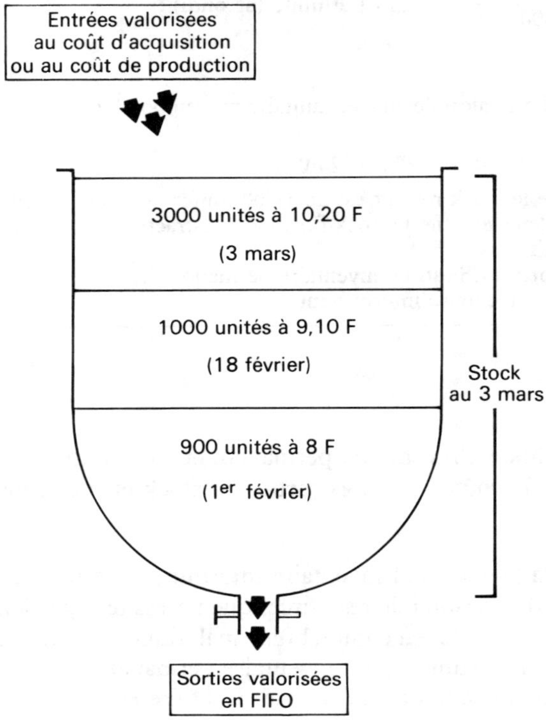

Exemple :

Reprenons les données de l'exemple précédent.

Événements	Quantité	Coût unitaire
Stock initial 01.02	900	8,00 F
Entrée le 18 février Entrée le 3 mars Sortie le 30 mars Entrée le 28 avril Sortie le 29 avril	1 000 3 000 2 000 1 000 2 400	9,10 F 10,20 F ? 11,30 F ?
Stock final le 30 avril	1 500	?

— En FIFO avec inventaire intermittent :

On a sorti 4 400 unités qui proviennent des couches les plus anciennes :

900 unités à 8,00 F du stock initial	:	7 200 F
1 000 unités à 9,10 F achetées le 18.02	:	9 100 F
2 500 unités à 10,20 F achetées le 03.03	:	25 500 F
Total des sorties : 4 400 unités ;		41 800 F

Soit un coût moyen des unités sorties de $\frac{41\,800}{4\,400} = 9{,}5$ F

Le stock final se compose de 500 unités restantes de l'achat du 03.03 et de 1 000 unités entrées le 28 avril. La valeur du stock final est donc :

$500 \times 10{,}20 + 1\,000 \times 11{,}30 = 16\,400$ F

— En FIFO avec inventaire permanent :

On a sorti le 30 mars 2 000 unités qui proviennent des couches les plus anciennes :

900 unités à 8,00 F du stock initial	:	7 200 F
1 000 unités à 9,10 F entrées le 18.02	:	9 100 F
100 unités à 10,20 F entrées le 03.03	:	1 020 F
Total de cette sortie : 2 000 unités ;		17 320 F

Soit un coût moyen des unités sorties le 30.03 de $\frac{17\ 320}{2\ 000} = 8{,}66$ F

Après cette sortie le stock se compose de 2 900 unités qui proviennent du « lot » entré le 03.03 donc valorisées à 10,20 F l'unité.

Le 28 avril on entre 1 000 unités à 11,30 F. Le stock a donc maintenant deux « couches » :
- la plus ancienne : 2 900 unités à 10,20 F pièce,
- la plus récente : 1 000 unités à 11,30 F pièce,

soit un stock de 3 900 unités d'une valeur totale de 40 880 F.

Le 29 avril on sort 2 400 unités. Elles proviennent de la « couche » la plus ancienne qui est valorisée à 10,20 F pièce. Donc cette sortie est de :

$2\ 400 \times 10{,}20 = 24\ 480$ F

Le stock final se compose donc des deux « couches » :
- la plus ancienne : 500 unités à 10,20 F (du 03.03)
- la plus récente : 1 000 unités à 11,30 F (du 28.03)

Le stock final vaut donc 16 400 F.

Sur la période la somme des consommations a été de 17 320 + 24 480 = 41 800 F soit un coût moyen des unités sorties sur la période de 9,5 F.
Si l'article stocké est une matière première, il est clair que le produit fabriqué avec les matières premières sorties le 30.03 est moins onéreux, pour sa composante matière, que celui qui sera fabriqué avec les matières sorties le 29.04.

Avec la méthode FIFO on reconnaît avec retard les augmentations des coûts d'acquisition ou de production. Ce retard est d'autant plus important que le cycle de rotation du stock est long.

C'est peut-être cet aspect « anti-inflationniste » qui a conduit le législateur à autoriser la méthode FIFO dans le Plan comptable général 1982, en accord avec la Quatrième Directive communautaire. Cette méthode a un autre avantage : les stocks qui figureront au bilan seront valorisés au coût le plus récent, donc on peut estimer qu'ils représentent l'image la plus fidèle de la réalité économique du patrimoine de l'entreprise.

Par contre, en période inflationniste, la méthode FIFO maximise le bénéfice comptable immédiat et oblige l'entreprise, si elle est bénéficiaire, à payer plus tôt l'impôt qu'avec la méthode du CUMP ou du LIFO, amputant ainsi le cash-flow qui sert, entre autres choses, à acquérir de nouveaux articles en remplacement de ceux consommés. D'autre part, la valorisation des sorties de stocks en FIFO donne une mauvaise idée de la rentabilité « réelle » d'un produit fini : en effet, la marge dégagée doit être séparée en deux parties : la marge qui servira à la reconstitution du stock, plus la marge « bénéficiaire ». Il peut être intéressant d'analyser l'avantage (en période inflationniste) ou l'inconvénient (en période déflationniste) dont bénéficie (souffre) l'entreprise en utilisant des articles au prix ou coût le plus ancien dans le but, soit d'évaluer une politique d'achat, de production et de stockage, soit d'évaluer un avantage concurrentiel dans le cas, par exemple, d'une « guerre des prix ». Cet « avantage » ou « inconvénient » peut être évalué en comparant le coût de production obtenu par la méthode FIFO avec celui qu'on obtient en utilisant la méthode du coût de remplacement.

c) La méthode du coût de remplacement

Dans cette méthode, on abandonne la comptabilité historique pour utiliser des valeurs de remplacement. Le but est très clairement de se rapprocher le plus possible du « coût réel ». Dans cette méthode, que l'on appelle aussi NIFO, de l'anglais « *N*ext-*I*n, *F*irst-*O*ut », on valorise les sorties de stock au coût de la prochaine entrée, c'est-à-dire de la commande en cours (il peut y avoir un aléa dû aux clauses de révision de prix si le délai de livraison est long). La logique de la méthode est la suivante : le produit élaboré à partir des consommations courantes doit être vendu à un prix tel qu'il assure au minimum le remplacement à l'identique des ressources consommées sans appauvrissement du potentiel de l'entreprise.

Dans la pratique, cette méthode, qui n'est pas autorisée par l'administration fiscale, est très vulnérable car il est difficile d'estimer le coût de la prochaine entrée. Ceux qui utilisent le coût de remplacement en comptabilité analytique, et qui par conséquent ont deux comptabilités de stocks parallèles, choisissent le plus souvent le coût de la dernière entrée pour valoriser toutes les sorties, même si les sorties sont, en quantité, plus importantes que le « lot » dernier entré.

Puisque les sorties sont évaluées en valeur de remplacement, on court le risque de voir le stock final être comptablement nul ou négatif. Or, à un stock nul en valeur doit correspondre un stock nul en quantité. En conséquence, il est nécessaire de réévaluer le stock restant. L'écart de réévaluation sert à neutraliser, au compte de résultat, l'augmentation du coût des consommations si l'on désire retrouver le résultat d'exploitation comptable.

Le côté arbitraire de la méthode NIFO, bien qu'elle soit autorisée par la Quatrième Directive (article 33-1), explique qu'elle reste interdite dans la comptabilité fiscale des entreprises de tous les pays membres.

On peut essayer de se rapprocher du NIFO, tout en évitant l'arbitraire de la détermination du coût de remplacement, en revenant au coût historique mais en considérant que c'est le dernier entré qui est le premier sorti et que le coût attaché à cette dernière entrée est au fond la meilleure estimation (c'est-à-dire la moins aléatoire) du coût de remplacement.

d) La méthode LIFO

C'est une méthode dans laquelle on considère de nouveau que les entrées se font par « lots » non fongibles qui s'accumulent en « couches » les unes sur les autres sans se mélanger. Au lieu d'entrer par le dessus et sortir par le dessous comme en FIFO, ici on entre par le dessus et on sort aussi par le dessus (comme avec une pompe flottante dans un réservoir). Les derniers lots entrés sont donc bien les premiers à sortir, d'où le sigle LIFO qui vient de l'anglais « *L*ast-*I*n, *F*irst-*O*ut ». On voit bien que cette méthode se rapproche de la méthode du coût de remplacement : elle n'en a pas tous les avantages, et elle n'en a pas tous les inconvénients. Elle n'est autorisée par l'administration fiscale française que si le système correspond aux modalités effectives de stockage et de sortie des stocks (circulaire du 23 avril 1941 n° 2162).

La norme n° 2 de l'International Accounting Standards Committee [2] autorise le LIFO à condition que soit indiquée la différence entre le montant des stocks au bilan calculé selon la méthode LIFO et celui que donnerait l'emploi de FIFO ou de CUMP.

---

(2) Organisme créé en 1973 par les ordres des experts comptables d'une douzaine de pays développés (ou en voie de l'être), afin de standardiser les normes comptables au plan international. La plupart des autres pays du monde occidental se conforment à ces standards.

L'emploi de la méthode LIFO permet de valoriser les sorties de stock à un coût historique, donc objectivement indiscutable, qui se rapproche le plus possible du coût de remplacement.

Les coûts de production et les coûts de revient ainsi déterminés permettent donc d'évaluer la rentabilité économique des articles fabriqués et vendus.

On pourrait donner la représentation graphique suivante (en reprenant les données de l'exemple) :

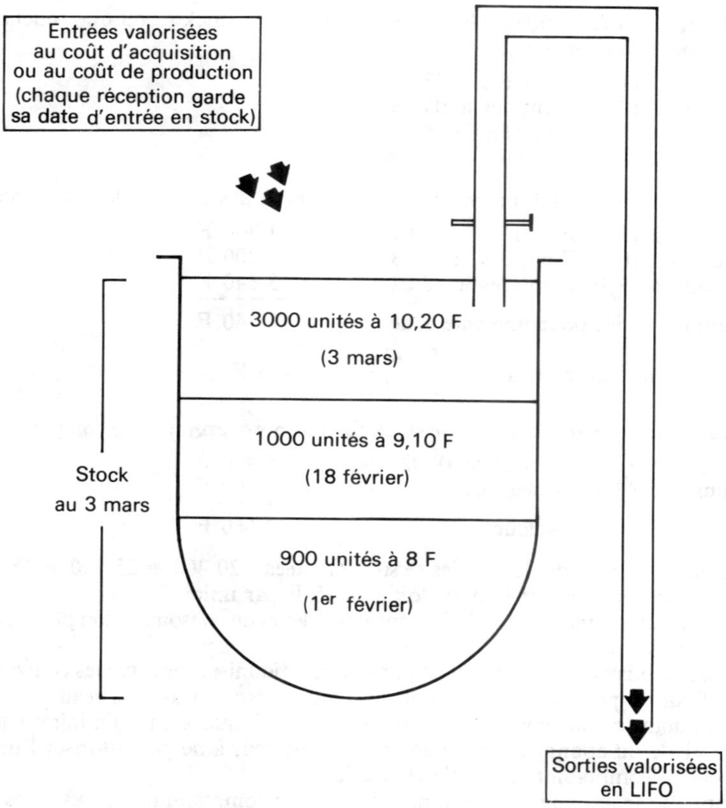

Exemple (en reprenant les données de l'exemple ci-dessus) :

— En inventaire intermittent :

Les sorties de 4 400 unités proviennent des « couches » les plus récemment approvisionnées :

1 000 unités à 11,30 F entrées le 28.04	:	11 300 F
3 000 unités à 10,20 F entrées le 03.03	:	30 600 F
400 unités à 9,10 F entrées le 18.02	:	3 640 F
4 400 unités sorties pour une valeur de		45 540 F

soit un coût unitaire moyen des unités sorties de $\frac{45\,540}{4\,400} = 10{,}35$ F par unité

Le stock final se compose des couches les plus anciennes :

600 unités à 9,10 F entrées le 18.02	:	5 460 F
900 unités à 8,00 F du stock initial	:	7 200 F
1 500 unités pour une valeur de		12 660 F

— En inventaire permanent :

On a sorti le 30 mars 2 000 unités qui proviennent des couches les plus récentes, en remontant dans le temps :

Ce sont donc 2 000 unités des 3 000 unités entrées le 03.03
Le coût des sorties est donc 2 000 × 10,20 = 20 400 F

Après cette sortie le stock se compose de 3 couches :

1 000 unités à 10,20 F entrées le 03.03
1 000 unités à 9,10 F entrées le 18.02
900 unités à 8,00 F venant du stock initial

Le 28 avril, on entre 1 000 unités à 11,30 F l'unité. Le stock reçoit une couche supplémentaire et se décompose comme suit :

1 000 unités à 11,30 F entrées le 28.04
1 000 unités à 10,20 F entrées le 03.03
1 000 unités à 9,10 F entrées le 18.02
900 unités à 8,00 F venant du stock initial

Le 29 avril, on sort 2 400 unités. Elles proviennent des couches les plus récentes :

1 000 unités à 11,30 F entrées le 28.04	: 11 300 F
1 000 unités à 10,20 F entrées le 03.03	: 10 200 F
400 unités à 9,10 F entrées le 18.02	: 3 640 F
2 400 unités sorties pour une valeur de	25 140 F

soit un coût unitaire moyen de $\frac{25\ 140}{2\ 400} = 10{,}475$ F

Après cette sortie, le stock, qui est le stock final de notre exemple, se compose de deux couches :

600 unités à 9,10 F entrées le 18.02	: 5 460 F
900 unités à 8,00 F venant du stock initial	: 7 200 F
1 500 unités pour une valeur de	12 660 F

Sur le total de la période, les sorties se sont montées à 20 400 + 25 140 = 45 540, soit un coût moyen des unités sorties sur la période de 10,35 F par unité.

On voit donc que la méthode LIFO donne des valeurs de consommation plus proches de la valeur de remplacement que le CUMP ou le FIFO.

Par contre, le bilan est sous-évalué en période inflationniste, puisque les couches les plus anciennes qui y figurent peuvent ne plus avoir le moindre rapport avec la réalité du jour.

C'est sans doute cet inconvénient, combiné avec le fait que le LIFO minimise le bénéfice comptable en période inflationniste, qui a amené le législateur à ne pas autoriser l'usage du LIFO en France pour la comptabilité générale et fiscale.

Le comptable analytique avisé, s'il peut tenir deux comptabilités stocks, sans encourir trop de coûts supplémentaires, utilisera les chiffres du LIFO pour calculer les coûts de production qui serviront à des analyses de rentabilité ou à des analyses stratégiques et utilisera les chiffres du CUMP pour calculer le résultat prévisionnel.

IV - Une règle de prudence : le cours du jour.

Le code général des impôts (article 38-3) impose que les stocks soient valorisés au cours du jour si celui-ci donne une valeur du stock inférieure à celle déterminée par les méthodes historiques utilisées (CUMP ou FIFO).

La définition du cours du jour diffère selon le plan comptable et l'administration fiscale : le premier recommande le cours d'achat tandis que la seconde exige le cours de vente.

Pour les produits en cours ou les produits semi-ouvrés non vendables, on peut calculer le « cours du jour » en déduisant de celui du produit fini ou vendable les coûts qui permettraient d'amener le produit en cours ou semi-ouvré jusqu'au stade où il devient vendable (J.O. du 4 mars 1953).

Dans le cas où le cours du jour est utilisé pour remplacer une valeur historique surestimée, on constitue une provision pour dépréciation de stock qui permet d'indiquer au bilan le stock, tant pour sa valeur historique que pour sa valeur nette.

V - Conclusion.

On peut voir en comparant les trois principales méthodes de comptabilisation des mouvements de stocks au coût historique (CUMP, FIFO et LIFO) que la valeur attribuée aux sorties ainsi que la valeur du stock final varient de façon significative. Le choix de la méthode affecte donc la perception que l'utilisateur de l'information aura d'une seule et même réalité.

Si l'utilisateur est externe à l'entreprise, il sera sans doute plus intéressé par l'impact du choix de la méthode sur la valeur du stock. Celle-ci affecte en effet la structure du bilan et le fonds de roulement, et donc l'image qu'un analyste externe peut avoir du patrimoine de l'entreprise. L'utilisateur intéressé au patrimoine préfèrera sans doute le FIFO ou le CUMP à toute autre méthode.

Si l'utilisateur est interne à l'entreprise, ou même externe à l'entreprise, il sera plus intéressé par les mouvements de stocks, c'est-à-dire par les flux d'exploitation. Ces flux affectent les ratios d'exploitation, les marges et l'analyse de rentabilité. Un tel utilisateur préfèrera sans doute le coût de remplacement ou le LIFO à toute autre méthode.

L'introduction de l'ordinateur permet de tenir des comptabilités parallèles des stocks au moindre coût et permet, par là même, aux entreprises de détenir les deux types d'informations qui répondent aux besoins des deux types d'utilisateurs.

A défaut de pouvoir tenir deux comptabilités, la méthode du CUMP est celle qui est la plus neutre, ne satisfaisant pleinement personne mais ne privilégiant personne non plus. C'est celle que le législateur recommande dans le cas général.

Annexe 1 : Exercice d'application corrigé.

(Avec réponses et commentaires)

La société Frodo utilise la matière A dans son processus de production. Les soldes, les achats et les sorties de stock de cette matière sont donnés dans le tableau ci-dessous.

	Matière A						
	Quantités			Valeurs en francs			
Date	Entrées	Sorties	Solde	Coût unitaire	Entrées	Sorties	Solde
1er janvier			100	1,5			150
24 janvier	300		400	1,56	468		
8 février		80	320				
16 mars		140	180				
11 juin	150		330	1,60	240		
18 août		130	200				
6 septembre		110	90				
15 octobre	150		240	1,70	255		
29 décembre		140	100				

Répondez à chacune des questions ci-dessous en choisissant la réponse appropriée parmi celles proposées :

1. Si un inventaire permanent est tenu en FIFO, le stock final aura une valeur de :

a 150 francs,
b 152 francs,
c 159 francs,
d 162 francs,
e 170 francs,
f autre.

2. Faites l'hypothèse qu'aucun inventaire permanent n'est maintenu pour la matière A. Les quantités en stock ne sont mesurées que lors d'un inventaire physique annuel. La comptabilité n'enregistre que les entrées, mais pas les sorties. Dans cette hypothèse, le stock final en FIFO est :

a 150 francs,
b 156 francs,
c 159 francs,
d 160 francs,
e 170 francs,
f autre.

3. Si un inventaire permanent de la matière A est tenu en LIFO, le stock final sera :

a 150 francs,
b 152 francs,
c 156 francs,
d 160 francs,
e 170 francs,
f autre.

4. Faites l'hypothèse qu'aucun inventaire permanent n'est maintenu pour la matière A et que les quantités en stock ne sont mesurées que lors d'un inventaire physique annuel. La comptabilité n'enregistre que les entrées, mais pas les sorties. Dans cette hypothèse, la valeur du stock final en LIFO est :

a 150 francs,
b 152 francs,
c 156 francs,
d 160 francs,
e 170 francs,
f autre.

5. Si un inventaire permanent de la matière A est tenu en CUMP, la valeur du stock final sera :

a plus faible que celle obtenue en LIFO,
b plus faible que celle obtenue en FIFO,
c plus grande que celle obtenue en FIFO,
d aucune des réponses ci-dessus ne s'applique.

6. Quelle est la valeur du stock final tenu en CUMP à la question 5 ?

7. Supposez qu'on ne maintienne pas un inventaire permanent de la matière A. La comptabilité n'enregistre que les entrées mais pas les sorties. Dans cette hypothèse, quelle est la valeur du stock final si le stock est tenu selon la méthode du coût moyen pondéré ?

Essayez de répondre aux questions vous-même avant de consulter les réponses ci-dessous.

Réponse 1.

e-170 F. Dans la méthode FIFO, le stock final peut être obtenu facilement en remontant à partir de la date de clôture jusqu'à ce que le nombre des unités achetées soit égal ou supérieur au nombre des unités dans le stock physique. Ensuite, en appliquant le ou les prix d'achat appropriés on trouve la valeur du stock. Ici il y a 100 unités en stock, qui ne peuvent provenir que du dernier achat du 15 octobre ; la valeur du stock est donc $100 \times 1{,}70 = 170$ F.

Réponse 2.

e-170 F. La réponse est la même, que l'on soit en inventaire permanent ou en inventaire intermittent (ce qui est le cas décrit dans la question 2). Dans l'inventaire intermittent on recherche les dernières factures jusqu'à ce qu'on ait trouvé une quantité achetée au moins égale au stock final. Ici il n'y a qu'une seule facture, mais on pourrait très bien en utiliser plusieurs.

Réponse 3.

b-152 F. Il y a 90 unités à 1,50 F plus 10 unités à 1,70 F. Les unités achetées entre le stock initial et le dernier achat ont toutes été sorties et consommées, car nous sommes en inventaire permanent.

Réponse 4.

a-150 F. Puisque nous sommes en inventaire intermittent, la réduction du stock le 6 septembre en dessous du niveau du stock initial n'a pas d'impact, puisqu'elle est compensée, avant la fin de la période, par de nouveaux achats. Il semble donc que les 100 du stock final sont la « couche » que représentait le stock initial. La réponse est donc 100 × 1,50 = 150 F.

Réponse 5.

b. La méthode FIFO incorpore les « coûts » les plus anciens dans le coût des marchandises vendues et conserve les « coûts » d'acquisition les plus récents en stock. Puisque les prix unitaires ont augmenté pendant la période, les coûts les plus récents donneront donc une valeur plus élevée au stock que si nous étions en CUMP qui tend à lisser les prix (la moyenne est, par définition, plus faible que la valeur la plus élevée des éléments dont on fait la moyenne).

Réponse 6.

165,125 francs. La méthode CUMP est nettement plus lourde que FIFO ou LIFO pour la valorisation : il faut calculer un coût moyen après chaque entrée. C'est ce coût qui sera utilisé pour valoriser les sorties jusqu'à ce que de nouvelles entrées demandent le re-calcul de la moyenne. Il faut donc remplir le tableau ci-après :

Dates	Entrées			Sorties			Solde		
	Quantités	Coût unitaire	Valeur	Quantités	Coût unitaire	Valeur	Quantités	Coût unitaire	Valeur
1er janvier							100	1,50	150
24 janvier	300	1,56	468				400	1,545	618
8 février				80	1,545	123,60	320	1,545	494,40
16 mars				140	1,545	216,30	180	1,545	278,10
11 juin	150	1,60	240				330	1,57	518,10
18 août				130	1,57	204,10	200	1,57	314
6 septembre				110	1,57	172,70	90	1,57	141,30
15 octobre	150	1,70	255				240	1,65125	396,30
29 décembre				140	1,65125	231,175	100	1,65125	165,125

Réponse 7.

159 francs (100 unités à 1,59 franc pièce). Nous sommes en inventaire intermittent. Récapitulation des achats (y compris le stock initial).

Date	*Quantité*	*Coût*	*Valeur*
1er janvier	100	1,50 F	150 F
24 janvier	300	1,56	468
11 juin	150	1,60	240
15 octobre	150	1,70	255
Total des « achats » de la période	700		1 113 F

Coût unitaire moyen pondéré : $\frac{1\,113}{700} = 1{,}59$ F.

Coût de matières sorties de stock...... 600 × 1,59 = 954 francs
Valeur du stock final................ 100 × 1,59 = 159 francs

Total des « crédits »............................ 1 113 francs

LES MOTS CLÉS DU CHAPITRE

(Si ces mots n'ont pas encore un sens clair et précis pour vous, il vous serait utile de relire tout ou partie du chapitre.)

STOCK
COÛT D'ACQUISITION
VALORISATION DES STOCKS
MOUVEMENT
IDENTIFICATION SPÉCIFIQUE
CUMP
FIFO
LIFO
COÛT DE REMPLACEMENT
INVENTAIRE PERMANENT
INVENTAIRE INTERMITTENT

QUESTIONS

4.1. Quels coûts font partie du coût d'acquisition ?

4.2. Quels coûts font partie du coût de production ?

4.3. Pourquoi le problème de la valorisation des mouvements de stocks se pose-t-il ?

4.4. Le code général des impôts autorise les entreprises qui n'ont pas de comptabilité analytique ou qui n'ont pas les moyens de connaître le coût réel des éléments en stock, à pratiquer de façon extra comptable une décote forfaitaire sur le prix de vente (Article 38 nonies de l'annexe III du CGI).
Quels risques voyez-vous à une telle méthode ?

4.5. La méthode du coût moyen unitaire pondéré est-elle la méthode la plus souhaitable pour tout le monde et dans tous les cas ?

Problèmes

4-1

Un client du cabinet d'expertise comptable pour lequel vous travaillez vous consulte pour un problème de valorisation de stocks. Il vous demande de l'aider à définir les coûts d'obtention et de manutention qu'il serait approprié d'incorporer dans le coût d'acquisition des marchandises entrées en stock.

a.) Nommez les coûts que vous considérez comme des candidats possibles à l'inclusion dans le coût d'acquisition des matières entrées en stock.

b.) Pour chacun de ces éléments des coûts d'obtention et de manutention, identifiez les arguments pour et les arguments contre leur inclusion dans le coût d'acquisition.

4-2

L'entreprise de vins et charbons Bougnat et Fils ne tient pas d'inventaire permanent. Le 30 janvier 19X1 le stock de charbon était de 1 000 tonnes valorisées à 60 francs la tonne.

Pendant le mois de février les achats suivants ont été effectués :

— 5 février : 2 000 tonnes à 70 francs la tonne,
— 15 février : 500 tonnes à 80 francs la tonne,
— 25 février : 600 tonnes à 90 francs la tonne.

L'inventaire physique au 28 février indique qu'à cette date il reste 1 200 tonnes de charbon en stock.

Calculez la valeur du stock au 28 février 19X1 :

a.) en tenant le stock en LIFO,
b.) en tenant le stock en FIFO,
c.) en tenant le stock en CUMP.

4-3

Bardacier et Cie est un distributeur de tubes d'acier. L'entreprise se fournit auprès de diverses aciéries lorraines. Les prix sont toujours F.O.B. gare d'expédition. Le 1er janvier les frais de transport étaient de 500 francs la tonne, mais le 14 janvier ils ont augmenté de 10 % et sont maintenant de 550 francs la tonne.

Les transactions suivantes enregistrent les mouvements de profilés à froid type X (les prix indiqués sont les prix facturés par le fournisseur).

1er janvier	stock initial	10 tonnes à 1 700 francs la tonne
2 janvier	achat	3 tonnes à 1 100 francs la tonne
3 janvier	sorties	2 tonnes
5 janvier	achat	2 tonnes à 1 120 francs la tonne
6 janvier	sorties	3 tonnes
10 janvier	achat	8 tonnes à 1 100 francs la tonne
12 janvier	sorties	8 tonnes
15 janvier	achat	2 tonnes à 1 100 francs la tonne
16 janvier	sorties	2 tonnes
30 janvier	achat	5 tonnes à 1 120 francs la tonne
31 janvier	sorties	7 tonnes.

a.) Complétez la fiche de stock en inventaire permanent en valorisant les sorties en CUMP, en FIFO et en LIFO.

b.) Sachant que le prix de vente est calculé en multipliant le coût de sortie de stock par le coefficient 1,3, quelle est la marge brute générée pendant le mois de janvier pour chacune des 3 méthodes :

— si le coût de sortie est déterminé en inventaire permanent ?
— si le coût de sortie est déterminé en inventaire intermittent mensuel ?

4-4

Questionnaire à choix multiples : comparaison des diverses méthodes de valorisation de stock.

La société Pabo et Trelès a été créée le 1er janvier 19X1. Vous trouverez ci-dessous un tableau donnant un certain nombre d'informations sur les stocks valorisés de différentes manières. Sur la base de ces informations, choisissez pour chaque question la réponse la plus appropriée.

DATE	Valeur du stock selon la méthode			
	LIFO	FIFO	Valeur de remplacement	Valeur la plus faible du cours du jour ou du coût historique spécifique
31 déc. 19X1	10 200	10 000	9 600	8 900
31 déc. 19X2	9 100	9 000	8 800	8 500
31 déc. 19X3	10 300	11 000	12 000	10 900

a.) Quelle méthode de valorisation du stock amènerait le bénéfice le plus important pour l'exercice 19X1 :

1) LIFO ?
2) FIFO ?
3) valeur de remplacement ?
4) valeur la plus faible du cours du jour ou du coût historique spécifique?

b.) Quelle méthode de valorisation du stock amènerait le bénéfice le plus important en 19X2 :

1) LIFO ?
2) FIFO ?
3) valeur de remplacement ?
4) valeur la plus faible du cours du jour ou du coût historique spécifique?

c.) Quelle méthode de valorisation du stock amènerait le bénéfice le plus faible pour les trois années prises ensemble :

1) LIFO ?
2) FIFO ?
3) valeur de remplacement ?
4) valeur la plus faible du cours du jour ou du coût historique spécifique?

d.) En 19X2 quelle serait la différence entre le bénéfice obtenu si la méthode FIFO est utilisée pour valoriser les stocks, et le bénéfice obtenu si les stocks sont valorisés selon la méthode de la valeur la plus faible du cours du jour ou du coût historique spécifique ?

1) en FIFO le bénéfice est 400 francs plus élevé ;
2) en FIFO le bénéfice est 400 francs plus faible ;
3) en FIFO le bénéfice est 600 francs plus élevé ;
4) en FIFO le bénéfice est 600 francs plus faible ;
5) en FIFO le bénéfice est 1 000 francs plus élevé ;
6) en FIFO le bénéfice est 1 000 francs plus faible ;
7) en FIFO le bénéfice est 1 400 francs plus élevé ;
8) en FIFO le bénéfice est 1 400 francs plus faible ;
9) la réponse n'est aucune de celles ci-dessus — C'est ... ?

e.) Sur la base des informations ci-dessus, quelles ont été les fluctuations des prix pour le produit acheté par la société Pabo et Trelès :

1) augmentation en 19X1, baisse en 19X3 ?
2) augmentation en 19X1 et en 19X3 ?
3) baisse en 19X1 et augmentation en 19X3 ?
4) baisse en 19X1 et en 19X3 ?

4-5

Lors de votre audit des informations comptables pertinentes à la tenue des stocks du magasin M, vous examinez les fiches d'inventaire permanent de ce magasin. Les fiches d'inventaire sont dupliquées : l'une reste au magasin, l'autre est tenue au département comptabilité (nous l'appellerons fiche de contrôle).

Présentez un tableau qui indique clairement le stock initial, le stock final et les mouvements. A cette fin, vous vous assurerez que la fiche magasin et la fiche de contrôle sont en accord sur tous les montants.

Vous avez assemblé les informations suivantes :

a.) La fiche magasin indique un stock initial de 11 000 francs. La fiche de contrôle indique des entrées de 14 000 francs et des sorties de 13 000 francs.

b.) Des entrées d'un montant de 240 francs ont été enregistrées sur la fiche du magasin M, mais figurent par erreur sur la fiche de contrôle du magasin K.

c.) Le département comptabilité a rectifié, au cours de cette période, une erreur qui date de la période antérieure. Sur la fiche de contrôle de M une sortie de 800 francs n'avait été enregistrée que pour 500 francs. La fiche de magasin avait été, à l'époque, mise à jour correctement.

d.) Un article d'une valeur de 45 francs a été cassé dans le magasin. La fiche magasin a été mise à jour, mais l'information n'a pas été transmise au département comptabilité.

4-6

L'entreprise Monaud-Prode ne fabrique qu'un seul produit : le JBL. En 19X1, on a produit 100 000 unités de JBL. Les coûts ont été les suivants (V indique un poste de frais variables et F un poste de frais fixes) :

Consommation de matières premières	100 000 francs (V)
Main-d'œuvre directe	70 000 francs (V)

Énergie	5 000 francs (V)
Main-d'œuvre indirecte variable	10 000 francs (V)
Main-d'œuvre indirecte fixe	20 000 francs (F)
Frais généraux d'usine variables	8 000 francs (V)
Autres frais généraux de fabrication	20 000 francs (F)
Frais commerciaux variables	30 000 francs (V)
Frais commerciaux fixes	20 000 francs (F)
Frais administratifs	50 000 francs (F)

On note par ailleurs que :

— le stock de produits en cours est nul au 31/12/19X1
— le stock de matières premières au 31/12/X1 est de 2 000 kg
— le stock de produits finis a une valeur de 20 970 francs.

Les ventes en 19X1 ont été de 364 000 francs. Tous les stocks au 31/12/X0 étaient nuls. Le stock de produits finis est valorisé au coût complet unitaire moyen de production de l'année. Le prix des matières premières a été stable tout au cours de l'année. Il faut 2 kg de matières premières pour faire une unité de JBL.

a.) Quelle est la valeur du stock final de matières premières au 31/12/19X1 ?
b.) Combien y a-t-il d'unités de JBL au stock de produits finis au 31/12/19X1 ?
c.) Quel a été le prix de vente d'une unité de JBL en 19X1 ?
d.) Quel a été le résultat d'exploitation en 19X1 ?
e.) Préparez un compte de résultat prévisionnel pour 19X2. Faites l'hypothèse de stabilité des prix, tant pour le prix de vente du JBL que pour les coûts variables unitaires et le montant des frais fixes. L'hypothèse de vente est de 102 000 unités de JBL.

L'entreprise désire avoir un stock final de 12 000 unités au 31/12/X2. Le stock final de 19X2 sera valorisé au coût moyen de production de 19X2.

4-7

Les bilans de la société Nu présentent, entre autres, les informations suivantes :

	31 décembre 19X1	31 décembre 19X2
Stock de matières premières	30 000 F	48 000 F
Stock de produits en cours	17 500 F	19 000 F
Stock de produits finis	23 000 F	20 000 F
Salaires usine à payer	3 400 F	2 400 F
Intérêts à recevoir sur placements	120 F	80 F

Le compte de résultat pour l'exercice 19X2 comporte, entre autres, les informations suivantes :

Consommations de matières premières	300 000 F
Coût de la production vendue	920 000 F
Salaires usine	275 000 F
Revenus des placements	500 F

On demande :

a.) Montant des achats de matières premières de l'année.
b.) Coût des produits fabriqués pendant l'année.
c.) Montant des salaires usine payés pendant l'année.
d.) Intérêts perçus pendant l'année.
e.) Coût des produits mis en œuvre pendant l'année.

4-8

La société Electrojouy fabrique et vend des « Dromaludaires à deux bosses pour interconnexions étoilées ». En janvier 19X1, on dispose des informations suivantes :

— Il n'y a qu'un seul atelier de production.
— Achats de matières premières en janvier : 20 unités à 12 francs.
— Main-d'œuvre directe variable totale : 300 francs.
— Frais généraux de fabrication variables : 400 francs.
— Les stocks de matières premières sont tenus en CUMP.
— Les produits fabriqués sont entrés au stock de produits finis à leur coût de production variable.
— On a consommé 16 unités de matières premières.
— On a fabriqué 10 produits finis.
— Le stock initial de matières premières est de 10 unités à 12 francs pièce.
— Le stock final des produits en-cours est valorisé à 200 francs.
— Les frais généraux de fabrication fixes sont de 350 francs.
— On a vendu 12 produits finis à 157,7 francs pièce.
— Les coûts de manutention au quai de réception des matières premières se sont montés à 15 francs.
— Le stock initial des produits en-cours est valorisé à 100 francs.
— Le stock initial des produits finis est de 4 unités toutes valorisées à 75 francs pièce.
— Les frais généraux de commercialisation et administration sont de 420 francs variables et 180 francs fixes.

a.) Si le stock de produits finis est tenu en CUMP, quel est le coût de fabrication des produits vendus ? Quel est le résultat d'exploitation au compte de résultat ? Quel est le stock final de produits finis ?

b.) Mêmes questions si le stock de produits finis est tenu en LIFO.

c.) Mêmes questions si le stock de produits finis est tenu en FIFO.

d.) L'affaire est-elle rentable ?

4-9

La société P.I.M. Auto fabrique et commercialise un gadget de décoration automobile à partir d'une matière première unique : l'hexapropylène décompensé. L'atelier unique transforme la matière et les produits finis sont stockés avant d'être vendus.

Pour le mois de janvier 19X2, on a les informations suivantes :

— Stock initial de matières premières :
25 unités pour une valeur de 330 francs, qui se décompose en 15 unités acquises en décembre 19X1 et valorisées à 14 francs l'unité, et en 10 unités acquises en septembre 19X1 et valorisées à 12 francs l'unité.
— La consommation de matières pendant le mois a été de 65 unités.
— On a fabriqué 13 produits finis et il n'y a jamais d'en-cours de fabrication. Les produits finis sont valorisés en coût complet.
— La main-d'œuvre représente un coût de 250 francs. La main-d'œuvre a passé 48 % de son temps à la manutention des matières premières à la réception.
— Les frais généraux de commercialisation et d'administration sont de 500 francs.
— On a vendu 10 unités de produit fini.
— Le stock initial de produits finis était nul.

— Les achats de matières premières ont été de 25 unités facturées à 10 francs le 3 janvier et 35 unités facturées à 11 francs le 12 janvier.
— Les frais généraux de fabrication sont de 390 francs.

a.) Si les stocks sont tenus en CUMP, quel est le coût complet de production des produits fabriqués ? Quel est le prix de vente si le bénéfice avant impôt est de 100 francs ?
b.) Mêmes questions si les stocks sont tenus en LIFO.
c.) Mêmes questions si les stocks sont tenus en FIFO.

4-10

Fondée à Chartres en avril 19X1, la Société des Laminoirs d'Eure-et-Loir a été créée pour fabriquer des ronds à béton, produit sidérurgique destiné au marché de la Construction de Bâtiments et de Travaux Publics à partir de la récupération des ferrailles de la région parisienne.

Les principales données concernant le premier exercice de la société, clos le 31/12/19X1, sont les suivantes :

— Achats de ferrailles :
5 000 tonnes le 30 avril à 300 F/t (date d'entrée au magasin)
10 000 tonnes le 1er juillet à 250 F/t
10 000 tonnes le 2 novembre à 200 F/t.

— Il a fallu en moyenne une tonne de ferraille (catégorie FM04) pour fabriquer une tonne de ronds à béton.
— La production de ronds à béton a été la suivante :

- 1 000 tonnes par mois de mai à juillet compris ;
- arrêt en août ;
- 1 500 tonnes par mois de septembre à décembre compris.

— Un seul contrat de vente a pu être honoré le 15 novembre 19X1 ; il a porté sur 5 000 tonnes au prix de 800 F/t hors taxe.
— Les frais de personnel de production ont été de 14 000 F/mois et par ouvrier, charges comprises pour 25 ouvriers présents du 2 mai au 31 décembre (août a été chômé mais payé). La mensualisation est totale.

Les frais généraux s'élèvent à 550 000 F/mois de mai à décembre compris, ils sont indépendants du niveau d'activité de l'usine.

a.) Après avoir valorisé les stocks de ferraille et de produits finis au 31/12/19X1 selon la méthode qui permet de tirer le meilleur résultat, vous présenterez un compte de résultat de l'exercice 19X1.

b.) Le directeur général de la société vous demande de lui montrer, chiffres à l'appui, quel est l'impact, sur le résultat d'exploitation de l'exercice, de l'utilisation d'un coût de revient complet et de celle d'un coût de revient variable. Lequel préconisez-vous ? Justifiez votre choix.

5. LES FLUX DE COÛTS ET LA CONSTITUTION DU COÛT DE REVIENT

> Le coût d'un article (objet ou service) est la somme des coûts et des ressources qui sont mises en œuvre pour créer l'article (objet ou service) jusqu'au stade où on cherche à en évaluer le coût.
> On appelle coût de revient d'un article (objet ou service) la somme des coûts au moment de la vente. Le coût de revient est donc la somme du coût de production et des coûts de commercialisation et de distribution.
> On considèrera que coût de revient (Plan comptable 1982) et prix de revient (Plan comptable 1957) sont des synonymes.

Nous avons vu dans le chapitre 2 que les coûts pouvaient être partagés en coûts directs et indirects et en coûts fixes et variables. Dans ce chapitre nous allons d'abord voir comment se présente le problème de l'identification des coûts, puis nous examinerons plus en détail les méthodes du coût complet et du coût variable, enfin nous développerons une méthodologie pour allouer les charges indirectes aux objets ou services dont on veut évaluer le coût.

I - Le problème de la détermination des coûts vient des coûts indirects.

Lorsqu'une entreprise est en situation de monoproduction, il est facile d'attacher les coûts aux produits ou services puisque tous les coûts sont directs. Par contre, lorsqu'on est en situation de multiproduction [1], ce qui est le cas le plus fréquent, il faut trouver une base d'allocation pour attribuer aux produits les coûts indirects qui reflètent, en général, des consommations de ressources mises en œuvre simultanément pour plusieurs produits.

---

(1) Par multiproduction nous englobons aussi la génération de services multiples. Le mot production est pris, ici, comme dans tous les chapitres, dans le sens de création.

Un exemple [2] permettra de bien poser le problème. Pierre va au marché. Le voyage aller lui coûte 1,50 F. Il y achète 5 kg de choux pour 10 F et 5 kg de carottes pour 20 F. Le voyage retour lui coûte également 1,50 F. Il rentre chez lui et revend à ses voisins une partie de ses choux et de ses carottes. Comment déterminer le coût d'un kilogramme de carottes ou celui d'un kilogramme de choux ? Le problème est celui de l'allocation des 3 F de coût de transport. On peut, bien sûr, évaluer la rentabilité globale de l'achat et de la revente des carottes et des choux, mais il n'est pas possible, sans allouer les coûts de transports (coût indirect), de juger de l'intérêt d'acheter des carottes ou des choux ; il n'est pas possible non plus de connaître le coût des carottes ou des choux qui peut servir de base à l'établissement d'un prix de vente.

Voyons trois bases possibles d'allocation du coût de transport qui est, dans notre terminologie, un coût indirect :

(a) On peut allouer les 3 F sur la base de la valeur des achats : on allouerait alors 1/3 du coût de transport aux choux et 2/3 aux carottes.

On aurait alors :

Coût d'un kg de choux : $\frac{10 + 1}{5} = 2,2$ F/kg

Coût d'un kg de carottes : $\frac{20 + 2}{5} = 4,4$ F/kg

(b) On peut également considérer que les deux articles pèsent le même poids et que par conséquent ils doivent supporter le même coût de transport ; on allouerait ainsi les 3 F en parties égales sur les deux articles.

On aurait alors :

Coût d'un kg de choux : $\frac{10 + 1,5}{5} = 2,3$ F/kg

Coût d'un kg de carottes : $\frac{20 + 1,5}{5} = 4,3$ F/kg

(c) On peut également considérer que, en fait, Pierre est allé au marché uniquement dans l'intention d'y acheter des carottes et qu'il a acheté des choux seulement parce que, vu leur prix, c'était une occasion à ne pas manquer. Dans ce cas, il serait anormal de faire supporter une partie des coûts de transport aux choux puisqu'il était dans l'intention de Pierre depuis le début de les faire supporter dans leur totalité par les carottes.

On aurait alors :

Coût d'un kg de choux : $\frac{10}{5} = 2$ F/kg

Coût d'un kg de carottes : $\frac{20 + 3}{5} = 4,6$ F/kg

On voit, à la lumière de cet exemple, que le coût d'un article dépendra en fait des hypothèses que le comptable fera pour allouer les coûts indirects entre les éléments que l'on cherche à valoriser.

---

(2) Cet exemple est tiré de A. Detœuf, *Le problème des prix de revient,* qu'on trouvera dans son intégralité en annexe 1 au chapitre 5, page 167.

On concevra donc aisément que, si deux entreprises font des hypothèses différentes en ce qui concerne l'allocation des coûts, leur perception de l'intérêt de tel ou tel produit pourra être très variable et les prix des prestations proposés seront vraisemblablement très différents. C'est, certes, le jeu de la concurrence qui le veut, mais cela conduit fréquemment à des situations de marché « pourries » où le prix de marché s'établit au niveau le plus bas, ce prix étant, hélas, souvent proposé par celui dont la comptabilité est la moins « bonne ». C'est sans doute l'une des raisons pour lesquelles des syndicats professionnels (par exemple les loueurs de camions ou les fabricants de papier), l'État (pour les industries aéronautiques et spatiales [3], pour les entreprises faisant des études et vendant des fournitures concernant les matériels de télécommunications et les matériels électroniques [4] et pour les sociétés d'ingénierie, les bureaux d'étude d'ingénieurs conseils et les sociétés de conseil [5]) ou les plans comptables professionnels imposent parfois des normes destinées à guider le comptable dans l'allocation des coûts indirects.

Le lecteur, se rapportant au chapitre 2, pourra faire objection à cet effort d'allocation des coûts indirects (tout au moins pour ce qui est des informations nécessaires à l'évaluation de la rentabilité des produits, des activités ou des services) en arguant en faveur de l'utilisation des coûts directs comme base d'évaluation.

Malheureusement, si le coût direct représente une part importante des coûts totaux dans les activités à faible valeur ajoutée, ce n'est pas le cas pour toutes les activités à forte valeur ajoutée. Seul le coût de la matière première reste véritablement direct aujourd'hui. En effet, les méthodes de rémunération des personnels productifs évoluant, leur coût devient le plus souvent un coût indirect. Par conséquent, le coût direct n'a plus guère d'utilité hormis les cas où la valeur ajoutée est assez faible (entreprises de distribution, commerces de détail, industries de transformation simple, etc.). Pour les autres industries, c'est le coût variable qui sert de base à l'évaluation de la rentabilité des produits. Le coût variable inclut les coûts indirects variables qui doivent par conséquent être quand même alloués.

Pour ce qui est de l'évaluation des coûts de revient et des coûts de production, on doit utiliser un coût réel comprenant le coût d'achat augmenté de toutes les charges directes et indirectes de production (article 38 nonies de l'annexe III au Code général des impôts). C'est-à-dire que le législateur impose, à des fins fiscales, l'emploi du coût complet qui exige que les charges indirectes puissent être ventilées ou allouées entre les produits.

Le problème de l'identification des coûts passe donc, quel que soit l'objectif du calcul de coût, par la résolution du problème de l'allocation de coûts indirects. Nous prendrons pour règle de suivre de près les flux physiques de ressources dans l'entreprise pour éviter le plus possible l'arbitraire dans l'allocation, et donc de suivre le principe de l'attachement vu au chapitre 2 et que nous rappelons ici en le complétant :

> On attache un coût à un objet, à un service ou à une activité à l'occasion de la mise en œuvre de la ressource qui contribue à la création de cette activité, de ce service ou de cet objet. Cette règle est valable tant pour les coûts directs que pour les coûts indirects (variables seulement, ou variables et fixes selon le cas).

(3) Arrêté du 9 septembre 1974 ; J.O. du 11 octobre 1974.
(4) Arrêté du 12 août 1977 ; J.O. du 19 août 1977.
(5) Arrêté du 14 décembre 1977 ; J.O. du 11 janvier 1978.

On peut illustrer cette règle par une image : l'objet dont on cherche à connaître le coût se crée progressivement dans le temps. De la même manière, le coût de l'objet croît parallèlement. Imaginons que l'objet ait une existence abstraite (le *concept* d'objet, par exemple) mais pas de contenu physique (ou de réalité) avant que sa fabrication (création) n'ait débuté. L'objet va acquérir une réalité ou un contenu en « acquérant » des ressources auprès de divers prestataires de services regroupés dans une entreprise. A chaque fois qu'il « acquiert » un service il doit « payer » en reconnaissant une « dette » à l'égard de l'entreprise, c'est cette « dette » que nous appelons coût. Ainsi, lorsque l'objet reçoit les matières premières, c'est-à-dire non transformées, du magasin ou du stock, il reçoit la prestation « mise à disposition » des matières premières ; le coût (c'est-à-dire la « dette ») est le coût de la matière à la sortie du stock, tel que nous l'avons défini au chapitre 4. C'est un coût direct. Dans le premier atelier de fabrication, l'objet qui « amène » avec lui les matières brutes à transformer va recevoir une prestation de transformation qui se compose de prestations de la main-d'œuvre (souvent coût direct, mais de plus en plus coût indirect), de prestations des machines, de prestations d'abri que donne le bâtiment aux machines, de prestations de service et d'entretien des machines afin de permettre à ces dernières de rendre elles-mêmes leurs prestations, etc. Toutes ces prestations consomment des ressources et le coût de ces ressources est considéré comme le coût de la prestation. L'objet « paye » ce coût en reconnaissant qu'il l'a reçue. Ainsi le coût total de l'objet se forme au fur et à mesure que l'objet prend réalité.

On peut d'ailleurs à ce propos retrouver la définition des coûts directs et indirects que nous avons vue au chapitre 2. Un coût est direct si la « prestation » qu'il représente n'avait pas existé du tout si l'objet, par rapport auquel nous définissons le caractère direct, n'avait pas lui-même existé. Un coût est indirect s'il s'agit soit d'une prestation au second degré, comme par exemple le coût de la prestation « abri des machines », soit d'une prestation qui ne peut pas sans ambiguïté être attribuée à tel ou tel produit.

II - Le flux des coûts en coût variable et en coût complet.

Nous allons voir comment les coûts suivent le flux physique des ressources pour progressivement construire le coût des produits fabriqués et des produits vendus.

Nous prenons ici l'exemple d'une entreprise manufacturière pour montrer la différence des flux que l'on soit en coût variable ou en coût complet, afin de faire jouer les comptes stocks. Il doit être clair que, si l'on cherchait à déterminer le coût d'un service, il ne pourrait pas y avoir de compte stock ; on suivrait un cheminement rigoureusement identique mais il n'y aurait pas de compte stock.

Dans l'illustration qui suit nous choisissons de considérer les coûts administratifs et les coûts financiers comme des coûts de période uniquement. En effet, les premiers sont très difficiles à ventiler entre les centres de responsabilité et c'est donc une règle de prudence qui nous amène à les virer immédiatement au compte de résultat. Pour les seconds, c'est parce que, au fond, la politique financière de l'entreprise est le plus souvent indépendante de l'activité de production et de commercialisation ; par conséquent, les coûts financiers ne font pas partie du coût de revient des articles fabriqués et vendus. Le cas échéant, on pourra réincorporer, de façon extra-comptable, les coûts financiers aux coûts de revient pour évaluer la rentabilité économique d'un produit ou service.

1. Le flux des coûts en coûts variables.

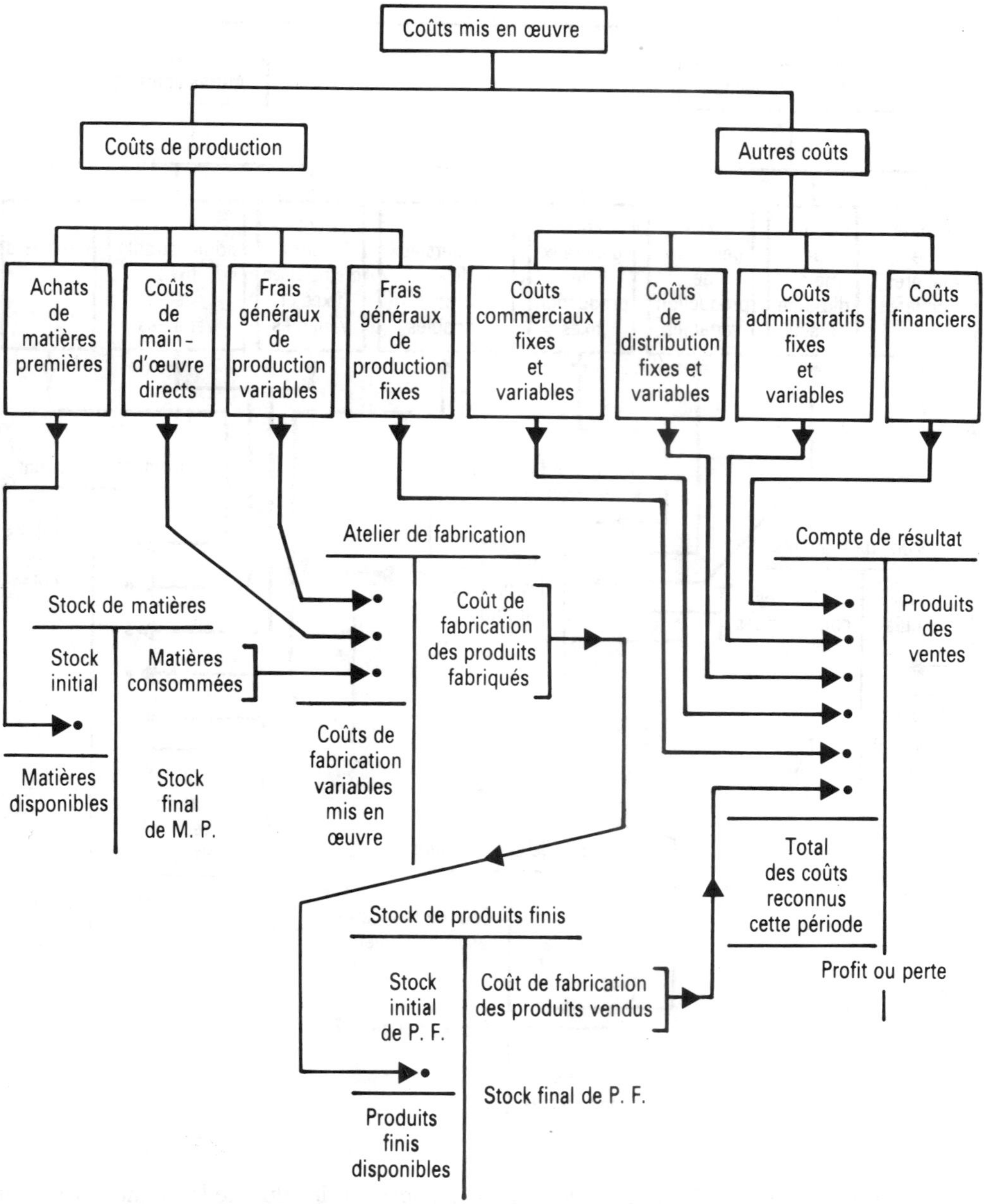

On voit que les frais généraux fixes de fabrication, bien qu'ils soient des coûts de production, ne sont pas considérés comme des coûts de produit. Ils ne peuvent pas être stockés. Seuls les coûts de produit variables peuvent être « mis en stock » dans cette méthode.

2. Le flux des coûts en coût complet.

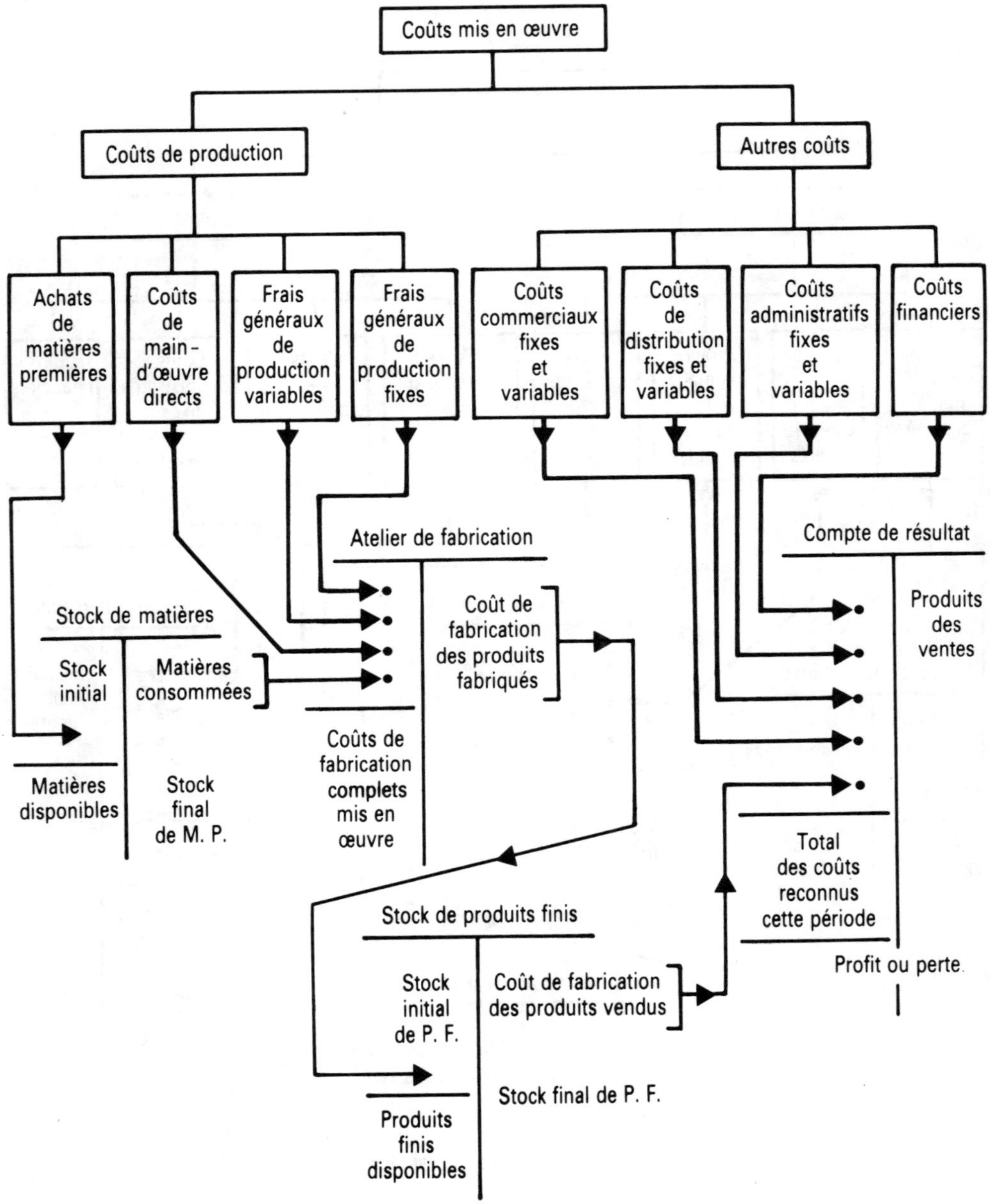

On voit que la seule différence avec le tableau décrivant les flux de la méthode du coût variable porte sur le « sort qui est donné » aux frais généraux de production fixes. Ici, dans la méthode du coût complet, ils sont considérés comme des coûts de produit et par conséquent peuvent être « mis en stock ».

On aura noté que, dans cette méthode comme dans l'autre, les coûts qui ne sont pas des coûts de production, ne sont en aucun cas incorporés dans la valeur des stocks puisque le principe d'attachement nous indique que, le service n'ayant pas encore été rendu, le coût du service ne peut pas être attaché aux objets.

3. Comparaison de l'impact des méthodes coût complet et coût variable sur le résultat.

La façon la plus simple de comparer les deux méthodes est de prendre un exemple.

Exemple :

Une entreprise de fabrication et de vente « d'Articles » est créée en 19X1 au début de l'année. Les « Articles » sont vendus à 60 F pièce.

L'activité des trois premiers exercices est la suivante :

	19X1	19X2	19X3
Quantité fabriquée	10 unités	10 unités	10 unités
Quantité vendue	5 unités	10 unités	15 unités

La fabrication d'un « Article » requiert :

— 2 unités de matières premières,
— 1 heure de main-d'œuvre à 12 F/heure,
— 8 francs de frais variables de fabrication par unité.

Quelle que soit la production, il y a des coûts fixes de fabrication d'un montant de 100 francs par période.

La matière première coûte 5 francs l'unité et on achète 20 unités de matières premières par période.

Les coûts autres que ceux de fabrication sont les suivants :

Coûts commerciaux :	3 F par unité, 15 F fixes par période.
Coûts de distribution :	7 F par unité, 23 F fixes par période.
Coûts administratifs :	17 F fixes par période.
Coûts financiers :	5 F fixes par période.

a) Méthode du coût variable :

Coût variable de fabrication :

2 unités de M.P.	: 2 × 5 =	10
1 heure de M.-Œ.	: 1 × 12 =	12
coût indirect variable unitaire de fabrication	: 1 × 8 =	8

Coût variable unitaire de fabrication : 30 francs pièce.

	Période			
	19X1	19X2	19X3	Total
Ventes	5 × 60 = 300 F	10 × 60 = 600 F	15 × 60 = 900 F	1 800 F
Coût de fabrication des produits vendus	5 × 30 = 150	10 × 30 = 300	15 × 30 = 450	900
Coût de fabrication fixe	100	100	100	300
Coûts autres que coûts de fabrication :				
• variables	5 × (7 + 3) = 50	10 × (7 + 3) = 100	15 × (7 + 3) = 150	300
• fixes	15 + 23 + 17 + 5 = 60	60	60	180
Total des coûts	360	560	760	1 680
Résultat d'exploitation	(60 F)	40 F	140 F	120 F
Quantité de produits finis détenus en stock à la fin de la période	5 unités	5 unités	0 unité	
Coût unitaire des unités de stock	30 F	30 F	30 F	

b) Méthode du coût complet :

Coût complet de fabrication :

2 unités de M.P.	: 2×5	$= 10$
1 heure de M.-Œ.	1×12	$= 12$
Coût indirect variable unitaire de fabrication	: 1×8	$= 8$
Coût fixe de fabrication alloué :	$1 \times \frac{100}{10}$	$= 10$
Coût complet unitaire de fabrication :		40 francs pièce

	19X1	19X2	19X3	Total
Ventes	5 × 60 = 300 F	10 × 60 = 600 F	15 × 60 = 900 F	1 800 F
Coût de fabrication des produits vendus	5 × 40 = 200	10 × 40 = 400	15 × 40 = 600	1 200
Coûts autres que coûts de fabrication :				
• variables	5 × (7 + 3) = 50	10 × (7 + 3) = 100	15 × (7 + 3) = 150	300
• fixes	15 + 23 + 17 + 5 = 60	60	60	180
Total des coûts	310	560	810	1 680
Résultat d'exploitation	(10 F)	40 F	90 F	120 F
Quantité de produits finis détenus en stock à la fin de la période	5 unités	5 unités	0 unité	
Coût unitaire des unités en stock	40 F	40 F	40 F	

On voit donc que, sur les 3 périodes prises ensemble, le résultat d'exploitation est le même quelle que soit la méthode utilisée. Ceci sera vrai pour tout intervalle de temps pour lequel les stocks finaux seront égaux, en quantité et en valeur, aux stocks initiaux. L'impact principal du choix d'une méthode par rapport à l'autre est de modifier la répartition dans le temps du résultat d'exploitation. Cette répartition peut être intéressante pour gérer la trésorerie : si l'on admet que les pertes antérieures sont déductibles du résultat imposable pour l'impôt sur les sociétés, on voit, sur l'exemple ci-dessus, qu'on commence à payer des impôts en 19X2 si l'on utilise le coût complet, tandis qu'en coût variable, on attendra 19X3 pour payer l'impôt. Dans un environnement inflationniste, qui vient encore accentuer la valeur de l'argent dans le temps, on comprend que l'entrepreneur, dans notre exemple, aura tout intérêt à chercher à se rapprocher le plus possible du coût variable, tandis que le fisc aura tout intérêt à encourager le même entrepreneur à utiliser le coût complet. Nous retrouvons là un autre exemple du fait que le choix d'une méthode comptable dépend toujours de l'objectif pour lequel l'information comptable qui en découlera sera utilisée.

III - L'allocation des coûts indirects aux objets.

Que nous ayons choisi le coût complet ou le coût variable comme méthode pour identifier le coût des objets, produits, services ou activités, nous devons trouver une méthode pour allouer les coûts indirects (coûts indirects variables seulement si nous sommes en coût variable, ou coûts indirects variables et fixes si nous sommes en coût complet).

Le principe que nous allons suivre est rigoureusement identique à celui que nous avons utilisé pour les coûts directs, à savoir : lorsqu'une ressource est consommée pour faciliter la création d'un produit ou service, le coût de cette ressource est incorporé au coût cumulé du produit ou service à ce stade.

1. Coûts indirects et centres de responsabilité.

Il est crucial, pour le processus, de bien se rendre compte que chaque ressource est mise en œuvre à un point précis du processus de transformation : toute ressource est consommée par un centre de responsabilité, par un département ou, pour employer le langage courant des comptables, une section ou centre d'analyse.

Chaque centre de responsabilité a une mission, des tâches à remplir et des moyens pour les réaliser. C'est précisément cette mission qui va nous permettre de trouver le « vecteur porteur » qui nous permettra d'attacher les coûts aux objets, directement ou indirectement : en effet, si nous pouvons connaître la prestation fournie par chaque centre de responsabilité, nous pouvons aussi en connaître le coût ; nous pouvons donc utiliser cette prestation, qui est physique (tonnage manutentionné, heure de main-d'œuvre productive fournie, etc...) pour transférer les coûts aux bénéficiaires des prestations.

Nous sommes donc amenés à représenter une entreprise ou une organisation comme une fédération de micro-entreprises monoprestations. Le cheminement, que l'on appelle méthode des sections homogènes, consiste donc à suivre les étapes ci-dessous pour attacher les coûts aux objets :

- attribuer les coûts « indirects » aux centres de responsabilité où ils sont effectivement mis en œuvre, soit en analysant les factures et les bons de commandes, soit en utilisant des clés de répartition ou de ventilation fondées sur des réalités physiques ;
- identifier la nature de la prestation fournie par chaque centre de responsabilité ;
- calculer le coût de l'unité de prestation pour pouvoir attacher les coûts de centre de responsabilité aux bénéficiaires de la prestation.

Pour chaque centre de responsabilité, on pourra prévoir un budget de coût et un budget de prestation, et par conséquent on pourra gérer et contrôler le processus d'allocation de ressources, tant par le suivi du coût des objets, que par le suivi du coût des prestations et des coûts mis en œuvre dans les centres de responsabilité. L'accent mis sur ce dernier point dans le Plan comptable 1982, permet une gestion par centre de responsabilité, et par conséquence une gestion directement impliquée là où le responsable met effectivement les ressources en œuvre.

2. Sections principales et sections auxiliaires.

Quand, dans une entreprise, on examine la mission, donc la prestation rendue par chaque centre de responsabilité, on se rend compte que certains génèrent des prestations qui bénéficient aux produits : par exemple le service achats, les ateliers de production, montage ou emballage, le service distribution ou le service commercial ; par contre, d'autres centres de responsabilité ont pour mission de créer un environnement dans lequel les premiers peuvent fonctionner adéquatement, par exemple le service entretien, le service méthodes, le service de restauration du personnel, etc... On appelle les premiers des **sections principales (leur prestation bénéficie aux produits)** tandis que les seconds sont appelés **sections auxiliaires (leur prestation bénéficie à d'autres sections ou centres de responsabilité)**.

Étant donné que nous recherchons une méthode qui permette d'allouer les coûts indirects aux produits, nous voyons que nous devrons rajouter quelques étapes à celles identifiées ci-dessus :

a) on devra identifier les coûts indirects spécifiques à chaque centre de responsabilité ;

b) identifier la nature des prestations fournies par chaque centre de responsabilité ;

c) identifier le ou les bénéficiaires de la prestation de chaque centre de responsabilité : section auxiliaire ou section principale ;

d) pour les sections auxiliaires, calculer le coût de la prestation ;

e) attacher les coûts des sections auxiliaires aux sections bénéficiaires (on verra en III.4 ci-après les méthodes pour gérer le cas où il existerait des prestations croisées entre sections auxiliaires) ;

f) calculer le coût de la prestation de chaque section principale en prenant en compte la somme des coûts spécifiques de cette section et les coûts des prestations reçues d'autres sections ;

g) attacher les coûts aux objets en utilisant ces coûts unitaires de prestation.

3. Le choix de l'unité de prestation ou unité d'œuvre.

C'est sur la base de la prestation rendue et consommée que les coûts indirects vont être « transférés » des centres de responsabilité, où ils sont encourus, aux produits qui sont les « porteurs » qui les emmèneront de compte en compte jusqu'au compte de résultat où ils apparaîtront sous le nom de coût de la production vendue. Il est donc très important de bien choisir l'unité dans laquelle la prestation sera mesurée.

a) L'unité d'œuvre doit refléter l'activité de tout le département. L'activité doit donc être homogène. On pourrait parfaitement envisager des unités de service complexes telles que, par exemple, « poids et volume » pour un service transport. Le plus souvent, on opte pour une unité unique par souci de simplification.

b) Si des centres de responsabilité ont les mêmes unités de prestation, on peut les regrouper en une seule section pour l'imputation des coûts indirects. On retrouve ici le problème de l'agrégation-désagrégation de l'information que nous avons signalé dans le chapitre 1. Plus on regroupe des centres de responsabilité, plus on minimise le coût de saisie et de traitement, mais moins les informations sont utiles puisque les changements de niveau d'activité de chaque centre de responsabilité n'ont que peu de chance d'être homogènes. On perd donc en valeur prévisionnelle des coûts, principalement pour ce qui est des coûts variables. Il faut donc trouver un équilibre entre la finesse du maillage en centres de responsabilité, qui coûte cher, mais permet des décisions précises, et l'agrégation la plus grande qui serait de mesurer la prestation au niveau de l'usine dans son ensemble.

c) L'unité d'œuvre doit représenter l'une des principales causes de variation des coûts indirects variables. Nous avons vu dans le chapitre 2 que l'analyse économétrique permettait d'identifier quelle base d'activité envisageable explique le mieux la variation des coûts. Nous appelons ici unité de prestation ou unité d'œuvre ce que nous avons appelé base d'activité.

d) L'unité d'œuvre doit être aisément mesurable. Il ne faut pas oublier que le coût de saisie peut parfois être prohibitif. Par exemple, il est vraisemblable que l'usure des outils coupants (qui représente un coût indirect par rapport aux produits qu'ils servent à fabriquer) est fonction de très nombreux éléments tels que : vitesse de rotation de l'outil, qualité du liquide de refroidissement, expérience de l'ouvrier, qualité du métal, etc... Il serait bien trop ardu de chercher à mesurer tous ces facteurs pour choisir l'unité de service la plus adaptée à l'allocation des coûts indirects. Bien que le comptable soit tout à fait conscient du fait que son choix est toujours critiquable, il choisira très vraisemblablement l'heure de fonctionnement de la machine pour allouer le coût indirect des outils coupants. L'heure de machine est un substitut suffisant : il est simple, et compréhensible par les ouvriers qui ont la possibilité d'agir sur le montant du coût à répartir ; il est aisément mesurable soit par un journal de machine manuel ou informatisé, soit par l'utilisation des gammes d'opérations fournies par le département méthodes et le bureau d'études.

e) L'unité d'œuvre choisie pour un centre de responsabilité principal doit figurer explicitement dans la gamme ou la nomenclature de tous les objets qui peuvent être transformés dans cette section.

Quelques exemples permettront de mieux fixer le concept d'unité d'œuvre qui est l'unité de mesure choisie pour représenter la prestation du centre de responsabilité :

Section, service ou département (centre d'analyse)	**Unités d'œuvre possibles** (liste non limitative)
Achats, approvisionnement (section principale)	— valeur des produits achetés. — nombre de commandes traitées. — tonnage des achats reçus. — ...
Atelier d'usinage (section principale)	— heures de machine (par familles homogènes de machine) de l'atelier usinage. — heures d'ouvrier (par type de spécialité) (seulement si les machines sont manuelles) dans cet atelier. — ...
Atelier de montage (section principale)	— heures de main-d'œuvre dans cet atelier. — heures de fonctionnement des machines-transfert de cet atelier, si la chaîne est mécanisée. — ...
Magasin de vente (section principale)	— mètre linéaire de gondole d'exposition. — surface au sol occupée par les produits. — ...
Chaufferie (section auxiliaire)	— thermies produites. — tonnes de vapeur produites. — volumes à chauffer (si c'est seulement pour le chauffage des locaux et que la température est identique partout et l'isolation satisfaisante). — ...
Entretien (section auxiliaire)	— heures d'équipe d'entretien. — heures d'ouvrier d'entretien. — nombre d'interventions (si elles sont de taille assez similaire). — ...
Bâtiment (section auxiliaire)	— surface utilisée par chaque département. — surface corrigée pour tenir compte de la différence de coût que représentent les diverses parties du bâtiment, telles que sous-sol ou bureau d'angle dans une tour... — ...

On retrouve bien dans ces exemples l'idée d'identifier une mesure pour « facturer » les coûts indirects aux utilisateurs (autre(s) département(s) ou produit(s)), exactement comme si chaque centre d'activité était, en lui-même, une micro-entreprise spécialisée dans la fourniture d'un seul type de prestation.

4. Les problèmes d'imputation des charges indirectes des sections auxiliaires aux sections principales.

Des problèmes apparaissent dans l'imputation des coûts indirects des sections auxiliaires lorsqu'une section reçoit un service d'une autre section à laquelle elle-même fournit un service. C'est par exemple le cas d'un service entretien et d'un service fourniture d'air comprimé : l'entretien fait des interventions sur les compresseurs et utilise de l'air comprimé pour entretenir les machines de l'usine ; c'est par exemple le cas de la cafétéria de l'entreprise et du service du personnel : le personnel de la cafétéria est géré par le service du personnel, dont les employés mangent à la cafétéria.

Dans de pareils cas on parle de **prestations réciproques.** Il faut résoudre le problème des prestations réciproques de telle manière que tous les coûts que l'on peut incorporer dans le coût des produits puissent effectivement être imputés aux produits, sans qu'il reste quelque coût que ce soit dans les centres de responsabilité dans lesquels la consommation de ressource a eu lieu.

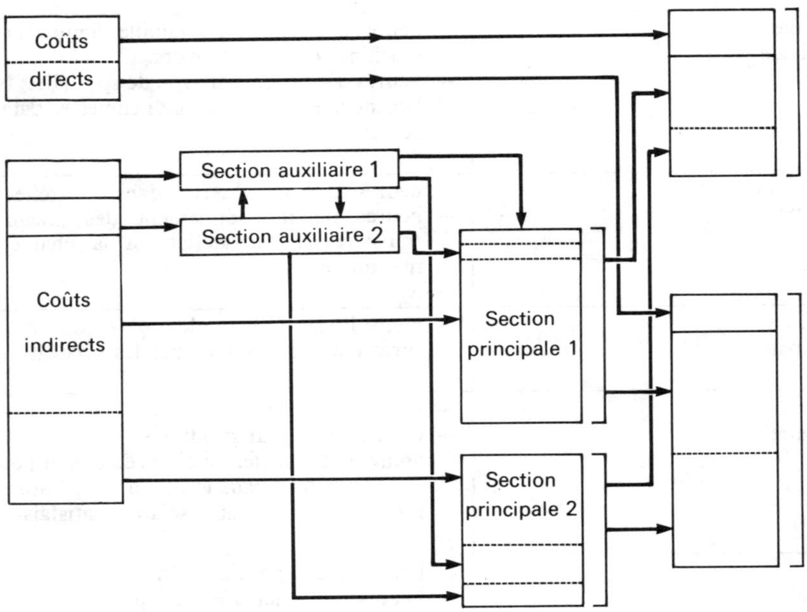

Comme on peut le voir dans le diagramme ci-dessus, si l'on n'y prend garde on peut très bien avoir quelques coûts indirects qui ne trouveront pas leur chemin vers les coûts de produits. En effet les prestations réciproques forment une boucle.

Cinq méthodes peuvent être utilisées pour imputer les coûts indirects des sections auxiliaires aux sections principales. Elles peuvent être combinées à volonté en fonction des besoins afin de faciliter les calculs et l'aide à la décision.

a) La méthode directe.

Si l'on choisit d'utiliser cette méthode, on refuse en fait de reconnaître les prestations réciproques.

Exemple :

Les coûts indirects répartis entre les sections sont les suivants pour une période donnée :

Bâtiments	200 000 F
Service du Personnel	20 000 F
Administration Usine	521 800 F
Cafétéria (déficit)	32 800 F
Magasin	53 400 F
Usinage	694 000 F
Montage	978 000 F
	2 500 000 F

Les mesures d'activité sont les suivantes :

		Nombre d'heures de M.-Œ. directe	Nombre d'employés	Superficie au sol	Total des heures de M.-Œ.	Bons de sortie de magasin (nombre)
sections auxi-liaires	Bâtiments	—	—	—	—	
	Service du Personnel.	—	7	60	3 600	—
	Administration-Usine	—	35	170	18 000	10
	Cafétéria	—	10	120	5 000	90
	Magasin............	—	5	650	2 400	—
sections princi-pales	Usinage	10 000	50	1 500	26 000	2 000
	Montage	30 000	100	2 500	51 000	1 000
		40 000 h.	207 empl.	5 000 m²	106 000 h.	3 100 bons

On voit, en examinant ce tableau, que nous avons des prestations réciproques :

magasin ←——→ bâtiment
personnel ←——→ cafétéria
administration ←→ cafétéria
↖ magasin ↗

Par la méthode directe, on ne reconnaît pas les services reçus par les sections auxiliaires en provenance d'autres sections auxiliaires.

Les unités d'œuvre que nous allons choisir sont les suivantes :

Sections auxiliaires :

Bâtiment	: nombre de m² des sections bénéficiaires.
Personnel	: nombre d'employés dans les sections bénéficiaires.
Administration Usine	: nombre d'employés dans les sections bénéficiaires.
Cafétéria	: nombre d'employés dans les sections bénéficiaires.
Magasin	: nombre de bons de sortie de magasin.

Sections principales :

Usinage	: nombre d'heures de main-d'œuvre directe du département usinage.
Montage	: nombre d'heures de main-d'œuvre directe du département montage.

Pour allouer les coûts de la **section bâtiment,** nous constatons que les bénéficiaires sont, bien sûr, les deux sections principales avec une surface totale de 4 000 m². On ignore délibérément les 1 000 m² utilisés par les sections auxiliaires. Les coûts de la section bâtiment sont donc attachés aux coûts des sections usinage et montage sur la base d'un coût d'unité d'œuvre de $\frac{200\ 000}{2\ 500 + 1\ 500} = 50$ F/m², ce qui donne les 75 000 F et 125 000 F mentionnés dans le tableau ci-après.

Pour allouer les coûts de la **section personnel,** puisque les sections bénéficiaires des prestations sont l'usinage et le montage, nous prenons en compte uniquement les effectifs employés dans ces sections puisque nous sommes dans la méthode directe. Le coût d'unité d'œuvre est donc $\frac{20\ 000}{100 + 50}$ = 133,33 F/employé soit 6 700 F pour l'usinage et 13 300 F pour le montage.

Ainsi de suite, nous ventilons chaque section auxiliaire sur les deux sections principales utilisatrices ; on trouve alors (voir le tableau complet ci-après) le coût total de chacune de ces sections : 996 168 F pour l'usinage et 1 503 832 F pour le montage soit un total de 2 500 000 F ce qui montre bien que les 2 500 000 F de coûts initiaux ont bien été attribués aux sections principales et que par le biais des coûts d'unité d'œuvre d'usinage et de montage nous pourrons attacher la totalité des 2 500 000 F de coûts aux objets usinés et montés :

— pour l'usinage : $\frac{996\ 168}{10\ 000}$ = 99,62 F par heure d'usinage ;

— pour le montage : $\frac{1\ 503\ 832}{30\ 000}$ = 50,13 F par heure de montage.

Section / Coût de chaque section / Coûts de l'unité d'œuvre	Bâtiments	Personnel	Administration	Cafétéria	Magasin	Usinage	Montage
	200 000 F	20 000 F	521 800 F	32 800 F	53 400 F	694 000 F	978 000 F
Bâtiment : $\frac{200\ 000}{(1\ 500 + 2\ 500)} = 50$	(200 000)	—	—	—	—	50×1 500 = 75 000	50×2 500 = 125 000
Personnel : $\frac{20\ 000}{(50 + 100)} = 133{,}33$	—	(20 000)	—	—	—	133,33×50 = 6 700	133,33×100 = 13 300
Administration : $\frac{521\ 800}{(50 + 100)} = 3\ 478{,}6$	—	—	(521 800)	—	—	3 478,6×50 = 173 934	3 478,6×100 = 347 866
Cafétéria : $\frac{32\ 800}{(50 + 100)} = 218{,}6$	—	—	—	(32 800)	—	218,6×50 = 10 934	218,6×100 = 21 866
Magasin : $\frac{53\ 400}{(2\ 000 + 1\ 000)} = 17{,}8$	—	—	—	—	(53 400)	17,8×2 000 = 35 600	17,8×1 000 = 17 800
	0	0	0	0	0	302 168 F	525 832 F
						2 500 000 F	

On voit que pour transférer les coûts des sections auxiliaires, nous avons utilisé des règles de trois où le numérateur est le coût à répartir et le dénominateur est la somme des unités d'œuvre consommées par sections principales, et on multiplie le résultat par le nombre d'unités d'œuvre consommées par chaque section principale.

b) La méthode de la cascade.

Dans cette méthode, on reconnaît une partie des services rendus aux autres sections auxiliaires, mais on ne prend pas en compte les prestations réciproques : à chaque fois qu'une section auxiliaire a été « vidée » dans les comptes des sections utilisatrices, elle est considérée comme « n'existant plus » et par conséquent elle ne peut plus se voir attacher de coûts venant d'une autre section.

Puisqu'il existe des prestations réciproques, il faut choisir l'ordre dans lequel le déversement en cascade va être fait. Plusieurs règles peuvent être utilisées pour ordonner ces flux :

1) On « vide » en premier les sections qui rendent des services au nombre le plus grand de sections et ainsi de suite dans l'ordre décroissant du nombre de sections servies. En cas d'égalité de rang, on peut recourir à l'une des règles ci-dessous.

2) On « vide » en premier les sections dans lesquelles les coûts indirects représentent la masse de coût la plus grande. Et ainsi de suite, en ordonnant les déversements dans l'ordre décroissant des montants des coûts indirects spécifiques à la section.

3) Toute autre méthode, arbitraire ou fondée sur les processus techniques, peut être utilisée.

Quelle que soit la méthode retenue, il faut l'appliquer de façon rigoureuse et systématique pour que les coûts de revient qu'elle contribue à déterminer soient comparables d'une période à une autre.

Reprenons l'exemple ci-dessus et appliquons la méthode 1).

L'ordre de déversement sera donné par le nombre de bénéficiaires :

Section prestataire	Sections bénéficiaires	Nombre de sections « bénéficiaires »
Bâtiment	Pers., Adm., Caf., Mag., Us., Mont.	6
Personnel	Adm., Caf., Mag., Us., Mont.	5
Admin. Usine	Pers., Caf., Mag., Us., Mont.	5
Cafétéria	Pers., Adm., Mag., Us., Mont.	5
Magasin	Adm., Caf., Us., Mont.	4

On voit que l'ordre ainsi trouvé met le bâtiment en premier et le magasin en dernier. Pour le personnel, l'administration-usine, et la cafétéria, puisqu'elles sont à égalité, nous allons utiliser la règle 2) pour les ordonner : nous prendrons la masse des coûts indirects après l'imputation du bâtiment. L'ordre sera alors administration, puis cafétéria, puis personnel.

Les unités d'œuvre retenues sont les mêmes que celles que nous avons utilisées dans la méthode « directe » ci-dessus.

Pour allouer les coûts de la section bâtiment, nous constatons que toutes les sections sont utilisatrices du bâtiment. La surface totale fournie par le bâtiment est de 5 000 m² ; le coût de l'unité d'œuvre pour l'allocation des coûts de la section bâtiment est donc de $\frac{200\ 000}{5\ 000} = 40$ F/m².

On alloue alors les 200 000 F aux bénéficiaires de la prestation à raison de 40 F par m² :

Personnel	: 40 F/m²	×	60 m²	=	2 400 F
Administration usine	: 40 F/m²	×	170 m²	=	6 800 F
Cafétéria	: 40 F/m²	×	120 m²	=	4 800 F
Magasin	: 40 F/m²	×	650 m²	=	26 000 F
Usinage	: 40 F/m²	×	1 500 m²	=	60 000 F
Montage	: 40 F/m²	×	2 500 m²	=	100 000 F

On peut alors calculer le coût de la section administration-usine : 521 800 F + 6 800 F = 528 600 F à répartir sur les sections qui ont reçu les prestations d'administration-usine, qui est une prestation de coordination, planification et contrôle, que nous avons choisi de mesurer par les effectifs de personnels gérés. Il y a 35 personnes au service administration-usine mais, bien sûr, nous ne les prendrons pas en compte puisqu'un centre de responsabilité ne peut pas se fournir des prestations à lui-même. Donc le coût de l'unité d'œuvre pour administration-usine est de :

$$\frac{528\ 600}{7 + 10 + 5 + 50 + 100} = 3\ 073 \text{ F}$$ par personne travaillant dans une section bénéficiaire de la prestation d'administration.

Ceci nous permet d'allouer :

au personnel :	3 073	×	7	=	21 512 F
à la cafétéria :	3 073	×	10	=	30 732 F
au magasin :	3 073	×	5	=	15 366 F
à l'usinage :	3 073	×	50	=	153 662 F
au montage :	3 073	×	100	=	307 328 F

On peut alors calculer les coûts qui représentent les consommations de ressources qui ont permis de créer la prestation de la cafétéria :

Coûts spécifiques :	32 800 F
Coûts alloués bâtiment :	4 800 F
Coûts alloués administration-usine :	30 732 F
TOTAL	68 332 F

Nous pouvons donc calculer le coût de l'unité d'œuvre de la cafétéria (la prestation est la nourriture, mais l'unité d'œuvre choisie est le nombre de personnes qui bénéficient de la prestation de nourriture). Les effectifs sur lesquels nous allons ventiler le coût de la cafétéria sont :

	7	pour le personnel,
	5	pour le magasin,
	50	pour l'usinage,
	100	pour le montage,
Soit	172	personnes au total

On remarquera que les 35 personnes qui travaillent à l'administration-usine ne sont pas prises en compte, bien que bénéficiant de fait de la prestation de la cafétéria ; en effet la section administration-usine a déjà été allouée et elle est considérée comme « fermée » à toute nouvelle allocation.

Le coût de l'unité d'œuvre de la cafétéria est donc :

$$\frac{68\ 332\ \text{F}}{172\ \text{personnes}} = 421{,}80\ \text{F/personne}$$

C'est avec ce coût unitaire que nous pourrons allouer les coûts de cette section aux sections utilisatrices.

On continue ainsi de suite jusqu'à l'allocation des coûts de toutes les sections auxiliaires.

On arrive finalement à un coût de l'usinage de 1 009 461 F, c'est-à-dire un coût d'unité d'œuvre de $\frac{1\ 009\ 461}{10\ 000}$ = 10,0941 F/heure de main-d'œuvre directe d'usinage et à un coût pour le montage de 1 490 539 F soit un coût d'unité d'œuvre de $\frac{1\ 490\ 539}{30\ 000}$ = 49,684633 F/heure de main-d'œuvre directe de montage.

Section / Coût de chaque section / Coûts de l'unité d'œuvre	Bâtiment	Personnel	Administration-usine	Cafétéria	Magasin	Usinage	Montage
	200 000 F	20 000 F	521 800 F	32 800 F	54 300 F	694 000 F	979 000 F
Bâtiment :							
$\frac{200\ 000}{5\ 000\ m^2} = 40$ F/m²	(200 000)	40×60 = 2 400	40×170 = 6 800	40×120 = 4 800	40×650 = 26 000	40×1 500 = 60 000	40×2 500 = 100 000
Sous-total administration-usine			528 600				
Administration :							
$\frac{528\ 600}{7+10+5+50+100} = 3\ 073$*	—	3 073×7 = 21 512	(528 600)	3 073×10 = 30 732	3 073×5 = 15 366	3 073×50 = 153 662	3 073×100 = 307 328
Sous-total cafétéria				68 332			
Cafétéria :							
$\frac{68\ 332}{7+5+50+100} = 421,80$	—	421,8×7 = 2 953	—	(68 332)	421,8×5 = 2 109	421,8×50 = 21 090	421,8×100 = 42 180
Sous-total personnel		46 865					
Personnel :							
$\frac{46\ 865}{5+50+100} = 302,35$	—	(46 865)	—	—	302,35×5 = 1 512	302,35×50 = 15 118	302,35×100 30 235
Sous-total magasin					98 387		
Magasin :							
$\frac{98\ 387}{2\ 000 + 1\ 000} = 32,79$	—	—	—	—	(98 387)	32,79×2 000 = 65 591	32,79×1 000 = 32 796
	0	0	0	0	0	1 009 461 F	1 490 539 F
						2 500 000 F	

(*) On notera que les 35 personnes qui travaillent dans le centre de responsabilité usine n'ont pas été pris en compte dans le dénominateur.

On voit qu'on a bien transféré la totalité des coûts des sections auxiliaires dans les sections principales. On constate aussi que la répartition n'est pas la même que celle que nous avons trouvé par la méthode directe. Les coûts de revient des produits usinés et montés ne seront donc pas les mêmes que ceux que nous aurions trouvé par la méthode directe.

Le preneur de décision devra donc toujours garder présent à l'esprit le fait que les coûts de revient sont le résultat du choix d'une méthode d'allocation et qu'un autre choix pourrait donner des résultats différents.

c) La méthode algébrique.

Chacune des deux méthodes ci-dessus perd une partie des informations dans un souci de simplification. En fait, lorsque le nombre de sections auxiliaires à prestations réciproques n'est pas trop élevé ou que l'entreprise dispose de moyens de calcul appropriés, on peut résoudre le problème d'imputation des prestations réciproques par un système d'équations à plusieurs inconnues qui reflètent la réciprocité des prestations.

Prenons l'exemple d'une entreprise qui a deux sections auxiliaires, entretien et énergie. Chacune rend des services à l'autre.

	Sections auxiliaires		Sections principales		
	Entretien	Énergie	Usinage	Montage	TOTAL
Coûts avant imputation	26 800 F	11 200 F	200 000 F	150 000 F	388 000 F
Heures de personnel d'entretien consommées	—	100	300	100	500 heures
Consommation d'énergie en kWh	4 000	—	2 000	4 000	10 000 kWh

Le coût total du service entretien est :

$$26\,800\text{ F} + 4\,000\text{ kWh} \times \frac{\text{Coût total énergie}}{10\,000\text{ kWh}}$$

C'est-à-dire qu'aux 26 800 F avant imputation, il faut ajouter 40 % du coût total de l'énergie.

Le coût total de la prestation du service énergie est :

$$11\,200\text{ F} + 100\text{ heures} \times \frac{\text{Coût total entretien}}{500\text{ heures}}$$

En effet, le service énergie consomme 20 % du temps d'entretien fourni par le service entretien.

Si nous appelons ENER le coût total de l'énergie et ENTR le coût total de l'entretien, nous pouvons créer un système de deux équations à deux inconnues :

ENER = 11 200 F + 0,2 ENTR
ENTR = 26 800 F + 0,4 ENER

On peut résoudre ce système, par exemple, par substitution :

ENER = 11 200 F + 0,2 (26 800 F + 0,4 ENER)
ENER = 11 200 F + 5 360 F + 0,08 ENER
0,92 ENER = 16 560 F

$$\text{ENER} = \frac{16\,560\text{ F}}{0{,}92} = 18\,000\text{ F}$$

Puisqu'il y a 10 000 unités d'œuvre fournies dans la section énergie, le coût de l'unité d'œuvre du service énergie est : $\frac{18\,000}{10\,000} = 1{,}8$ F.

On peut calculer de la même manière le coût total de l'entretien :

ENTR : 26 800 F + 0,4 (11 200 F + 0,2 ENTR)
ENTR : 26 800 F + 4 480 F + 0,08 ENTR
0,92 ENTR = 31 280 F

$$\text{ENTR} = \frac{31\,280\text{ F}}{0{,}92} = 34\,000\text{ F}$$

Le coût indirect imputé à chaque heure d'entretien, c'est-à-dire le coût de l'unité d'œuvre d'entretien est :

$\frac{34\,000\text{ F}}{500}$ = 68 F puisqu'il y a 500 unités d'œuvre d'entretien fournies.

On peut alors procéder à l'imputation des coûts des sections auxiliaires :

	Entretien	Énergie	Usinage	Montage
Coûts avant imputation	26 800 F	11 200 F	200 000 F	150 000 F
Imputation de l'entretien	(500 × 68) = (34 000)	100 × 68 = 6 800	300 × 68 = 20 400	100 × 68 = 6 800
Imputation du service énergie	4 000 × 1,8 = 7 200	(10 000 × 1,8) = (18 000)	2 000 × 1,8 = 3 600	4 000 × 1,8 = 7 200
Coûts après imputation	— 0 —	— 0 —	224 000 F	164 000 F

Le lecteur notera qu'on aurait pu approcher ce résultat en opérant par étapes successives où on aurait continuellement réalloué le reliquat se trouvant dans les sections auxiliaires.

	Entretien	Énergie	Usinage	Montage
Coûts avant imputation	26 800 F	11 200 F	200 000 F	150 000 F
20 % de 26 800 F		+ 5 360 = 16 560		
40 % de 16 560 F	6 624			
20 % de 6 624 F		1 324,80		
40 % de 1 324,80 F	529,92			
20 % de 529,92 F		105,984		
40 % de 105,984 F	42,4			
20 % de 42,4 F		8,5		
40 % de 8,5 F	3,4			
20 % de 3,4 F		0,68		
Coût total des prestations fournies par chaque section	33 999,72	17 999,964		

Ce qui donnerait des coûts d'unité d'œuvre très proches de ceux trouvés par la méthode algébrique. Cette dernière est plus rapide et plus exacte.

Comparaison de la méthode algébrique et du déversement en cascade.

Si on avait déversé en cascade en prenant le coût de l'entretien en premier, on aurait obtenu :

	Entretien	Énergie	Usinage	Montage
Coûts avant imputation	26 800 F	11 200 F	200 000 F	150 000 F
Entretien (sur la base des heures d'entretien)	(26 800)	5 360	16 080	5 360
Énergie (ignorant le service rendu à l'entretien)	—	(16 560)	5 520	11 040
Coûts des sections principales après imputation des sections auxiliaires par la cascade	— 0 —	— 0 —	221 600 F	166 400 F
RAPPEL : coûts après imputation par la méthode algébrique.	0	0	224 000 F	164 000 F

On voit donc que le choix de la méthode d'imputation des sections auxiliaires affectera le calcul des coûts de revient puisque les coûts qu'on considèrera comme étant ceux d'un stade de fabrication (et qui affectent le coût des produits) peuvent différer selon la méthode retenue. Une fois encore les méthodes d'allocation introduisent un certain arbitraire dans les comptes et risquent de fausser la décision.

d) Les méthodes d'abonnement.

Tandis que les trois méthodes présentées ci-dessus portaient sur les coûts historiques et les quantités de prestations historiques, cette méthode et la suivante se détachent des coûts réels pour simplifier le travail. En effet, d'un mois sur l'autre, la quantité de prestations peut varier tant dans son volume que dans sa répartition, les coûts de section peuvent varier également (pour leur composante variable), les coûts de revient peuvent donc être modifiés d'une période à l'autre, et modifier ainsi la perception de rentabilité des produits sans pour autant que cela soit significatif à long terme. Par exemple, si une entreprise pratique une politique de maintenance préventive, la répartition des heures d'entretien va changer chaque mois du tout au tout, sans pour autant que les coûts de production n'en soient affectés. Dans une telle situation, il est logique d'**abonner** le coût d'entretien, c'est-à-dire de calculer le **coût prévisionnel annuel** de l'entretien préventif de chaque section utilisatrice d'entretien, puis de répartir ce montant en parts égales dans le temps, indépendamment de la consommation prévisionnelle mensuelle du département utilisateur.

Bien entendu, on continuera à enregistrer les prestations réelles pour réajuster les bases d'abonnement concernant la période suivante et pour réajuster, le cas échéant, en fin de période, le compte de résultat du montant de l'écart entre le total abonné et le total réel.

La méthode de l'abonnement permet de gagner du temps : par exemple, s'il y a des prestations réciproques, il suffit de faire les calculs une seule fois dans l'année sur les données prévisionnelles. La méthode d'abonnement permet aussi de calculer des coûts de production et des coûts de revient qui sont plus stables dans le long terme que ceux qu'auraient donné les méthodes historiques.

Exemple :

Estimation prévisionnelle des coûts d'entretien et d'assurance par trimestre (en général les abonnements sont mensuels, mais nous prenons le trimestre ici pour éviter l'inflation des calculs).

	1er trimestre	2e trimestre	3e trimestre	4e trimestre
Coût d'entretien	100 000 F	100 000 F	100 000 F	100 000 F
Heures prévisionnelles d'entretien pour l'usinage	100 heures	700 heures	100 heures	100 heures
Heures prévisionnelles d'entretien pour le montage	1 900 heures	1 300 heures	1 900 heures	1 900 heures
Coût des assurances bâtiment (prime semestrielle)	70 000 F	0	70 000 F	0
Surface de l'usinage	1 000 m²	1 000 m²	1 000 m²	1 000 m²
Surface de montage	400 m²	400 m²	400 m²	400 m²

Calcul de l'abonnement de l'entretien :

Comme l'atelier usinage reçoit au 2e trimestre une prestation importante d'entretien, ce trimestre se trouve « pénalisé » par rapport aux autres : on va donc reconstruire la prestation en abonnements égaux :

il y a 400 000 F de coût d'entretien par an ;
l'activité prévisionnelle est :

Usinage : 1 000 heures prévisionnelles d'entretien,
Montage: 7 000 heures prévisionnelles d'entretien,

soit au total 8 000 heures

L'usinage représente 12,5 % des heures d'entretien et doit donc se voir attribuer, à l'année, $400\,000 \times \frac{12{,}5}{100} = 50\,000$ F, que nous abonnons alors en parts égales trimestrielles : $\frac{50\,000 \text{ F}}{4} = 12\,500$ F par trimestre, à ajouter aux coûts spécifiques de l'usinage. Par déduction et par symétrie, l'abonnement d'entretien pour le montage est de $\frac{350\,000}{4} = 87\,500$ F par trimestre, à ajouter aux coûts spécifiques du montage.

Calcul de l'abonnement de l'assurance bâtiment :

Le coût total annuel est de 140 000 F
Les surfaces occupées sont de 1 000 m² pour l'usinage
et 400 m² pour le montage
soit 1 400 m² au total

Le coût total annuel est donc réparti à raison de 100 000 F pour l'usinage et 40 000 F pour le montage et l'abonnement trimestriel est de :

$\frac{100\,000 \text{ F}}{4} = 25\,000$ F/trimestre pour l'usinage

et $\frac{40\,000 \text{ F}}{4} = 10\,000$ F/trimestre pour le montage

Si on avait eu des prestations réciproques on aurait résolu le problème par l'une des 3 méthodes précédentes appliquée aux coûts prévisionnels annuels avant de les attribuer en parts mensuelles ou trimestrielles égales pour déterminer l'abonnement.

---

e) Les méthodes de coûts préétablis [(6)].

Plutôt que d'abonner des montants fixes en valeur absolue, quelle que soit la consommation, on préfère quelquefois imputer les coûts des sections auxiliaires à un « tarif » fixe de l'unité de prestation et, par conséquent, proportionnellement à la consommation de service par les centres de responsabilité utilisateurs.

Le tarif est établi sur la base des données prévisionnelles de coûts et de prestations, et est supposé permettre à la section prestatrice d'imputer tous ses coûts sans « bénéfice » ni « perte ».

On trouve, par exemple, cette méthode pour une section productrice d'énergie dans une cimenterie, une sucrerie ou une aciérie. On fait « vendre » le kWh par la section énergie à un prix unitaire pré-déterminé.

L'avantage de la méthode des coûts préétablis est qu'elle favorise la responsabilisation des producteurs et des consommateurs de prestations. Le producteur doit prévoir sa demande et ses coûts. Il doit aussi s'assurer que le prix auquel il facturera sa prestation est compétitif par rapport au prix qu'un prestataire extérieur demanderait pour un service équivalent. C'est donc un élément entrant en jeu dans l'analyse de sous-traitance éventuelle de la prestation. Le consommateur sait qu'on lui facturera un montant qu'il peut lui-même maîtriser puisqu'il maîtrise la quantité de prestation qu'il consomme. Il se sentira donc plus responsable et plus motivé à réduire sa consommation que lorsqu'on lui facture des unités d'œuvre dont le coût unitaire peut varier de période à période, le plus souvent en fonction de variations de consommation venant d'autres centres de responsabilité (à cause de l'existence de coûts fixes dans les coûts de la section prestatrice).

(6) Cette méthode utilise des coûts standard pour coût d'œuvre ; on trouvera au chapitre 6 le détail des procédures d'établissement de tels coûts.

On voit donc qu'il existe plusieurs méthodes d'imputation des coûts indirects des sections auxiliaires sur les sections principales. Chaque entreprise pourra choisir toute combinaison des méthodes présentées ci-dessus qui permettra d'avoir des informations rapides, peu onéreuses et utiles pour les preneurs de décision.

5. Démarche pour le calcul des coûts de production et des coûts de revient.

Nous avons vu comment résoudre tous les problèmes que nous avions identifiés dans notre démarche d'attachement des coûts aux objets. Voyons maintenant en synthèse la démarche séquentielle qui regroupe toutes nos solutions partielles pour attacher rationnellement les coûts aux objets. La démarche ci-après ne s'applique qu'aux coûts qui ne sont pas des coûts de période. Pour ces derniers, en effet, il n'y a pas de problème d'attachement puisque, par choix, ils seront reconnus dans la période où ils sont mis en œuvre, quelles que soient les activités de production et de vente.

a) Identifier les coûts directs et les coûts indirects.
Les coûts directs peuvent être attachés sans problème aux produits.
b) Les coûts indirects doivent être répartis, puis imputés.
Les coûts indirects sont répartis entre les centres de responsabilité. Si nous sommes en coût variable, nous ne prendrons en compte ici que les coûts indirects variables (les coûts indirects fixes étant des coûts de période) ; si nous sommes en coûts complets nous prenons en compte tous les coûts indirects.
Cette étape suppose qu'il existe des centres de responsabilité ou sections. Il faut répartir les coûts sur la base des factures et des bons de commande et par défaut avec des clés de répartition qui « collent » le plus possible à la réalité. Plutôt que de faire des répartitions arbitraires cachées, il vaut souvent mieux ouvrir une section pour que l'arbitraire, s'il est inévitable, soit aussi conscient que possible, quitte à traiter les coûts de cette section en coûts de période.
c) Choisir pour chaque centre d'activité l'unité d'œuvre qui servira à imputer les coûts aux « bénéficiaires » de la prestation.
Il faut choisir tant la nature de l'unité d'œuvre que la base de mesure qui sera retenue pour établir la quantité d'unités d'œuvres qui seront consommées par les utilisateurs.
d) Sur la base des unités d'œuvre, on identifie les sections auxiliaires et les sections principales.
Les sections auxiliaires sont celles dont les unités d'œuvre sont consommées par d'autres centres de responsabilité. Les sections principales sont celles dont les unités d'œuvre sont utilisées par les produits fabriqués ou vendus.
e) Calculer le nombre d'unités d'œuvre générées par chaque centre de responsabilité pour la période de calcul concernée.
f) Calculer les coûts d'unités d'œuvre des sections auxiliaires et procéder à l'imputation des coûts indirects auxiliaires sur les sections principales (voir la section III.4 ci-dessus pour le détail).
g) Calculer le total des coûts indirects (répartis et alloués) qui sont regroupés dans les sections principales.
h) Calculer le coût des unités d'œuvre des sections principales.
i) Imputer les coûts directs et les coûts indirects aux produits au prorata des consommations d'unités d'œuvre par les produits.
j) Reporter au compte de résultat tout reliquat de coût indirect qui n'aurait pas été imputé aux produits.

Ces reliquats peuvent provenir des arrondis sur les unités d'œuvre, de l'utilisation d'abonnements, de l'utilisation de coûts préétablis ou de l'utilisation d'activité prévisionnelle comme dénominateur pour le calcul des coûts d'unités d'œuvre.

6. Exemple d'application de la démarche.

Soient deux produits X et Y qui requièrent les ressources suivantes pour leur fabrication :

	Pour une unité de X	Pour une unité de Y
Matières premières	2 unités de MP	3 unités de MP
Atelier 1 (A1) M.-Œ. Directe Machines	 1 heure 5 heures de machine	 1,5 heure 4 heures de machine
Atelier 2 (A2) M.-Œ. Directe Machines	 3 heures 0,5 heure de machine	 7 heures 1 heure de machine

En janvier 19X1 on a produit 10 X et 20 Y.

Les coûts de janvier sont les suivants :

coût d'une unité de MP 30 F
coût d'une heure de M.-Œ. 36 F

Amortissement des machines :

atelier 1 3 000 F
atelier 2 2 100 F
atelier entretien 300 F

Coût de M.-Œ. indirecte (indirecte par rapport aux produits...) :

atelier 1 1 170 F
atelier 2 2 400 F
atelier entretien 960 F

Coût des fournitures indirectes (indirectes par rapport au produit, mais directes par rapport aux centres d'analyse...) :

atelier 1 900 F
atelier 2 810 F
atelier entretien 600 F

On note qu'il faut 1 heure d'entretien toutes les 10 heures de fonctionnement des machines.

Étape 1 :

Les coûts directs sont
MP : $(2 \times 10 + 3 \times 20)\ 30 = 2\ 400$ F
qui se répartissent en 600 F pour X et 1 800 F pour Y, sur la base des consommations
M.-Œ.D.A1 (7) pour X : $1 \times 36 \times 10 = 360$ F
pour Y : $1,5 \times 36 \times 20 = 1\ 080$ F

(7) M.-Œ.D.A1 : main-d'œuvre directe mise en œuvre dans l'atelier 1.

M.-Œ.D.A2	pour X : 3 × 36 × 10	= 1 080 F
	pour Y : 7 × 36 × 20	= 5 040 F

Les coûts indirects sont ceux indiqués dans l'énoncé sous les rubriques amortissement, M.-Œ. indirecte et fournitures.

Étape 2 :
On peut répartir les coûts indirects entre les 3 centres de responsabilité qu'on peut identifier et qui sont les ateliers 1 et 2 et l'entretien.

	Atelier 1	Atelier 2	Entretien	
Amortissement	3 000	2 100	300	
M.-Œ. indirecte	1 170	2 400	960	
Fournitures	900	810	600	*Total*
	5 070 F	5 310 F	1 860 F	12 240 F

Étape 3 :
Pour choisir l'unité d'œuvre de chaque centre de responsabilité, nous allons examiner la nature du service rendu.

L'atelier 1 semble, d'après les gammes d'opérations des produits, être équipé de machines plus ou moins automatiques puisqu'il y a nettement plus d'heures de machines que d'heures de main-d'œuvre. Nous pouvons donc choisir l'heure de machine comme unité d'œuvre pour l'atelier 1.

Pour l'atelier 2, on constate, toujours en analysant les gammes d'opérations, qu'il s'agit sans doute d'un atelier de montage. L'heure de main-d'œuvre directe semble bien refléter le service rendu par cet atelier. C'est donc l'heure de main-d'œuvre que nous retiendrons comme unité d'œuvre.

Pour l'atelier entretien, la seule indication que nous possédions porte sur les heures d'entretien, c'est donc cela que nous prendrons comme unité d'œuvre. Bien que le nombre d'heures ne soit pas donné, on peut le calculer sans encombre par la norme : 1 heure d'entretien pour 10 heures de machine.

Étape 4 :
Les ateliers 1 et 2 sont des sections principales. En effet, les unités d'œuvre de ces sections font partie de la gamme opératoire des produits fabriqués.

Par contre, l'atelier entretien est une section auxiliaire puisque son unité d'œuvre ne sert aux produits qu'au second degré : avant tout, le service entretien fournit ses prestations aux ateliers 1 et 2.

Étape 5 :
L'atelier 1, dont l'unité d'œuvre retenue est l'heure de machine, a fourni 10 × 5 + 20 × 4 = 130 unités d'œuvre pendant la période.

L'atelier 2, dont l'unité d'œuvre retenue est l'heure de main-d'œuvre directe, a fourni 10 × 3 + 20 × 7 = 170 unités d'œuvre pendant la période.

Pour l'atelier entretien, il nous faut d'abord calculer combien d'heures de machine ont été mises en œuvre :

- dans A1 : 10 × 5 + 20 × 4 = 130 heures de machine
- dans A2 : 10 × 0,5 + 20 × 1 = 25 heures de machine

Total fourni 155 heures de machine

Il y a donc eu 15,5 heures d'entretien pendant la période.

Étape 6 :

Le coût total de la section entretien est de 1 860 F pour 15,5 heures d'entretien. Nous allons donc allouer $\frac{1\,860}{15,5} = 120$ F pour chaque heure d'entretien consommée.

L'imputation sera de 120 × (130 × 0,1) = 1 560 F pour A1, et de 120 × (25 × 0,1) = 300 F pour A2.

Étape 7 :

On peut alors regrouper les coûts indirects dans les sections production.

	Atelier 1	Atelier 2
Coûts spécifiques (étape 2)	5 070 F	5 310 F
Coûts d'entretien imputés (étape 6)	1 560 F	300 F
Coûts indirects à imputer aux produits	6 630 F	5 610 F

Étape 8 :

Nous avons calculé le nombre d'unités d'œuvre à l'étape 5. Nous pouvons maintenant calculer le coût des unités d'œuvre.

Atelier 1 : $\frac{6\,630}{130}$ = 51 F imputés aux produits à chaque fois qu'une heure de machine de A1 est consommée par un produit.

Atelier 2 : $\frac{5\,610 \text{ F}}{170}$ = 33 F imputés aux produits à chaque fois qu'une heure de main-d'œuvre directe de A2 est consommée par un produit.

Étape 9 :

On peut maintenant calculer le coût de fabrication des produits X et Y en valorisant les gammes opératoires aux coûts que nous avons calculés ci-dessus.

	Produit X			Produit Y		
Type de ressource	Qté	Coût	Total	Qté	Coût	Total
Matière première	2 ×	30 =	60 F	3 ×	30 =	60 F
Atelier 1						
M.-Œ. directe	1 ×	36 =	36 F	1,5 ×	36 =	54 F
Frais indirects imputés	5 ×	51 =	255 F	4 ×	51 =	204 F
Coût du produit intermédiaire			351 F			348 F
Atelier 2						
M.-Œ. directe	3 ×	36 =	108 F	7 ×	36 =	252 F
Frais indirects imputés	3 ×	33 =	99 F	7 ×	33 =	231 F
Coût de production du produit fini			558 F			831 F

On voit que les coûts s'ajoutent. Si les produits intermédiaires venaient à être stockés, ils seraient valorisés en entrée en stock au coût du produit intermédiaire calculé ci-dessus. On trouvera dans l'annexe 2 un exemple résolu où les comptes de stock jouent.

On peut vérifier que tous les coûts ont bien été imputés aux produits :

Coût de 10 X :	10 × 558 =	5 580 F
Coût de 20 Y :	20 × 831 =	16 620 F
Coûts imputés aux produits :		22 200 F

Les coûts à répartir étaient :

coûts directs :	MP :	2 400	
	M.-Œ. A1 :	1 440	
	M.-Œ. A2 :	6 120	
		9 960	9 960 F
coûts indirects :	A1 :	5 070	
	A2 :	5 310	
	Entretien :	1 860	
		12 240	12 240 F
			22 200 F

Nous avons donc bien réparti et imputé tous les coûts directs et indirects. L'étape 10 n'a pas lieu d'être.

Si on a vendu toute la production à 600 F par unité de X et à 900 F par unité de Y, on peut calculer le résultat :

Compte de résultat analytique

Coût de la production vendue :		Ventes :	
X : 10 × 558 =	5 580 F	X : 10 × 600 =	6 000 F
Y : 20 × 831 =	16 620 F	Y : 20 × 900 =	18 000 F
	22 200 F		24 000 F
Résultat	1 800 F		

IV - Conclusion.

On a vu dans ce chapitre comment calculer le coût des objets créés par une entreprise ou une organisation. Nous avons essayé de rester le plus près possible de la réalité physique des consommations de ressources. Si une ambiguïté se présente dans la résolution d'un cas réel, c'est toujours le bon sens qui guidera vers la solution : plus on dispose d'informations descriptives sur le processus de production, plus on peut affiner le processus d'imputation.

La finesse de calcul dépendra, comme toujours, de l'objectif de l'utilisateur des informations ; il faut toujours garder à l'esprit, à chaque fois qu'il s'agit de choisir telle ou telle solution, que tous ces calculs ont pour but d'aider le preneur de décision à mieux maîtriser le processus d'allocation de ressources, à mieux gérer les ressources allouées, à mieux prévoir l'acquisition et la gestion de ressources pour atteindre les objectifs de l'organisation. Il vaut mieux opter pour une solution un peu moins rigoureuse que celle qu'on aurait souhaité mais qui donne des résultats d'allocation de ressources efficaces et économiquement rentables, plutôt que de tenir à une solution perfectionniste qui peut cacher la réalité. Comme le disait Keynes : il faut « cesser d'avoir tort avec précision pour commencer à avoir vaguement raison ».

La méthode des coûts standard que nous verrons au chapitre suivant, viendra apporter des améliorations encore plus importantes à l'information de gestion. Nous y découvrirons comment on peut s'affranchir des contraintes du coût historique, tout en gagnant, à la fois, sur le plan de la rapidité et sur le plan de l'utilité des informations.

Annexe 1 : « Le problème des prix de revient[1] »

par A. DETŒUF

Le prix de revient[2] ? — Tout le monde en parle.
Personne ne sait ce que c'est. — Personne ne peut savoir ce que c'est.

Sans doute, sur l'ensemble d'une fabrication suivie pendant un temps suffisamment long, on peut (à la condition que les variables économiques soient restées provisoirement constantes) définir un prix de revient global. Mais il est absolument impossible de calculer sérieusement un prix de revient unitaire. Et cependant, précisément parce que le prix de revient est un mythe, quelque chose comme un de ces termes métaphysiques qui ont pour chaque philosophe un contenu personnel, il importe, si l'on veut se comprendre, si l'on veut tirer quelque conséquence des valeurs qui lui sont attribuées, si l'on veut éviter de parler pour ne rien dire, si l'on veut renoncer à se tromper les uns les autres, qu'on donne du prix de revient une définition aussi précise et aussi générale que possible. Il importe que de ce mythe on fasse une réalité. Il faut que ce dieu s'incarne.

Qu'est-ce que le prix de revient ? — C'est ce qu'une chose a coûté ; c'est l'ensemble des dépenses qu'on a faites pour la mettre en état d'être vendue. Or, ces dépenses sont en partie indiscernables. Je vais au marché ; j'achète 5 kilos de choux pour 10 F et 5 kilos de carottes pour 20 F. Mais je dépense à l'aller et au retour : 3 F d'autobus. Quel est le prix de revient de mes carottes ? Quel est celui de mes choux ? Dois-je répartir mes frais de transport à raison de 1/3 aux choux et 2/3 aux carottes ? C'est raisonnable, puisqu'après tout mon prix global de 30 F a été augmenté de 3 F, c'est-à-dire que mes frais totaux ont été accrus de 10 %. Dois-je les appliquer à égalité aux choux et aux carottes ? C'est raisonnable aussi, puisque j'ai acheté le même poids des uns et des autres et qu'ainsi ils ont exigé le même transport. Mais si la seule chose que j'avais le désir d'acheter était un lot de choux, et si j'ai acheté les carottes en plus parce qu'elles m'ont paru une occasion avantageuse, ne dois-je pas attribuer aux choux le total de mes dépenses d'autobus ? Après tout, c'est bien sur ce prix total que j'avais compté, au moment où je partais au marché avec la seule intention d'acheter des choux. Voilà trois façons également raisonnables de répartir mes frais généraux. Selon la méthode que j'adopterai, les choux me reviendront à 2,20 F ou 2,30 F ou 2,60 F le kilo et les carottes à 4,40 F ou 4,30 F ou seulement : 4 F. Quel est le prix réel de chaque légume ? Je peux choisir.

---

(1) Cet article, qui date des années trente, a été réédité par la revue *Échanges*, n° 2, 1967, Association Nationale des Contrôleurs de Gestion.

(2) Le terme *prix de revient* est le terme que le Plan comptable 1982 a remplacé par *coût de revient*. En effet, il vaut mieux parler de prix s'il y a un marché et de coût s'il y a calcul et agrégation de consommations. Nous gardons ici le terme original par fidélité à l'auteur.

Maintenant nous sommes deux : Pierre et moi, à avoir fait les mêmes opérations, en vue de revendre nos choux et nos carottes, avec un bénéfice de 10 %. Pierre choisit la première méthode : il offrira ses choux pour 2,40 F et ses carottes pour 4,85 F ; je choisis la dernière, j'offrirai donc mes choux pour 2,85 F et mes carottes pour 4,40 F. Personne ne voudra ni de mes choux ni des carottes de Pierre. En fin de compte, nous vendrons tous les deux nos carottes à mon prix et nos choux au prix de Pierre. Les 10 kilos de choux seront vendus : 24 F et les 10 kilos de carottes : 44 F, au total : 68 F. Nous avons dépensé tous les deux 33 × 2 = 66 F. Nous avons 3 % de bénéfice. Si nous avions adopté la même méthode, quelle qu'elle fût, nous aurions vendu le tout avec 10 % de bénéfice.

Pourtant, ni intellectuellement, ni pratiquement, ni moralement, aucune de ces méthodes n'est supérieure aux autres. Personne ne peut dire qui a raison de Pierre ou de moi. La seule chose sûre, c'est que nous nous nuisons l'un à l'autre parce que nos méthodes de calcul sont différentes, tandis que nous ne nous serions pas nui si nous avions adopté la même.

Ce n'est donc pas parce que l'un calcule bien et que l'autre calcule mal son prix de revient que la concurrence est faussée, c'est parce que le prix de revient n'a aucun sens précis.

La conséquence peut être plus grave ; je suppose (par modestie) que Pierre soit meilleur acheteur que moi, et qu'il trouve le moyen d'acheter régulièrement ses choux et ses carottes 0,10 F au kilo moins cher que les miennes. Il devrait en être récompensé. Son habileté, son adresse sont utiles à la collectivité. Il devrait s'enrichir et je devrais faire faillite. Eh bien ! sa méthode le conduira à offrir ses choux à 2,30 F au lieu de 2,40 F, et ses carottes à 4,75 F au lieu de 4,85 F. Si le marché est restreint, je vendrai mes carottes et il ne vendra pas les siennes. Il vendra ses choux : 11,50 F, et je vendrai mes carottes 22 F. Il aura perdu : 21,50 F et moi : 10 F seulement. Ainsi, il aura mieux acheté, son calcul sera aussi raisonnable que le mien et il aura perdu deux fois plus d'argent. Où est la moralité ? — Où est la récompense du savoir et de l'habileté ?

Il y a plus grave encore. Dans l'exemple que je viens de donner, la quantité de produits mis sur le marché n'est pas modifiée par nos fantaisies dans le calcul de nos prix de revient. Mais supposons que j'entreprenne une fabrication nouvelle dans une usine bien alimentée. Je puis considérer que tous les frais généraux de mon usine sont déjà couverts par mes fabrications antérieures. Ainsi délestée des charges qu'elle aurait si elle était seule, et même des charges qu'elle aurait si je la traitais sur le même pied que les autres, ma fabrication nouvelle va m'apparaître comme très économique. J'estimerai gagner de l'argent, si je la vends avec 10 % de bénéfice sur mon prix de revient. Mes concurrents (qui n'ont pas les mêmes raisons que moi de faire supporter ces charges par des fabrications anciennes) constateront que leur prix de revient est supérieur à mon prix de vente. Et ils seront cependant obligés de vendre à mon prix, et de se ruiner, non parce qu'ils travaillent mal, non parce que j'ai eu tort d'entreprendre cette fabrication nouvelle, mais seulement parce que je ne calcule pas mon prix de revient de la même façon qu'eux.

L'exemple est extrême. Mais il n'est pas rare, dans une usine où l'on fabrique de la série et en même temps quelques objets spéciaux dérivés de la série, mais exigeant beaucoup plus d'études, de voir répartir les frais de ces études sur toute la fabrication. Le prix de revient de la série en est un peu élevé et le prix des objets spéciaux beaucoup réduit. En fin de compte, le prix de série étant réglé par ceux qui se bornent à fabriquer la série et le prix des « moutons à cinq pattes » par ceux qui les déchargent de leurs frais d'études, ceux-ci, à la vérité, payés beaucoup moins cher qu'ils ne valent, seront très recherchés. La série, bénéficiaire, diminuera peu à peu au profit de l'objet spécial vendu à perte. On ira au rebours du progrès et le bénéfice disparaîtra pour tout le monde.

Ce ne seront là, entre mille, que quelques cas particuliers. En fait, des questions en nombre immense peuvent se poser sur le prix de revient. Je viens seulement d'indiquer la difficulté de la répartition des frais généraux entre plusieurs fabrications. Mais, sur le total même de ces frais, on discute. Il n'y a pas si longtemps que les industriels sont à peu près unanimes pour inclure l'amortissement dans le prix de revient de leurs fabrications. D'accord aujourd'hui sur le principe, ils sont loin de l'être sur l'importance d'un amortissement qui dépend de l'idée personnelle que l'on se fait des nécessités du renouvellement. Un bâtiment, une machine, bien entretenus, durent très longtemps. Leur durée a été, pendant longtemps, la base de l'amortissement. Mais ils se démodent ; les voisins achètent des machines plus modernes qui produiront plus dans le même temps. Les fabrications évoluent, et réclament de nouveaux moyens. Dans les convulsions de l'Économie moderne, des raisons d'ordre économique, militaire, social, peuvent justifier des déplacements d'atelier. Après une crise générale, même les bâtiments et même les terrains d'une usine cessent, à défaut d'exploitation, d'avoir la moindre valeur. Combien de temps, dès lors, faut-il compter pour amortir une machine et même un immeuble ? Affaire d'appréciation. Le montant à amortir est-il celui de la dépense faite jadis pour les installations réduites actuelles ou le chiffre de la dépense éventuelle de renouvellement ? Appréciation encore.

Autre point : selon que l'on se fait l'idée que la rémunération du capital est un droit ou un résultat, c'est-à-dire selon que l'on estime que la perte commence au moment où le capital est moins rémunéré que la rente, ou seulement quand, les amortissements normalement faits, le capital est entammé, voici deux notions de prix de revient dont l'une comprend, et l'autre non, la rémunération du capital.

Il ne s'agit, là encore, que de frais généraux. Mais les dépenses mêmes qu'il semble le plus facile d'appliquer directement à la fabrication, posent de graves questions. Je puise mes matières premières dans un magasin, ou bien on me les fournit en vertu d'un marché de durée. Si les prix sont en hausse, ces matières me reviendront moins cher que celles que j'achèterais au jour le jour pour le même usage. Dois-je, dans mon prix de revient, compter ces matières au cours d'achat ou bien au cours du jour, portant la différence entre ces deux cours à un compte de bénéfice d'agio ? On peut en discuter longtemps. Si les matières montent, l'industriel a tendance à répondre : « Je dois les compter au cours du jour, qui est le cours de renouvellement du magasin ». Mais si elles baissent et si le prix de revient sur lequel il base son prix de vente est calculé sur le cours du jour, le bilan de fin d'année marquera son erreur. On ne peut pourtant appliquer deux principes contradictoires. Il faut choisir.

Autre difficulté : le problème général des industries chimiques est celui-ci : d'une réaction sortent deux ou trois produits. Quel est le prix de revient de chacun d'eux ? Lorsque de la houille je tire du gaz d'éclairage, du coke et des goudrons, que m'ont coûté le gaz, le coke et le goudron ? La répartition est, pour une bonne part, arbitraire ; il faut, pour la fixer, se fonder sur des considérations où interviennent des faits totalement étrangers à l'usine, comme le prix des succédanés pour les matières les moins importantes. Cela revient à fixer par un acte de foi, le prix de revient de ces produits.

Tout cela est un peu décourageant ; mais on n'a pas le droit de se décourager. Il faut, coûte que coûte, sortir de là. Si incertaine qu'elle soit, la notion du prix de revient joue en effet dans l'industrie un rôle fondamental. Chacun sait qu'un industriel qui ne se préoccupe pas de son prix de revient se ruine fatalement. On dira que ce qui lui importe, c'est de savoir si son prix de revient, calculé comme il l'entend, augmente ou diminue. Mais ce n'est pas vrai. Un calcul trop arbitraire le trompe ; il croit bénéficiaires des fabrications qui l'appauvrissent. Il ne fait pas tout l'effort qu'il faudrait sur celles qui l'enrichissent.

En cas de concurrence sur une même transaction, il n'y a d'autre limite à la baisse alternative des prix pour les deux concurrents, que le sentiment qu'à partir d'un moment donné on cesse d'être en bénéfice. Le prix de revient marque la limite.

Certes, même connue, cette limite n'est pas absolue. Chacun sait bien qu'exceptionnellement une affaire peut être traitée au-dessous du prix de revient parce que, quoiqu'en perte, elle apporte du travail et qu'elle couvre des frais généraux. Chacun sait bien qu'il y a une marge assez grande entre le prix de revient total et le prix de revient partiel, celui de la « fabrication en plus ». Mais chacun sait aussi qu'à traiter systématiquement au-dessous de son prix de revient, on va vers la faillite. Le prix de revient est une barrière psychologique, difficile à franchir, surtout à reculons. Avec sa notion du prix de revient beaucoup plus solide que la nôtre, l'Amérique pratique des amortissements bien plus larges qui lui permettent d'avoir un matériel constamment « up-to-date ». La plupart d'entre nous peuvent-ils en dire autant ?

Annexe 2 : Problème de calcul de coût de revient et de valorisation des flux, avec solution.

La Société Somogep est une entreprise industrielle qui fabrique et commercialise deux produits : A et B. Ces produits sont obtenus à partir de composants C1 et C2 également fabriqués par la Somogep.

1. Organisation de l'entreprise.

L'organisation de la Somogep est représentée sur l'organigramme suivant :

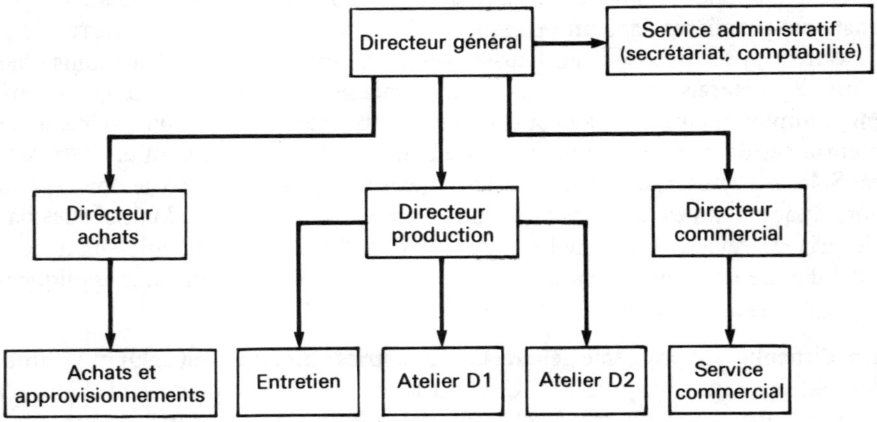

Le service des achats et approvisionnements s'occupe non seulement des commandes de matières premières, mais également de la réception des marchandises, et de la gestion des stocks. La plus grande partie des coûts affectables à ce département est constituée par des frais de manutention.

Le service entretien est chargé de l'entretien courant et des réparations du matériel de production, de stockage et de livraison. Deux employés y travaillent à plein temps.

L'atelier D1 fabrique les composants C1 et C2. Ce département est peu automatisé.

L'atelier D2 fabrique les produits A et B.

Le service commercial assure la recherche et la prise de commandes ainsi que l'acheminement des produits jusqu'à la gare la plus proche, les expéditions se faisant franco en gare de départ. Il emploie trois représentants dont la rémunération est principalement constituée de commissions proportionnelles au chiffre d'affaires mensuel.

2. Description du processus de fabrication.

La fabrication est effectuée séquentiellement dans les deux ateliers D1 et D2.

Dans D1 les composants C1 et C2 sont fabriqués à partir d'une matière première commune M1.

Les produits A et B sont élaborés dans l'atelier D2 à partir des composants C1 et C2 et d'une matière première M2.

Il existe un stock tampon de composants C1 et C2 qui sert à l'approvisionnement de l'atelier D2.

Chacun des ateliers de production a établi des gammes opératoires de fabrication.

	Composant C1	*Composant C2*
Matière M1	1 kg	2 kg
Main-d'œuvre directe D1	3 heures	2 heures
Heures de machine de D1	1 heure	0,5 heure

	Produit A	*Produit B*
Composant C1	1 unité	—
Composant C2	2 unités	1 unité
Matière M2	1 kg	3 kg
Main-d'œuvre directe D2	5 heures	3 heures
Heures de machine de D2	10 heures	12 heures

La Somogep a décidé de calculer un coût de revient complet pour ses productions. Le responsable de la comptabilité analytique a choisi d'accumuler les coûts indirects dans quatre sections principales, une section auxiliaire et dans un centre de coûts administratifs. Il a retenu les unités d'œuvre suivantes pour les imputations aux produits :

Sections principales	*Unité d'œuvre*
Section achats et approvisionnements	kg matière achetée
Atelier D1	heure de main-d'œuvre
Atelier D2	heure de machine
Service Commercial	100 F de vente.

Section auxiliaire	*Unité d'œuvre*
Entretien	heure de prestation effectuée dans les autres sections

Il a été décidé que les coûts administratifs ne seraient pas imputés aux produits.

Question 1.

— Que pensez-vous de ces choix d'unité d'œuvre ?
— Que pensez-vous du choix de traitement des coûts administratifs ?
— Que pensez-vous du choix de la méthode du coût de revient complet ?

3. Pendant le mois de février, les données suivantes ont été fournies par la comptabilité analytique :

État des stocks au 31 janvier :

- Matières premières :
  — Matière M1 2 000 kg valorisés à 29 F le kg
  — Matière M2 3 000 kg valant au total 94 000 F

- Stocks de composants :
  - Composant C1 1 000 unités valorisées à 103 F l'unité
  - Composant C2 1 000 unités valorisées à 110 F l'unité
- Stocks produits finis :
  - Produit A 300 unités valorisées à 506 F l'unité
  - Produit B 1 500 unités valorisées à 332 F l'unité

Achats du mois de février :

— Matière M1 6 000 kg facturés à 20 F le kg par le fournisseur
— Matière M2 8 000 kg facturés à 30 F le kg

Production du mois de février (entrées en stock) :

— Composant C1 1 000 unités
— Composant C2 3 000 unités

— Produit A 900 unités
— Produit B 1 500 unités

Il n'y a d'en-cours d'atelier, ni au 31 janvier, ni à fin février.
Tous les stocks sont valorisés par la méthode du coût unitaire moyen pondéré.

Ventes :

— Produit A 1 000 unités à 650 F l'unité
— Produit B 1 800 unités à 400 F l'unité

Frais indirects :

Les frais spécifiques des sections, d'un montant total de 408 100 F sont répartis de la façon suivante :

— Section entretien : 18 000 F
Cette section a travaillé 40 h pour le service achats et approvisionnements, 120 h pour l'atelier D1, 160 h pour l'atelier D2 et 40 h pour le service commercial.
— Section achats et approvisionnements : 68 000 F
— Atelier D1 : 102 000 F
— Atelier D2 : 181 000 F
— Section commercialisation : 39 100 F

Les frais administratifs s'élèvent pour la période à 50 000 F.

Les salaires des ouvriers travaillant directement à la production sont mensualisés. Les salaires du mois de février ont été de 270 000 F. Le niveau de qualification des ouvriers est le même dans les deux ateliers.

Question 2.

Quels sont les coûts de production des composants C1 et C2 et des produits finis A et B terminés pendant le mois de février ?

Question 3.

Calculer le résultat d'exploitation par produit et globalement.

Éléments de réponse :

Question 1.

a. Les unités d'œuvre retenues sont acceptables car elles satisfont aux critères mentionnés dans le chapitre. On peut cependant discuter de l'intérêt du choix du poids acheté comme unité d'œuvre pour la section achats-approvisionnements : ici, parce que le texte indique que la plus grosse source de coût est l'activité de manutention, le choix qu'on a fait est acceptable car on peut imaginer qu'un coût de manutention soit causé par le tonnage manutentionné, mais on aurait pû choisir le nombre de commandes ou la valeur des achats comme unité d'œuvre.

b. Le choix de ne pas prendre les coûts administratifs comme un coût incorporable au coût de production est logique dans la mesure où il est toujours très difficile de trouver une base de ventilation ou une unité d'œuvre raisonnable pour attribuer ces coûts aux autres sections.

c. Le choix du coût complet n'est pas heureux en principe dans la mesure où il ne permet pas de connaître les coûts de revient variables et donc la contribution à la couverture des charges fixes. Si on avait pu connaître la distinction entre coûts variables et coûts fixes, on aurait pu calculer avec la même méthodologie le coût de revient variable et le coût de revient complet. N'ayant pas cette distinction, nous devons nous contenter du coût de revient complet qui n'est pas le meilleur outil de décision qu'on aurait pu souhaiter.

Question 2.

a. Calcul du nombre d'unités d'œuvre de chaque section :

Entretien : 40 h + 120 h + 160 h + 40 h = 360 heures
Appro-achats : 6 000 kg + 8 000 kg = 14 000 kg achetés
D1 : 3 h × 1 000 + 2 h × 3 000 = 9 000 heures
D2 : 10 h × 900 + 12 h × 1 500 = 27 000 heures
Commercial : $\frac{1}{100}(1\,000 \times 650 + 1\,800 \times 400) = 13\,700$ F

b. Calcul du coût d'une unité d'œuvre :

	Entretien	Appro-achats	Dépt. D1	Dépt. D2	Commercial
Frais spécifiques des sections	18 000 F	68 000 F	102 000 F	181 000 F	39 100 F
Nbre unités d'œuvre entretien	(360 heures)	40 h	120 h	140 h	40 h
Coût de l'unité d'œuvre	$\frac{18\,000}{360} = 50$ F				
Répartition frais de la section auxiliaire	(18 000 F)	2 000 F (40×50)	6 000 F (120×50)	8 000 F (160×50)	2 000 F (40×50)
Total des coûts à imputer aux produits		70 000 F	108 000 F	189 000 F	41 100 F
Nbre unités d'œuvre		14 000	9 000	27 000	13 700
Coût de l'unité d'œuvre		5 F	12 F	7 F	3 F

c. Tenue des stocks de matières premières :

Matière M_1

Stock initial 2 000 kg à 29 F soit	58 000 F	Sorties pour C_1 : 1 000 × 1 kg × 26 F = 26 000
Entrées 6 000 kg à (20+5) F soit (on incorpore les coûts de la section achats-approvi. à raison de 5 F par kilogramme comme on l'a calculé ci-dessus).	150 000 F	Sorties pour C_2 : 3 000 × 2 kg × 26 F = 156 000 Total des sorties : 7 000 kg, pour une valeur de : 182 000 F Stock final : 1 000 kg × 26 F = 26 000 F
Total disponible 8 000 kg	208 000 F	208 000 F
CUMP du kg disponible : $\frac{208\ 000 \text{ F}}{8\ 000} = 26$ F/kg		Les sorties sont valorisées au CUMP du disponible.

Matière M_2

Stock initial 3 000 kg	94 000 F	Sorties pour A : 900 × 1 kg × 34 F = 30 600 F Sorties pour B : 1 500 × 3 kg × 34 F = 153 000 F
Entrées 8 000 kg × (30+5) F =	280 000 F	Total des sorties : 5 400 kg, pour une valeur de : 183 600 F Stock final : 5 600 kg × 34 F = 190 400 F
Total disponible 11 000 kg	374 000 F	374 000 F
CUMP du kg disponible : $\frac{374\ 000 \text{ F}}{11\ 000 \text{ kg}} = 34$ F/kg		

d. Calcul du taux horaire pour attacher le coût de la main-d'œuvre directe

Total heures main-d'œuvre directe :

$$\underbrace{3 \text{ h} \times 1\ 000}_{\text{pour } C_1} + \underbrace{2 \text{ h} \times 3\ 000}_{\text{pour } C_2} + \underbrace{5 \text{ h} \times 900}_{\text{pour A}} + \underbrace{3 \text{ h} \times 1\ 500}_{\text{pour B}} = 18\ 000 \text{ h}$$

Taux horaire main-d'œuvre directe : $\frac{270\ 000 \text{ F}}{18\ 000} = 15$ F

e. Calcul du coût des composants produits en février :

	C_1	C_2
Coûts directs :		
Matière première	1 kg × 26 F = 26 F	2 kg × 26 F = 52 F
Main-d'œuvre	3 h × 15 F = 45 F	2 h × 15 F = 30 F
Coûts de la section D1 imputés	3 h × 12 F = 36 F	2 h × 12 F = 24 F
TOTAL	107 F	106 F

f. Tenue des stocks de composants :

C_1

Stock initial :	Sorties :
1 000 unités × 103 F = 103 000 F	1 × 900 × 105 F = 94 500 F
Entrées :	Stock final :
1 000 unités × 107 F = 107 000 F	1 100 × 105 F = 115 500 F
Disponible	
2 000 unités à ? → 210 000 F	210 000 F
CUMP de $C_1 = \frac{210\ 000\text{ F}}{2\ 000} = 105$ F/unité	

C_2

Stock initial :	Sorties :
1 000 unités × 110 F = 110 000 F	2 × 900
Entrées :	+ 1 × 1 500
3 000 unités × 106 F = 318 000 F	= 3 300 × 107 F = 353 100 F
	Stock final :
	700 × 107 F = 74 900 F
Disponible	
4 000 unités à ? → 428 000 F	428 000 F
CUMP de $C_2 = \frac{428\ 000\text{ F}}{4\ 000} = 107$ F/unité	

g. Calcul du coût des produits finis de février :

	A			B		
Coûts directs :						
Composant C1	1 U × 105	=	105 F			—
Composant C2	2 U × 107	=	214 F	1 × 107	=	107 F
Matière	1 kg × 34 F	=	34 F	3 kg × 34 F	=	102 F
Main-d'œuvre	5 h × 15 F	=	75 F	3 h × 15 F	=	45 F
Coûts de la section D2 imputés	10 h × 7 F	=	70 F	12 h × 7 F	=	84 F
TOTAL			498 F			338 F

h. Tenue des stocks de produits finis :

Produit A

Stock initial :	Sorties :
300 unités × 506 F = 151 800 F	1 000 × 500 = 500 000 F
Entrées :	Stock final :
900 unités × 498 F = 448 200 F	200 × 500 = 100 000 F
Disponible	
1 200 unités 600 000 F	600 000 F
CUMP de A = $\frac{600\,000\text{ F}}{1\,200}$ = 500 F/unité	

Produit B

Stock initial :	Sorties :
1 500 unités × 332 F = 498 000 F	1 800 × 335 = 603 000 F
Entrées :	Stock final :
1 500 unités × 338 F = 507 000 F	1 200 × 335 = 402 000 F
Disponible	
3 000 unités 1 005 000 F	1 005 000 F
CUMP de B = $\frac{1\,005\,000\text{ F}}{3\,000}$ = 335 F/unité	

i. Comptes de résultat par produit :

Produit A

Coût de production de la production vendue 1 000 × 500 =	500 000 F	Ventes 1 000 × 650 =	650 000 F
Frais de commercialisation 3 × 6 500 =	19 500 F		
Coût de revient de la production vendue	519 500 F		
MARGE	130 500 F		

Produit B

Coût de production de la production vendue 1 800 × 335 =	603 000 F	Ventes 1 800 × 400 =	720 000 F
Frais de commercialisation 3 × 7 200 =	21 600 F		
Coût de revient de la production vendue	624 600 F		
MARGE	95 400 F		

Compte de résultat global

Coût de revient de la production vendue 519 500 F + 624 600 F =	1 144 100 F	Ventes	1 370 000 F
Frais généraux non imputés (administration)	50 000 F		
RÉSULTAT D'EXPLOITATION	175 900 F		

LES MOTS CLÉS DU CHAPITRE

(Si ces mots n'ont pas encore un sens clair et précis pour vous, il vous serait utile de relire tout ou partie du chapitre.)

COÛT
COÛT DE REVIENT
ALLOCATION
VENTILATION
SECTION
SECTION PRINCIPALE
SECTION AUXILIAIRE
MÉTHODE DES SECTIONS HOMOGÈNES
UNITÉ D'ŒUVRE
UNITÉ DE PRESTATION
IMPUTATION
DÉVERSEMENT EN CASCADE
ABONNEMENT
COÛT PRÉÉTABLI

QUESTIONS

5.1. Qu'est-ce qu'une section ou un centre d'analyse ? Sur quelle base peut-on en définir les frontières ?

5.2. Quelle différence y a-t-il entre une section principale et une section auxiliaire ?

5.3. Quels types de coûts seront traités différemment selon qu'on utilise la méthode des coûts variables et la méthode des coûts complets ?

5.4. Quelles sont les caractéristiques requises pour qu'une unité d'activité soit une unité d'œuvre possible pour l'imputation des coûts indirects d'une section aux produits ou à d'autres sections ?

5.5. Les coûts d'un service achats-approvisionnement sont le résultat d'une activité complexe qui comprend le nombre de commandes passées, le nombre de réceptions de matières ou de composants, le nombre de factures traitées, le nombre de contrôles de qualité à la réception, etc. Pourquoi choisit-on alors, en général, une unité d'œuvre unique pour attacher les coûts de cette section aux matières, aux composants ou aux fournitures achetés ?

5.6. Quelles sont les méthodes possibles d'imputation des coûts des sections auxiliaires aux autres sections ? Dans quels cas chacune est-elle le mieux adaptée ?

5.7. Quelle méthode de calcul des coûts de production et des coûts de revient est la plus adaptée, dans le cas d'une entreprise multiproductrice pour :

- **a.** valoriser les stocks ?
- **b.** déterminer le prix de vente minimum d'une commande exceptionnelle, qui ne se reproduira probablement pas ?
- **c.** déterminer le prix de vente minimum des produits dont la demande est prévisible et stable ?

5.8. Dans quels cas le coût complet est-il un outil décisionnel approprié dans le cadre d'une entreprise multi productrice ?

Problèmes

5-1

La Société des Ateliers du Morvan (S.A.M.) travaille une matière première unique M pour en obtenir deux produits finis, les articles A et B.

Les sections suivantes ont été identifiées pour l'accumulation analytique des coûts en vue du contrôle des dépenses par centre de responsabilité et en vue de permettre le calcul des coûts de production et coûts de revient des divers articles présentement fabriqués, ou qui pourraient l'être dans l'avenir :

- section administrative et financière (on considère que les coûts qui y sont accumulés ne peuvent être ventilés entre les sections ou entre les produits. Ils sont donc virés directement au compte de résultat de la période) ;
- section achats et approvisionnements ;
- section montage ;
- section finition ;
- section distribution ;
- section entretien.

Les montants de certains postes de la balance au 31-12-19X5 sont les suivants (pour certains postes on ne dispose pas de valeur chiffrée mais uniquement de quantités physiques) :

Crédits :	
Stock de matières premières M (89 tonnes)	? francs
Stock de produits finis A (900 articles)	? francs
Stock de produits finis B (100 articles)	? francs
Ventes de produits A (10 100 articles) (H.T.)	1 010 000 francs
Ventes de produits B (5 300 articles) (H.T.)	1 245 500 francs
Débits :	
Stock de matières premières M (69 tonnes)	71 070 francs
Stock de produits finis A (1 000 articles)	71 000 francs
Stock de produits finis B (400 articles)	79 350 francs
Achats de matières premières M (1 000 tonnes)	900 000 francs
Frais de personnel	440 000 francs
Impôts et taxes (T.V.A. exclue)	105 000 francs
Travaux, fournitures et services extérieurs	325 000 francs
Transports et déplacements	150 000 francs
Frais divers de gestion	100 000 francs
Frais financiers	15 000 francs
Dotations aux amortissements	130 000 francs
Total des débits	2 386 420 francs

Tableau de répartition des charges indirectes (en francs)

Sections / Charges par nature	Totaux	Adminis-tration	Entretien	Achats	Montage	Finition	Distribu-tion
Frais de personnel	240 000	20 000	50 000	10 000	60 000	50 000	50 000
Impôts et taxes	105 000	5 000	20 000	15 000	—	—	65 000
Prestations par tiers	325 000	5 000	30 000	10 000	170 000	55 000	55 000
Transports et déplacements	150 000	10 000	—	50 000	—	—	90 000
Frais divers de gestion	100 000	25 000	15 000	—	10 000	20 000	30 000
Frais financiers	15 000	15 000	—	—	—	—	—
Dotations aux amortissements	130 000	—	30 000	10 000	40 000	30 000	20 000
Totaux	1 065 000	80 000	145 000	95 000	280 000	155 000	310 000
Unité d'œuvre	—	—	heure d'entretien	tonne de matière première	heure de main-d'œuvre directe	heure de machine	francs de chiffre d'affaires

La section entretien a fourni 1 450 heures d'entretien qui ont été reçues par les sections utilisatrices selon la répartition suivante :

Approvisionnement :	350 heures
Montage :	300 heures
Finition :	400 heures
Distribution :	400 heures
	1 450 heures

La section montage a fourni 50 000 heures de main-d'œuvre directe qui se répartissent comme suit :

20 000 heures pour le produit A.
30 000 heures pour le produit B.

La section finition a fourni 20 000 heures de machines qui se répartissent comme suit (la M.-OE. de finition est toute indirecte) :

9 000 heures pour le produit A.
11 000 heures pour le produit B.

On a fabriqué 10 000 articles A, qui ont consommé 90 000 francs de coûts de main-d'œuvre directe et 400 tonnes de matière M.

On a fabriqué 5 000 articles B, qui ont consommé 110 000 francs de coûts de main-d'œuvre directe et ont consommé 580 tonnes de matière M.

Tous les stocks sont tenus en coûts historiques selon la méthode du coût moyen pondéré et il n'y a aucun en-cours ni en début ni en fin de période. Il n'y a pas de stockage de produits semi-finis entre le montage et la finition et il n'y a aucun produit monté non encore fini tant au début qu'à la fin du mois.

a.) Calculer le coût d'acquisition des matières premières M achetées.
b.) Établir le compte d'inventaire permanent de la matière première M (entrées, sorties, stock final).
c.) Établir le coût de production complet des articles A et B produits cette période.
d.) Établir le compte d'inventaire permanent des articles A et B finis (entrées, sorties, stock final).
e.) Établir le coût de revient des articles A et B et le résultat analytique global et par produit.
f.) Les produits sont-ils rentables ?

5-2

L'entreprise Fetch travaille à la commande. Son système de production est complexe. Nous nous pencherons ici sur deux sections principales : le tournage et le polissage que les produits fabriqués traversent séquentiellement.

En janvier 19X0, Fetch a travaillé sur trois commandes C 102, C 103 et C 104 dans les deux ateliers en question.

La commande C 102 avait été commencée en décembre dans l'atelier de tournage et elle n'est pas encore sortie de l'atelier de polissage au 31 janvier. Les autres commandes sont terminées et ont été livrées à un département aval avant cette date.

Les informations quant aux consommations requises pour compléter chaque commande dans chacun des ateliers ont été extraites des devis estimatifs des trois commandes.

	Tournage	Polissage
C 102	50 heures main-d'œuvre 200 heures de tours	40 heures main-d'œuvre
C 103	150 heures main-d'œuvre 300 heures de tours	40 heures main-d'œuvre
C 104	75 heures main-d'œuvre 100 heures de tours	30 heures main-d'œuvre

La main-d'œuvre est payée au mois. Le salaire T.C.C. est de 4 375 francs et il y a 175 heures par mois. Les ouvriers se répartissent selon les besoins entre les deux ateliers.

Les bons de travaux ont permis d'enregistrer l'activité réelle pendant le mois de janvier :

— 500 heures de tours et 250 heures de main-d'œuvre de tournage

— 100 heures de polissage.

Par ailleurs, la productivité a été correcte et, pour le travail fait, les devis ont été respectés.

Les frais indirects sont comme suit :

Tournage	50 000 francs
Polissage	10 000 francs

Les coûts sont accumulés par commande sur une fiche suiveuse et on note que lors de leur entrée au département tournage les commandes avaient déjà accumulé les coûts suivants dans les ateliers en amont :

		Date d'arrivée au département tournage
C 102	23 000 francs	15 décembre
C 103	34 000 francs	28 décembre
C 104	15 000 francs	12 janvier

La commande C 102 est, au 31 janvier, dans l'en-cours du département polissage.

Les coûts et le nombre total des unités d'œuvre de décembre ont été analogues à ceux enregistrés en janvier.

On considérera dans les questions que les consommations prévues dans les devis ont été respectées.

a.) Quelle est la valeur des en-cours de l'atelier de tournage au 1er janvier ?

b.) Quelle est la valeur des en-cours de l'atelier polissage au 31 janvier ?

c.) Quel est le coût de production des commandes C 103 et C 104 à la sortie du département polissage ?

5-3

On produit 10 unités du produit A et 10 unités du produit B pendant la période. Les frais indirects enregistrés pendant la période ont été répartis en 3 centres de responsabilité S_1, S_2 et S_x.

S_x est une section auxiliaire qui se répartit au prorata des m² dans S_1 et S_2. Surface utilisée par S_1 : 200 m² ; surface utilisée par S_2 : 300 m².

Coûts indirects, en francs, spécifiques à chaque section	S_1	S_2	S_x
Frais indirects variables	6 000	5 000	—
Frais indirects fixes	1 000	4 000	5 000

Les charges classifiées comme étant directes sont enregistrées dans le tableau ci-dessous.

	Pour 10 produits A	Pour 10 produits B
Matières mises en œuvre dans S_1	5 000 F	2 000 F
Main-d'œuvre : S_1 S_2	600 heures pour 15 000 F 50 heures pour 1 250 F	300 heures pour 7 500 F 2 heures pour 50 F
Coût des machines et heures de fonctionnement S_1 S_2	200 heures pour 1 000 F 300 heures pour 4 500 F	5 heures pour 25 F 100 heures pour 1 500 F
Coûts directs totaux pour chaque production	26 750 F	11 075 F

Dans cette entreprise, il n'y a aucun coût de commercialisation.

a.) Quelles unités d'œuvre voulez-vous utiliser pour imputer les charges indirectes de chacun des départements ? Pourquoi ?

b.) Quel est le coût direct unitaire de chaque produit ?

c.) Quel est le coût de revient variable unitaire de A et de B ?

d.) Quel est le coût de revient complet unitaire de A et de B ?

e.) Sachant qu'une unité de A est vendue 4 200 francs et qu'une unité de B est vendue 1 700 francs, quelles sont les contributions unitaires de A et B, respectivement ?

f.) Quel est le résultat d'exploitation si on produit et vend 10 A et 10 B ?

g.) Combien faudrait-il vendre de A, si l'on abandonnait B, afin d'avoir un résultat comptable identique à celui que vous avez trouvé en f ?

5-4

La société Lambda fabrique deux produits P1 et P2. Ceux-ci sont manufacturés dans deux ateliers S2 et S3. La fiche technique de production pour chacun des produits est comme suit :

Consommations	P1	P2
Unités de matières premières..............	2	4
Unités de main-d'œuvre..................	20	25
Unités d'œuvre de S2....................	8	6
Unités d'œuvre de S3....................	8	16

Les stocks de produits finis sont valorisés au coût complet unitaire moyen pondéré.

Le compte de résultat de la période se présente comme suit :

Compte de résultat (1er semestre)

Coût de production de la production vendue, produit P1	37 642 F	Ventes P1	45 000 F
Coût de production de la production vendue, produit P2	32 928	Ventes P2	32 000
Frais de structure non imputés . .	5 000		
	75 570 F		77 000 F
Résultat	1 430 F		

a.) Le P.D.G. pense qu'il serait bon d'abandonner le produit P2 pour concentrer les efforts sur le produit P1. Commentez.

b.) Il y a deux sections auxiliaires X1 et X2, dont les prestations se sont réparties de la façon suivante (en unités d'œuvre) pendant le premier semestre :

Prestataires \ Utilisateurs	S1	S2	S3	X1	X2	Total
X1	—	600	300	—	100	1 000 unités d'œuvre de X1
X2	75	—	150	25	—	250 unités d'œuvre de X2

Par ailleurs, on a accumulé les charges indirectes du 1er semestre comme suit :

	S1	S2	S3	X1	X2	Total
Charges indirectes spécifiques	7 000 F	12 000 F	11 000 F	9 500 F	4 000 F	43 500 F

On sait, d'autre part, que le coût de l'unité d'œuvre des sections S2 et S3 est de 72 francs et 42,5 francs respectivement.

Combien d'unités d'œuvre ont été générées par chacune de ces deux sections pendant le premier semestre ?

c.) La main-d'œuvre est payée 25 francs de l'heure T.C.C. On a calculé que pour le 1er semestre, le coût de production de P1 est de 1 716 francs et celui de P2 est de 2 337 francs.

Les ventes du 1er semestre ont été de 22 P1 et 14 P2. Le stock initial de produits finis était de 10 P1 pour une valeur totale de 17 010 F et 5 P2 pour une valeur totale de 11 985 francs.

Combien a-t-on produit de P1 et de P2 pendant la période ?

d.) La section S1 est la section approvisionnement. Les achats de la matière première se sont faits pendant la période à 100 francs l'unité, prix facturé. Il n'y avait pas de stock initial.

Combien d'unités de matières premières a-t-on acheté pendant la période ? Quelle est la valeur du stock final ?

5-5

La société Bondroix a pour objet la fabrication et la vente de menuiseries métalliques de haute qualité. Au cours des derniers exercices, le chiffre d'affaires a augmenté régulièrement et d'importants investissements ont été réalisés. Cette croissance rapide, et l'activité de plus en plus vive de la concurrence ont conduit à la mise en place d'un service de comptabilité analytique d'exploitation qui permet un contrôle assez efficace des divers coûts et prix de revient.

Le processus de fabrication est relativement simple : dans un premier atelier, les profilés sont découpés et assemblés ; le montage et la finition sont assurés dans un second atelier.

Les ventes sont faites directement aux entreprises qui passent des commandes importantes lors de la construction d'immeubles ou d'ensembles immobiliers.

Chaque commande reçue constitue une unité de lancement de fabrication. Le nombre de commandes traitées chaque trimestre oscille normalement entre 80 et 100.

Les renseignements suivants concernant l'activité de la société au cours du 1er trimestre 19X0 ont été recueillis :

— nombre de commandes réalisées et livrées : 72 (n° 1 à 72)

— la commande n° 73 est en cours de fabrication au 31/3/19X0

— le coût d'une heure de main-d'œuvre directe s'élève à 24 F (charges sociales comprises).

Le stock de matières premières au 1/1/19X0 était de 140 000 F pour 200 tonnes (les frais d'approvisionnement compris dans ce stock étaient de 4 000 F variables et 4 000 F fixes). Les approvisionnements en matières premières de la période se sont faits à un prix facturé de 800 francs la tonne.

Les frais indirects ont été répartis entre les sections de la manière suivante :

	Entretien	Approvisionnement	Atelier 1	Atelier 2	Distribution	Administration
Charges fixes..........	34 000	20 000	28 000	16 000	30 400	28 000
Charges variables......	—	24 000	44 000	32 000	21 600	—
TOTAL..............	34 000 F	44 000 F	72 000 F	48 000 F	52 000 F	28 000 F
Unité d'œuvre.........	(1)	1 tonne de MP achetée (3)	1 heure machine	1 heure de main-d'œuvre directe	100 F de vente (hors taxe)	(2)

(1) Le coût de la section entretien peut être considéré comme invariable, de même que le volume des prestations fournies aux sections principales. Une analyse sérieuse conduit à la répartition des coûts d'entretien entre les sections :

Approvisionnement : 4 000 F
Atelier 1 : 16 000 F
Atelier 2 : 12 000 F
Distribution : 2 000 F

(2) Aucune activité d'œuvre acceptable n'ayant pu être déterminée pour mesurer l'activité de la section « administration », le coût de cette dernière n'est pas réparti entre les sections principales.

(3) La section approvisionnement avait travaillé au cours de la période précédente à 100 % de l'activité prévue. Tout le stock au 1/1/19X0 a été acquis au cours du quatrième trimestre de l'année précédente.

Les éléments du coût de production des commandes sont regroupés dans le tableau ci-dessous :

	Commandes 1 à 72	Commande n° 73
Consommations de matières premières	1 020 tonnes	80 tonnes
Main-d'œuvre directe :		
— Atelier 1	1 150 heures	50 heures
— Atelier 2	980 heures	20 heures
Heures machines :		
— Atelier 1	1 070 heures	30 heures

Le prix de vente total des commandes n° 1 à 72 s'est élevé à 1 350 000 F (H.T.).
En travaillant en coût complet on demande de :

a.) Présenter le tableau de répartition des charges conduisant à la détermination du coût de l'unité d'œuvre de chacune des sections.

b.) Déterminer les coûts de production, les coûts de revient et les résultats significatifs de l'activité de la période. Dire quelle est la valeur des stocks au 31/3/19X0 :

1. en utilisant la méthode du coût moyen pondéré pour la valorisation des sorties de matières ;

2. en utilisant la méthode LIFO (dernier entré - premier sorti) pour la valorisation des sorties de matières.

c.) Présenter le compte de résultat au 31/3/19X0.

d.) Indiquer de quelle façon il faut tenir compte du fait que les frais de la section « administration » n'ont pas été imputés aux divers coûts et prix de revient.

5-6

L'entreprise Didier et Gros travaille à la commande. C'est le camion de l'usine qui va chercher les matières premières et livrer les produits finis à la gare située à dix-huit kilomètres. La matière première étant très pondéreuse, la masse du produit fini ne diffère que très peu de celle de la matière première.

M. Didier, très conscient de l'augmentation continuelle des coûts d'énergie a créé un compte spécial en comptabilité pour pouvoir suivre ce poste de dépense. M. Lambert est plus particulièrement chargé de surveiller ce poste. En plus de l'énergie, M. Didier pense qu'il y a cinq centres de responsabilité dans son entreprise : le commercial, sous la direction de M. Gros ; la fabrication ; les transports ; l'entretien ; l'administration.

Les comptes de janvier indiquent les charges suivantes :

Administration	20 000 F	
Essence camions	1 000 F	
Frais publicité	6 000 F	
Salaires ouvriers	48 000 F	(12 ouvriers mensualisés)
Amortissement camions	2 000 F	
Amortissement machines	25 500 F	
Voyages M. Gros (lors de la livraison de la commande n° 1)	5 000 F	(facture non encore payée)
Salaire entretien	7 500 F	
Électricité	9 325 F	(dont 412,5 F restent à payer)

Petit outillage atelier .... 1 290 F
Petit outillage entretien .... 500 F
Achats matières premières .... 90 000 F (9 tonnes à 10 000 F la tonne)

Total .... 216 115 F

Par ailleurs on sait que l'administration passe en général 20 % de son temps à des tâches liées aux transports, 30 % à des tâches liées à la fabrication et 50 % à des tâches liées au commercial.

En janvier, on a travaillé sur deux commandes pour lesquelles on a enregistré les consommations suivantes :

	COMMANDE 1	COMMANDE 2
Matières	6 tonnes	2 tonnes
Main-d'œuvre atelier	1 500 heures	420 heures

La commande n° 1 est terminée et livrée tandis que la commande n° 2 reste en cours de fabrication à la fin du mois.

Les prix de vente des deux commandes, négociés par M. Gros, sont respectivement de 175 000 francs et de 78 000 francs.

Le stock initial de matières premières était de deux tonnes à 9 575,5 francs la tonne. Les sorties de stock matières sont valorisées en LIFO.

Le service entretien a travaillé 400 heures qui se répartissent de la façon suivante : 30 heures à changer des compteurs électriques, 150 heures pour les camions et 220 heures pour les machines de l'atelier.

Les compteurs électriques ont enregistré les consommations suivantes : garage : 4 000 kWh ; commercial : 5 000 kWh ; atelier : 9 000 kWh ; entretien : 2 000 kWh.

a.) Quels sont les coûts accumulés sur chaque commande au 31 janvier
— en coût complet ?
— en coût variable ?

b.) Établissez le compte de résultat du mois.

5-7

La société Léandre Malaxy et Cie fabrique des douves de tonneau en chêne du Limousin. M. Malaxy veut évaluer la rentabilité de son entreprise en analysant les ventes et la production du dernier trimestre.

L'activité du trimestre a été la suivante :

	1er mois	2e mois	3e mois
Quantités produites	160	100	130
Quantités vendues	100	130	160

Tout au cours de l'année, le prix de vente a été de 20 francs pièce. Le coût variable de production est estimé à 12 francs pièce et les coûts fixes de production sont estimés à 624 francs par mois. Il n'y a pas de coûts commerciaux ou de distribution, et les coûts administratifs et financiers peuvent être considérés comme nuls.

a.) En valorisant les mouvements de stock en CUMP :

1. présenter les comptes de résultats mensuels :
— en coût variable ;
— en coût complet.
2. présenter la valeur du stock final de chaque mois (coût unitaire des unités en stock et valeur du stock) :
— en coût variable ;
— en coût complet.

b.) En valorisant les mouvements de stock en LIFO :

1. présenter les comptes de résultats mensuels :
— en coût variable ;
— en coût complet.
2. présenter la valeur du stock final de chaque mois (coût unitaire des unités en stock et valeur du stock) :
— en coût variable ;
— en coût complet.

c.) En valorisant les mouvements de stock en FIFO :

1. Présenter les comptes de résultats mensuels :
— en coût variable ;
— en coût complet.
2. Présenter la valeur du stock final de chaque mois (coût unitaire des unités en stock et valeur du stock) :
— en coût variable ;
— en coût complet.

d.) Combien faut-il produire et vendre de douves par mois pour être au point mort ?

5-8

André Mallaxey a une entreprise de fabrication de douves de tonneaux en chêne du Périgord. Une étude approfondie des coûts, faite par le comptable d'André Mallaxey, permet d'obtenir l'information suivante :

Il y a deux ateliers de fabrication : le dégrossissage et la finition. Par ailleurs, on a deux autres centres de responsabilité : les achats et la commercialisation.

Pour l'année écoulée, on a saturé la capacité des deux ateliers en produisant et commercialisant 390 douves de tonneau. Les stocks initiaux étaient nuls. On a acheté 900 mètres linéaires de bois et on en a consommé 780 mètres. Le reste est en stock à la fin de la période. Le prix d'achat facturé par le fournisseur est de 2,5 francs le mètre linéaire de bois. Les stocks sont valorisés en CUMP.

Il y a eu 260 heures de main-d'œuvre directe à 3,5 F de l'heure en dégrossissage et la finition a requis 130 heures de main-d'œuvre directe à 5 francs de l'heure.

Pour l'année écoulée, le coût indirect variable unitaire de production d'une douve terminée a été de 12 francs. Les coûts variables indirects totaux de l'atelier de dégrossissage sont trois fois plus importants que ceux de l'atelier finition.

Les coûts fixes sont les suivants :

— achats : 450 francs
— dégrossissage : 500 francs
— finition : 580 francs
— commercial : 200 francs.

Les services achat et commercial n'ont que des coûts fixes.

Pour cette année, M. André Mallaxey sait qu'il ne pourra pas vendre plus de 195 douves. Il ne pourra pas non plus en vendre moins de 195. Il doit donc trouver un autre produit à commercialiser. Il a le choix entre des sabots et des cale-portes. Une paire de sabots demanderait 1 m linéaire de bois, 2 heures de dégrossissage et 1 heure de finition. Elle serait vendue 66 francs. Les cale-portes seraient vendus 15 francs pièce et demanderaient 20 min de dégrossissage et 10 min de finition et 1 mètre linéaire de bois.

a.) (Pour l'année écoulée)

— Quel est le coût unitaire d'un mètre linéaire de bois consommé dans le processus de production ?

— Quel est le coût variable indirect de chaque atelier (l'unité d'œuvre est l'heure de main-d'œuvre directe).

b.) (Pour l'année à venir)

Sachant qu'on achètera de toute façon 780 mètres linéaires de bois à 3 francs pièce, prix facturé par le fournisseur, quel est celui des deux nouveaux produits que vous recommandez de produire ? Pourquoi ? Combien doit-on produire de ce produit afin de saturer la capacité comme l'année précédente ? Dans la suite du problème on se réfèrera à ce produit comme le produit P.

c.) Calculez le coût complet de production à chaque stade pour une douve et une unité de produit P. On admettra qu'il n'y a pas de produits en cours ou de stock final de produits semi-finis entre le dégrossissage et la finition. On produira des quantités telles que la capacité main-d'œuvre soit saturée. La production de chaque produit est lissée dans le temps.

d.) Présentez le compte de résultat prévisionnel analytique dans le format que vous jugez être le plus utile à la prise de décision et au suivi des résultats. Le prix de vente d'une douve est 32 F.

e.) En juin et juillet, une grève dans le département dégrossissage a fait perdre la production de 19 douves et 40 produits P. Au premier semestre, avant la grève, on avait produit 88 douves et 175 produits P. La capacité perdue ne pourra pas être récupérée car il est impossible de faire des heures supplémentaires. La grève s'est résolue en juillet par une augmentation des salaires du département dégrossissage qui passent à 5 francs de l'heure. Il est rappelé qu'on doit vendre 195 douves de toute manière.

L'atelier non gréviste a été payé bien qu'il n'ait pu travailler. Ce coût salarial a été équivalent à celui qu'aurait induit la production des 19 douves et 40 produits P au département finition.

Quel est le coût unitaire complet de production d'une douve et d'un produit P fabriqués au cours du second semestre ? Explicitez la manière de prendre en compte le coût de la grève dans le calcul du coût de production.

5-9

Horowitz, Jacob et Cie est une vieille entreprise familiale de Boulogne-sur-Mer qui fabrique de l'argenterie de qualité, plus particulièrement pour l'exportation. La dévaluation de fait du cruzeiro brésilien et de l'austral argentin au cours de l'année 19X1, a considérablement augmenté le prix de vente relatif de l'argenterie française en Amérique du Sud. Pour essayer de conserver sa part du marché sud-américain, Monsieur N'Cho Oguié, le directeur commercial se demande si l'on peut réduire le prix de vente en francs sans pour cela passer en perte, pour permettre à l'entreprise de continuer à tourner tandis qu'il va aller démarcher les marchés du golfe Arabique pour identifier les produits vers lesquels Horowitz, Jacob et Cie pourrait se reconvertir.

Pour l'aider à prendre sa décision, Monsieur N'Cho Oguié demande au directeur financier Monsieur Gomart, de lui préparer des calculs de coût de revient. Monsieur Gomard, trop occupé par les travaux de préparation du bilan 19X1 confie cette tâche à Monsieur Gontier, son jeune assistant qui sort d'une école commerciale de la région versaillaise. Monsieur Gontier se met à amasser les documents qu'on trouvera ci-après.

CONSOMMATIONS MATIÈRES (4e trimestre 19X1)

	POMPADOUR	VIKING	BERRY
Cuivre	2 200 kg	—	2 500 kg
Acier Inox n° 7	0	4 000 kg	0
Argent	500 kg	0	300 kg

Il y a six ouvriers qui sont polyvalents. Ils sont payés 30 F de l'heure, charges sociales incluses. Le salaire de base passe de 18 F à 22,5 F pour les heures supplémentaires s'ils travaillent plus de 40 heures par semaine, et les charges sociales passent alors à 12,75 F. Il y a 13 semaines dans un trimestre.

L'atelier de placage électrolytique de l'argent sur les bases de cuivre est un poste de travail très inconfortable, aussi lorsqu'un ouvrier travaille dans cet atelier, il reçoit une prime de 10 F par heure en plus de son salaire horaire.

Pendant le dernier trimestre 19X1, l'activité des ouvriers s'est répartie de la façon suivante :

STYLE	DÉCOUPE	PLACAGE	POLISSAGE EMBALLAGE
Pompadour	75 heures	240 heures	870 heures
Viking	140 heures	—	1 400 heures
Berry	85 heures	160 heures	630 heures
	300 heures	400 heures	2 900 heures

Conformément aux normes de consommation établies par Mlle Jean, du département méthodes, les machines ont tourné comme suit :

ATELIER / STYLE	DÉCOUPE	PLACAGE	POLISSAGE EMBALLAGE
Pompadour	700 h mach.	1 080 h mach.	870 h mach.
Viking	1 200 h mach.	—	1 200 h mach.
Berry	400 h mach.	720 h mach.	700 h mach.
	2 300 h mach.	1 800 h mach.	2 770 h mach.

La comptabilité analytique que M. Gontier décide d'utiliser va être fondée sur sept centres d'activité distincts :

- service achats,
- atelier de découpage,
- atelier de placage électrolytique,
- atelier de polissage emballage,
- atelier d'entretien,
- centre de dépense « bâtiments »,
- administration-commercialisation.

Les frais de l'administration-commercialisation sont essentiellement fixes et sont surtout dévolus à la recherche de nouveaux contrats. M. Gontier décide donc de ne pas en considérer les charges dans ses calculs de coût de revient. M. Gontier répartit entre ces centres d'activités toutes les dépenses qu'il ne peut imputer directement aux trois produits.

TABLEAU DE RÉPARTITION DES CHARGES INDIRECTES

	Achats	Découpage	Placage	Polissage Emb.	Entretien	Bâtiment	Adm. Comm.
Charges fixes	9 380 F	21 600 F	10 600 F	16 950 F	29 775 F	6 000 F	25 000 F
Charges variables	20 000 F	18 400 F	9 000 F	33 350 F	—	—	—
Charges totales	29 380 F	40 000 F	19 600 F	50 300 F	29 775 F	6 000 F	25 000 F
Mesure d'activité	kg acheté	heure mach.	h. mach.	h.M.-Œ.Dir.	heure Entr.	m^2	non réparti
Activité 4e trimestre X1	10 000 kg	2 300 h. mach.	1 800 h mach.	2 900 h MOD	300 h Entr.	3 500 m^2	—
Surface des services	40 m^2	500 m^2	500 m^2	1 000 m^2	75 m^2	—	385 m^2
Utilisation du service entretien	5 h	45 h	95 h	105 h	—	45 h	5 h

Il y a par ailleurs un très grand hangar d'une superficie de 1 000 m² qui sert à abriter les matières premières, les emballages, les produits finis, etc. Les proportions entre les divers stocks changeant continuellement, Monsieur Gomart, le directeur financier, a décidé que le coût des stockages serait réparti arbitrairement 1/3, 1/3, 1/3 entre les 3 produits pour chaque période, et débité directement au compte de résultat.

Le magasinier, Monsieur N'Diaye a fourni à Monsieur Gontier les informations suivantes :

STOCKS DE MATIÈRES PREMIÈRES

	CUIVRE	ARGENT	ACIER INOX
Quantités achetées Valeur facturée des achats	5 000 kg 75 000 F	500 kg 374 500 F	4 500 kg 45 000 F
Stock initial (30-9-X1) Valeur du stock initial	1 000 kg 25 050 F	400 kg 400 000 F	10 500 kg 150 000 F
Méthode de comptabilisation des sorties	FIFO	LIFO	CUMP

STOCK DES SEMI-FINIS ET PRODUITS FINIS
(au 30 septembre 19X1)

	Semi-fini après découp.		Semi-fini après placage		Produits finis	
	Quantité	Valeur	Quantité	Valeur	Quantité	Valeur
Pompadour	30 000	16 500 F	10 000	50 000 F	0	0
Viking	22 000	22 000 F	0	0	5 000	22 110 F
Berry	0	0	28 000	224 000 F	10 000	88 254 F
Méthode de comptabilisation des sorties	LIFO		LIFO		LIFO	

Le contremaître, Monsieur Rajabally, a fourni à Monsieur Gontier les données suivantes sur la production du trimestre (en unités).

	DÉCOUPAGE	PLACAGE	POLISSAGE EMBALLAGE
Pompadour	100 000	120 000	120 000
Viking	72 000	—	80 000
Berry	70 000	40 000	65 000

Les stocks de semi-finis et de produits finis sont tenus en LIFO.

a.) Quel est le coût de production complet de chacun des produits à chaque étape du processus de fabrication et pour les unités produites pendant le trimestre ?

b.) Sachant que l'on a vendu
100 000 Pompadour
81 000 Viking
70 000 Berry,
quelle est la valeur des stocks de semi-finis et de produits finis au 31.12.19X1 ?

c.) Les prix de vente sont de 4,70 F, 2,115 F et 9,87 F respectivement pour Pompadour, Viking et Berry.

— Monsieur N'Cho Oguié doit-il recommander l'abandon de certains produits ? Justifiez votre réponse.

— Quel est le prix de vente minimum jusqu'auquel Monsieur N'Cho Oguié peut descendre ?

d.) A l'issue de son travail, Monsieur Gontier a réuni les informations suivantes :

— la capacité de production par atelier ne peut dépasser 120 % de l'activité normale.

— Répartition des ventes du 4e trimestre 19X1 (en unités) :

	Amérique du Sud	Europe	Total
Pompadour	60 000	40 000	100 000
Viking	0	81 000	81 000
Berry	0	70 000	70 000

— D'après Monsieur Gontier, les ventes sur l'Europe devraient se maintenir au cours du 1er trimestre 19X2 ; à propos de l'Amérique du Sud, il pense que l'on pourrait, au mieux, vendre :

soit 50 000 Pompadour à 4,70 F l'unité,
soit 65 000 Pompadour à 4,60 F l'unité,
soit 100 000 Pompadour à 4,50 F l'unité.

Sur les pays du golfe Arabique, on prévoit des ventes de l'ordre de 25 000 à 30 000 unités de Viking à l'issue de la prospection, au prix de vente normal, on pourrait même décrocher un contrat de 12 000 Berry supplémentaires, mais à condition de dépenser 10 000 francs de frais spécifiques à cette commande (pour réaliser une finition particulière).

Quel plan d'action proposeriez-vous que l'on retienne pour 19X2 ? Votre choix serait-il modifié, s'il était nécessaire de maintenir un stock minimum de produits finis de 4 000 unités par produit ?

5-10

L'entreprise Savac est une entreprise de ferronnerie travaillant à la commande. Elle utilise essentiellement comme matière première des aciers courants en plaques ou en barres.

Du fait de sa petite taille son découpage en sections homogènes est extrêmement simple. Il figure dans le tableau de répartition ci-dessous :

Ce tableau indique les coûts mensuels en francs lorsque l'activité est normale.

	Centres de Responsabilité			
Coûts indirects à l'activité normale	Adminis-tration	Achats	Production	Distribution
Fixes	10 000	2 000	40 000	10 000
Variables	0	3 000	10 000	10 000
Totaux	10 000	5 000	50 000	20 000
Unité d'œuvre	*	tonne de ferraille	heure de main-d'œuvre directe	100 F de vente (HT)

* La section administration n'a pas d'unité d'œuvre. Une règle de répartition permet d'en ventiler les frais entre les sections principales 10 % à achats, 50 % à production, 40 % à distribution. Au mois de janvier les ateliers ont travaillé sur deux commandes.

Consommations réelles de ressources	Commande 1	Commande 2
Matières premières (frais variables directs)	6 tonnes	2 tonnes
M.-OE. directe atelier de production (frais variables directs)	1 500 h × 12 F	500 h × 12 F

Avancement commandes	terminée-livrée	en cours
Facturation (H.T.)	150 000 F	non facturée

Le service achats a acheté, pour le mois de janvier, 10 tonnes de métal au prix unitaire de 10 000 F. Le stock initial de métal, valorisé en coût complet, était de deux tonnes à 10 000 F l'une. L'activité d'achat a été normale au cours des mois précédents.

Pour la valorisation des sorties de stock, on utilise la méthode du coût moyen pondéré. Il n'y avait aucune commande en cours de fabrication au 1er janvier.

a.) Déterminer les coûts de production et les coûts de revient des commandes et le résultat du mois de janvier

— par la méthode des coûts complets historiques,

— par la méthode du coût variable.

— Comparer les résultats et les commenter.

b.) Quelle est la valeur de chaque stock final ?

5-11

L'entreprise Léon Budassardi fabrique deux produits P_1 et P_2. L'activité de production est partagée en 5 secteurs d'activité distincts : l'approvisionnement, l'usinage, le montage, l'entretien et l'énergie. Léon Budassardi a mis en place une comptabilité analytique par la méthode dite des sections homogènes. Malheureusement un feu a partiellement détruit l'atelier de montage. Cet atelier se trouve attenant à la comptabilité et les informations concernant le mois de janvier 19X1 ont été partiellement souillées ou détruites. Votre tâche va être de retrouver les informations manquantes.

Les informations dont vous disposez sont les suivantes :

— les frais commerciaux sont de 0,05 F par franc de vente.

— Les frais d'administration sont de 15 000 F par mois et ne sont pas répartissables entre les deux produits.

— On utilise une matière première unique qui sert dans les deux ateliers.

— La comptabilité analytique de cette entreprise est tenue en coût complet historique.

Répartition des prestations des sections auxiliaires en janvier

Bénéficiaire \ Prestataire	ENTRETIEN	ÉNERGIE
Approvisionnement	300 h	10 000 kWh
Usinage	200 h	30 000 kWh
Montage	50 h	5 000 kWh
Entretien	—	15 000 kWh
Énergie	—	—
	550 heures	60 000 kWh

Tableau de répartition des coûts indirects de fabrication en janvier

	Approvisionnement	Usinage	Montage	Entretien	Énergie
Coûts fixes	10 000 F	15 000 F	18 000 F	4 000 F	6 000 F
Coûts variables	—	10 000 F	6 000 F	—	—
Nature de l'unité d'œuvre	kg matière achetée	heure machine	heure de main-d'œuvre directe	heure de travail	kWh
Nombre des unités d'œuvre	2 800 kg	?	6 250 h	550 h	60 000 kWh
Coût des unités d'œuvre	?	?	?	?	0,1 F

Le relevé de banque indique que nous avons payé 55 720 F à Bill Ecau, le fournisseur de matières premières (soit 19,9 F le kg), pour le paiement comptant des 2 800 kg de matières achetées.

Les normes techniques de production sont les suivantes (par unité) :

	Produit P_1	Produit P_2
Matière incorporée à l'usinage	0,2 kg	0,2 kg
Matière incorporée au montage	0,25 kg	0
Main-d'œuvre directe usinage	0,5 heure	0,5 heure
Main-d'œuvre directe montage	0,875 heure	0,75 heure
Heures de machine usinage	1,70 heure	0,25 heure
Heures de machine montage	0,6 heure	0,5 heure

La main-d'œuvre usinage est payée 15 F de l'heure tandis que la main-d'œuvre montage est payée 18 F de l'heure (charges incluses dans les deux cas).

Le coût de revient de production de P_1 à la sortie de l'usinage en décembre a été de 16,5 F. Il n'y avait pas de produits P_1 usinés mais non montés au 30 novembre 19X0. Au 1er janvier 19X1 il y avait 500 produits P_1 usinés mais non montés. A cause de l'incendie dans l'atelier montage seuls 2 000 produits P_1 usinés ont pû être montés. Par contre, tous les produits P_2 qui ont été usinés ont été montés et il n'y avait pas de stock de P_2 usinés au 1er janvier.

Les stocks de produits finis étaient nuls au 1er janvier. Les stocks finaux (fin janvier) sont de 1 000 unités pour P_2 et nuls pour P_1. Tous les stocks sont tenus selon la méthode du coût moyen pondéré. Le stock initial (1er janvier) de matières premières avait une valeur de 5 280 F. Le stock final (fin janvier) de P_2 a une valeur de 29 750 F. Les prix de vente de P_1 et P_2 sont de 55 F et 32 F respectivement.

Le coût de production de la production vendue de P_1 est de 86 000 F. Le coût de production de la production vendue de P_2 est de 148 750 F.

La valeur des 2 000 produits P_1 usinés transférés au montage est de 35 000 F.

a.) Combien y avait-il de kg de matières en stock au 1er janvier 19X1 ?

b.) Combien y a-t-il eu d'unités d'œuvre générées en janvier dans l'atelier d'usinage ?

c.) Combien de produits P_1 ont été usinés en janvier ?

d.) Reconstruisez les fiches de stock de matières premières, de produits semi-finis et de produits finis.

e.) Présentez un compte de résultat par produit et pour l'entreprise pour le mois de janvier.

5-12

Charles-Antoine-Maurice Humbert a créé le 1er janvier 19X0 une entreprise qui fabrique et commercialise des « objets ». Les « objets » se vendent actuellement au prix de 4 100 F pièce.

Un bloc de matière première est travaillé dans l'atelier unique par une main-d'œuvre assez qualifiée qui utilise des outillages spécialisés pour cette tâche. Après leur production, les « objets » sont stockés avant d'être commercialisés au fur et à mesure de la demande.

Les coûts enregistrés par la comptabilité générale sont ventilés dans une première étape entre trois centres d'activité :

— Achats/approvisionnements
— Fabrication
— Commercialisation.

L'activité de janvier a été comme suit :

• Achats de matières premières :

10 kg le 2/01/X0 à 100 F/kg FOB
20 kg le 10/01/X0 à 109 F/kg FOB
30 kg le 20/01/X0 à 117 F/kg FOB

• Consommations de matières pour la production : 1 kg par « objet » soit un total de 30 kg en janvier.

• Coûts des achats autres que le prix FOB : 7 F/kg pour les réceptions qui ont eu lieu le 1er et le 15 janvier ; toutes les réceptions qui ont lieu entre le 16 janvier et le 31 mars subissent un coût d'achat de 10 F par kg en plus du prix FOB.

Coûts de fabrication (hors matières) :

— 600 heures de main-d'œuvre directe à 40 F de l'heure (TCC)
— coûts indirects variables : 22 F par heure de main-d'œuvre directe
— coûts indirects fixes de production : 39 000 F par mois.

Coûts de commercialisation :

— coût variable direct : 180 F par « objet »
— coût fixe commercial : 24 000 F par mois.

En janvier, on a fabriqué 30 « objets » et on en a vendu 20.

a.) Les stocks de matières premières sont valorisés en FIFO permanent. Ceux des produits finis sont tenus en FIFO périodique mensuel.

1. Quel est le coût unitaire complet de production d'un « objet » en janvier ? (On calculera le coût historique rétrospectif du mois.)
2. Quel est le coût unitaire variable de production d'un « objet » en janvier ?
3. Quel est le coût de revient variable d'un « objet » vendu en janvier ?
4. A partir de quel volume mensuel de vente se trouve-t-on en situation profitable ?

b.) Les stocks sont valorisés en CUMP permanent pour les matières premières et en CUMP périodique mensuel pour les produits finis.

1. Quelle est la valeur du stock final de matières premières ?
   — en coût variable,
   — en coût complet.
2. Quelle est la valeur du stock final « d'objets » finis ?
   — en coût variable,
   — en coût complet.
3. Quelle est la contribution unitaire ou marge sur coût variable unitaire ?
4. Présenter le compte de résultat analytique
   — en coût variable,
   — en coût complet.

c.) On considère que les stocks sont tenus conformément aux hypothèses de la question **b.**)

Pendant le mois de février les achats ont été les suivants :
— 1er février : 10 kg à 110 F/kg FOB
— 10 février : 20 kg à 110 F/kg FOB
— 20 février : 30 kg à 110 F/kg FOB

On a entré en stock 30 « objets » finis, mais à la fin du mois il reste encore dans l'atelier 4 « objets » qui sont à moitié finis. Ces derniers seront finis au début du mois de mars.

Il faut 20 heures de main-d'œuvre pour fabriquer un « objet ». En février, la main-d'œuvre coûte 40,5 F de l'heure. Les coûts variables hors matières et main-d'œuvre ont augmenté de 1,25 % depuis janvier. Les coûts fixes sensibles à l'inflation ont, eux, augmenté de seulement 1 %. La part des amortissements dans les coûts fixes est de 20 000 F pour les coûts fixes de fabrication et de 5 000 F pour les coûts fixes de commercialisation.

1. Quelle est la somme des coûts de production mis en œuvre dans l'atelier en février ?
   — en coût complet,
   — en coût variable.
2. Quelle est la valeur de la production transférée de l'atelier au stock de produits finis ?
   — en coût complet,
   — en coût variable.
3. On a vendu 40 « objets » en février. Quel est le coût de production de la production vendue en février ?
   — en coût complet,
   — en coût variable.
4. Quel est le coût de revient d'un « objet » en février ?
   — en coût complet,
   — en coût variable.
5. Présentez les résultats du mois de février ?
   — en coût complet,
   — en coût variable.

5-13

L'entreprise A. Ducentaur est une entreprise de mécanique de précision. Elle est spécialisée dans la fabrication d'arbres de transmission et de vilebrequins pour turbines et gros moteurs. Chaque arbre ou vilebrequin est en général un exemplaire unique.

Le processus de fabrication consiste en un dégrossissage par usinage sur tours puis, après un traitement thermique dans un four, une finition sur les mêmes tours qui ont été utilisés pour le dégrossissage. Dès que les pièces sont terminées, le client vient en général les chercher lui-même à l'usine mais si le client ne peut en prendre livraison immédiate, les pièces peuvent rester quelques jours sur le quai de chargement.

Au cours du mois de février, l'entreprise a travaillé sur trois arbres dont un n'a pu être terminé avant le 28 février.

Les trois arbres sont les suivants :
— THX 1138, débuté en février, terminé et livré en février.
— ZKW 2632, débuté en février, terminé en février, mais non encore livré.
— THY 2262, débuté mais non terminé en février.

Les gammes opératoires sont les suivantes :

	THX 1138	ZKW 2632	THY 2262
Matières	3 000 kg	2 500 kg	1 500 kg
Usinage : phase dégrossissage	145 heures de tours	172 heures de tours	98 heures de tours
Traitement thermique	12 heures de four	10 heures de four	8 heures de four
Usinage : phase finition	45 heures de tours	38 heures de tours	42 heures de tours

Toute la matière est mise en œuvre dès le lancement de la fabrication.

Il y a quatre ouvriers qui assurent toutes les opérations. Chacun fournit 160 heures productives par mois et reçoit un fixe mensuel qui s'élève à 6 000 francs par mois, charges comprises. Les heures supplémentaires reviennent à 42 francs de l'heure.

On compte qu'il faut en moyenne 1,1 heure productive de main-d'œuvre pour toute heure de tour, compte tenu des nettoyages, de l'entretien et des réglages pendant lesquels les tours ne fonctionnent pas. Quand le tour fonctionne, il doit être surveillé en permanence par un ouvrier. Le cycle du traitement thermique ne peut se faire que d'une seule traite ; s'il dépasse 8 heures, il donnera lieu à des heures supplémentaires.

En février, la répartition des heures productives, fournie par les ouvriers eux-mêmes, est la suivante :

66 heures pour l'activité de manutention des achats,
550 heures pour l'usinage,
30 heures pour le four dont 6 en heures supplémentaires.

En dehors des coûts de main-d'œuvre, les frais et dotations de février se répartissent comme suit entre les trois centres d'analyse ou sections :

	ACHATS	USINAGE	FOUR
Dotation aux amortissements	1 000 F	11 000 F	5 000 F
Fournitures	1 200 F	3 000 F	500 F
Énergie/Éclairage	786 F	4 500 F	10 500 F
Loyer industriel	1 000 F	1 500 F	1 200 F
Assurance	4 000 F	—	800 F
	7 986 F	20 000 F	18 000 F

Le stock initial de matières était de 18 000 kg à 10 francs. Le stock final est de 17 600 kg. Les achats ont été facturés par le fournisseur à 8 francs le kilo. La méthode valorisation des sorties du stock de matières est FIFO.

Les services de la direction, qui assurent l'administration, la comptabilité et le commercial ont encouru des coûts se montant à 30 000 francs. Ceux-ci ne sont pas répartis entre les produits, ils sont considérés comme des coûts de période.

a.) Quelle est la valeur des matières premières achetées ?

b.) Quelle est la valeur du stock final de matières premières ?

c.) Calculez le coût complet de production des arbres THX 1138, ZKW 2632 et THY 2262 fabriqués pendant le mois.

d.) Quelle est la valeur de l'en-cours à la fin février.

e.) Quelle est la valeur du stock final de produits finis ?

f.) Présentez le compte de résultats en comptabilité analytique et en comptabilité générale. Les prix de vente des arbres THX 1138, ZKW 2632 et THY 2262 sont respectivement de 60 000, 100 000 et 95 000 F.

On fera l'hypothèse que, pour la comptabilité générale, la méthode FIFO de valorisation des stocks est acceptable.

5-14

L'entreprise Z fabrique et vend deux produits P1 et P2 ; deux ateliers, A1 et A2, travaillent sur les produits.

Gamme opératoire des deux produits (dans l'ordre des opérations) :

(pour une unité de produit)	P1	P2
Consommation de matières (dans A1)	1	2
Heures de M.-Œ. dans A1	2	5
Heures de machines dans A1	0,5	0,75
Heures de M.-Œ. dans A2	3	1
Heures de machines dans A2	6	7

Les produits passent d'abord dans A1 puis dans A2

La main-d'œuvre est payée 13 francs de l'heure, charges et provisions pour congés payés incluses.

On a acheté 550 unités de matières premières facturées par le fournisseur au prix de 15 francs. Le stock initial de matières premières était de 50 unités, valorisées au prix de 21,1 francs, soit une valeur globale de 1 055 francs. Le stock initial de produits finis P1 et P2 était de 10 unités à 162 F pièce et 50 unités valorisées à 241 F pièce respectivement. Tous les stocks, de matières, comme de produits finis, sont tenus selon la méthode du coût moyen unitaire pondéré.

Les frais indirects sont regroupés dans le tableau ci-dessous :

	Achats/appro.	Dépt. A1	Dépt. A2	Commercial	Énergie
Frais indirects fixes	0 F	2 700 F	8 000 F	5 950 F	4 000 F
Frais indirects variables	2 395 F	6 000 F	14 000 F	0 F	0 F
Nature de l'U.Œ.	Unité de MP achetée	Heure de M.-Œ. directe	Heure de machine	Franc de vente	kWh

La section énergie est constituée d'une centrale électrique au fil de l'eau. C'est une section auxiliaire prestataire de service pour les autres sections ; pendant la période, ses prestations se sont réparties de la façon suivante :

— 300 kWh pour la section achats/approvisionnements ;
— 900 kWh au département A1 ;
— 2 000 kWh au département A2 ;
— 800 kWh au service commercial.

Il y a 3 000 francs de frais fixes d'administration qui ne sont pas répartis entre les produits.

Pendant la période qui nous intéresse, on a fabriqué 100 unités de produit P1 et 200 unités du produit P2. Les ventes ont été de 75 unités de produit P1 au prix de vente unitaire de 200 francs et de 200 unités de produit P2 au prix de vente unitaire de 250 francs.

Les stocks initiaux et finaux d'en-cours sont nuls.

a.) Quels ont été les coûts de production des produits P1 et P2 fabriqués pendant la période ? (c'est-à-dire : quelle est la valeur des P1 et des P2 à leur entrée dans les stocks de produits finis ?)
— en coût variable ;
— en coût complet.

b.) Quelle est la valeur des stocks de produits finis et de matières à la fin de la période (en coût complet) ?

c.) Présentez un compte de résultat par produit et globalement pour l'entreprise pour la période en utilisant le coût complet.

d.) Si les ouvriers étaient payés par un salaire fixe mensuel, quel serait l'impact de cette modification sur les coûts de revient ?

5-15

Une entreprise industrielle traite une matière première A et une matière première B dans l'atelier n° 1. A la sortie de cet atelier est obtenu un produit semi-fini que l'on stocke. Dans l'atelier n° 2, à partir de ce produit semi-fini, on élabore le produit fini X et le produit fini Y.

L'activité du mois de mars se résume ainsi :
Stocks au 1er mars (coût moyen unitaire pondéré) :
Matière première A : ? à 2,10 F/kg
Matière première B : ? à 2,65 F/kg
Produit semi-fini : 10 000 kg pour une valeur de 58 080 francs
Produit fini X : 2 860 unités pour une valeur de 30 900 F
Produit fini Y : néant.

Achat du mois :

Matière première A : 24 000 kg à 2,10 F
Matière première B : 18 000 kg à 2,20 F

Coûts indirects totaux : 84 910 F

Ventes du mois :

Produit fini X : ? à 16,70 F
Produit fini Y : 2 000 unités à 21,50 F

Tableau de répartition des charges indirectes entre les sections :

	TOTAL	ENTRETIEN	ÉNERGIE	ACHATS/ APPROV.	ATELIER 1	ATELIER 2	DISTRIB.
Totaux de la répartition primaire	?	3 900 F	?	11 000 F	22 370 F	24 300 F	13 340 F
Ventilation des prestations : — section entretien — section énergie		 — 10 %	 20 % —	 10 % 10 %	 40 % 40 %	 20 % 40 %	 10 % —
Unités d'œuvre				kg de matière	kg de matière	heure de M.Œ. directe	F. de chiffre d'affaires

Consommation de matières pour l'atelier 1 :

Matière première A : 18 600 kg
Matière première B : 26 400 kg

Consommation du produit semi-fini par l'atelier 2 :

22 000 kg de produit semi-fini pour le produit X ;
9 500 kg pour le produit Y.

Main-d'œuvre directe utilisée :

Dans l'atelier 1 : 8 080 heures à 6 F.
Dans l'atelier 2 : 4 800 heures à 6,4 F pour le produit X
1 800 heures à 6,4 F pour le produit Y.

Production du mois :

L'atelier n° 1 a fabriqué 37 000 kg de produit semi-fini.
L'atelier n° 2 a fabriqué 13 700 unités de produit fini X et ? unités de produit Y.

Stocks réels au 31 mars :

Matière première A	: 17 400 kg
Matière première B	: 27 600 kg
Produits semi-finis	: 15 500 kg
Produit X	: 2 560 unités
Produit Y	: 1 000 unités.

Il n'y a aucun en-cours ni en début ni en fin de mois.

a.) Calculer le coût d'acquisition des matières premières.
b.) Présenter les comptes d'inventaires permanents des deux matières premières.
c.) Calculer le coût de production des produits semi-finis.
d.) Calculer le coût de production des produits X et Y.
e.) Calculer le résultat analytique d'exploitation de mars et le compte de résultats comptabilité générale.

5-16

L'entreprise Bougrolaz tisse et teint des tissus qu'elle commercialise auprès des confectionneurs. Toutes les ventes se font sur stocks. Cette entreprise est spécialisée dans deux tissus : l'oxford et le drap.

Pour tisser un mètre de toile oxford (en 2,40 m de large), il faut 0,3 kg de fil qui est acheté auprès de filatures extérieures. Pour tisser 1 mètre de drap (en 2,40 m de large) il faut 0,6 kg du même fil que celui utilisé pour l'oxford.

L'atelier de tissage a 12 métiers à tisser en 2,40 m de large qui peuvent être utilisés pour les deux types de produits fabriqués. Ces métiers permettent de tisser 600 m d'oxford ou 400 m de drap à l'heure. Il y a 3 ouvriers qui assurent le fonctionnement des métiers mais il suffit d'un ouvrier pour 6 métiers. Ces ouvriers sont salariés et coûtent à l'entreprise 7 680 F par mois chacun, toutes charges comprises.

L'atelier de teinture contient 45 groupes de teinture. Chaque groupe de teinture teint 1 lot de 1 000 mètres de tissu à la fois. Il faut 6 heures de groupe de teinture pour finir un lot de 1 000 mètres (en 2,40 m de large) de toile oxford et il faut 7 heures de groupe de teinture pour finir un lot de 1 000 mètres (en 2,40 m) de drap. Pour les bains de teinture, les fixateurs et les solvants, on compte 70 kg de produits chimiques par lot de 1 000 m de toile ou de drap. Il y a douze ouvriers qui sont salariés : salaire mensuel de 4 266 francs auquel il faut ajouter 50 % de charges sociales diverses. L'encadrement de ces douze ouvriers est assuré par deux contremaîtres, agents de maîtrise, qui reviennent à 8 532 francs par mois chacun (toutes charges comprises).

En mars on a enregistré les informations suivantes :

— Stock de fil au 31 mars : 403 200 kg pour une valeur de 4 032 000 francs (méthode CUMP).

— Stock de produits chimiques de teinture au 31 mars : 49 120 kg pour une valeur de 147 360 francs (méthode CUMP).

— Achats de fil en mars : 403 200 kg, facturé par la filature 3 628 800 francs.

— Achats de produits chimiques de teinture en mars : 96 800 kg facturés par le fournisseur à 3 francs le kg soit 290 400 francs au total.

— Tissage d'oxford : 576 000 mètres.

— Tissage de drap : 384 000 mètres.

— Teinture d'oxford : 500 000 mètres.

— Teinture de drap : 384 000 mètres.

— Stock d'oxford non teint au 1er mars : 49 000 mètres évalués en coût complet moyen pondéré à 193 480 francs

— Stock de drap non teint au 1er mars : 16 000 mètres, évalués en coût complet moyen pondéré à 92 480 francs.

— Stock d'oxford teint, au 1er mars : 100 000 mètres, évalués en coût complet moyen pondéré à 425 500 francs.

— Stock de drap teint, au 1er mars : 116 000 mètres, évalués en coût complet moyen pondéré à 833 048 francs.

Les coûts indirects de l'entreprise Bougrolaz (hormis les coûts de la main-d'œuvre non cadre) sont regroupés dans 6 sections homogènes. La section administration est considérée comme un coût de période.

Ces coûts indirects, qui regroupent les amortissements, les salaires des cadres, les prestations de tiers, les fournitures, etc. se répartissent de la façon suivante pour le mois de mars :

Administration	450 000 francs
Teinture	400 000 francs
Commercialisation	980 000 francs
Entretien	110 600 francs
Tissage	300 000 francs
Approvisionnements	50 000 francs
	2 290 600 francs

La section entretien fournit ses prestations exclusivement aux deux sections de production. On a enregistré que 84 000 francs des coûts de la section entretien ont été encourus pour l'entretien des métiers à tisser.

a.) Calculer le coût d'acquisition des matières premières.

b.) Tenir les inventaires permanents des matières premières (stock initial, entrées, sorties, stock final).

c.) Calculer le coût de production en mars de l'oxford non teint et du drap non teint.

d.) Calculer le coût de production en mars de l'oxford teint et du drap teint.

e.) Les ventes de mars ont été de 510 000 mètres d'oxford teint et de 400 000 mètres de drap teint. Les prix de vente sont de 8 francs le mètre et de 14,30 francs le mètre respectivement. Présenter le compte de résultat.

5-17

L'entreprise Industries du Berry fabrique deux produits P1 et P2. Chaque produit est fabriqué dans un atelier spécialisé. P1 est produit dans l'atelier A1 et P2 dans l'atelier A2. Afin de pouvoir fabriquer P1 et P2, l'entreprise a des services communs X1 (manutention) et X2 (énergie).

Pendant la période qui nous intéresse la répartition de l'activité de X1 et X2 fut la suivante (en unités d'œuvre de chaque département).

Consommateur / Prestataires	A1	A2	X1	X2	TOTAL
X1	50	30	0	20	100
X2	10	40	50	0	100

Les coûts encourus dans X1 et X2 au cours de la période furent les suivants (avant toute sous-répartition) :

	X1	X2
Coûts variables (MP et M.-ŒE.D.)	49 000 F	7 000 F
Supervision (salaire)	7 000	7 000
Amortissements	14 000	14 000
	70 000 F	28 000 F

a.) Comment les coûts de X1 et X2 seront-ils répartis entre les deux produits si :

— On utilise la méthode directe ?
— On utilise la méthode de la cascade en imputant X1 en premier ?
— On utilise la méthode de la cascade en imputant X2 en premier ?
— On utilise la méthode algébrique où X1 et X2 sont alloués simultanément, reconnaissant l'existence de prestations réciproques ?

b.) Une entreprise extérieure vient proposer de fournir toute l'énergie requise au prix de 280 francs par unité d'œuvre.
L'entreprise Industries du Berry doit-elle accepter cette offre ?
Etayez votre conclusion avec des calculs précis et détaillés.

5-18

L'entreprise Françoise André fabrique et commercialise deux produits Alpha et Oméga. Ces produits sont fabriqués à partir de matière première M_2 et de composants C_1 et C_2 que l'entreprise fabrique elle-même pour l'instant.

Les gammes opératoires de fabrication des composants sont (pour 1 composant) :

	C1	C2
Matière première M1	2 unités de MP M1	1 unité de MP M1
Heures de main-d'œuvre	1 heure productive	2 heures productives
Heures de machines	2 heures	3 heures

Les gammes opératoires des produits Alpha et Omega (pour 1 produit) sont :

	ALPHA	OMEGA
Matière première M_2	2 unités de MP M2	4 unités de MP M2
Composant C_1	1 unité	0
Composant C_2	2 unités	3 unités
Heures de main-d'œuvre	6 heures productives	2 heures productives
Heures de machines	0,6 heure	0,2 heure

Les composants C_1 et C_2 sont fabriqués dans l'atelier A1 et sont stockés après fabrication. L'heure de machine semble être une meilleure mesure de la prestation de service de cet atelier que l'heure de main-d'œuvre.

Les produits Alpha et Omega sont fabriqués dans l'atelier A2. L'heure de main-d'œuvre semble être représentative de la prestation de service fournie par cet atelier.

La main-d'œuvre est payée un fixe mensuel. Dans l'atelier A1, le coût total de la main-d'œuvre directe a été de 10 000 francs en mars 19X1. Dans l'atelier A2, le coût total de la main-d'œuvre directe a été de 9 000 F, toujours pendant le mois de mars 19X1. On peut considérer que l'activité de la main-d'œuvre en mars 19X1 a été normale et correspond à la charge d'heures budgétées en moyenne pour un mois d'activité. Le mois de juillet est traditionnellement chômé et payé. Les congés payés sont provisionnés sur les mois productifs.

Au début du mois de mars les comptes indiquent les stocks suivants :

— Matière première M1	: 0
— Matière première M2	: 0
— Composants C1	: 5 unités à 103 francs pièce.
— Composants C2	: 47 unités pour une valeur totale de 7 123 francs.
— Produits Alpha	: 20 unités à 901,5 francs pièce.
— Produits Oméga	: 15 unités à 655 francs pièce.
— Composants C1 en-cours dans A1	: 0
— Composants C2 en-cours dans A1	: 3 unités pour un coût total de 182 francs.
— Produits Alpha en-cours dans A2	: 0
— Produits Oméga en-cours dans A2	: 0

Tous les comptes de stocks sont valorisés selon la méthode CUMP.

L'activité du mois de mars peut être décomposée comme suit :

— Achats de matière première M1 : 275 unités facturées par le fournisseur à 2,8 francs par unité.

— Achats de matière première M2 : 500 unités facturées par le fournisseur à 4,8 francs par unité.

— L'atelier A1 a transféré 45 composants C1 et 103 composants C2 aux stocks de composants. A la fin du mois, il y a 5 unités de C1 en cours de fabrication dans l'atelier. On peut considérer que, sur la base de leur coût hors matières, elles sont achevées à 40 % et valent 220 francs. Pour tous les en-cours on considérera que la matière première et/ou les composants y sont toujours incorporés lors de la première opération, dès le lancement.

— L'atelier A2 a fabriqué 20 produits Alpha et 30 produits Oméga. Il n'y a aucun en-cours de fabrication à la fin du mois dans cet atelier. Toute la fabrication a été transférée aux stocks de produits finis.

— Dans les deux ateliers les gammes opératoires ont été respectées. Dans l'atelier A1 le journal du contremaître indique que 47 heures productives, sur les 250 heures productives enregistrées au total, doivent être affectées à la fabrication des composants C1. Dans l'atelier A1 le contremaître a noté que sur les 397 heures de machines que l'atelier a fourni, 303 ont été consacrées à la fabrication du composant C2.

Les coûts

En dehors des achats de matières premières et des coûts de main-d'œuvre évoqués plus haut, les coûts indirects du mois se sont montés à 23 230 francs, qui se répartissent comme suit entre les divers centres d'activité.

— Entretien	:	3 900 francs (fixe)
— Vapeur	:	2 400 francs (fixe)
— Approvisionnements/achats	:	630 francs (dont 310 F variables en fonction du nombre d'unités achetées, M1 et M2 confondues).
— Atelier A1	:	5 625 francs (dont 1 655 F de frais fixes)
— Atelier A2	:	3 600 francs (dont 900 F de frais fixes)
— Commercial	:	4 275 francs (25 % variable)
— Administration	:	2 800 francs (fixe)
		23 230 francs

Outre ces coûts, Mme André souhaiterait reconnaître, en charge supplétive, une rémunération des investissements bruts pour être sûre que ses coûts de revient reflètent un amortissement économique et non pas seulement l'amortissement fiscal inclus dans les 23 230 francs évoqués ci-dessus.

Le surplus d'amortissement représentant la différence entre l'amortissement économique souhaité par Mme André et l'amortissement fiscal, peut être identifié comme suit :

— Entretien	:	100 francs par mois d'activité
— Vapeur	:	100 francs par mois d'activité
— Approvisionnements/achats	:	100 francs par mois d'activité
— Atelier A1	:	300 francs par mois d'activité
— Atelier A2	:	300 francs par mois d'activité
— Commercial	:	200 francs par mois d'activité
— Administration	:	100 francs par mois d'activité

Les centres d'activité non directement liés à la production

A défaut de pouvoir trouver une unité d'œuvre satisfaisante, Madame André n'a jamais cherché à ventiler l'administration entre les ateliers. Elle a, par contre, traditionnellement alloué 3/5 des coûts d'administration à Alpha et 2/5 de ces coûts à Oméga, et elle les impute aux unités vendues.

Les centres d'activité entretien et vapeur fournissent des prestations à d'autres centres d'activité selon la répartition ci-après :

	Entretien	Vapeur
Entretien	0	0
Vapeur	25 %	0
Approvisionnements/achats	5 %	0
Atelier A1	25 %	6/7
Atelier A2	25 %	1/7
Commercial	20 %	0
Administration	0	0

Les ventes

On a vendu 30 produits Alpha à 1 166 francs pièce.

On a vendu 35 produits Oméga à 660 francs pièce.

a.) Complétez le tableau de répartition des charges indirectes et calculez le coût des unités d'œuvre pour chaque centre d'activité.

b.) Calculez le coût d'acquisition complet des matières premières M1 et M2. Présentez les fiches de stocks de M1 et M2.

c.) Calculez le coût de production unitaire complet de C1 et C2.

d.) Présentez les fiches de stock de C1 et C2.

e.) Calculez le coût de production unitaire complet de Alpha et Oméga.

f.) Présentez les fiches de stock de Alpha et Oméga.

g.) Présentez le compte de résultat analytique. Ce résultat correspond-il à celui que trouverait la comptabilité générale ? Pourquoi ?

h.) Un fournisseur offre d'approvisionner Madame André en composants C2 au prix de 150 francs l'unité livrée dans l'atelier, selon un contrat à long terme qui garantirait les mêmes délais et qualité d'approvisionnements qu'actuellement.

Est-ce intéressant ? Pourquoi ?

5-19

Nathanaël Van de Lair a créé en 19X1 une entreprise qui porte son nom. Son entreprise fabrique un engrais synthétique à partir de l'air du temps et de l'eau de la rivière sur laquelle l'usine est installée. L'usine a sa propre centrale électrique au fil de l'eau. Le personnel ne se compose que d'ingénieurs de très haut niveau qui sont tous payés un fixe mensuel et qui seraient difficilement remplaçables. Le volume de production peut être modifié à volonté en changeant quelques réglages.

L'entreprise n'a donc que des coûts fixes et aucun coût variable. Ne connaissant pas exactement le marché pour son engrais synthétique, Nathanaël Van de Lair a décidé de produire 20 tonnes de produit pour la première année. Les ventes de la première année n'ayant été que de 11 tonnes, l'équipe de direction a décidé de ne produire qu'à la demande à partir de 19X2.

Les données sur les coûts, les ventes et la production sont résumées ci-dessous pour les deux premières années de l'entreprise.

	19X1	19X2
Ventes	11 tonnes	9 tonnes
Production	20 tonnes	0 tonne
Stock initial	0	9 tonnes
Stock final	9 tonnes	0
Prix de vente	3 francs/tonne	3 francs/tonne
Coûts de fabrication	28 francs	28 francs
Frais commerciaux	2 francs	2 francs
Frais généraux administratifs	3 francs	3 francs

a.) Présentez le compte de résultat en comptabilité analytique et en comptabilité générale en coût complet historique pour chaque année et pour la période 19X1-19X2.

b.) Présentez le compte de résultat en comptabilité analytique et en comptabilité générale en coût variable pour chaque année et pour la période 19X1-19X2.

c.) Quel est le coût de production complet des marchandises vendues pour chaque année ?

d.) Quel est le point mort pour chaque année ?
Le choix du coût complet ou du coût variable affecte-t-il votre réponse ?

e.) Quelle est la valeur du stock final à fin 19X1 et à fin 19X2 ?

f.) Quelle est, selon vous, celle des deux méthodes, coût complet ou coût variable, qui est la plus utile ?

5-20

Sam Lebelic'h est un fabricant de fauteuils.

Son usine comprend un magasin de bois, un atelier de menuiserie qui est très mécanisé, un magasin de fauteuils semi-finis, un atelier de tapisserie, un magasin de produits finis. Le bâtiment abrite également le service achats/approvisionnements, le service entretien et les bureaux de l'administration et du commercial.

Les 10 ouvriers de l'atelier menuiserie peuvent fournir chacun un maximum de 152 heures productives par mois. Chacun touche un salaire minimal représentant un coût mensuel, charges comprises de 3 000 F, auquel s'ajoutent 50 F (charges sociales comprises) par heure productive au-delà des 60 premières heures productives. Ainsi, en janvier, le coût des ouvriers menuisiers s'établit-il à 5 750 F par personne, pour une activité individuelle de 115 heures productives.

Le principe appliqué est le même pour les 20 ouvriers tapissiers, le coût avec charges sociales s'établit à 2 700 F de salaire fixe par ouvrier et le coût des heures productives au-delà de la 60e s'élève à 45 F. Ainsi l'entreprise a supporté en janvier un coût total de 4 950 F par ouvrier pour une activité individuelle de 110 heures productives.

L'ouvrier d'entretien est payé mensuellement. Son salaire représente 12 500 F par mois, charges sociales comprises. Il consacre 109 heures aux machines à bois et 16 heures à l'atelier de tapisserie chaque mois, (pour toute son activité). Le coût représenté par ce salaire est inclus dans les coûts fixes indirects mentionnés ci-après.

Pour janvier, la somme des coûts indirects encourus a été de 436 600 F répartis ainsi :

1) Coûts variables 207 000 F décomposés en :

— Frais du service achats/approvisionnement : 59 000 F.

— Autres frais d'atelier de production : faute de meilleure mesure de variabilité, à ce stade, on les considèrera comme sensiblement proportionnels au nombre d'heures de main-d'œuvre productive directe, mais on ne sait pas les ventiler de façon satisfaisante entre les ateliers pour le moment.

2) Coûts fixes : 229 600 F, qui comprennent

— Les coûts fixes de la menuiserie (principalement les amortissements des appareils automatiques) ainsi que les coûts fixes de la tapisserie. On ne sait pas les distinguer à ce stade.

— Les coûts fixes de distribution et de vente ont été de 47 000 F (il n'y a pas de coûts variables de distribution).

— Le salaire de l'ouvrier d'entretien.

— Les coûts fixes d'administration dont le montant n'est pas, à ce stade, distingué des coûts fixes de production et qui sont donc attachables (en coût complet) aux divers produits fabriqués, au prorata des heures de main-d'œuvre.

En janvier, l'atelier menuiserie n'a fabriqué que 575 fauteuils Saba qui ont été transférés au magasin de semi-finis. L'atelier tapisserie a terminé 1 100 fauteuils Saba. Il n'y a aucun en-cours de fabrication, tant au début qu'à la fin du mois dans les ateliers de production.

Les données de fabrication d'un fauteuil Saba sont les suivantes :

Menuiserie : Bois : 7 mètres linéaires
Main-d'œuvre : 2 heures productives
Heures de machine à bois : 5 heures.

Tapisserie : Tissu : 3 mètres
Main-d'œuvre : 2 heures productives
Heures de machine à coudre : 0,10 heure.

Les stocks initiaux étaient les suivants au 1/1/19X1 (valorisés en coût complet) :

Bois : 12 000 mètres linéaires à 25 F le mètre
Tissus : 20 000 mètres à 17 F le mètre.
Fauteuils semi-finis : 525 fauteuils modèle Saba à 650 F pièce (ce coût unitaire se décompose en 365 F de coûts variables unitaires et 285 F de coûts fixes de production alloués).
Fauteuils semi-finis : 300 fauteuils modèle Aloès à 720 F pièce (ce coût unitaire se décompose en 392 F de coûts variables unitaires et 328 F de coûts fixes de production alloués).
Fauteuils finis : aucun.
Tous les stocks sont tenus selon la méthode FIFO.

En janvier les achats n'ont porté que sur 29 500 mètres de bois à 23 F le mètre, prix FOB, gare de départ. La section achats/approvisionnement n'a pas de coûts fixes et les coûts variables afférents à cet achat ont été de 59 000 F.

Les frais de matière première, de main-d'œuvre directe et les frais variables incorporés dans le stock de Saba semi-finis disponible début janvier représentaient 191 625 F. Les 1 100 fauteuils Saba terminés ont été vendus 1 200 F pièce.

a.) Calculer les mouvements de stock de bois et de tissus.

b.) Quel est le taux d'imputation des coûts indirects de production par heure de main-d'œuvre productive directe (les deux ateliers confondus, à ce stade) :

— en coût variable ?
— en coût complet ?

c.) Quel est le coût de fabrication d'un fauteuil Saba en janvier :

— en coût variable ?
— en coût complet ?

d.) Quel est le résultat analytique d'exploitation :

— en coût variable ?
— en coût complet ?

e.) En février, toutes choses restant égales par ailleurs, combien faut-il fabriquer et vendre de fauteuils Saba pour ne réaliser ni bénéfice, ni perte ? Vérifiez que le niveau d'activité point mort respecte les hypothèses de linéarisation faites dans vos calculs.

f.) En février, on introduit un nouveau modèle, le fauteuil Leah, un article bon marché, dont les données de fabrication sont les suivantes :

Menuiserie : Bois : 2 mètres linéaires
Main-d'œuvre : 1/2 heure productive
Heures de machine : 3 heures.
Tapisserie : Tissus : 1 mètre
Main-d'œuvre : 4 heures productives
Heures de machine à coudre : 1/2 heure.

Ce modèle sera commercialisé à 780 F pièce.

Les deux fauteuils Saba et Leah n'ont aucun problème de commercialisation, mais les ateliers de production ont une capacité limitée :

Menuiserie : 1 150 heures de main-d'œuvre productive
3 400 heures de machine à bois.
Tapisserie : 2 200 heures de main-d'œuvre productive
200 heures de machine à coudre.

Quelle combinaison de production/vente de Saba et Leah maximiserait le profit ?

g.) Une analyse de marché a montré que, pour le long terme, il serait bon d'élargir la gamme, et la production a donc été fixée à 300 Leah et 500 Saba.
Si toute la production est vendue, quel est le coût de revient commercial unitaire complet d'un Leah et d'un Saba ? On se souvient qu'à ce stade on ne peut toujours pas différencier les deux ateliers ni l'administration.

h.) L'expert-comptable a fini la préparation du bilan de 19X0. Il propose à Sam Lebelic'h, qui accepte, de consacrer un peu de temps à décomposer les coûts indirects de février en plusieurs centres d'analyse et en coûts fixes ou variables. Voici les résultats de son analyse pour février :

	Coûts fixes	*Coûts variables*
Administration	35 000 F	—
Entretien	12 500 F	—
Approvisionnements	—	0
Menuiserie	108 100 F	136 000 F
Tapisserie	27 000 F	33 000 F
Distribution	47 000 F	—
	229 600 F	169 000 F

1. Quelle(s) unité(s) d'œuvre peut-on envisager pour chaque centre d'analyse ainsi défini ?
Quelle unité d'œuvre recommanderiez-vous que l'on choisisse pour chacun des centres d'analyse ? Justifiez votre choix.

2. On considèrera l'administration comme un coût de période dans tout ce qui suit.

Pour les autres centres d'analyse, calculer le coût variable et le coût complet de l'unité d'œuvre choisie en 1.) pour le mois de février (volume d'activité défini en **g.**) : 300 Leah et 500 Saba).

3. Calculer le coût de production unitaire variable de chaque type de fauteuil fabriqué en février.

4. Calculer le coût de production unitaire complet de chaque type de fauteuil fabriqué en février.

5. Calculer le coût de revient commercial unitaire complet de chaque type de fauteuil fabriqué en février.

6. Calculer le coût de revient commercial unitaire variable de chaque type de fauteuil fabriqué en février.

i.) Compte tenu des informations recueillies jusqu'ici, quelle combinaison de production/vente maximiserait le résultat d'exploitation ?

Comparer ce résultat à celui de la question **f.**). Est-ce que le temps passé par l'expert-comptable à identifier les coûts comme indiqué dans la question **h.**) a été utile ?

j.) Présenter le compte de résultat analytique d'exploitation de février.

k.) Quelle est la valeur des stocks à fin février ?

6. LES COÛTS STANDARD ET L'ANALYSE DES ÉCARTS

Dans les quatre derniers chapitres, nous avons étudié le processus de calcul du coût de revient d'un objet ou d'un service et l'utilité décisionnelle de la connaissance des coûts. Mais nous n'avons pas complètement répondu aux besoins que nous avions exprimés dans notre introduction. Rappelons entre autres que nous souhaitions pouvoir :

— obtenir rapidement des informations permettant la prise de décision ;

— valoriser rapidement les flux physiques de biens et de services pour connaître le résultat d'exploitation et en analyser les composants ;

— évaluer le(s) résultat(s) observé(s) en les comparant avec le plan d'action prévisionnel de manière à prendre, dès que possible, toute action corrective ;

— hiérarchiser les problèmes à résoudre de façon à garantir la réalisation des objectifs de l'entreprise ;

— expliquer les causes de l'existence de problèmes.

Pour répondre à ces besoins, le coût historique que nous avons vu jusqu'à présent est inadapté et nous allons introduire le concept de coût standard (on dit également coût prévisionnel ou coût préétabli) qui, lui, répond exactement à ces besoins.

Un coût historique ne comprend que des éléments passés et connus avec précision.

Un standard est une norme, une mesure de référence, prédéterminée et permettant des comparaisons quantitatives ou qualitatives.

Un coût standard est une norme de coût qui représente les consommations de ressources et le coût d'obtention de ces ressources, que l'on estime devoir s'appliquer à une période future. Le coût standard est une estimation prévisionnelle du coût réel, et servira à mesurer les écarts entre coût prévisionnel et coût réel.

I - Les limites du coût historique.

1. Le coût historique est lent.

Le coût historique repose sur des consommations et sur des coûts de ressources connus. Or, pour connaître ces deux éléments il faut se placer après l'événement. De plus, les informations sont souvent disponibles avec un certain retard par rapport à l'événement que le coût est censé mesurer. Il y a deux causes à ce retard et à cette lenteur.

— Les lenteurs administratives.

Prenons un exemple : les factures provenant de tiers doivent être traitées dans les circuits administratifs normaux et, par nature, ces circuits prennent du temps ; ainsi en général la facturation se fait en fin de mois et non à chaque transaction. Les délais de poste sont aussi à prendre en compte ; après réception, les factures doivent être approuvées avec un bon à payer du responsable de la décision d'achat ; enfin suivent les procédures d'imputation sur les centres de responsabilité. Finalement, l'information concernant la décision n'est disponible sous forme de coût historique qu'avec un à deux mois de retard par rapport à l'événement qu'il mesure...

— La lenteur des procédures de calcul.

Une autre cause de retard dans l'obtention des informations provient des procédures de calcul que nous avons vues aux chapitres 4 et 5. En effet, on se souvient que le calcul du coût de revient est un calcul séquentiel. Afin de pouvoir calculer le coût de revient d'un stade de production, il faut que les calculs des stades antérieurs aient été complétés, puisque, par exemple, les méthodes de valorisation des stocks requièrent que les entrées aient été valorisées afin que les sorties puissent l'être... On voit donc que, plus le processus de production est complexe, plus l'information comptable historique sera lente et décalée dans le temps.

Le coût historique est donc inadapté pour répondre aux besoins rappelés en tête de chapitre, puisqu'il ne permet pas de réagir vite et de prendre des décisions correctives aussitôt qu'il faudrait. Le coût historique, par contre, est tout à fait adapté aux besoins de valorisation de la comptabilité générale qui a une finalité patrimoniale ainsi qu'une finalité d'aide à la décision d'acteurs externes à l'entreprise qui n'ont pas le même besoin de rapidité.

En synthèse, le coût historique est trop lent :

— parce qu'il doit attendre les données réelles,
— parce que les procédures de calcul sont séquentielles.

Le coût standard devra donc éviter ces deux écueils et travailler sur des données estimées, n'imposant pas un ordre particulier aux calculs.

2. Le coût historique est tourné vers le passé.

Par sa construction même, le coût historique ne prend en compte que les consommations passées et les coûts de ressources passés ; or, ni les uns ni les autres ne sont nécessairement de bonnes estimations des consommations ou des coûts futurs. Ce n'est pas parce qu'une pièce a consommé 2 kg de matières au cours de la période écoulée qu'elle en consommera nécessairement autant durant la prochaine période : on peut décider de changer de matière, on peut modifier la gamme opératoire afin de réduire les déchets, on peut changer de machine, etc.

Or la décision du gestionnaire porte, par définition, sur le futur. Pour préparer une décision, il est plus logique de prendre en compte les consommations et les coûts élémentaires les plus plausibles pour la période où la décision se matérialisera.

Le coût standard sera donc un coût prévisionnel représentant l'anticipation la plus vraisemblable possible de ce que sera la période considérée.

Ayant vu les limites du coût historique nous devons donc introduire un outil répondant de façon plus adéquate aux besoins des gestionnaires : c'est le coût standard.

II - Le coût standard.

Tout standard de coût comporte au moins deux standards élémentaires :

— les quantités de ressources consommées, telles qu'elles sont définies dans les nomenclatures (nature et quantité des matières et des composants) et dans les gammes de fabrication (temps de main-d'œuvre et de machine nécessaires à la transformation de la matière et des composants) (1) ;

— le coût unitaire prévisionnel des ressources consommées dans la fabrication du produit.

On peut donc représenter un standard comme une somme de produits entre, d'une part, les quantités définies dans la nomenclature et la gamme et, d'autre part, les coûts unitaires prévisionnels des ressources, ce que nous illustrons ci-dessous pour le coût standard de fabrication (on pourrait de la même manière trouver un coût standard de commercialisation) :

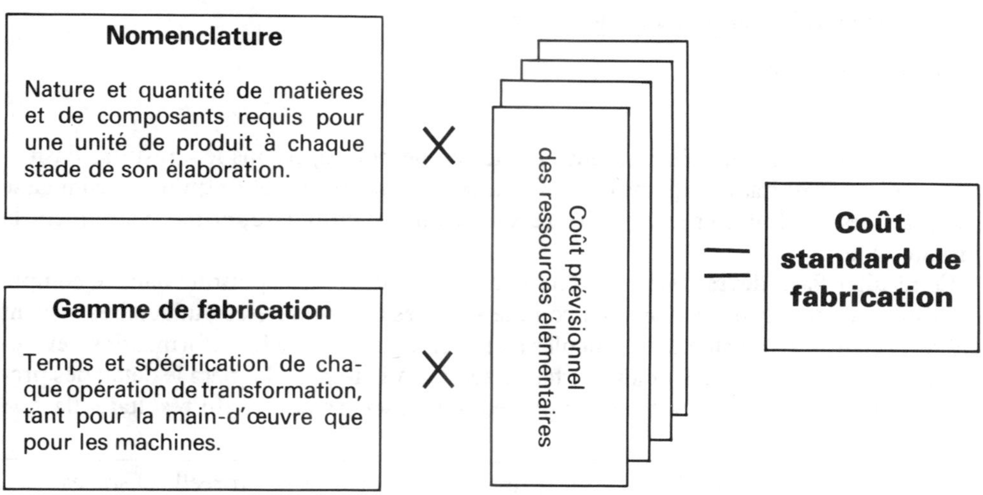

(1) Nous ne développerons pas ici les procédures par lesquelles un bureau d'études ou un département des méthodes définit, prévisionnellement, les gammes et les nomenclatures. Le lecteur désireux d'approfondir cette question pourra se reporter à tout livre de gestion de la production. Voir notamment : G. Baglin, A. Garreau, M. Greif et L. Maeder, *Gestion informatisée de la production et des stocks,* Weka, Paris, 1985 ;
M. Crouhy, *La Gestion informatique de la production industrielle,* Éditions de l'Usine Nouvelle, Paris, 1983 ;
M. Bussières, *Comprendre la gestion de production,* Éditions d'Organisation, Paris, 1983.

L'utilisation du coût standard.

Le coût standard, nous l'avons dit, sert à valoriser rapidement les flux. A cette fin, tous les mouvements de sortie d'un atelier ou de sortie de stock seront valorisés en coût standard de l'objet qui est transféré de l'atelier au stock (ou réciproquement).

Le coût standard, tout comme le coût historique, reflète l'accumulation progressive des coûts des ressources consommées. Tous les flux seront donc valorisés au coût standard s'appliquant au degré de finition de l'objet transféré (c'est-à-dire au coût standard, cumulé, des opérations de la gamme jusqu'à ce degré de finition). Puisque le coût standard est un coût prévisionnel, il nous suffira de connaître la gamme et la nomenclature de l'objet jusqu'à ce stade pour en connaître le coût de revient standard, sans qu'on ait, préalablement, à se poser de question sur la productivité, les coûts des ressources ou le niveau d'activité.

Le compte de résultat sera facile à obtenir avec les coûts standard puisque le coût de la production vendue s'obtient tout simplement en multipliant la quantité vendue par le coût standard de production.

Compte de résultat (en standard)

Coût de la production vendue = Quantité vendue × (Coût standard de production)	Chiffre d'affaires = Quantité vendue × Prix de vente
= Résultat industriel − Qté vendue × (coût standard commercial variable) − Budget des coûts commerciaux fixes	
= Résultat « flash »	

Le compte de résultat ainsi obtenu donne ce que nous appelons le « résultat flash », c'est-à-dire le résultat instantané dès la fin de la période, avant même qu'on ne connaisse les quantités produites et le coût des ressources mises en œuvre, et par conséquent la productivité.

Ce résultat flash devra, bien sûr, être corrigé ultérieurement puisque dans le compte de résultat ci-dessus nous avons fait comme si toutes les hypothèses budgétaires avaient été respectées. Ces ajustements, calculés au fur et à mesure que les informations deviendront disponibles, s'appellent les écarts. La section VI ci-après donnera le détail des procédures de calcul de ces écarts et des procédures de « correction » du résultat « flash ».

> **On appelle écart,** la différence entre une quantité ou une valeur réelle et son estimation prévisionnelle.
>
> Un écart peut être exprimé soit en unités physiques soit en unités monétaires.
>
> Un écart peut porter soit sur des données unitaires soit sur des données globales.

Nous allons voir comment le standard de coût est établi pour chacune des trois grandes catégories de coûts que nous avons identifiées au chapitre 5, à savoir les coûts de matières, et assimilés, les coûts de main-d'œuvre et les coûts indirects qui représentent les coûts liés à l'activité productive ou commerciale.

III - La détermination des standards.

Un standard est une norme stable.

Un coût standard sera particulièrement utile s'il ne fluctue pas constamment avec les variations d'activité, ou les évolutions ponctuelles des prix. Les gammes et nomenclatures ne sont en général modifiées que tous les six mois ou annuellement (sauf si la situation est particulièrement évolutive). Il en est de même pour les coûts standard, qui ne seront que très exceptionnellement modifiés sur une périodicité supérieure à six mois ou un an.

En effet, le troisième objectif que nous avons cité en introduction demande que l'on dispose d'un point de référence propre à donner au décideur la possibilité de comparer le réel avec le standard. Si on changeait le point de référence à chaque déviation, il ne serait plus possible de mesurer les écarts, un peu comme si on redéfinissait tous les jours le zéro d'un thermomètre en prenant la température à 7 heures du matin ; ce thermomètre ne serait pas utile d'un jour sur l'autre, puisque la référence serait variable.

Un standard est donc calculé pour une période assez longue (en général annuelle) afin de permettre au décideur de disposer d'une référence stable et fiable. D'ailleurs, même si le standard est un peu faux (et il le sera probablement toujours un peu, puisqu'il est prévisionnel), on le conservera comme référence, car il continuera à donner une mesure fiable des déviations.

Le standard de coût est donc une estimation prévisionnelle du coût portant sur l'année, que l'on utilisera, quel que soit le coût réel pour la valorisation des flux physiques dans l'entreprise.

Dans toutes les méthodes de calcul décrites ci-dessous on considèrera que l'on cherche à connaître le coût standard annuel. A cette fin, on supposera que le décideur a établi un budget en quantités physiques, c'est-à-dire un plan d'action quantifié et détaillé dans le temps et qu'il l'a communiqué au comptable analytique. En effet, c'est ce budget qui va lui permettre de savoir quand les consommations de ressources seront réalisées, et donc d'en déduire le coût standard moyen qui représentera le plus adéquatement possible l'activité de la période budgétaire [(2)]. Le comptable analytique (ou le contrôleur de gestion selon le cas) assurera la valorisation de ce plan d'action physique pour le transformer en un budget exprimé en termes financiers. Il utilisera à cette fin les coûts standard qu'il définit selon les modalités présentées ci-dessous.

1. Coût standard des matières, pièces et composants [(3)].

Le coût standard matière [(4)] d'un produit est le résultat de la multiplication d'une consommation physique prévisionnelle de matières par un coût unitaire prévisionnel de chaque matière.

---

(2) Le lecteur désirant approfondir la notion de budget est invité à consulter le livre de Bernard Méheut, *Gestion budgétaire de l'entreprise : plan-budgets-contrôle,* Éditions Hommes et Techniques, Paris, 1982.

(3) Comme nous l'avons dit plus haut, un standard est une norme stable. Il existe des matières telles que le pétrole, le naphta, le nickel, le cuivre, l'or, ou le café dont les cours varient de façon assez significatives à court terme sans que ces variations puissent être prévues à l'avance. Pour toutes les matières ou composants à caractère spéculatif, on ne calculera pas de standard. Ainsi dans la construction électrique, on calculera un coût standard des consommations matières hors cuivre et or. La valeur réelle du cuivre ou de l'or étant « injectée » dans le calcul au moment où on calcule le coût de la production vendue. Dans tout ce qui suit, nous ne parlerons que de matières ou de composants dont les marchés ne sont pas spéculatifs.

(4) Pour éviter d'alourdir le texte, nous emploierons le terme matière pour désigner l'ensemble des composants physiques d'un produit. Nous englobons donc dans ce terme aussi bien les matières premières proprement dites, que les composants, les pièces détachées, les sous-systèmes, etc.

a) La quantité standard de consommation de matières.

L'établissement du coût standard de matières, pièces ou composants, suppose une connaissance préalable du processus de production. Cette connaissance se traduit par l'établissement d'une nomenclature indiquant toutes les matières et tous les composants qui seront requis pour fabriquer chaque produit.

La nomenclature du produit, mise à jour pour refléter toutes les connaissances dont on dispose au moment de l'établissement du standard, indique la quantité unitaire de chaque ressource qui sera consommée pour fabriquer un produit. Cette nomenclature inclut les déchets éventuels, la description précise de la matière. Elle est le reflet le plus à jour des travaux du bureau des méthodes pour définir comment la pièce ou le produit est fabriqué. Elle est l'expression d'hypothèses de « productivité » de consommation matières que le gestionnaire s'engage à respecter dans la réalisation du plan d'action retenu au budget.

b) Le coût standard unitaire de l'unité de matière consommée.

Le coût de la ressource sera, lui, plus difficile à prévoir. Il faudra en effet estimer l'évolution des prix et connaître le calendrier des consommations ou des achats de cette ressource.

Le standard de prix est la moyenne des prix prévisionnels pondérés par les quantités que l'on prévoit d'acheter à différentes dates au cours de la période.

Les prix prévisionnels peuvent résulter de calculs économiques et statistiques comme ils peuvent résulter de l'intégration d'informations connues portant sur l'évolution du marché de cette ressource, telle que contrats à long terme, mise en route de nouvelles unités de production, tensions prévisibles sur l'offre ou sur la demande, etc. (5). La prévision des prix des ressources requiert la connaissance d'un calendrier de mise en œuvre du plan d'action qui couvre les achats. En effet, selon la répartition des achats dans le temps, le coût moyen auquel on achètera les ressources pourra être différent.

Exemple :

Le budget physique communiqué par le responsable de production indique qu'au premier semestre la consommation de feuillard de maillechort sera de 800 kg et qu'au second semestre la consommation devrait tomber à 500 kg. Ce feuillard est utilisé pour découper des flans qui seront ensuite matricés pour faire des ébauches de fourchettes. Le stock de métal en début d'année étant perçu comme trop bas, il demande qu'on achète 200 kg supplémentaires au premier semestre pour le ramener à un niveau plus acceptable. Les achats du premier semestre seront donc de 1 000 kg, ceux du second semestre seront de 500 kg. C'est là son budget physique. Le service achats communique au comptable analytique ses prévisions pour le prix d'achat prévisionnel du maillechort : 35 F/kg au premier semestre et 38F/kg au second trimestre.

Le comptable analytique peut alors établir le coût standard du kg de maillechort tel qu'il sera pris en compte dans les calculs de coûts de revient des fourchettes au cours de l'année et dans la valorisation de stocks. En effet, en toute logique, il n'y a plus lieu de recourir à l'une quelconque des méthodes de valorisation de stock vues au chapitre 4 puisque toutes les entrées, et partant toutes les sorties, sont valorisées au coût standard. Le coût standard est donc :

$$\frac{35 \text{ F/kg} \times 1\,000 \text{ kg} + 38 \text{ F/kg} \times 500 \text{ kg}}{1\,000 \text{ kg} + 500 \text{ kg}} = 36 \text{ F/kg}$$

Ainsi on pourra, pendant toute la période, valoriser les consommations de maillechort à 36 francs par kg même si, en réalité, le prix au jour le jour peut ne pas être celui-là.

---

(5) Le lecteur désirant approfondir les techniques de prévision, consultera utilement le chapitre III du livre de Ch. Marmuse, *Les Aides à la décision,* dans la même collection, F. Nathan, Éditeur.

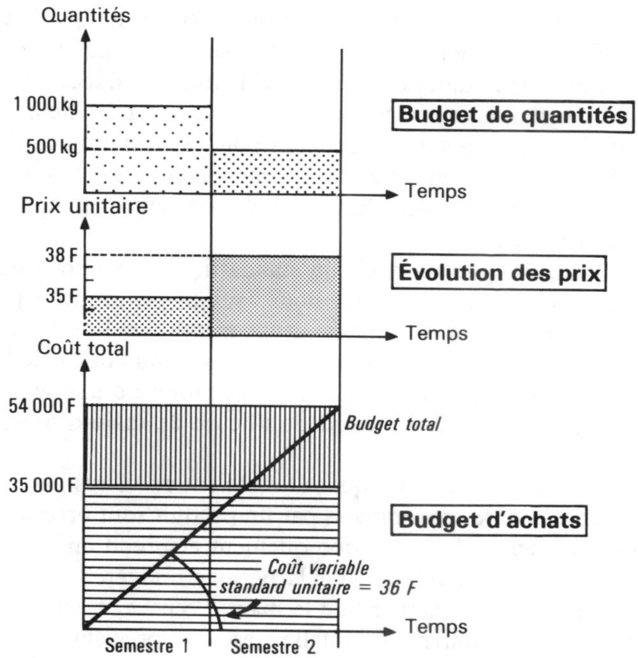

Si le budget de quantité est respecté, de même que sont respectées les prévisions de prix, le résultat de fin d'année sera le même, qu'on utilise le coût standard (36 F/kg dans notre exemple) ou qu'on utilise le prix réel payé. La grande différence se trouvant dans le fait qu'avec le coût standard on peut valoriser les flux d'entrées ou de sorties sans aucun délai, ce que le coût historique n'aurait pas permis de faire.

Mais, comme il est peu probable que les prévisions soient respectées avec une extrême précision, il y aura lieu de tirer les écarts et de les analyser afin de rectifier le résultat d'exploitation pour retrouver, avec le délai normal de la comptabilité générale, le même résultat que celui trouvé par cette dernière. Ce sera l'objet de la section V.

2. Le coût standard de main-d'œuvre.

Dans les cas où la main-d'œuvre est payée à l'heure ou à la pièce, c'est-à-dire si elle représente un coût variable, le problème de la détermination du coût standard est tout à fait analogue à celui concernant la matière vu ci-dessus, à la différence près qu'il ne peut pas y avoir de stocks.

Mais, de plus en plus, la main-d'œuvre salariée — même directe au sens où nous l'avons défini dans le chapitre 2 — est mensualisée et reçoit une rémunération fixe, indépendante (aux heures supplémentaires près) du nombre d'heures ouvrées.

Étant donné que nous devons attacher les coûts de main-d'œuvre au coût de revient, nous nous trouvons devant un dilemme. Tant que nous étions en coût historique, nous connaissions l'activité fournie par la main-d'œuvre à chaque produit (les ouvriers remplissent des bons de travaux qui indiquent sur quels produits et sur quelles étapes de la gamme opératoire de ces produits ils ont travaillé au cours de la journée ou de la semaine) et, comme dans le chapitre 5, nous calculions un coût moyen de l'heure de main-d'œuvre en divisant la rémunération, charges incluses, par les heures productives. C'était faisable car nous nous trouvions toujours *a posteriori* et, par conséquent, le dénominateur (nombre d'heures travaillées) était connu. En comptabilité prévisionnelle, le problème devient plus complexe puisque nous ne connaissons pas *a priori* le nombre exact d'heures qui seront travaillées par les ouvriers.

Le nombre exact n'est pas connu et la répartition dans le temps de ces heures peut être très variable. En effet, le nombre de jours ouvrés varie chaque mois ; les vacances viennent en plus réduire le nombre de jours et d'heures travaillées, et leur positionnement exact ne peut pas toujours être connu à l'avance ; il y a des heures supplémentaires ; il y a des intérimaires qui sont embauchés pour donner un coup de main en cas de besoin ; etc. De telles situations affectaient grandement les coûts historiques en faisant varier le coût de revient complet d'une période sur l'autre et augmentaient le délai requis pour le calcul des coûts.

En comptabilité en coûts prévisionnels ou standard, nous voulons pouvoir valoriser les flux très rapidement. Cela veut dire que nous voulons par exemple pouvoir valoriser la production d'un atelier en fin de semaine avant même que l'on ne sache quelle sera la production totale du mois. Pour cela nous voulons pouvoir connaître le coût de main-d'œuvre attaché à un produit par une simple multiplication : quantité de main-d'œuvre consommée multipliée par le coût standard de l'heure de main-d'œuvre.

De même que, pour les matières, les quantités étaient précisées par la nomenclature, les quantités de main-d'œuvre consommées par un produit sont précisées par la gamme opératoire. Celle-ci est remise à jour périodiquement et prend en compte les gains de productivité réalisés et ceux envisagés pour la période budgétée.

Pour pouvoir estimer le taux standard de la main-d'œuvre, c'est-à-dire le coût standard d'une heure de main-d'œuvre, il va falloir estimer prévisionnellement l'activité. En effet, le taux pour un centre de responsabilité est le résultat de la division de la masse salariale prévisionnelle de ce centre, y compris les charges, les congés payés, les heures supplémentaires prévues, les recours prévus à des intérimaires par le nombre d'heures productives que va requérir l'activité productive ou commerciale prévue à son budget.

Le budget va nous donner l'activité prévue pour l'année. Le gestionnaire, de plus, s'engage — et c'est là toute la finalité des budgets comme outil de gestion — à faire tout pour que la réalisation soit aussi proche que possible du budget. Le comptable analytique peut alors faire ses calculs de coûts prévisionnels comme si le budget était véritablement la réalité.

On pourra alors valoriser la consommation de main-d'œuvre de chaque produit dans chaque atelier et à chaque stade du processus de transformation, avant même de savoir combien on va en produire ou combien on va produire des autres articles fabriqués par l'atelier. En effet, on choisit pour calculer le standard de main-d'œuvre, le niveau d'activité qui correspond aux plans d'action budgétés. On peut donc valoriser tout article produit dans un plan d'action en faisant l'hypothèse que tous les autres plans d'action seront respectés et que, par conséquent, le niveau d'activité global, utilisé au dénominateur dans notre calcul, sera bien respecté.

Exemple :

Un ouvrier, compte tenu de 5 semaines de vacances et de 39 heures par semaine, doit environ 1 750 heures de présence à son employeur. Le budget fourni par le gestionnaire indiquera combien d'heures productives, c'est-à-dire combien d'heures attachables aux produits, seront requises par la production budgétée.

En plus, le budget précise les hypothèses de temps improductifs tels que les temps de pause légaux, les temps de communication, les temps de délégation syndicale ou au comité d'entreprise, les temps de formation, etc. On considérera, et c'est non loin de la pratique, que 20 % du temps de présence est improductif et que l'entreprise pourra utiliser de façon productive toutes les heures ainsi fournies. Chaque ouvrier peut donc fournir : 1 750 × 0,8 = 1 400 heures productives.

Si le budget de production montre qu'on utilisera ces heures à 100 %, ce nombre sera alors utilisé comme dénominateur dans le calcul du coût moyen prévisionnel, c'est-à-dire du coût standard [6].

Si le service du personnel nous indique que l'ouvrier représente une charge annuelle de 130 200 francs, toutes charges prises en compte, le coût standard horaire de l'ouvrier pourra être calculé sans difficulté :

$$\frac{130\ 200 \text{ francs}}{1\ 400 \text{ heures}} = 93 \text{ F/heure}$$

Avec ce coût horaire standard on pourra valoriser les productions comme si le coût de l'ouvrier était variable alors que nous savons qu'il est en fait fixe. Cette approximation est sans conséquence au niveau décisionnel tant que l'on respecte toutes les normes implicites dans le budget, et en particulier qu'on utilise bien, en moyenne, les 1 400 heures productives par ouvrier.

Toute déviation sur l'une quelconque de ces normes (130 200 F/an, 39 heures/semaine, 47 semaines travaillées par an, 20 % de temps improductifs) rendra notre approximation erronée et devra donner lieu à une analyse d'écart que nous verrons en VI ci-après. Mais puisqu'en principe les gestionnaires feront tout leur possible pour que le budget soit respecté, notre approximation, qui aurait pu nous paraître peu justifiée en coût historique, devient tout à fait acceptable en coût standard et va nous permettre de valoriser très rapidement les flux et de connaître le résultat flash. Il nous suffira de rectifier, *a posteriori*, ce dernier du montant des écarts pour que nous ayons non seulement le résultat historique, mais aussi une série de résultats anticipés, de plus en plus affinés, qui auront permis de prendre sans retard les décisions correctives qui s'imposent.

3. Les standards de coûts indirects : le coût standard d'unité d'œuvre.

a) Les coûts indirects, rappels.

Nous avons vu au chapitre 2 que les coûts se partageaient en deux grandes catégories : les coûts directs et les coûts indirects. Cette distinction repose sur « l'intensité » du lien de causalité entre la fabrication (ou la commercialisation) du produit (ou du service) et la consommation de ressource qui est mesurée par le coût.

En général, la matière, les composants et la main-d'œuvre sont considérés comme des coûts directs et sont attachés aux produits au prorata des quantités consommées. Nous avons vu dans les deux sections ci-dessus comment on pouvait définir des coûts unitaires prévisionnels pour ces coûts directs.

Les autres coûts, en revanche, sont des « coûts d'environnement », c'est-à-dire qu'ils représentent des consommations qui ne sont pas directement liées à l'activité elle-même.

---

(6) Si par contre, on estimait qu'on ne pouvait utiliser effectivement que 1 300 heures sur les 1 400 disponibles, on aurait le choix soit de prendre 1 300 comme dénominateur, et cela reviendrait à faire supporter la charge de la sous-utilisation de capacité par la production budgétée au risque de devenir non compétitif, soit de prendre 1 400 heures ou tout autre chiffre vraisemblable, ce qui représenterait un effort volontariste pour l'activité commerciale ou de production. Si la pleine utilisation de la capacité n'est pas garantie à court terme, il vaut mieux prendre 1 400 heures comme dénominateur ; si par contre la sous-utilisation de la capacité est structurelle et à long terme, il vaut mieux prendre un chiffre plus faible comme dénominateur, quitte à générer sciemment des écarts défavorables. Ces écarts ayant l'avantage de rappeler constamment aux gestionnaires le besoin soit d'augmenter l'activité, soit de réduire les effectifs et les frais de structure.

Ils représentent la constitution et l'utilisation d'un environnement à l'intérieur duquel l'activité productive peut prendre place. Comme nous l'avons vu au chapitre 5, ces coûts sont attachés aux produits en deux étapes : l'attachement des coûts (1) à des centres de responsabilité ou sections homogènes, puis (2) par le biais d'une unité d'œuvre, appelée aussi ressource intermédiaire ou unité de service qui mesure la prestation fournie par le centre de responsabilité, à un autre centre de responsabilité ou à un produit particulier.

b) Coût standard complet ou coût standard variable ?

La comptabilité en coûts standard peut être utilisée aussi bien avec la méthode des coûts variables qu'avec la méthode des coûts complets. Les mêmes choix que nous avons vus dans les chapitres précédents existent toujours et, selon les besoins du gestionnaire, le comptable analytique utilisera l'une ou l'autre des deux méthodes, ou même les deux conjointement, dans le travail en coûts prévisionnels.

Il est cependant traditionnel de travailler en coût standard complet dans la phase d'utilisation du système au cours de l'exercice comptable, puisque :

— la valorisation des flux est d'une importance primordiale (on veut pouvoir connaître rapidement le résultat de l'activité) ;
— les décisions de gestion (donc de niveau d'activité et d'allocation de ressources) ont déjà été prises et le budget les reflète.

Cependant, dans la préparation du budget (phase où se décident les choix), on aura travaillé le plus souvent avec la méthode des coûts variables afin d'éclairer les alternatives possibles comme nous l'avons vu, par exemple, dans le chapitre 3.

Lorsque nous parlerons de coût standard d'unité d'œuvre nous nous placerons dans le cas général du coût complet. Le lecteur pourra adapter, selon ses besoins, les concepts à tout autre base d'accumulation des coûts telle que coût variable ou toute forme de coût partiel.

Les coûts indirects ou coûts d'environnement sont, en général, des coûts que nous avons appelés des coûts mixtes, en ce sens qu'ils comportent une partie fixe et une partie variable.

Le comportement prévisionnel d'un tel coût, à l'intérieur d'une plage pertinente d'activité, est décrit par une équation linéaire :

Coût total = (coût variable unitaire × quantité d'activité) + coût fixe

En pratique, une telle équation est souvent remplacée par un tableau de chiffres qui donne le résultat du calcul par tranche d'activité, par exemple par tranches de 5 % entre 75 % et 110 % de l'activité « normale ». L'avantage de cette présentation est : (1) qu'elle permet une lecture rapide du montant des coûts qui correspondent à tel ou tel niveau d'activité ; (2) qu'elle n'oblige pas à séparer les coûts variables des coûts fixes de façon aussi rigoureuse que pour établir une équation, travail qui est, on l'a vu au chapitre 2, assez complexe et toujours sujet à caution. Dans le reste de ce chapitre nous travaillerons cependant avec les équations de coût qui sont plus fines que les tableaux et qui englobent, en fait, toutes les valeurs qu'une présentation en tableau pourrait contenir.

Le coût standard est établi en coût complet. Il va donc y avoir simplement un taux d'absorption des coûts indirects qui correspondra au coût unitaire de l'unité d'œuvre que nous avons vu au chapitre 5. Ce taux standard est obtenu en divisant le coût total (ici coût total indirect – mais ceci est vrai au niveau de tous les coûts) correspondant au niveau d'activité budgétée, par ledit niveau d'activité.

Comme nous avons vu pour la matière et pour la main-d'œuvre, il nous faudra définir, préalablement à la construction du taux standard de l'unité d'œuvre, un budget d'activité qui nous indiquera quelle sera, selon toute vraisemblance, la quantité d'unités d'œuvre qui sera requise pour créer l'environnement dans lequel l'activité budgétée pourra prendre place.

Le taux standard de l'unité d'œuvre se calculera donc de la façon suivante :

$$\frac{\text{coût unitaire variable} \times \text{quantité d'U.Œ.} + \text{coûts indirects fixes}}{\text{quantité d'U.Œ. prévue au budget}} = \text{taux standard/U.Œ.}$$

où U.Œ. est l'abréviation d'unité d'œuvre.

Nous avons donc maintenant quatre (7) standards élémentaires :

1) un standard de consommation d'unité d'œuvre pour chaque produit, dans chaque atelier, qui nous permet de définir pour chaque atelier la « quantité d'unités d'œuvre » mentionnée dans la formule ci-dessus, et permet le calcul du taux standard qui lui est applicable,
2) un standard de coût unitaire variable pour l'unité d'œuvre de chaque atelier,
3) un standard de volume d'activité par produit (l'activité budgétée),
4) un standard de coût fixe, c'est-à-dire un montant budgété de ces coûts.

Exemple :

Dans l'atelier de matriçage des flans, le budget de la presse indique qu'elle devrait donner 3 000 000 de coups dans l'année, chaque coup permettant de créer une ébauche de fourchette ou de cuillère.

Les quatre standards dont nous avons parlé sont :
— standard de consommation : un coup par ébauche ;
— standard de coût variable : 270 francs/heure et 1 800 coups à l'heure, soit 0,15 franc par ébauche ;
— standard de volume : 3 000 000 coups par an ;
— standard de coût fixe : 15 000 francs par mois.

Le coût standard de l'unité d'œuvre pour l'atelier de matriçage est donc :

$$\frac{0{,}50 \times 3\ 000\ 000 + 15\ 000 \times 12}{3\ 000\ 000} = 0{,}21 \text{ F/ébauche}$$

Donc, chaque fois qu'une ébauche est fabriquée, déclarée bonne au contrôle de qualité, et transférée hors de l'atelier, elle absorbe 21 centimes de frais indirects. Les 21 centimes seront attachés au coût de l'ébauche après qu'elle aura reçu la prestation de « presse ».

Si toutes nos hypothèses sont respectées, la valorisation des flux par le taux standard sera rigoureusement identique à celle que donnerait l'emploi de la méthode du coût historique. Le gros avantage de l'utilisation d'un taux standard est, nous l'avons dit, la grande rapidité de calcul qu'elle permet.

Par contre il est rare que toutes les hypothèses soient vérifiées et, de même que pour la matière et la main-d'œuvre, toute déviation par rapport à l'un de ces standards rend l'estimation prévisionnelle du résultat erronée, et doit donner lieu à l'identification d'écarts qui sont analysés pour identifier les actions correctives requises soit pour ramener l'entreprise sur la « trajectoire » budgétée, soit pour éviter que de telles déviations ne se reproduisent.

---

(7) Nous voyons donc que les quatre standards ainsi définis représentent l'ensemble nécessaire et suffisant des normes requises pour qu'on puisse définir un standard, quelle que soit la nature du comportement du coût. On notera au passage que ces quatre standards élémentaires s'appliquent aussi au calcul des standards de matières et de main-d'œuvre.

c) Budget et budget flexible : quelle base pour le calcul des écarts ?

Dans le calcul des écarts, on vérifie si les hypothèses, sous-jacentes à l'équation de coût qui a servi à établir le standard, sont vérifiées. On va donc éliminer de notre référence les éléments sur lesquels le gestionnaire n'a pas véritablement d'action.

On appelle budget flexible le coût total prévisionnel qu'on aurait calculé, grâce à l'équation de coût, si on avait su, avant de faire le budget, quel serait le niveau d'activité qui allait réellement se produire.

Par extension, **on appelle droite de budget flexible** l'équation linéaire décrivant le comportement du coût.

Un budget flexible est ainsi un budget réajusté *a posteriori* qui reflètera les conditions réelles qui ont prévalu pendant la période. Grâce à notre connaissance prévisionnelle de l'équation décrivant le comportement des coûts, il suffit de connaître l'activité réelle pour savoir ce que le budget aurait dû être, si on avait eu une pré-science parfaite.

Le budget dont nous avons parlé jusqu'ici était toujours le budget prévisionnel (on l'appelle aussi budget statique), qui représente un point sur la droite de budget flexible : celui correspondant à l'activité prévisionnelle qui a été décidée. Mais de nombreux événements, non contrôlables, viennent perturber la mise en œuvre de ce budget. Le budget prévisionnel est un excellent outil de coordination *a priori* d'allocation de moyens et de choix de plans d'action, mais ce n'est pas un bon outil pour mesurer les déviations qui se sont produites pendant la période par rapport aux paramètres sur lesquels le gestionnaire s'est engagé, tels que productivité, absentéisme, respect des délais, etc. Le budget flexible, par contre, parce qu'il reflète les conditions réelles d'activité qui ont prévalu durant la période, représente une excellente base de référence pour juger du respect de toutes ces hypothèses sous-jacentes à l'équation de coût qui a été utilisée dans l'établissement du budget prévisionnel et dans le calcul du taux standard.

4. Budget flexible et coût absorbé.

On a vu, ci-dessus, pour les trois types de ressources, comment on définit le coût standard. On part de la droite de budget flexible de la ressource (c'est-à-dire des paramètres définissant son comportement prévisionnel) et, après avoir choisi un niveau d'activité budgété, on calcule le coût « moyen » de la consommation de cette ressource à ce niveau d'activité. Nous appelons coût standard unitaire ce coût moyen, qui n'est valable qu'au niveau d'activité budgété.

C'est par l'intermédiaire de ce coût standard que la production ou la commercialisation va absorber les coûts des ateliers ou des centres de responsabilité et les « transporter » vers le compte de résultat au prorata de l'activité. **Par absorber, on entend « s'attacher » des coûts ;** ainsi un produit auquel on a attaché 200 francs de coûts indirects dans l'atelier matriçage, a absorbé 200 francs qui font partie des coûts mis en œuvre dans l'atelier. Le but des coûts standard est de faire absorber, par les produits fabriqués dans un atelier, tous les coûts de cet atelier dans le cas où on opère au niveau d'activité prévu au budget et qui est le niveau auquel le standard a été établi.

On appelle droite d'absorption la droite qui passe par l'origine, qui décrit le montant des coûts absorbés à chaque niveau d'activité. C'est une droite dont la pente est égale au taux standard que représente le coût standard.

Par définition le coût total absorbé (calculé sur la droite d'absorption) et le coût total budgété (calculé sur la droite décrivant le comportement prévisionnel du coût) sont égaux au niveau d'activité budgété.

On a trois types de situations selon qu'on parle de coût fixe, variable ou mixte (semi-variable ou semi-fixe).

Coût fixe

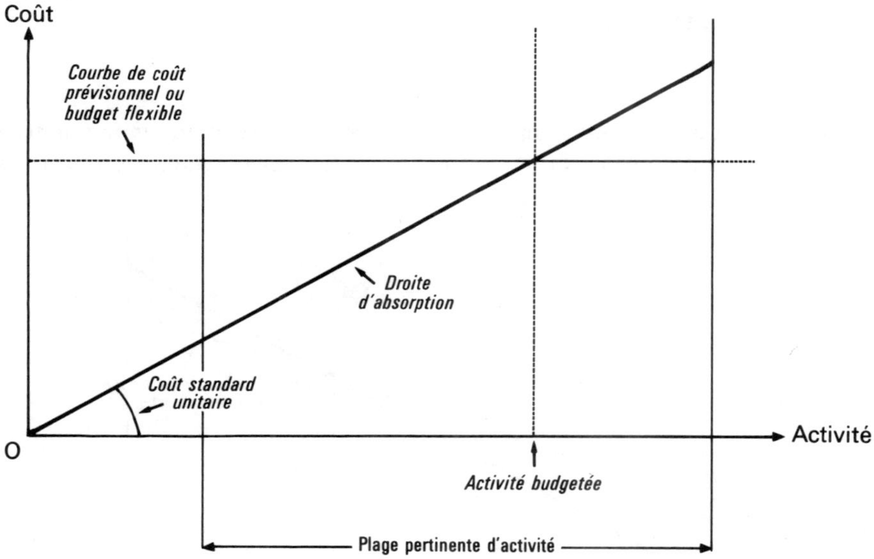

Comme on peut le voir sur le diagramme ci-dessus, la droite de budget flexible, pour une consommation de ressource qui est un coût fixe, est une horizontale, ce qui reflète bien que le coût ne varie pas avec l'activité. Par contre, la droite d'absorption passe par l'origine. Le coût standard dans ce cas est donc une « variabilisation » du coût fixe. Comme nous l'avons dit cette approximation est acceptable dans la mesure où les gestionnaires feront tout leur possible pour que le niveau d'activité prévu au budget soit respecté. Le gestionnaire pourra valoriser toute activité, même partielle, en utilisant le taux d'imputation (pente de la droite d'absorption) comme s'il connaissait déjà l'activité réelle de la totalité de la période et comme s'il connaissait les coûts réels.

Coût variable

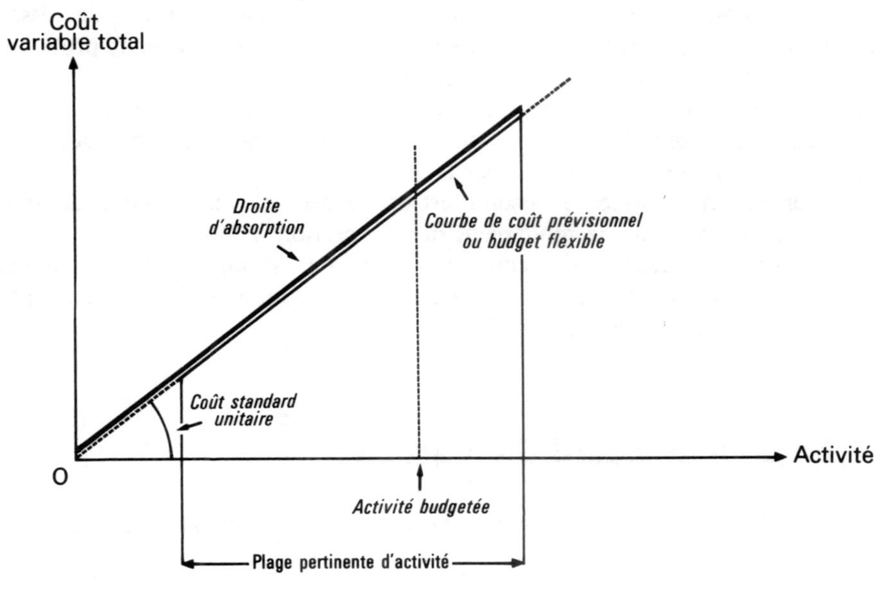

Comme on le voit sur le diagramme ci-dessus, dans le cas des coûts variables, il y a superposition de la droite de budget flexible et de la droite d'absorption dont la pente est égale au coût unitaire standard.

Les coûts mixtes

Un coût mixte est un coût qui comporte une composante fixe et une composante variable. Nous allons donc trouver ici une combinaison des deux diagrammes vus ci-dessus.

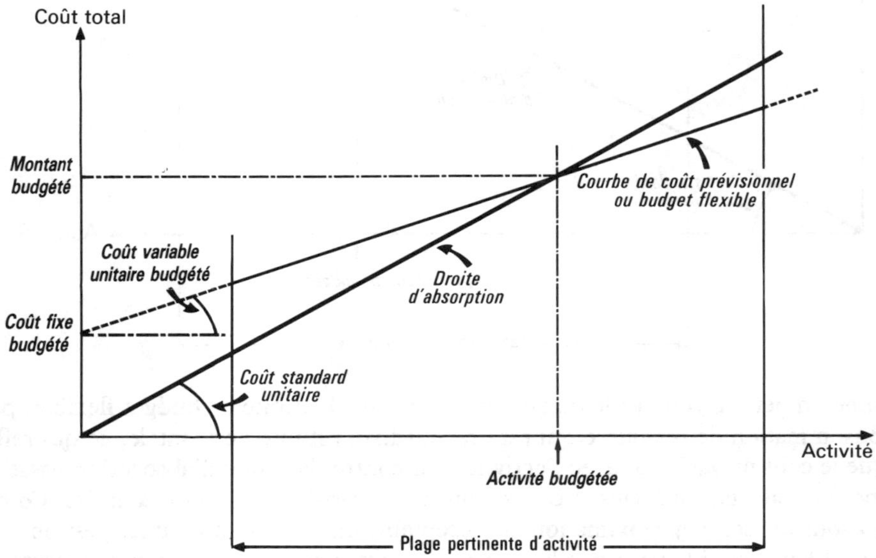

Comme on peut le voir sur ce diagramme, les deux droites de budget flexible et d'absorption sont différentes. Comme précédemment, la droite d'absorption (dont la pente est égale au coût standard) est une droite qui « variabilise » le coût total prévisionnel correspondant au niveau d'activité prévu dans le budget.

Dans les trois diagrammes ci-dessus, nous n'avons pas précisé l'unité dans laquelle l'activité était mesurée. En fait, elle peut être mesurée soit en unités de ressources — on a alors un coût standard par unité de ressource —, soit en unités de produits finis — on a alors un coût standard par produit fini.

Il est très important de bien se souvenir que ces deux types de coûts standard — par unité de ressource et par produit fini — sont liés entre eux par une norme qui est représentée soit par la nomenclature, soit par la gamme.

Dans le cas où cette norme de liaison n'est pas respectée nous aurons donc un écart, que nous appellerons écart de rendement dans la section V.

Nous avons vu dans cette section comment les standards sont élaborés. Voyons maintenant comment on peut regrouper ces calculs détaillés pour avoir le coût standard d'un article à un stade de son élaboration.

IV - Le coût standard d'un article.

Reprenons l'exemple d'une fourchette et calculons le coût de fabrication standard de l'ébauche :

Coût matière :	0,05 kg × 36 F/kg =	1,8 franc
Coût main-d'œuvre :	1/1 800 heures × 93 F/heure =	0,052 franc
Coût indirect absorbé :		0,21 franc
Coût standard d'une ébauche de fourchette :		2,062 francs

Ainsi chaque ébauche transférée en aval[8] se verra attribuer le coût standard de 2,062 francs et absorbera d'autant les coûts du centre de responsabilité de matriçage. Donc, si on produit 1 850 ébauches de fourchettes pendant le mois de mars, on aura une production dont la valeur standard sera 2,062 F × 1 850 = 3 814,70 francs. On peut dire également que la production de ce lot d'article a absorbé 3 814,70 francs.

Si on regarde le compte de résultat de l'atelier on voit qu'il est crédité de cette somme. Si les débits sont les coûts réels encourus par cet atelier, la différence est la somme des écarts qui doivent être expliqués, et dont le solde doit servir à corriger le résultat flash.

Toute production transférée en aval est toujours valorisée en standard. Par conséquent :

— tous les écarts qui se sont produits à propos de cette production dans le centre de responsabilité doivent être identifiés dans le centre de responsabilité,

— tous les stocks sont valorisés en coût standard,

— la production d'un centre de responsabilité (c'est-à-dire les produits qui ont satisfait aux contrôles de qualité et ont été transférés vers un stock aval) peut être valorisée au fur et à mesure avant même que l'on connaisse les volumes, rendements ou coûts réels de la période considérée,

— tout centre de responsabilité situé en aval d'un autre ne perçoit jamais (tant que les flux de transferts ne sont pas interrompus) les déviations par rapport aux standards qui ont pu avoir lieu dans le ou les centres de responsabilité qui se trouvent en amont.

Règles

- Tous les écarts encourus par une production doivent être identifiés avant son entrée en stock.
- Toute production en stock est réputée avoir été produite en respectant toutes les normes qui ont servi à établir les standards.

V - Le calcul des écarts.

Afin de pouvoir se déconnecter de l'ordre chronologique d'obtention des informations, on est amené à créer des comptes d'écarts qui peuvent servir de contrepartie à une information qui devient disponible, sans pour autant que la transaction soit complètement connue.

Chaque écart « filtre » le non respect éventuel d'une des hypothèses que la construction des standards a requis : au crédit du compte d'écart, toute valorisation est supposée avoir respecté l'hypothèse (prix, quantité ou niveau d'activité) que ce compte filtre ; tandis qu'au débit de ce compte les valorisations se font avec les paramètres réels. Le compte d'écart est donc toujours équilibré si il y a eu respect de l'hypothèse qu'il doit vérifier,

(8) Nous entendons par **aval** d'un atelier les centres d'activité qui traitent le produit **après** son élaboration dans cet atelier. Inversement on parlera d'**amont** pour décrire des centres d'activité dont la tâche se situe **avant** cet atelier. Comme **la comptabilité analytique travaille surtout sur les flux,** les notions d'aval et d'amont, qui s'appliquent plutôt à une rivière, sont utilisées ici par souci de simplification pour décrire l'ensemble des activités qui se situent après ou avant l'atelier dont on mesure la production.

tandis que le compte d'écart sera déséquilibré dans le cas de non respect. Le solde de ce compte est ce que nous appelons un écart.

Il y a donc trois grandes familles d'écarts, trois types de filtre. Chacun répond à une question pour chaque standard de coût, et donc pour chaque produit dans chaque atelier et à chaque période. Il y a trois questions :

• Avons-nous produit suffisamment d'articles transférés à une étape aval pour que les coûts fixes de l'atelier aient été complètement absorbés par cette production ?

• Avons-nous utilisé les ressources ainsi obtenues avec la productivité qui avait été prise en compte dans le budget ?

• Avons-nous acquis les ressources au coût qui avait été pris en compte dans les prévisions ?

A chacune de ces questions répond un calcul d'écart spécifique.

1. L'écart de volume.

Cet écart répond à notre première question : avons-nous produit suffisamment d'articles transférés hors de l'atelier ou du centre de responsabilité pendant la période pour avoir absorbé tous les coûts fixes de ce centre de responsabilité ?

Il ne s'agit pas de savoir si la production a absorbé les coûts réels. En effet les coûts réels ne sont pas connus avant un certain temps (réception des factures et traitement administratif des factures, ventilation des factures par centre de responsabilité). La seule question qu'on puisse donc se poser dès la fin de la période est de savoir si la production qui a eu lieu a absorbé les coûts qu'on aurait dû encourir pour ce volume de production si les normes de prix et de productivité ont été respectées. On vérifiera ultérieurement, lorsque l'information sera disponible, si ces hypothèses ont été vérifiées. Ce sera le rôle des écarts de rendement et de dépense.

Exemple :

Le budget de production pour un mois moyen est de 272 800 ébauches. Sur cette base on a calculé un taux standard de 0,21 F qui permet d'absorber la totalité des coûts indirects qui se montent, en reprenant les données de l'exemple, à

57 288 F = 272 800 × 0,15 F + 15 000 F × (12/11). (En effet : on observera que 12/11 des frais fixes doivent être prévus au budget mensuel car avec les congés, il n'y a que 11 mois de production auxquels on puisse attacher des coûts.)

On en a déduit un coût unitaire de l'ébauche de 0,21 F c'est-à-dire [57 288 F/272 800]. Ce taux de 0,21 F par ébauche garantit bien que, si nous fabriquons 272 800 ébauches, nous aurons attaché aux ébauches la totalité des 57 288 francs de coûts que nous nous attendons à encourir en respectant les hypothèses de 0,15 F de coût variable par coût de presse, d'un coût de presse par ébauche, de 15 000 F de coûts fixes d'atelier par mois, et de 11 mois productifs dans l'année.

Nous nous intéresserons à un lot de 1 850 ébauches de fourchettes (lot qui entre dans la production mensuelle constituée de 270 000 ébauches). Le lot a absorbé 1 850 × 0,21 F soit 388,5 F des coûts indirects, fixes et variables, de l'atelier. On ne peut calculer d'écart de volume sur un lot particulier, puisque c'est la production totale qui va absorber, ou non, les coûts de l'atelier. La production du mois, tous lots confondus, a absorbé

270 000 × 0,21 = 56 700 francs.

Les frais qu'on aurait dû encourir pour une production de 270 000 ébauches sont de
270 000 × 0,15 + 15 000 × (12/11) = 56 864 francs.

Il y a donc un écart de 56 864 − 56 700 = 164 francs. C'est un écart de volume car il découle du fait que l'hypothèse de niveau d'activité faite au budget n'a pas été respectée ce mois-ci. On remarquera que, compte tenu de la manière dont les calculs sont faits, il ne peut pas y avoir d'écart de volume dû aux frais variables. En effet le taux standard de coûts variables 0,15 F est utilisé dans les deux éléments du calcul de l'écart : il a servi à déterminer le taux d'absorption de 0,21 F et il sert aussi à calculer le montant des coûts qu'on aurait dû encourir à ce niveau d'activité.

Si les coûts absorbés dans la valorisation de la production transférée hors de l'atelier sont inférieurs aux coûts qu'on aurait dû encourir, il y a sous-absorption (dans le cas inverse on parle de sur-absorption). Une sous-absorption équivaut à une sous-valorisation de la production transférée. Cela aboutira ultérieurement à une sous-estimation du coût de la production vendue. Un écart de volume est toujours viré au compte de résultat de la période pendant laquelle l'écart a été calculé. Ici, la sous-absorption amènera à alourdir les coûts reconnus dans la période, réajustant ainsi le coût de production vendue qui, valorisé au coût standard de la production est sous-estimé. Si on avait eu une sur-absorption, on aurait, au contraire, allégé les coûts reconnus dans la période car le coût de la production vendue aurait été surestimé.

Règle pour tous les écarts : tous les écarts sont virés au compte de résultat de la période de leur calcul.

En effet, comme nous l'avons dit, les comptes d'écart sont des comptes filtres. Ils doivent être soldés à la fin de chaque période, pour que la mesure de la déviation puisse continuer à fournir aux gestionnaires des informations pertinentes pour la recherche d'actions correctives.

2. L'écart de rendement ou écart de productivité.

L'écart de volume est le premier écart que nous puissions dégager, car il repose sur l'obtention de données physiques simples : les quantités de produits qui ont été transférés hors de l'atelier. Dans le calcul de l'écart de volume, nous comparions les coûts absorbés par la production avec les coûts qu'elle aurait dû faire encourir à l'atelier. Il est temps maintenant de vérifier si les hypothèses budgétaires ont été respectées.
Nous allons donc examiner la seconde question, qui est de savoir si nous avons utilisé, avec la productivité prévue au budget, les ressources dont nous avons disposé.

Le budget contenait les normes unitaires de consommation :

— la nomenclature indique la consommation standard de matières et de composants, et
— la gamme opératoire indique le standard de consommation de main-d'œuvre et d'unités d'œuvre pour chaque atelier.

Les consommations réelles de ressources sont mesurées soit par des bons de sorties de stock (pour les matières, les pièces, les composants, les consommables stockés), soit par des bons de travaux (pour la main-d'œuvre), soit par le journal de machine (pour les unités d'œuvre lorsque celles-ci sont les heures de machines) ; on peut sans grande difficulté, et presque en temps réel, sans même avoir à connaître le coût réel des ressources, comparer la consommation réelle observée et la consommation qu'aurait dû requérir la production transférée hors de l'atelier. On peut donc en tirer un écart qui permettra de mesurer les conséquences financières du respect ou non-respect du standard de consommation. A ce stade, on n'a pas encore connaissance du coût réel des ressources qui ont été consommées. La valorisation de l'écart physique de consommation, qui représente un écart de rendement, sera faite avec le coût standard de la ressource pour laquelle l'écart est calculé. On peut ainsi représenter l'écart de rendement par la formule suivante, pour chaque ressource utilisée dans le processus de production :

Écart de rendement $= (Q_r - Q_s) \times P_s$

où Q_r représente la consommation réelle de la ressource, Q_s représente la consommation, selon la norme prévue sur la nomenclature ou la gamme, pour la quantité d'articles réellement produits, et P_s est le coût unitaire standard de la ressource examinée.

Exemple :

En mars, les bons de sortie de magasin indiquent qu'on a sorti de stock 95 kg de maillechort (c'est Q_r) avec lesquels on a fabriqué des fourchettes. Le comptage, après le contrôle de qualité, indique qu'on a fabriqué 1 845 fourchettes. La gamme mentionne qu'il faut 50 grammes de métal pour faire une fourchette, dont 10 grammes sont des déchets. La consommation théorique (Q_s) aurait dû être de 1 845 × 0,05 kg = 92,25 kg.

Nous observons donc que nous avons sur-consommé 95 – 92,25 = 2,75 kg. Cet écart, connu rapidement en termes physiques, peut être valorisé sans problème puisque toute consommation a été faite en prenant les ressources sur le stock où elles sont valorisées au prix ou coût standard élémentaire. Nous avons donc un écart de rendement matière qui représente 2,75 kg × 36 F = 99 francs. Cet écart, maintenant valorisé, nous permettra de rectifier le résultat d'exploitation qui est surestimé en comptabilité en coûts standard de 99 francs, puisque le coût des 1 845 fourchettes a été, lui, sous-estimé d'autant.

Pendant la même période, les bons de travaux indiquent qu'un ouvrier a travaillé 1 heure pour fabriquer ces 1 845 ébauches. La consommation théorique (voir en IV ci-dessus) qu'aurait dû requérir cette production est de 1 845/1800 = 1,025 heure. Il y a donc un écart de rendement sur la main-d'œuvre pour cette commande de 1 – 1,025 = 0,025 heure. Ce qui valorisé au taux de l'heure de 93 francs de l'heure représente une économie de 2,325 francs par rapport à ce qu'on était en droit d'attendre. C'est un écart favorable, qui va nous amener à réduire au compte de résultat le coût de la production vendue qui est surestimé d'autant.

3. L'écart sur prix ou écart de dépense.

Cet écart répond à la troisième question : avons-nous acquis les ressources au coût prévu ?

Pour chaque type de ressource, qu'elle soit achetée à l'extérieur ou générée par l'entreprise elle-même (par exemple, dans une section auxiliaire) nous avons choisi d'en valoriser la consommation au coût unitaire standard. Celui-ci est, soit un coût variable prévisionnel (comme dans le cas des matières ou des composants), soit un coût « variabilisé » (comme dans le cas d'une charge fixe absorbée par la production au moyen d'un taux unitaire). Les coûts réels peuvent bien entendu se révéler différents, soit par suite d'une erreur de prévision, soit tout simplement parce que le coût standard, basé sur une moyenne annuelle, n'a pas lieu d'être, à chaque période, égal à la moyenne annuelle.

L'écart sur prix, ou écart de dépense, est donné par la différence entre le coût réel payé et celui que l'on avait prévu de payer pour les ressources acquises. Il y aura deux cas à analyser : le cas où la consommation de ressource est considérée comme un coût variable, et celui où elle est considérée comme un coût fixe.

a) Écart de prix pour les coûts variables.

Écart sur prix = (quantité de ressources acquises) × (prix réel payé – prix standard).

On notera que **l'écart sur prix est toujours calculé sur les quantités acquises** et non sur les quantités consommées. En effet il peut y avoir stockage de la ressource et les stocks sont toujours, par définition, tenus en standard donc toute consommation prise sur un stock sera automatiquement valorisée au coût unitaire standard.

Exemple :

Au cours du mois de mars, nous avons acheté 100 kg de maillechort à 35 francs le kg. Le standard est, on s'en souvient, de 36 F/kg. L'écart sur prix d'achat est donc de 100 kg × (36 – 35) = 100 francs. (On notera que dans le calcul de l'écart, la quantité consommée n'a pas été prise en compte). Cet écart de 100 francs est **favorable** puisqu'il résulte d'une « surestimation » du coût du métal dans la valorisation des entrées en stock. Le résultat d'exploitation en coût historique serait plus élevé de 100 francs que celui que nous trouvons en comptabilité analytique en coût standard puisque le coût de la production vendue serait plus faible de 100 francs. Il nous faudra donc augmenter le résultat d'exploitation obtenu en coût standard pour retrouver le résultat de la comptabilité générale, d'où le sens favorable. Nous verrons plus loin que le terme « favorable », qui est défini ici par rapport au compte de résultat, doit être interprété dans un autre contexte du point de vue « managérial ». En effet, cet écart peut très bien être compensé ultérieurement puisque les standards représentent toujours des moyennes valables sur des périodes assez longues.

b) Écart de dépense (prix) pour les coûts fixes.

Écart de dépense = montant réellement dépensé − montant budgété

L'écart de dépense est analogue dans sa signification à l'écart sur prix. Il est simplement plus facile à calculer puisqu'il suffit, pour l'obtenir, de comparer les montants réels et budgétés.

Exemple :

On a dépensé réellement, au mois de mars, 16 000 francs, le budget mensuel était de 15 000 francs. On enregistre pendant ce mois un écart **défavorable** de 1 000 francs. De même que, dans notre exemple précédent, nous avions défini favorable par rapport au compte de résultat, nous avons ici un écart défavorable car, même si toutes les autres hypothèses étaient vérifiées, nous aurions un résultat en standard qui serait surestimé par rapport à ce qu'il sera en coût historique.

4. L'écart joint : effet d'un double écart, prix et rendement.

Pour toutes les ressources considérées comme variables et non stockables, il y a une interaction entre l'écart sur prix et l'écart de rendement. En effet si nous appelons X_r toute grandeur réelle et X_s toute grandeur standard, l'écart total est :

Écart total = $(Q_r \times P_r) - (Q_s \times P_s)$

L'écart total peut se décomposer commet suit :

$$\underbrace{[Q_s \times (P_r - P_s)]}_{\text{écart de dépense}} + \underbrace{[(Q_r - Q_s) \times P_s]}_{\text{écart de rendement}} + \underbrace{[(Q_r - Q_s) \times (P_r - P_s)]}_{\textbf{écart joint}}$$

écart de dépense	écart de rendement	**écart joint**
responsabilité du service achats	responsabilité du service production	responsabilité conjointe, traditionnellement affectée au service achats

Les responsabilités sont claires pour $(P_r - P_s) \times Q_s$ et pour $(Q_r - Q_s) \times P_s$, ce sont des responsabilités qu'on peut attribuer sans ambiguïté aux services achats et production respectivement.

Mais qui est réellement responsable de l'écart joint $(Q_r - Q_s) \times (P_r - P_s)$? Une représentation graphique permettra sans doute de mieux visualiser le problème : un coût peut être représenté par une surface dans des coordonnées cartésiennes où l'axe des abscisses représente les quantités et l'axe des ordonnées représente les prix.

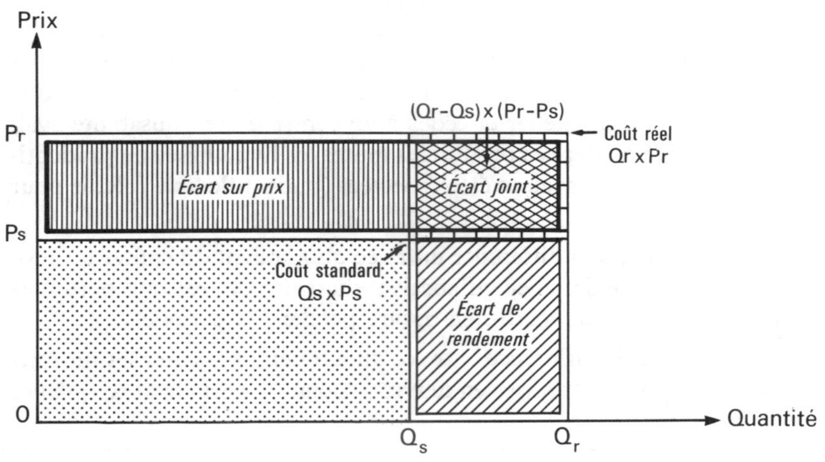

L'écart joint est représenté par la surface doublement hachurée. Plutôt que de laisser une ambiguïté quant à l'attribution de responsabilité pour la partie jointe de l'écart, la comptabilité analytique en coût standard choisit d'attribuer systématiquement la responsabilité de l'écart joint à la responsabilité « prix ».

L'écart sur prix est donc : $(P_r - P_s) \times Q_r$

L'écart de rendement est : $(Q_r - Q_s) \times P_s$

Cette assignation de responsabilité est cohérente avec le fait que lors d'achats stockables il n'y a pas d'écart joint, puisqu'il y a déconnexion dans le temps entre les achats et les consommations. De plus, les responsabilités des achats et de la consommation sont très fréquemment attribuées à des services différents. L'acheteur ne se préoccupe pas toujours de l'utilisation qui sera faite des ressources qu'il approvisionne. Ce en quoi il a d'ailleurs souvent tort. Par exemple, une matière non conforme aux exigences, mais achetée bon marché peut très bien donner un écart sur prix très favorable, mais engendrer, à terme, un écart de rendement au niveau de la consommation. Par notre règle d'attribution, nous encourageons l'acheteur à ne pas se préoccuper trop des conséquences — en dehors de l'écart sur prix, bien sûr — qu'il peut engendrer en aval.

Rechercher à expliquer les écarts sera le biais par lequel on dépassera l'attitude trop comptable du système. Tout écart sera accompagné d'une analyse qui indiquera les causes probables de son existence et les actions qui doivent être prises pour corriger les situations défavorables. L'analyse des écarts doit donc couper à travers la décomposition des centres de responsabilité et chercher à mesurer les conséquences d'une action dans toute la chaîne des conséquences qui en dérivent. Ainsi, l'écart de rendement défavorable sur les matières sera à rapprocher de l'écart sur prix, vraisemblablement favorable, qui aura été calculé lors de l'achat de ces matières (il se peut qu'il faille remonter dans le temps, car l'achat peut avoir eu lieu bien avant la consommation).

5. Présentation synthétique des trois types d'écarts.

On peut représenter sur un graphique les trois types d'écarts, volume, rendement et dépense. Dans le graphique ci-après, on remarquera que l'axe des abscisses est exprimé selon deux unités différentes. Dans les deux cas on mesure l'activité, mais, dans le premier cas (échelle supérieure), on la mesure en nombre de produits transférés hors de l'atelier, c'est la production au sens traditionnel du terme ; dans l'autre cas (échelle inférieure), on la mesure en unités d'œuvre, ou unités de ressources consommées dans la réalisation de l'activité du mois. L'activité correspond à une seule verticale si la norme de productivité (nombre d'unités de ressources consommées pour faire un produit fini) est respectée. C'est, par construction, le cas de l'activité budgétée.

L'écart de volume est la différence entre le montant des coûts absorbés par la production transférée hors de l'atelier (nombre de produits finis ayant reçu la totalité des prestations de cet atelier et cédés à un centre de responsabilité aval) et le coût qu'auraient dû coûter ces produits si toutes les hypothèses de productivité, de rendement ou de prix avaient été respectées (budget flexible calculé pour les produits transférés).

L'écart de rendement est la différence entre ce qu'auraient dû coûter les produits transférés hors de l'atelier et ce qu'auraient dû coûter les ressources (unités d'œuvre) qu'il a fallu, en fait, mettre en œuvre pendant la période.

L'écart de dépense est la différence entre ce qu'auraient dû coûter les ressources (unités d'œuvre) réellement mises en œuvre pendant la période et ce qu'elles ont effectivement coûté.

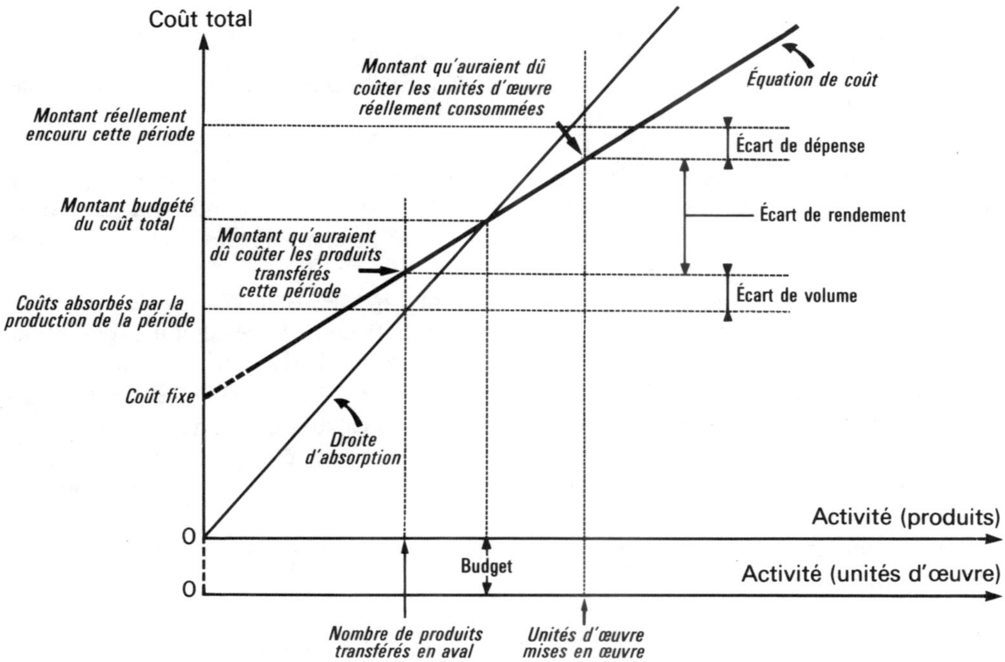

Les trois écarts sont indiqués par des segments fléchés. On peut alors en tirer les formules de calcul.

On voit que les définitions de la page précédente s'appliquent aussi bien à des écarts sur coûts variables (l'écart de volume sera alors nul, par construction), sur coûts fixes (l'écart de rendement sera alors toujours nul, par construction), que sur des coûts semi-variables ou semi-fixes (les trois écarts sont alors présents).

6. Pourquoi exprimer les écarts en unités monétaires ?

Dans les exemples ci-dessus, on peut se demander pourquoi nous avons tenu à transformer en francs des écarts qui, même exprimés en unités physiques, étaient tout à fait significatifs et utiles pour la recherche d'action correctives.

En fait la gestion est toujours une question d'équilibre entre coût et bénéfice. Par exemple, peut-être avons-nous consommé plus de métal que prévu parce que nous avons utilisé une main-d'œuvre moins qualifiée que celle prévue au budget ; or si la main-d'œuvre est moins qualifiée, elle est en général mois chère ; le gestionnaire veut donc pouvoir comparer l'économie sur les salaires avec le coût de la sur-consommation de matière ; le résultat de la comparaison sera de montrer s'il s'agissait d'une bonne ou d'une mauvaise décision.

Exemple :

Dans l'exemple ci-dessus, dans l'analyse de l'écart de rendement, on aura noté qu'il y a simultanément une sur-consommation de matière qui représente un coût excédentaire de 99 francs par rapport au standard et une économie de main-d'œuvre de 2,325 francs. Si, par exemple, le chef d'atelier a dit à son ouvrier de travailler aussi vite que possible, car il y a une extrême urgence commerciale sur cet article, il se peut très bien que la raison de la sur-consommation de matière soit le rythme élevé de travail de l'ouvrier. Le chef d'atelier peut en comparant les deux écarts, qui sont de sens inverse, voir si sa décision a été bonne ou mauvaise. En l'occurrence, la conséquence immédiate de son ordre a été de faire dépenser 99 − 2,325 = 96,675 francs de plus que normal. Apparemment, sa décision n'était pas bonne. Mais on peut aussi découvrir que grâce à l'accélération du travail par l'ouvrier on a pu tenir une date de livraison qui était assortie d'une pénalité de retard. En travaillant vite et « mal », l'ouvrier a évité une pénalité de 100 francs. Le résultat économique de la décision du chef d'atelier est donc en fin de compte bénéfique pour l'entreprise. Nous n'aurions pas pu mener cette analyse à bien si nous n'avions pas pu exprimer dans des unités homogènes l'écart de rendement matière, l'écart de rendement main-d'œuvre et la pénalité de retard.

La valorisation des écarts en unités monétaires permet de comparer les conséquences des décisions distinctes : le coût d'acquisition de la ressource et le rendement de l'utilisation de cette ressource. La valorisation permet aussi de comparer les conséquences de décisions portant sur des ressources distinctes.

La valorisation est très importante car elle permet que les écarts soient des outils de gestion à part entière, pas seulement des outils de rectification du résultat d'exploitation approximé (résultat flash), trouvé grâce aux coûts standard. On comprend alors pourquoi il nous faut valoriser l'écart de rendement au coût élémentaire standard. C'est le seul coût élémentaire dont nous disposions pour que le calcul puisse être fait aussi rapidement que possible. Et le seul moyen pour que cela puisse être possible est de créer un système de comptes d'écart qui permette de dégager les écarts de volume avant les écarts de rendement et avant les écarts sur prix.

Le système de comptes d'écart que nous allons voir maintenant permet précisément de répondre à cette attente.

VI - Le système des comptes en coût standard.

Les comptes d'écart vont agir comme des « comptes filtres », filtrant par rapport à une norme et une seule. Toute valorisation d'un flux en aval d'un compte d'écart est supposée être faite en respectant la norme en question. Tous les flux de coûts en amont de ce compte sont par contre valorisés en prenant les valeurs réelles par rapport à ce type de norme.

1. Le flux des matières.

Les comptes requis pour la matière sont décrits par le schéma ci-dessous, dans lequel au débit (c'est-à-dire à gauche) de tous les comptes d'écart les valeurs représentent des données réelles par rapport à la variable « filtrée » par ce compte d'écart. Inversement, au crédit (c'est-à-dire à droite) la valeur est exprimée en standard par rapport à cette variable. Les flux physiques sont indiqués par le sens des flèches.

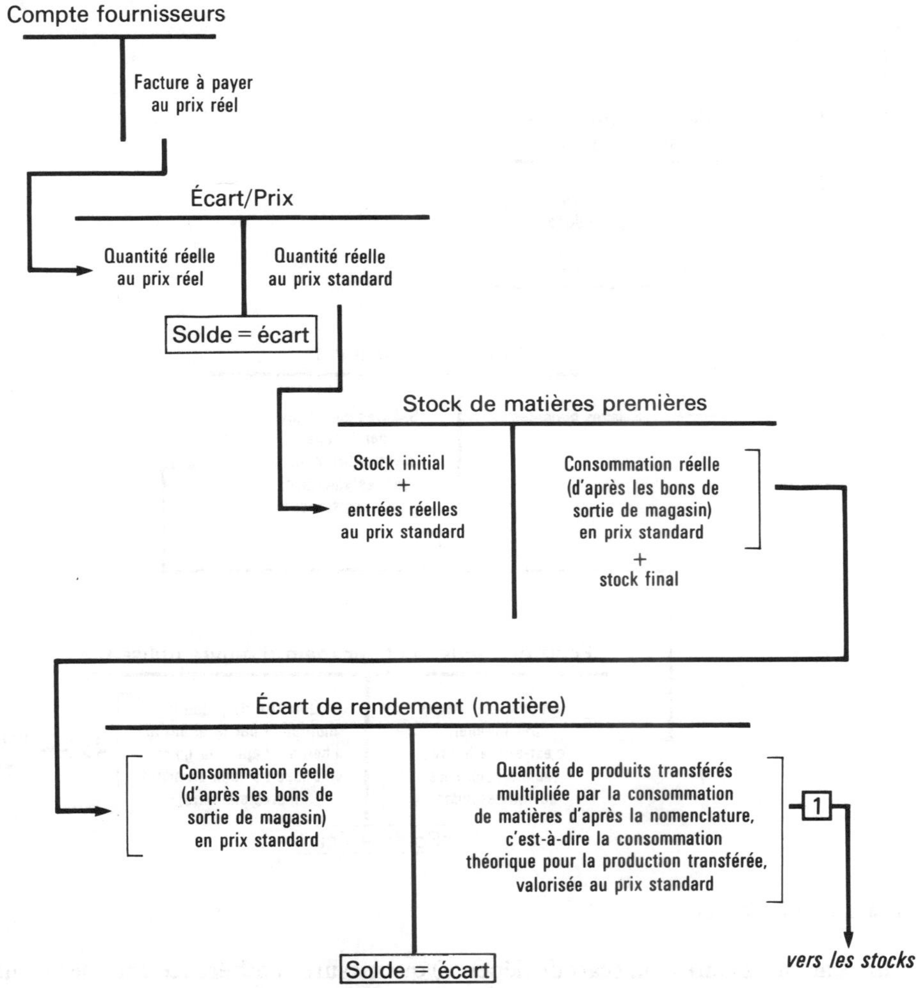

On peut voir que l'ordre chronologique d'obtention des informations est très différent de l'ordre de déroulement des événements physiques. On apprendra sans doute en premier les quantités transférées au stock [flèche (1)] alors qu'on risque de ne connaître qu'en dernier lieu le montant de la facture à payer. Ce système de comptes permet, en fait, d'insérer les informations à l'endroit approprié dès qu'elles sont disponibles, sans avoir à se soucier des informations « amont ».

On notera aussi qu'une fois filtrée, la valeur reste toujours en standard par rapport à la variable filtrée.

L'écart apparaîtra lorsqu'on soldera les comptes en fin de période : s'il y a un écart, le compte d'écart ne sera pas soldé par les simples mouvements de flux. On le soldera, alors, en virant la différence (c'est-à-dire l'écart de cette période) au compte de résultat de la période ; ainsi on commence toujours chaque période avec les comptes d'écart soldés et à zéro.

2. Les flux de main-d'œuvre.

Pour les écarts sur les salaires, les choses sont un peu plus compliquées dans la mesure où nous prenons une illustration dans laquelle les salaires sont fixes et où, par conséquent, nous aurons un écart de volume en plus de l'écart de dépense (ici appelé écart sur salaires) et de l'écart de rendement.

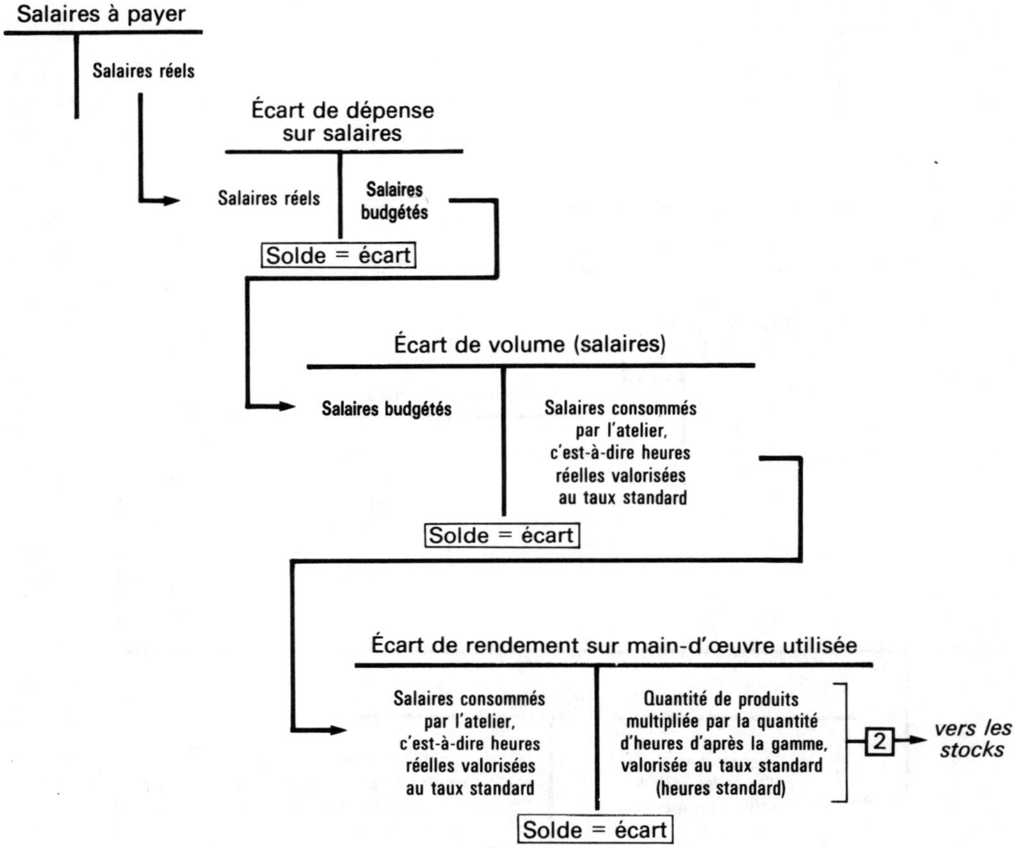

On a ici trois écarts :

— un écart sur salaires (ou écart de dépense) qui mesure la différence entre les salaires qui seront effectivement payés et le budget des salaires pour cette période ;

— un écart de volume qui mesure que les heures consommées par l'atelier correspondent au volume d'heures que l'atelier avait prévu de consommer au budget ;

— un écart de rendement qui mesure l'utilisation des heures dont a disposé l'atelier pour générer de la production de bonne qualité et donc transférée au stock, indiqué par la flèche (2).

Comme pour les matières ci-dessus, on peut suivre les flux physiques avec les flèches. Mais sur le plan comptable, on n'est pas prisonnier de cet ordre comme nous l'étions en comptabilité historique. On peut insérer les informations au fur et à mesure de leur disponibilité. Tout ce que nous avons dit ci-dessus à propos du solde des comptes d'écart reste vrai ici.

3. Les flux de prestations indirectes (coûts indirects).

Pour attacher les coûts des prestations indirectes aux produits fabriqués, nous utilisons les unités d'œuvre. Comme, en général, les coûts indirects sont représentés par des fonctions de coût du type coût mixte, nous allons retrouver ici un schéma de comptes qui regroupe les deux schémas vus ci-dessus.

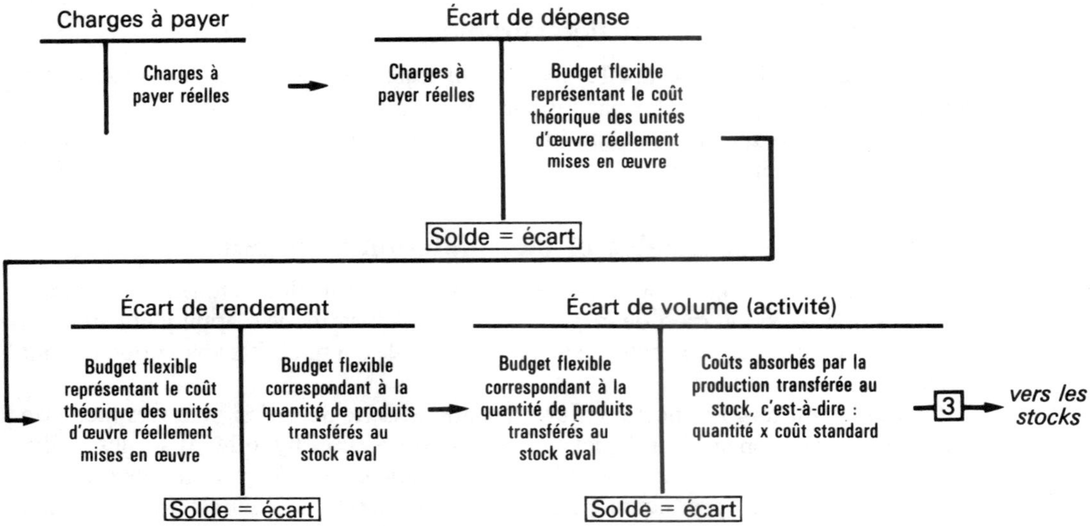

Les flèches (1), (2) et (3) sont distinctes par souci de détail. Dans la réalité les entrées en stock, ici valorisées par la somme des quantités désignées sur les diagrammes (1), (2) et (3), seraient tout simplement valorisées par le coût standard du produit à ce stade d'élaboration, tel que nous l'avons défini à la section IV ci-dessus. Le comptable analytique doit donc se familiariser avec une certaine gymnastique intellectuelle dans laquelle il peut passer du coût standard d'un produit aux coûts standard élémentaires qui le composent. Son objectif est de dégager les écarts les plus utiles pour le gestionnaire, aussi rapidement que possible.

Nous allons voir dans la section suivante comment ces écarts, que l'on fait apparaître dans les schémas de comptes ci-dessus, peuvent être détaillés et interprétés.

VII - L'interprétation des écarts.

1. Avantages et inconvénients des coûts standard.

La comptabilité en coûts standard permet une valorisation rapide des flux de production. Elle ne permet pas par contre, de connaître directement et immédiatement le résultat d'exploitation réel puisque le résultat en standard repose sur les hypothèses de coût unitaire des ressources, de rendement ou de productivité et de volume d'activité mentionnées plus haut. Mais, même si elle n'est pas instantanée, la comptabilité en coûts standard présente l'avantage immense de donner un résultat flash de façon presque immédiate et de le corriger par étapes successives, dès que les informations, même partielles, sont disponibles.

Il faut bien garder à l'esprit que la comptabilité analytique en coûts standard fait deux choses simultanément :

— elle **estime le résultat d'exploitation,** avant que celui-ci ne soit connu par la comptabilité générale ;

— elle fournit au gestionnaire une **mesure rapide de l'éventuel non respect des hypothèses** qui ont été prises en compte dans l'élaboration du budget.

Le second aspect est celui qui nous intéresse le plus, car c'est celui là qui va contribuer à aider le gestionnaire à atteindre les objectifs formulés pour l'entreprise.

2. Écart favorable et écart défavorable.

En termes comptables, on appelle *favorable* un écart qui indique que le coût standard surestime le coût de production par rapport au coût réel de la période.

On appelle *défavorable* un écart qui indique que le coût standard sous-estime le coût de production par rapport au coût réel de la période.

3. Interprétation comptable et interprétation managérirale.

Les qualificatifs favorables ou défavorables sont donc valables uniquement par rapport au résultat d'exploitation de la période. Ces qualificatifs ne s'appliquent pas à la gestion bien qu'elle soit, pour nous, le but essentiel de la comptabilité analytique en coût standard.

L'écart est avant tout l'indication d'une déviation. Cette déviation peut très bien être une erreur de prévision sur l'une quelconque des nombreuses hypothèses sur lesquelles repose le système ; elle peut aussi être le résultat d'une erreur de gestion telle que, par exemple, une mauvaise productivité ; elle peut aussi être l'indication d'une évolution structurelle et imprévisible des prix ou de la demande. Le gestionnaire devra donc chercher à savoir, au coup par coup, quelle est la cause réelle de l'écart et quelle implication on doit tirer de cette information.

Les causes doivent, nous l'avons vu plus haut, être recherchées dans le centre de responsabilité et en amont de celui-ci, ainsi que dans tous les centres de responsabilité prestataires de service au centre de responsabilité dans lequel l'écart a été identifié. L'outil de communication des informations contenues dans les écarts est le tableau de bord.

4. Le tableau de bord.

Le tableau de bord n'est pas un document comptable. C'est un document de gestion qui a pour but d'aider les gestionnaires à atteindre leurs objectifs.

Les écarts, leur direction (favorable ou défavorable), leur montant et les explications qui permettent de bien interpréter les informations qu'ils contiennent, sont communiqués tous les mois, ou plus fréquemment, aux gestionnaires afin qu'ils analysent les décisions qui doivent être prises. Le tableau de bord s'enrichit d'ailleurs de la mention de ces décisions et devient un outil de communication avec les pairs et les supérieurs.

L'interprétation des écarts ainsi calculés doit être prudente et réfléchie.

— Il faudra comparer chaque écart observé à ce qui était prévisible à cette date.

— Il faudra savoir si le standard lui-même est la cause de la déviation.

— Il faudra utiliser des seuils de tolérance pour identifier les écarts qui méritent l'attention des gestionnaires.

a) Comparer l'écart avec l'écart prévisible.

Tout le système des coûts standard repose sur une idée simplificatrice : prendre la moyenne annuelle prévisionnelle plutôt que les coûts historiques.

Mais ceci crée une situation dans laquelle le réel ne correspondra que très rarement au standard, même si tout se comporte selon nos prévisions.

Prenons par exemple le standard de coût de matière que nous avons calculé à 36 francs.

Ce standard est le résultat de deux prévisions semestrielles de 35 et 38 francs. En avril nous payons le maillechort 35,50 francs. Le prix réel de 35,5 F et le standard de 36 F permettent de trouver un écart sur prix de (quantité achetée) × (−0,5), c'est-à-dire un écart comptablement favorable. Mais cet écart indique, en fait, une dérive du coût réel par rapport à nos prévisions, puisque pour cette date nous prévoyions un prix de 35 F. Les questions du gestionnaire à propos de cette dérive sont alors au nombre de deux :

(1) Comment l'écart va-t-il affecter le résultat de fin d'année ?
(2) Est-ce que cette dérive va se prolonger ?

En effet, pour prendre des mesures correctives, il est important de savoir si globalement pour l'année, notre prévision est erronée. En effet, par construction, le cumul annuel de tout écart est toujours prévisionnellement égal à zéro. Ce que nous devons donc vérifier (en tant que gestionnaire, plus qu'en tant que comptable) c'est si le cumul à zéro est remis en cause par la nouvelle information. La définition comptable de favorable ou défavorable fait l'hypothèse que la déviation est définitive. Or, ceci serait plausible si l'activité était toujours identique d'un mois sur l'autre et s'il n'y avait aucune dérive de prix sur le marché. Ces deux hypothèses étant peu probables, il y aura presque toujours un écart en sens inverse qui viendra dans une période à venir contrebalancer, au moins partiellement, l'écart comptable observé cette période-ci.

Il nous faut donc

(1) comparer, à une date donnée, le cumul de l'écart avec ce qu'il devait être au budget,
(2) voir comment la différence éventuelle entre les deux cumuls va évoluer dans le futur.

Toute analyse d'un écart doit ainsi passer par une nouvelle forme de prévision. Comme montre le graphique ci-dessous, le cumul de l'écart au mois 5 est moins élevé que prévu. Trois scénarios au moins peuvent se produire, chacun donnant une signification différente à l'écart observé :

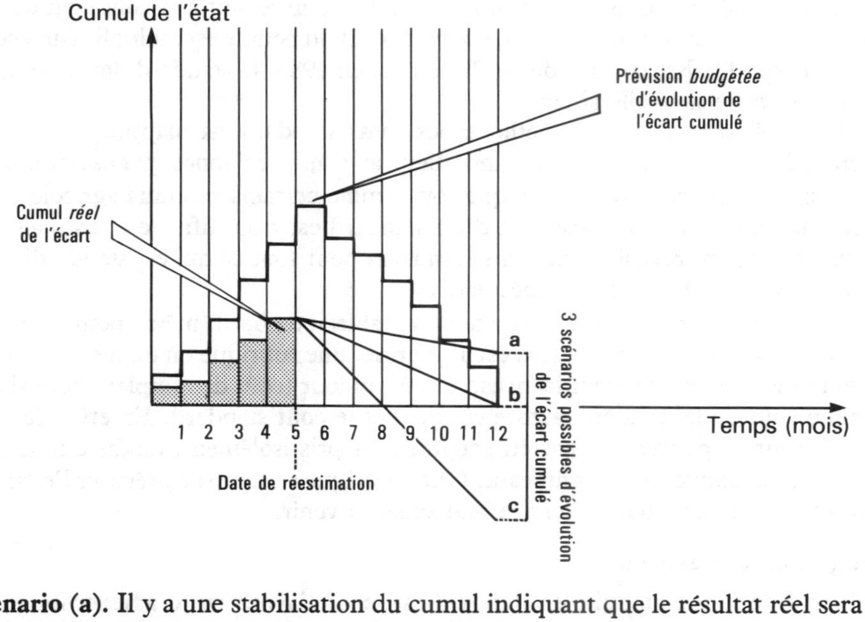

Scénario (a). Il y a une stabilisation du cumul indiquant que le résultat réel sera sans doute meilleur que celui calculé avec les standards.

Scénario (b). On observe que, malgré l'erreur de prévision, il n'y aura pas de différence entre le prévisionnel et le réel.

Scénario (c). On observe que le cumul de l'écart sera négatif et que, par conséquent, le résultat réel sera moins bon que celui calculé en standard.

A chacune de ces extrapolations correspondront des actions correctives spécifiques et adaptées. En effet, même si la prévision faite au mois 5 indique, par exemple dans le scénario (c), que le standard sous-estime la réalité, il se peut très bien que, grâce aux actions correctives des gestionnaires, on puisse se retrouver dans une situation acceptable à la fin de l'année.

b) Faut-il modifier les standards ?

L'identification des écarts n'est pas une fin en soi. Pour que l'écart soit utile au-delà de la simple rectification de l'estimation du résultat d'exploitation, il faut qu'il amène les gestionnaires à se poser des questions et à chercher à y répondre.

Nous retrouvons là les trois questions vues plus haut, prix, productivité et niveau d'activité. D'autres peuvent cependant s'ajouter :

— erreur de prévision ?
— évolution future de la déviation identifiée ?
— interaction possible avec d'autres variables ?
— actions correctives envisageables ? à quel horizon ?
— simple décalage dans le temps ?
— etc.

Ce n'est qu'après avoir examiné toutes ces questions qu'on peut se demander si on doit modifier le standard. En dehors du cycle normal (cycle le plus souvent annuel), cette révision ne doit être qu'exceptionnelle. Elle rendrait en effet impossible toute mesure des déviations sur une période suffisamment longue pour permettre de vérifier si les écarts de signes opposés vont effectivement se compenser.

La modification des standards est, par contre, une quasi obligation dès qu'il est établi que l'une des hypothèses du budget qui a servi à établir le standard est erronée de façon significative et définitive. Si par exemple la main-d'œuvre voit son coût augmenter de 25 % instantanément, comme en 1968, ou que le coût du pétrole est multiplié par 4 comme en 1973, ou qu'il baisse de près de 50 % comme en 1985, le standard doit être modifié pour refléter cette nouvelle situation.

Nous rappellerons ici que la méthode des coûts standard est inappropriée pour des ressources dont le prix varie de façon importante au cours de l'année, par exemple comme certains métaux précieux ou stratégiques ou comme certains produits agricoles, car la prévision nécessaire à l'établissement d'un standard est trop difficile et trop aléatoire. Dans un tel cas, on travaillera en coûts standards pour tout ce qui est standardisable et en coûts réels pour les matières spéculatives.

Il est de toute façon toujours bon de tenir au tableau de bord, même pour les ressources pour lesquelles un coût standard est approprié, une rubrique où on met en parallèle, pour toutes les ressources significatives, le coût du jour (coût de remplacement si possible, sinon coût de la dernière facture connue) et le coût standard. En effet, les écarts sur les ressources peuvent ne pas être significatifs pris isolément, tandis que le cumul de ces « signaux faibles » est significatif. Cette rubrique sert aussi à préparer l'estimation du nouveau standard pour l'exercice budgétaire à venir.

c) La gestion par exception.

L'objectif de la comptabilité en standard est, nous l'avons vu, d'amener les gestionnaires à se poser des questions. Mais si on se pose trop souvent des questions et à propos de tout et de n'importe quoi, on risque de ne plus avoir le temps d'agir.

Tout écart est donc en général assorti d'une marge de tolérance qui évite de se préoccuper de déviations qui ne seraient dues qu'au hasard. Tout écart qui sort de cette marge de tolérance donne lieu à une investigation et à la recherche d'actions correctives.

On appelle gestion par exception le fait de ne se préoccuper que des écarts significatifs.

Le caractère significatif d'un écart peut provenir :

— soit d'une déviation très importante en pourcentage (par exemple, un dérapage de 20 % des consommations en quantité) ;

— soit d'une déviation dont les conséquences financières sont importantes (par exemple, la consommation d'or dans un atelier de fabrication de contacteurs électriques peut n'avoir varié que de quelques points en pourcentage, mais qui représentent une grosse dérive du coût) ;

— soit d'une suite de petits écarts, non significatifs intrinsèquement, mais dont la tendance ne semble pas s'inverser.

Le comptable analytique définira, avant le début de l'année, avec les gestionnaires, les seuils de tolérance au-delà desquels des actions seront requises et en particulier ceux qui nécessitent des mesures d'urgence de la part du gestionnaire. Le tableau de bord servira de véhicule à cette communication.

VIII - Exemple commenté de l'utilisation des coûts standard.

L'entreprise Adler est une entreprise de sous-traitance de travail de presse. Elle fabrique et commercialise des ébauches de couverts pour des argenteurs qui finissent le produit avant de le commercialiser auprès du grand public.

Pendant le mois de mars, l'atelier des presses a produit 270 000 ébauches de couverts. Par souci de simplicité, nous ferons l'hypothèse que tous les couverts sont identiques.

La fiche de coût standard d'une ébauche a été établie comme suit :

Coût matière :	0,05 kg × 36 F/kg =	1,8 franc
Coût main-d'œuvre :	1/1 800 heure × 93 F/heure =	0,052 franc
Coût indirect absorbé :		0,21 franc
Coût standard de fabrication d'une ébauche :		2,062 francs
Coût standard de commercialisation :		0,10 franc
Coût de revient d'une ébauche vendue		2,162 francs

Les éléments du budget qu'il est bon de rappeler sont (9) :

- Coût standard des matières : 36 F/kg et consommation de matière par ébauche de 0,05 kg soit une équation de budget flexible de :

  36 F/kg × 0,05 kg/ébauche × (nombre d'ébauches pressées).

- Salaire ouvrier : 130 200 francs par an, fixe, soit un coût de 10 850 F par mois qui recouvre le salaire, les charges sociales et la provision de congés payés. L'équation de budget flexible de main-d'œuvre est donc : 10 850 F/mois.

(9) On notera que les budgets flexibles sont calculés par mois de production, c'est-à-dire sur la base d'une activité de 11 mois par an.

• La consommation de main-d'œuvre est de 1/1800e d'heure productive par ébauche et l'ouvrier moyen fournit 1 400 heures productives par an ; le standard horaire est donc de 93 francs [10]. Le budget *de consommation* de main-d'œuvre est alors :
(1/1800 heure) × (quantité produite) × (93 F/heure).

• Coûts indirects : l'équation de budget flexible des coûts indirects est de
16 368 F/mois + (0,15 F/coup de presse) × (nombre de coups de presse).

• Le standard de production est d'un coup de presse pour faire chaque ébauche.

• Coût de commercialisation : un coût fixe de 13 640 francs par mois et un coût variable de commercialisation de 5 centimes par ébauche, soit une équation de budget flexible de commercialisation de :
13 640 F/mois + (0,05 F/ébauche) × (nombre d'ébauches vendues).

• Le budget de niveau d'activité est de 272 800 ébauches par mois d'activité, 11 mois par an, tant en production qu'en commercialisation.

Pendant le mois de mars, on a fabriqué 270 000 ébauches, et vendu 275 000 ébauches. Dès le soir du dernier jour ouvrable de mars, on peut obtenir le résultat flash puisqu'on dispose de la quantité vendue.

Résultat flash de mars
(dernier jour de mars)

Coût de la production vendue : 275 000 × 2,062 = 567 050 F	*Chiffre d'affaires :* 275 000 × 2,5 = 687 500 F
Coûts commerciaux :	
variables : 275 000 × 0,05 = 13 750 F	
fixes : 275 000 × 0,05 = 13 750 F	
Résultat flash : 92 950 F	

Le résultat fash est donc de 92 950 francs. Ce résultat est la première estimation connue du résultat du mois.
Voyons quels écarts se sont produits. Ils nous permettront de rectifier cette première estimation et de nous rapprocher progressivement du résultat réel (historique, ou de comptabilité générale).
Nous pouvons tout de suite calculer les écarts de volume car ils ne requièrent aucune information nouvelle.

• **Écart de volume sur frais commerciaux**

absorbé : .... 275 000 × 0,10 = 27 500 francs
budget flexible pour ce niveau d'activité : 13 640 + 275 000 × 0,05 = 27 390 francs
écart de volume sur frais commerciaux : .... 110 francs

---

(10) Comme nous l'avons vu plus haut, ce standard horaire est obtenu par la division du coût salarial annuel par le budget d'heures :

$$\frac{130\ 200\ \text{F}}{1\ 400\ \text{heures}} = 93\ \text{F/heure productive.}$$

Il y a donc un écart de 110 francs, qui reflète une sur-absorption (puisqu'on a vendu 2 200 ébauches de plus que le budget). Cet écart est favorable puisqu'il indique que le résultat flash est sous-estimé d'autant.

Tous les écarts de production sont calculés sur la base du nombre d'unités produites (ici 270 000 unités). Bien qu'il y ait le plus souvent des fluctuations de stock (ici une réduction de stock), les écarts de production seront imputés au compte de résultat de la période de calcul, même si cela amène à ne pas respecter complètement le principe de spécialisation des exercices. En effet, par suite de ce choix, il n'y aura concordance réelle du résultat analytique rectifié et du résultat de comptabilité générale qu'environ une fois par an, lorsque les deux comptabilités prendront en compte exactement les mêmes éléments.

- **Écart de volume sur frais de production**

frais indirects absorbés : .... 270 000 × 0,21 = 56 700 francs
budget flexible pour ce niveau d'activité : 16 368 + 270 000 × 0,15 = 56 868 francs
écart de volume sur frais indirects de production : .... − 168 francs

Il y a donc un écart défavorable de 168 francs, qui résulte du fait que, ayant produit 2 800 ébauches de moins que le budget, nous avons sous-absorbé les frais fixes indirects de production. Le résultat flash est donc surestimé de ce montant.

- **Écart de volume sur frais fixes de main-d'œuvre**

Les bons de travaux, en général dépouillés au jour le jour, indiquent que l'atelier a consommé 152 heures productives (comme il n'y a que 127 heures « normales » dans le mois, il a dû y avoir 25 heures supplémentaires).

coût salarial absorbé par l'atelier : .... 152 × 93 = 14 136 francs
budget flexible de coût salarial : .... 11 836 francs (11)
écart de volume sur absorption des coûts de main-d'œuvre : ..... 2 300 francs
Cet écart est favorable puisqu'il indique une sur-absorption par l'activité.

Dès le début du mois d'avril, on peut aussi calculer les écarts de rendement puisque les bons de sortie de magasin donnent la consommation réelle de matière. Les bons de travaux, nous l'avons dit, donnent les temps réels de main-d'œuvre et le journal de machine va donner le nombre de coups de presse donnés par la machine.

Les consommations réelles sont :

matières............ 14 000 kg
main-d'œuvre :..... 152 heures
coups de presse : 271 000 coups

- **Écarts de rendement sur les matières**

coût absorbé par la production = budget flexible puisque la matière est un coût variable : 270 000 × 0,05 × 36 = 13 500 kg × 36 F/kg = 486 000 francs
consommation réelle : .... 14 000 × 36 = 504 000 francs
écart de rendement/matières : .... − 18 000 francs

(11) Dans notre exemple, le budget flexibe du coût salarial est 1/11 du coût salarial budgété pour l'année. C'est donc : [130 200]/[11] = 11 836 F

Cet écart est défavorable, puisqu'il représente une sur-consommation de matières. Le résultat flash est donc sur-estimé d'autant.

Écart de rendement sur consommation de main-d'œuvre

coût absorbé par la production = budget flexible de consommation à ce niveau d'activité : 270 000 × (1/1 800) × 93 = 150 × 93 = 13 950 francs
consommation réelle de main-d'œuvre : 152 × 93 = 14 136 francs
écart sur consommation de main-d'œuvre : .... − 186 francs

Cet écart est défavorable puisqu'il résulte d'une sur-consommation de 2 heures de main-d'œuvre par rapport à ce qu'on aurait dû consommer si la gamme avait été respectée.

- **Écart de rendement sur consommation de frais indirects**

budget flexible pour 270 000 ébauches :
16 368 + 0,15 × 270 000 = 56 868 francs
budget flexible pour 271 000 coups de presse :
16 368 + 0,15 × 271 000 = 57 018 francs
écart de rendement des presses : .... − 150 francs.

Cet écart est défavorable, puisqu'on a dû consommer 1 000 coups de presse de plus que normalement requis. Ces coups supplémentaires ont, bien entendu, exigé la mise en œuvre de ressources supplémentaires. Elles ont coûté 150 francs, ce qui représente le montant de l'écart.

Nous pouvons donc obtenir, dès les premiers jours du mois suivant, un résultat flash corrigé de ces écarts :

Résultat flash de mars
corrigé au 5 avril

	Résultat flash non corrigé : 92 950 F
Écarts défavorables :	*Écarts favorables :*
• volume de production : 168 F	• volume commercial : 110 F
• rendement matière : 18 000 F	• volume sur coût fixe de main-d'œuvre : 2 300 F
• rendement consommation de main-d'œuvre : 186 F	
• rendement presse : 150 F	
Résultat flash corrigé : 76 856 F	

Le résultat flash corrigé s'établit donc à 76 856 francs et ce résultat peut être connu dès les premiers jours d'avril.

Avant même que les écarts sur dépense et sur prix ne soient connus, nous avons donc (1) une estimation du résultat du mois et (2) un ensemble d'informations de gestion qui doivent amener le gestionnaire à se poser quelques questions :

- *Pourquoi 1 000 coups de presse supplémentaires ?* En effet ces coups de presse ont inévitablement généré des déchets, c'est-à-dire qu'ils ont consommé de la matière, et qu'ils ont requis de la main-d'œuvre. Il y a eu une sur-consommation de matières due à ces déchets qui est de 1 000 × 0,05 = 50 kg. Donc l'écart de rendement sur matières qui reste à expliquer est de 450 kg et non pas de 500 kg comme dans le calcul ci-dessus. De même, on a perdu 1 000 × (1/1 800) = 0,56 heure de main-d'œuvre. L'écart de rendement sur consommation de main-d'œuvre qui reste à expliquer est donc de 1,44 heure et non pas 2 heures comme calculé ci-dessus.

• *La qualité de la matière était-elle conforme à ce qui était prévu ?* En effet un écart de 450 kg, inexpliqué à ce stade, a de fortes chances de provenir d'un défaut de qualité car un défaut de qualité de la surface peut amener à rejeter des ébauches finies.

• *Est-ce que l'écart provient d'un problème technique de positionnement du feuillard sur la presse, par exemple ?* Le département méthodes peut éventuellement proposer une méthode de positionnement différente qui réduise les déchets.

• *Quelle sera l'évolution future des volumes ?* Si elle continue à vendre plus qu'elle ne produit, l'entreprise risque de se retrouver en rupture de stock. Cette question peut aussi être éclairée par le budget mensualisé des ventes et de la production. Par exemple, on peut avoir eu un budget des ventes de 275 000 ébauches pour le mois de mars et un budget de production de 265 000 ébauches, parce qu'on voulait, par exemple, réduire le stock. Alors, ce qui apparaissait en comptabilité comme une sous-activité, est, en fait, une suractivité par rapport au budget. En effet, la comptabilité travaille sur la base de moyennes annuelles et non pas sur la base des budgets mensuels. Par contre, lors de l'analyse des écarts, il faut bien remonter au budget détaillé, c'est-à-dire mensuel, pour comprendre la situation et décider si une action corrective est requise.

Lorsque, vers le milieu du mois d'avril, la paye de mars de l'ouvrier est établie, on peut calculer l'écart de dépense sur la main-d'œuvre. La paye réelle, y compris la provision pour congés payés, s'établit à 14 000 francs.

• **Écart de dépense sur main-d'œuvre :**

budget flexible de la main-d'œuvre :	11 836 francs
coût réel observé :	14 000 francs
écart de dépense main-d'œuvre :	– 2 164 francs

Cet écart est défavorable car nous avons payé plus que prévu. Le résultat flash corrigé qui s'établissait à 76 856 francs doit donc être révisé de nouveau, à la baisse puisque l'écart est défavorable. Le nouveau résultat flash corrigé, disponible vers le 15 avril s'établit donc à :

$$76\ 856 - 2\ 164 = 74\ 692 \text{ francs.}$$

Mais si on veut analyser l'écart du point de vue de la gestion, on peut voir qu'au fond, on ne s'en est pas trop mal tiré, dans la mesure où il y a eu 25 heures supplémentaires. En effet, le coût auquel on aurait pu s'attendre compte tenu de l'activité réelle de l'ouvrier, est le suivant :

heures normales :	11 836 francs
heures supplémentaires : 25 heures × 93 F/h × 1,25 =	906 francs
coût prévisible *a posteriori* :	14 736 francs

On voit donc qu'un écart qui comptablement était défavorable (puisqu'il nous avait amené à réviser à la baisse notre estimation du résultat d'exploitation) est en fait du point de vue de la gestion assez favorable puisqu'il indique que nous avons réussi à restreindre le coût de main-d'œuvre ce mois-ci de 736 francs par rapport aux prévisions normales.

Au milieu du mois de mai, on disposera de toutes les factures d'achats extérieurs et on pourra donc calculer les deux derniers écarts de dépense qui nous manquent pour trouver le résultat comptable réel.

On a acheté en mars 10 000 kg de métal qui a été facturé, prix franco, 34 francs par le fournisseur.

Les factures de frais indirects indiquent que ces derniers se sont montés, amortissements inclus, à 15 400 francs pour les frais fixes et à 41 618 francs pour les coûts variables.

Les écarts de dépense sont donc les suivants :

• **Écart de dépense sur matières :**

coût valorisé des entrées en stock :	10 000 × 36 =	36 000 francs
coût réel des achats :	10 000 × 34 =	34 000 francs
écart de dépense (écart sur prix) :		2 000 francs

Cet écart est favorable, puisqu'il montre que nous avons acheté la matière à un coût inférieur à notre coût standard.

• **Écart de dépense sur frais indirects :**

budget flexible pour 271 000 coups de presse :

16 368 + 271 000 × 0,15 =	16 368	+ 40 650	=	57 018 francs
coût réel enregistré :	15 400	+ 41 618	=	57 018 francs
écart(s) de dépense :	968	– 968		0 franc

On voit ici que l'écart de dépense est nul, mais si on le décompose, on s'aperçoit qu'il est en fait constitué de deux écarts de sens opposés qui se compensent : un écart de dépense favorable pour la partie fixe du coût indirect et un écart de dépense défavorable pour la partie variable du coût indirect. L'attention du lecteur est attirée sur cette situation car souvent « un écart peut en cacher un autre ». Des décisions de gestion peuvent ainsi être omises si on ne regarde que le total de l'écart.

On peut alors trouver le résultat d'exploitation réel du mois de mars, que nous connaissons à la mi-mai, tout comme en comptabilité générale ; ce résultat s'établit donc à : 74 692 + 2 000 = 76 692 francs.

On peut aussi analyser ces écarts du point de vue de la gestion et décider de la nécessité d'éventuelles actions correctives.

En particulier, il est intéressant d'examiner l'écart de dépense sur matières. L'écart est dû au fait que le prix réellement payé est inférieur de 2 francs au standard. Est-ce bon ou est-ce mauvais ? Le fait est que nous avions pris en compte, dans notre prévision pour l'élaboration du standard, une estimation de prix à 35 francs pour premier semestre. Or nous avons payé 1 franc de moins que cette prévision. On doit donc chercher à savoir pourquoi on a payé moins que prévu et si, une fois cette cause connue, on doit réagir. La déviation peut provenir de plusieurs causes, incitant chacune à des actions différentes ; par exemple, on peut avoir l'une des trois situations décrites ci-dessous :

— On a acheté, exceptionnellement, un lot particulièrement important et le fournisseur nous a consenti un rabais sur quantité de 1,25 franc par kg, ce qui nous amène à découvrir que le prix de marché est plus élevé que notre prévision. On peut alors envisager soit de modifier notre politique d'approvisionnement pour regrouper les achats, quitte à encourir des coûts de stockage plus élevés, soit de prévoir à nouveau l'évolution future du marché de ce métal pour évaluer jusqu'à quel point notre « moyenne » à 36 F/kg est erronée.

— Le marché n'a pas enregistré les augmentations que nous avions envisagées. On cherchera alors à savoir si ce n'est là qu'un décalage dans le temps ou si il y a véritablement des forces qui empêchent l'augmentation des prix. Si le marché est véritablement déprimé et que le prix de 34 francs/kg est le prix à long terme, il faut en informer les gestionnaires et surtout les commerciaux, qui, avec un coût de revient standard établi sur la base du prix de la matière à 36 F, risqueraient de perdre des affaires. On ne va pas pour autant modifier le standard. On va se contenter de prévoir tous les mois un écart de dépense prévisionnel favorable et de mesurer la déviation de l'écart réel par rapport à cet écart prévisionnel.

— L'acheteur a acheté une qualité différente de celle qui avait été prévue dans le budget et dans les standards. L'écart qui apparaît comme favorable en comptabilité doit être mis en regard de tous les écarts que la mauvaise qualité a pu engendrer et que nous avons mentionnés ci-dessus. Il se peut que la somme de tous ces écarts ne soit pas aussi favorable qu'on le pensait à première vue. Diverses actions correctives peuvent être envisagées :

• si la somme des écarts induits par la mauvaise qualité est défavorable : un retour au standard de qualité prévu,

• si la somme des écarts induits par la mauvaise qualité est favorable : une modification de la nomenclature et de la politique de production, et, éventuellement, une modification du standard.

On voit donc que l'identification de l'écart et la rectification du résultat estimé ne sont pas tout. Il faut pousser l'analyse jusqu'à se poser des questions de gestion qui peuvent avoir des conséquences profondes sur la politique de l'entreprise.

IX - Conclusion.

Dans ce chapitre nous avons vu comment, par l'introduction de coûts standard, nous avons pu répondre aux trois types de besoins que nous avions identifiés dans l'introduction.

Toute gestion moderne passe par l'utilisation des coûts standard. Le comptable analytique se doit donc de créer une situation dans laquelle ces derniers peuvent être utilisés.

Il doit donc constituer d'abord une banque de données historiques qui servira, comme dans le chapitre 2, à déterminer les équations de budget flexible. Cette banque de données sera mise à jour continuellement par l'identification et l'analyse des écarts.

Il doit contribuer, grâce à cette banque de données, à la mise en place d'un système de prévision budgétaire qui consolidera tous les efforts des gestionnaires mis en œuvre pour appréhender le futur proche.

Il doit mettre en place un système de comptes qui permette de valoriser les flux aussi rapidement que possible. Un tel système de comptes a été décrit dans la section V de ce chapitre.

Enfin, il doit participer, avec les gestionnaires-décideurs, à l'analyse des écarts et à la recherche des actions correctives. Il doit éclairer les gestionnaires sur les conséquences possibles des alternatives envisagées.

Annexe 1 : Réincorporation des écarts aux stocks pour retrouver les stocks en coûts historiques.

Le Plan comptable 1982 et le Code général des impôts imposent une valorisation des stocks au bilan qui repose sur la méthode du coût complet historique.

Il faut donc trouver une méthode qui permette de passer des stocks valorisés en standard aux stocks valorisés en coût historique. Cette méthode consistera à réincorporer une partie des écarts, enregistrés dans une période, aux stocks de fin de période.

La méthode la plus simple et la plus couramment utilisée est celle du **prorata.** Cette méthode repose, pour chaque poste de coût, sur l'équation de base :

valeur initiale + entrées = valeur finale + sorties.

Principe

Les écarts calculés au cours de la période (qui concernent les « entrées ») sont ventilés au prorata des « sorties » (c'est-à-dire les transferts vers un compte aval, stock, atelier ou coût de la production vendue) et la « valeur finale » (solde du compte) qui sera la valeur initiale du compte au début de la période suivante. Par récurrence, on peut voir que les écarts à répartir seront non seulement les écarts calculés sur la période, mais aussi les écarts attachés à la « valeur initiale » et reçus de la période précédente.

Exemple :

L'entreprise Adler est créée en janvier 19X6 pour produire des bidules à partir d'une matière première unique.

En janvier, on a acheté 1 000 kg de matière première payés 11 F/kg alors que le prix standard est de 10 F/kg.

L'activité de janvier a consommé 820 kg de matières pour produire 400 bidules qui, d'après la nomenclature, requièrent 2 kg de matière par unité.

La main-d'œuvre a fourni 95 heures productives pour produire ces 400 bidules. Le salaire horaire standard est de 60 F/heure productive. En janvier le salaire horaire réel a été de 58 F/h. La gamme opératoire mentionne qu'il faut 0,25 heure productive par bidule. L'équation décrivant le comportement des coûts indirects, et qui a été utilisée pour la détermination des standards est : 2 500 F + 32 F/heure productive. Le niveau normal d'activité est de 125 heures productives par mois.

Le coût standard d'un bidule est donc :

M.P. :................	2 × 10 =	20 F
M.-Œ. :............	0,25 × 60 =	15 F
F. Ind. Var. :.......	0,25 × 32 =	8 F
F. Ind. Fix. :	0,25 × (2500/125) =	5 F
Coût standard d'un bidule :		48 F

En janvier on a vendu 300 bidules à 75 F pièce.

Le résultat flash de janvier est donc :

$$300 \times (75 - 48) = 8\,100 \text{ francs.}$$

Ce résultat doit être corrigé des écarts au fur et à mesure de leur calcul.

Les écarts de janvier sont :

Écart sur prix matières :..............	1 000 × (11 − 10) =	1 000 F	défav.
Écart sur consommation matières :......	(820 − 800) × 10 =	200 F	défav.
Écart sur prix M.-Œ. :.................	95 × (58 − 60) =	− 190 F	fav.
Écart sur rendement M.-Œ. :..	[95 − (400 × 0,25)] × 60 =	− 300 F	fav.
Écart de dépense F. Ind. Fix. :...........	2 550 − 2 500 =	50 F	défav.
Écart de dépense F. Ind. Var. :........	(30,5 − 32) × 95 =	− 142,50 F	fav.
Écart de rendement F. Ind. Var. :	[95 − (400 × 0,25)] × 32 =	− 160 F	fav.
Écart de volume :.....................	2 500 − 400 × 5 =	500 F	défav.
Écart total de janvier		957,50 F	défavorable

Dans le cours du chapitre, nous avons viré tous les écarts au compte de résultats pour corriger le résultat flash. Notre objectif était d'avoir les informations aussi rapidement que possible et d'être aussi prudent que possible. Si maintenant on change l'objectif pour porter notre attention sur la valorisation des stocks, il faut réincorporer une partie de l'écart total dans les stocks finals.

Calcul des valeurs historiques des stocks finals :

Matières : stock initial nul ; stock final en standard 180 kg × 10 F = 1 800 F
Écart sur prix d'achat : 1 000 F défavorable.
Valeur du stock final en coût historique :

1 800 F + {(1 000 F/[820 kg + 180 kg]) × 180 kg} = 1 980 F

Montant de l'écart sur prix d'achat transféré vers l'atelier de production : 820 F

Atelier :

Écarts reçus de l'amont :	820 F (défavorable)
Écarts réalisés dans l'atelier pendant la période :	
consommation de M.P. :	200 F défavorable
main-d'œuvre :	– 490 F favorable
frais indirects :	207,50 F défavorable
Total des écarts encourus :	737,50 F défavorable

Comme il n'y a pas d'en-cours, la totalité de l'écart ainsi calculé est transféré au compte stock de produits finis.

Stock de produits finis :

Écarts reçus de l'amont : 737,50 F défavorable.
Valeur du stock final en coût standard : 100 × 48 = 4 800 F
Répartition au prorata de l'écart « entré » sur le coût de la production vendue et la valeur du stock final :

valeur du stock final historique : 4 800 F + (737,5/400) × 100 = 4 984,375 F

valeur de la production vendue (en coût historique) :
300 × 48 + (737,5/400) 300 = 14 953,125 F

Pour le mois de février, on considèrera que les écarts à répartir seront les écarts « reçus » de janvier sur les valeurs des stocks initiaux de février **plus** les écarts encourus en février ; et ainsi de suite, de mois en mois, ou tous les trimestres ou tous les ans, selon qu'on souhaite connaître la valeur en coût historique des stocks sur une base mensuelle, trimestrielle ou annuelle.

Conclusion.

Cette méthode est simple et rapide. Elle peut être utilisée aussi bien pour des calculs annuels (le minimum légal) que pour des calculs trimestriels ou mensuels, selon les besoins de l'entreprise. La méthode permet également de prendre en compte (en les considérant comme des « entrées ») les écarts de réévaluation qui, tous les ans ou tous les semestres, sont calculés pour réajuster les stocks, tenus en standard, avec les nouveaux standards.

Il faut noter que la mécanique de calcul que nous avons présentée ci-dessus n'a que très peu d'utilité managériale. Son utilité est dans la communication avec l'extérieur de l'entreprise et dans la satisfaction des exigences légales. Il ne faut pas perdre de vue que l'utilité principale d'une comptabilité tenue en standard réside dans l'identification des actions correctives qui doivent être prises. Or, le fait de faire « glisser » les écarts de compte à compte, comme nous l'avons fait ici, viole la règle fondamentale que nous avons identifiée dans le chapitre, qui est de séparer clairement les responsabilités de chaque gestionnaire et de mesurer les écarts dont chacun a la maîtrise. Il faudra donc bien se garder de fonder la gestion sur les valeurs des écarts répartis entre les stocks et les mouvements.

LES MOTS CLÉS DU CHAPITRE

(Si ces mots n'ont pas encore un sens clair et précis pour vous, il vous serait utile de relire tout ou partie du chapitre.)

COÛT PRÉVISIONNEL
COÛT HISTORIQUE
COÛT STANDARD
NOMENCLATURE
GAMME DE FABRICATION OU GAMME D'OPÉRATIONS
ÉCART
TAUX D'IMPUTATION
TAUX DE MAIN-D'ŒUVRE
PRIX PRÉVISIONNEL
BUDGET
NIVEAU D'ACTIVITÉ BUDGÉTÉ
BUDGET FLEXIBLE
DROITE DE BUDGET FLEXIBLE
COÛT ABSORBÉ
DROITE D'ABSORPTION
ÉCART DE VOLUME
ÉCART DE RENDEMENT
ÉCART DE PRODUCTIVITÉ
ÉCART DE QUANTITÉ
ÉCART DE DÉPENSE
ÉCART DE PRIX
ÉCART FAVORABLE
ÉCART DÉFAVORABLE
ÉCART PRÉVISIBLE
GESTION PAR EXCEPTION

QUESTIONS

6.1. Qu'entend-on par coût standard ?

6.2. Qu'appelle-t-on la gestion par exception ?

6.3. Pourquoi est-il bon de contrôler (maîtriser) les dépenses ?

6.4. Que signifie concrètement un écart sur prix, un écart de quantité ?

6.5. Comment calcule-t-on un écart sur taux de rémunération ?

6.6. Un examen des comptes de la société Abel indique un écart sur prix des matières favorable, mais un écart sur quantité de matière défavorable et assez important. Quelle peut être la cause d'un tel état de fait ?

6.7. En quoi le calcul d'écart aide-t-il à établir un meilleur contrôle des coûts ?

6.8. Si vous avez la responsabilité de choisir comment et à quel moment les divers écarts sont dégagés, quelles sont les questions fondamentales auxquelles vous devez répondre ?

6.9. « Les coûts standard c'est bon pour les grosses boîtes. Nous, nous faisons tout en coût réel, on économise ainsi des coûts de main-d'œuvre qui pourraient être prohibitifs ». Commentez.

6.10. Qui devrait se voir assigner la responsabilité des coûts supplémentaires encourus lors de la réalisation d'une commande urgente qui désorganise l'ordonnancement ? Est-ce que le système de coûts standard décrit dans le chapitre permet d'assigner les responsabilités de cet événement comme vous le souhaiteriez ?

6.11. Que doit-on définir pour pouvoir faire de la gestion par exception ?

6.12. Qu'est-ce qu'un écart de rendement ? En quoi est-il différent d'un écart sur quantité calculé sur les coûts directs ?

6.13. A quoi servent les écarts sur frais indirects ?

6.14. On a dégagé un écart sur frais indirects, que va-t-on faire concrètement après que cette information est rendue disponible ?

6.15. Pourquoi les coûts indirects fixes sont-ils si cruciaux dans la détermination de l'écart sur volume ?

6.16. On appelle quelquefois l'écart sur volume un écart de capacité ? Pourquoi ?

6.17. Peut-on contrôler les causes d'un écart de volume ? à court terme ? à long terme ? Comment ?

6.18. Un rapport analysant les coûts de son département arrive sur le bureau du contremaître. Ce rapport indique qu'il a fallu 8 000 heures pour réaliser des productions qui n'auraient dû en requérir que 7 500. Le taux horaire direct est de 13,80 F et les frais variables indirects sont de 13 francs par heure de main-d'œuvre directe. Quel est le coût du manque de productivité du personnel ? A votre avis quelles actions correctrices prendra le contremaître ?

Problèmes

6-1

La menuiserie Langlois ne produit qu'un seul type de commode. M. Langlois utilise un système de coûts standard pour valoriser la production et évaluer les réalisations.

Fiche de coût standard complet : commode

Matières : 50 mètres linéaires à 2,00 F	100 F
Main-d'œuvre : 3 heures à 30 F	90 F
Frais indirects : (on a retenu l'heure de M.-Œ. directe comme unité d'Œ.)	
Charges variables : 3 unités d'œuvre à 10 F	30 F
Charges fixes : 3 unités d'œuvre à 5 F	15 F
Coût de revient standard d'une commode :	235 F

En janvier on a produit 400 commodes. Les coûts encourus ont été les suivants pendant le mois :

achats matières :	25 000 mètres linéaires à 2,10 F	52 500 F
matières consommées :	19 000 mètres linéaires	
main-d'œuvre réelle :	1 100 heures à 33 F	36 300 F
coûts indirects :	variables	13 000 F
	fixes	7 100 F

Le niveau normal d'activité utilisé pour établir les taux d'imputation des frais indirects est de 1 400 heures par mois.

Calculer tous les écarts sur frais directs et sur frais indirects.

6-2

La société Glad ne vend qu'un seul produit. Du 1er janvier au 31 octobre, elle a généré un bénéfice avant impôts de 100 000 francs. Il n'y a eu aucun écart sur coûts pendant cette période. On a produit et vendu 100 000 unités de produits finis pour ces dix mois. Les frais fixes mensuels sont de 100 000 F. La société utilise un système de coûts standards. Tous les écarts, s'il y en a, sont virés, en fin d'année, au compte de résultats. Il n'y a pas de stock final.

Si l'on produit et vend 25 000 unités de produit fini au cours des mois de novembre et décembre, quel est le montant de bénéfice avant impôt auquel on peut s'attendre en fin d'année ? Montrez les détails de votre raisonnement.

6-3

Simeon Langlois vous demande de lui préparer une analyse des écarts sur frais indirects du département dont il est responsable.

Vous avez rassemblé les informations suivantes pour la période à analyser :

Écart total, frais indirects variables	1 000 F défav.
Écart de volume	5 000 F fav.
Frais fixes indirects budgétés	110 000 F

L'unité d'œuvre pour l'imputation des frais indirects est l'heure de main-d'œuvre directe.

Coût de l'unité d'œuvre, frais indirects variables :	0,50 F
Niveau d'activité normale	110 000 unités d'œuvre

Frais indirects fixes réels	120 000 francs
Écart de dépense, frais indirects variables	2 000 F fav.

Vous devez retrouver :

a.) Les frais indirects variables réels,
b.) L'écart de rendement sur frais indirects variables,
c.) L'écart de dépense sur frais indirects fixes,
d.) Les frais indirects fixes incorporés dans les productions,
e.) Les frais indirects variables incorporés dans les productions,
f.) Les heures de M.-ŒE.D. théoriquement requises pour la production réelle,
g.) Les heures de M.-ŒE.D. réellement mises en œuvre.

6-4

La société Mégapole fabrique un seul produit. Dans son système de coûts standard l'unité d'œuvre qui est utilisée pour imputer les coûts indirects est l'heure de main-d'œuvre directe.

Au niveau d'activité normale, les coûts standard unitaires sont les suivants :

Matières premières : 3 kg à 5 francs	15 francs
Main-d'œuvre directe : 2 heures à 4 francs	8 francs
Frais indirects variables : 1,20 F par U.Œ.	2,40 francs
Frais indirects fixes : 0,80 F par U.Œ.	1,60 francs
TOTAL	27,00 francs

Pour le mois de mars 19X5 on a enregistré les résultats suivants :

	Coûts réels	Coûts incorporés dans stocks	Écart sur prix ou dépense	Écart sur quantités ou rendement	Écart de volume
Matières	140 000 F	135 000 F	0	5 000 défav	—
M.-ŒE.D.	77 900 F	72 000 F	1 900 défav	4 000 défav	—
F. ind. var.	21 500 F	21 600 F	1 300 fav	1 200 défav	—
F. ind. fixes	15 800 F	14 400 F	200 fav	—	1 600 défav
	255 200 F	243 000 F	400 défav	10 200 défav	1 600 défav

Le prix du marché pour les matières premières a été stable à 5,50 francs le kilo en février et mars. Il n'y a aucun stock d'en-cours ni au 1er mars ni au 31 mars.

Pour mars 19X5 :

a.) Combien d'unités ont été produites ?
b.) Quel est le nombre d'heures de M.-ŒE.D. réellement consommées ?
c.) Quel est le taux horaire réel ?
d.) Quels étaient les frais indirects fixes budgétés ?
e.) Quelle est l'activité normale, exprimée en heures de main-d'œuvre directe ?
f.) Quels furent les achats de matières en kg ?
g.) Quelles furent les consommations de matières ?

6-5

Une usine fabrique un produit P qui passe successivement dans deux sections de production :

1) la section S1 qui usine la matière première MP1 pour fabriquer un produit semi-fini A ;

2) la section S2 qui fabrique le produit P ; la fabrication de chaque unité du produit P nécessite l'emploi d'une unité du produit semi-fini A, et de 1,5 kg de matière MP2 qui sont toutes deux mises en œuvre dès le début du processus de transformation de l'atelier S2.

La comptabilité analytique d'exploitation est tenue en coûts préétablis calculés d'après l'activité normale de chaque section :

Activité normale mensuelle de S1 : 2 500 h de main-d'œuvre directe.
Activité normale mensuelle de S2 : 1 250 h de main-d'œuvre directe.

Les coûts préétablis sont établis d'après les éléments suivants :

Produit semi-fini A	
1. Matière première MP1	4 kg à 20,00 F/kg
2. Main-d'œuvre directe	0,5 h à 50,00 F/kg
3. Consommation d'unité d'œuvre	0,5 unité d'œuvre
Produit fini P	
1. Matière première MP2	1,5 kg à 30,00 F/kg
2. Main-d'œuvre directe	0,25 h à 40,00 F/kg
3. Consommation d'unité d'œuvre	0,25 unité d'œuvre

Voici le budget mensuel des frais de section pour une activité normale et sa répartition en % entre les sections S1 et S2 :

	Total	Section 1 %	Section 2 %
Frais fixes :			
Appointements	400 000 F	50	50
Impôts et Taxes	100 000 F	40	60
Loyer	150 000 F	60	40
Amortissements	50 000 F	70	30
Frais variables :			
Entretien	140 000 F	50	50
Énergie	100 000 F	80	20
Divers	160 000 F	70	30

L'heure de main-d'œuvre directe constitue l'unité d'œuvre pour chacune des deux sections dont le nombre mesure l'activité.

Voici les renseignements concernant le mois de juillet 19X6 :

1. Stocks au 1er juillet 19X6

Matière première MP1	5 000 kg à 20,00 F/kg
Matière première MP2	6 000 kg à 30,00 F/kg
En-cours	néant

Il n'existe jamais de stock du produit semi-fini A.

2. Achats des matières premières :

Matière MP1	20 000 kg à 21,75 F/kg
Matière MP2	12 000 kg à 31,50 F/kg

3. Consommations de matières premières :

Matière MP1	20 500 kg
Matière MP2	7 300 kg

4. Charges variables des sections

Entretien .... 135 000 F

Énergie .... 110 000 F

Divers .... 172 000 F

5. Main-d'œuvre directe

Section S1 : 2 750 h payées 49 F/heure

Section S2 : 1 000 h payées 40 F/heure et 125 heures supplémentaires avec majoration de 25 %.

6. Production du mois de juillet (crédit au compte d'en-cours des ateliers) :

Section S1 : 5 200 unités A terminées.

Section S2 : 4 900 unités P terminées et 300 unités P en cours de fabrication à la fin du mois.

Les en-cours sont évalués au coût préétabli.

7. L'avancement des 300 pièces P en cours de fabrication dans S2 est de 60 % de leur transformation.

L'entreprise utilise la méthode des coûts standards pour la valorisation des flux.

a.) Établir l'équation de budget flexible des deux sections S1 et S2.

b.) Établir le budget des sections S1 et S2 :
- pour l'activité mensuelle normale ;
- pour l'activité réelle du mois de juillet 19X6.

c.) Établir la fiche du coût unitaire préétabli de production (activité normale) du produit P (coût complet).

d.) Établir un tableau de comparaison entre les différents éléments du coût préétabli de la production totale réelle et de son coût réel pour juillet 19X6.

e.) Analyser les écarts sur matières, sur main-d'œuvre et sur les coûts des sections.

6-6

La société Primerose fabrique des chemises à la commande pour les grands magasins.

Les coûts standards pour une douzaine de chemises de coton comprennent :

Matières directes : 8 mètres de coton à 6,5 F le mètre soit 52 F pour 12 chemises,
Main-d'œuvre directe : 3 heures à 9,80 F l'heure, soit 29,40 F pour 12 chemises.

Au cours du mois de mars 19X5, Primerose a travaillé sur 3 commandes de chemises de coton. Les bons de sortie de magasin et les fiches de travail ont permis de connaître les informations suivantes :

Commande N°	Nombre de douzaines	Métrage de tissu consommé	Temps utilisé
30	1 000	8 033 m	2 980 heures
31	1 700	13 480 m	5 130 heures
32	1 200	9 608 m	2 890 heures

On sait également que :

1) Primerose a acheté 31 600 mètres de tissu pendant le mois au coût de 212 668 F. Tous les stocks sont tenus en coûts standard.

2) Les heures payées en mars ont occasionné une dépense de 115 500 F.

3) Au premier mars il n'y avait aucun travail en cours. Pendant le mois, les commandes 30 et 31 ont été complètement terminées, tandis que pour la commande 32, si toutes

les matières premières sont sorties de magasin, le travail de la main-d'œuvre n'est terminé qu'à 80 %.

Analyser et commenter les écarts suivants :

a.) Écart sur prix matières.
b.) Écart sur quantité matières.
c.) Écart sur quantité de main-d'œuvre.
d.) Écart sur taux de main-d'œuvre.

Montrez le détail de tous vos calculs.

6-7

Les laboratoires pharmaceutiques Potard et Ass. produisent un seul produit, un médicament commercialisé sous le nom de Placebo. Cette entreprise utilise un système de coûts standard.

Le processus de fabrication débute par le mélange des trois ingrédients dans de grandes cuves de brassage. Le comptable de Potard et Ass. vient de tomber malade et vous êtes engagé pour valoriser en standard la production d'avril et pour expliquer toutes différences entre le réel et le standard que vous pourrez identifier.

Vous disposez des informations suivantes :

1) Fiche de coût standard pour un lot de 500 kg de mélange

• Matières	Quantité	Prix unitaire	Coût
— Mucillage	250 kg	0,14 F	35 F
— Dextrose	200 kg	0,09 F	18 F
— Colorants	50 kg	0,08 F	4 F
	500 kg		57 F

• Main-d'œuvre :

Manutention et mélange : 10 heures à 3 F l'heure.

2) Au cours du mois d'avril 410 lots, de 500 kg chacun, ont été finis et transférés au département emballage.

3) Le département où sont fait les mélanges avait 6 000 kg de stocks au début du mois et 9 000 kg de stocks à la fin du mois. (On fera l'hypothèse que ce sont des stocks de mélange terminé, prêts à être tranférés et que les matières y sont dans leurs proportions standard). Les stocks sont valorisés en coût standard.

4) Potard et Ass. ne garde pas de stocks de matières premières et achète celles-ci au fur et à mesure de ses consommations.

Achats d'avril :

	Kg	Prix	Coût
— Mucillage	114 400	0,17	19 448 F
— Dextrose	85 800	0,11	9 438 F
— Colorants	19 800	0,07	1 386 F

5) Les salaires payés ont été de 13 689 F pour le mois, pour 4 212 heures ouvrées (salaire horaire réel 3,25 F/h).

a.) Combien de lots ont été produits pendant le mois ? Combien de kg de mélange ont été produits pendant le mois ?
b.) Quelle est la valeur standard de la production du mois ?
c.) Identifiez et analyser les écarts sur matière et les écarts sur main-d'œuvre.

6-8

Dans les quatre cas ci-dessous, on a produit 1 000 unités de produit fini acceptable pendant la période. Calculez les écarts appropriés (on supposera qu'il n'y a pas de stock de matières premières).

	Standards par unité de produit fini		Consommations et dépenses réelles	
Matière	Quantité	Prix	Quantité consommée	Valeur totale réelle des achats
A	2 mètres	2 F/m	1 990 mètres	3 950 F
B	3 mètres	5 F/m	2 890 mètres	14 500 F
C	1 kg	4 F/kg	1 125 kg	4 450 F
D	2 tonnes	100 F/tonne	2 100 tonnes	211 000 F

6-9

Dans la firme Comp et Table, on calcule les écarts sur prix au moment des achats et on en tient responsable le chef du département achats. Pendant la période écoulée on a accumulé un écart sur prix défavorable de 4 000 F qui représente près de 10 % du montant des achats. Le responsable du département des achats pense qu'il est absurde qu'il soit pénalisé ainsi. « Ces comptables ne comprennent rien aux réalités de l'existence. Il a bien fallu que je commande en catastrophe les peintures pour cette commande urgente et non programmée pour le Koweit. Et puis de toute façon les types de l'ordonnancement me font toujours parvenir leurs estimations de besoins en retard. Tenez, par exemple, s'ils m'avaient dit il y a deux mois qu'ils allaient avoir besoin de ces joints — et ils le savaient bien — j'aurais pu les avoir pour 25 % de moins. En fin de compte c'est eux qui transforment une déviation mineure en quelque chose d'énorme. »

Les récriminations du responsable du département achat sont-elles fondées ? Si oui, pourquoi, et que proposez-vous de faire pour rectifier la situation ? Si non, pourquoi pas ?

6-10

L'entreprise Virauzel assemble et commercialise des appareillages électroniques à partir de composants standard. Depuis janvier 19X6, Virauzel s'est spécialisée dans le montage de servo-contrôles pour machines-outils. Les deux modèles fabriqués utilisent les mêmes composants mais dans des proportions différentes.

Les données standard pour les deux modèles sont les suivantes :

	Modèle	
Composant MS01	12 unités	12 unités
Composant EA12	6 unités	8 unités
Temps de montage (M.-Œ.D.)	14 heures	20 heures

Les coûts standard sont de 22 francs pièce pour le composant MS01 et de 36 francs pièce pour le composant EA12.

Le coût standard de la main-d'œuvre est de 30 francs par heure, charges et provisions pour congés payés incluses. On peut considérer qu'au-delà de 36 heures ouvrées par semaine les coûts de main-d'œuvre directe sont variables. Le budget initial, établi en novembre 19X6, ne prévoyait pas le recours aux heures supplémentaires.

Le budget flexible mensuel des frais indirects de production indique que, pour une activité de 9 000 heures de main-d'œuvre directe, les frais fixes sont de 45 000 francs et les frais variables de 135 000 francs. Cette fonction de coûts indirects est valable sur une large plage pertinente d'activité.

Les frais de vente sont fixes (budgétés à 40 000 F par mois) de même que les frais d'administration (budgétés à 75 000 francs par mois). Les frais d'administration ne sont pas considérés comme des coûts incorporables dans les coûts de produits.

L'activité du mois de juin 19X7 a été la suivante :

Stock initial de travaux en cours :

200 THX1138 finis à 50 % (ils ont reçu 50 % des composants et de la M.-Œ.D. prévus à la gamme ci-dessus).

100 KL8235 finis à 25 %.

Achats de matières premières (composants)

MS01 : 8 500 unités pour 187 000 francs.

EA12 : 1 800 unités pour 64 000 francs.

Le stock initial de MS01 est de 1 203 unités.

Le stock initial de EA12 est de 6 714 unités.

Les bons de sortie de magasin indiquent que l'on a sorti 7 200 unités de MS01 et 3 700 unités de EA12.

Le comptable apprend que pendant le mois on a retourné au magasin 100 unités de EA12 qui n'étaient pas requises par la production.

La main-d'œuvre, directe et variable au-delà de 36 heures par semaine, a rempli des fiches de travaux qui ont amené à payer 204 heures supplémentaires à 37,50 francs et 8 996 heures normales à 30,50 francs.

Les entrées en magasin de produits finis ont été de 500 unités de THX1138 et de 100 unités de KL8235.

Le stock final de produits en-cours, après inventaire physique, se monte à 100 unités de THX1138 finies à 50 % et de 100 unités de KL8235 finies à 50 %.

Les coûts réels enregistrés par la comptabilité sont les suivants :

fabrication indirects fixes	46 250 F
fabrication indirects variables	137 750 F
vente	38 780 F
administration	76 120 F

Les ventes de juin ont été les suivantes :

	France		Export	
	Q	P	Q	P
THX1138	300	1 600 F	200	1 700 F
KL8235	75	2 200 F	25	2 350 F

a.) Quel est le coût de production standard complet de chaque modèle fabriqué par Virauzel ?

b.) Quelle est la contribution de chaque produit en juin 19X7 ?

c.) Par les comptes en T, représenter l'activité du mois et dégager les écarts sur coûts de production.

d.) Établir le compte de résultat du mois de juin.

e.) Quelles recommandations proposez-vous pour améliorer l'utilité du système de coûts standards décrit dans le texte ci-dessus ?

f.) En quoi l'utilisation des coûts standard accélère-t-elle l'obtention des informations permettant d'évaluer le résultat d'exploitation.

6-11

Remplir les cases vides.

Chaque colonne représente un problème différent.

	A	B	C	D	E	F
Frais indirects fixes réels		9 900 F	12 550 F		12 000 F	10 600 F
Frais indirects variables réels	7 500 F	12 000 F	9 500 F			7 000 F
Activité normale en heures	10 000 h		6 000 h		10 000 h	5 000 h
Heures théoriques pour la production réelle de produits finis acceptés	11 000 h	12 000 h		6 500 h		
Frais indirects fixes selon le budget flexible	5 000 F					
Frais variables unitaires par unité d'œuvre standard (U.Œ. = heure M.-Œ.D.)	0,70 F		0,75 F	0,85 F	0,50 F	
Budget de frais indirects fixes	5 000 F				11 000 F	10 000 F
Frais indirects variables selon le budget flexible sur produits acceptés						
Frais indirects totaux selon le budget flexible sur produits acceptés		21 200 F pour 10 000 heures et 27 800 F pour 16 000 heures	21 000 F	12 525 F		
Frais indirects variables imputés			9 000 F			7 500 F
Frais indirects fixes imputés						10 000 h
Écart d'activité ou volume		600 F fav.		500 F défav.	500 F fav.	
Écart de dépense sur frais indirects variables			100 F fav.	0	250 F défav.	950 F fav.
Écart de rendement sur frais indirects variables				0	100 F défav.	
Écart de dépense sur frais fixes indirects	300 F défav.			300 F fav.		
Consommation réelle d'unités d'œuvre	11 200 u.	11 700 u.				

6-12

Un atelier comprend deux types de machines interchangeables, mais d'efficacité inégale. Les heures standard de main-d'œuvre par unité produite sur chacun des deux types de machines s'élèvent à :

Produit	Machines modèle X	Machines modèle Y
A	1	1,2
B	2	2,6
C	3	2,8
D	4	5

Le coût standard de main-d'œuvre d'un produit est toujours basé sur l'utilisation de la machine la plus efficace pour fabriquer ce produit. Ainsi, le coût standard unitaire du produit C est basé sur l'utilisation d'une machine de type Y, alors que le coût standard unitaire des autres produits est basé sur l'utilisation de machines de type X.

On a recueilli les données suivantes sur l'activité du mois de mars :

1) Heures réelles de main-d'œuvre : 2 200, y compris les heures improductives énumérées ci-dessous.

a) Heures improductives : attente dûe à une panne de machines : 40 heures.

b) Heures improductives : correction de défauts constatés sur produits rejetés par le service de contrôle de qualité : produit B : 50 heures ; produit C : 30 heures.

2) Salaires réels versés : 32 000 F.

3) Salaire horaire standard : 14 F.

4) Production (en unités) :

Produit	Production sur machines modèle X	Production sur machine modèle Y
A	500	—
B	200	100
C	—	150
D	140	50

a.) Calculer et analyser l'écart sur main-d'œuvre du mois de mars. Expliquer l'origine et la signification de chacune des composantes de l'écart total.

b.) En supposant que la capacité totale maximale des machines de type X soit de 1 460 h, et celle des machines Y soit de 940 h, après déduction des heures improductives, l'affectation des machines aux quatre produits était-elle optimale durant le mois de mars ? Comment une sous-optimisation se traduirait-elle au niveau des écarts constatés ? Expliquer et quantifier autant que possible.

6-13

L'entreprise Anne Fiat fabrique un seul produit avec une seule matière première.

La gamme opératoire du produit est comme suit :

— 6 unités de matière première à 25 francs l'unité.

— 4 heures de main-d'œuvre directe à 25 francs l'heure.

— 2 unités d'œuvre pour l'incorporation des frais indirects de production.

Il y a deux sections pour l'incorporation des frais indirects :
— une section achats-approvisionnement,
— une section production.

Les équations de budget flexible de ces sections sont comme suit :

« 4 francs par unité de M.P. plus 10 000 francs » en achats-approvisionnement,
« 12 francs par unité d'Œ plus 11 000 francs » pour la production.

Le niveau d'activité normal de la section achats-approvisionnement est de 5 000 unités de matières premières.

On a entré en stock de produits finis 600 produits finis valorisés pour une valeur totale de 176 400 francs.

a.) Quel est le niveau d'activité normal de la section production ?

b.) On a acheté des matières premières à 20 francs l'unité. L'écart sur prix d'achat est de 4 000 francs défavorable. Combien a-t-on acheté de matières ?

c.) On a réellement consommé 1 300 unités d'œuvre dans la section production. Les dépenses réelles en coûts indirects de production ont été de 16 900 francs pour les postes considérés comme variables et 11 500 francs pour les postes considérés comme fixes. Dégager par cause les écarts sur frais indirects de production.

d.) La section achats-approvisionnement a encourru des frais indirects réels de 27 200 francs. Analyser par cause les écarts sur frais indirects au niveau de cette section.

6-14

Recherche de cause(s) d'écarts.

On considère les écarts suivants :

a. Un écart sur prix de matière première (vous envisagez tous les cas possibles).
b. Un écart sur quantités de matières premières.
c. Un écart sur coût de main-d'œuvre directe (on supposera que les standards de salaires sont fondés sur les stipulations de la convention collective en vigueur).
d. Un écart sur quantité de main-d'œuvre directe.
e. Un écart sur volume de production.
f. Un écart sur frais généraux.
g. Un écart sur productivité des services administratifs.
h. Les écarts b. et d. considérés simultanément.
i. Les écarts a. et f. considérés simultanément.

a.) Déterminez le service dans lequel vous rechercheriez en premier lieu les causes de l'écart constaté.

b.) Donnez un événement susceptible d'être à l'origine de l'écart (on supposera que les standards et les budgets utilisés sont réalistes et correspondent à la situation actuelle de l'entreprise).

c.) Trouvez une excuse valable que le chef du service mentionné en réponse à la première question pourra invoquer en regard de l'événement proposé en réponse à la deuxième question.

6-15

L'entreprise Gladenibe, Cradel & Rossie-Cadix est spécialisée dans la mécanique de haute précision. L'air conditionné de l'usine de Jouy-en-Josas et les amortissements de machines, très complexes, représentent un poste « frais fixes » assez élevé.

L'usine comporte deux ateliers distincts, un atelier d'usinage avec des machines relativement automatiques et un atelier de montage-finition en atmosphère stérile et inerte.

Il y a 6 ouvriers dans l'atelier d'usinage et 9 dans l'atelier de montage-finition. Les ouvriers sont tous payés au mois : 4 000 francs par mois charges incluses pour l'usinage et 5 600 francs par mois charges comprises pour le montage-finition. On considère qu'un ouvrier fournit normalement 160 heures productives par mois (pour 176 heures de présence effective) sans avoir recours aux heures supplémentaires. M. Cradel, directeur commercial est chargé de leur procurer du travail pour ces 160 heures productives.

Les frais indirects des ateliers sont représentés par deux équations de budget flexible comme suit :

Usinage : 12 F/heure machine + 72 000 F.

Les machines tournent normalement environ 2 880 heures par mois.

Montage-finition : 18 F/heure main-d'œuvre directe + 57 600 F.

M. Cradel, à la suite d'un contrat avec la firme Sabel & Cie doit présenter un devis pour une pièce de satellite codée THX-1138. Le département méthodes a établi une fiche de production :

Matières premières :	5 kg (coût 50 F/kg)
Main-d'œuvre directe :	
Usinage :	2 h
Montage-finition :	3 h

Temps machine usinage : 6 h (la norme est en gros de 3 heures de machine pour 1 heure d'ouvrier).

Nous sommes en avril 19X5 et la pièce ne devra être fabriquée qu'en juin. La commande porterait sur 300 unités. M. Cradel pense pouvoir emporter le marché s'il soumissionne à 1 000 F.

a.) Recommandez-vous de prendre cette commande ? Pourquoi ? Donnez le détail des calculs supportant votre conclusion. (Calculer le coût de revient standard prévisionnel de la pièce THX-1138.)

b.) En mai 19X5, l'usine a travaillé sur une pièce codée INF 1 commandée par la société des Engins Matelas. La fiche de coût standard a été établie comme suit :

— Matières premières 4 kg à 50 F/kg : 200 F

— Main-d'œuvre directe

Atelier usinage	2,5 heures
Atelier montage	4 heures
Heures machine usinage	6 heures

Il n'y a eu aucune heure supplémentaire pendant le mois et cette pièce est la seule sur laquelle on ait travaillé. Il n'y a aucun en-cours, ni au début ni à la fin du mois.

Combien aurait-on pu produire de pièces INF 1 à productivité normale, sans créer de stock de semi-finis ?

c.) La production réelle a été de 350 pièces INF1 alors que la production prévue était celle mentionnée en réponse à la question **b.**).

Pendant le mois, on a acheté 2 200 kg de matières premières à 49 F/kg. La consommation matière du mois a été de 1 875 kg. Il n'y avait pas de stocks initiaux de cette matière première unique.

Une machine à usiner est tombée en panne pendant le mois et le personnel de cet atelier a dû consacrer un total de 120 heures productives à la réparation. Les dépenses réelles de main-d'œuvre ont été de 25 200 F pour l'usinage et 50 800 F pour le montage-finition ; aucune heure supplémentaire n'a été encourue pendant ce mois.

Analyser le plus efficacement possible les écarts sur matières et les écarts sur main-d'œuvre. A quoi sert chacun des écarts que vous dégagez ainsi ? Quelles actions peuvent être prises sur la base de ces écarts ?

d.) Indépendamment de votre réponse à la question c.), on sait d'après les bons de travaux, qu'en fait les ouvriers de l'atelier usinage ont passé 835 heures productives sur le produit INF 1 et les ouvriers de l'atelier montage ont passé 1 420 heures productives sur cette commande. Par ailleurs le relevé des cahiers de charge des machines montre que les machines de l'usinage ont tourné 2 140 h.

Les comptes de la comptabilité générale montrent par ailleurs que les dépenses réelles pour les frais indirects se montent à

	Usinage	Montage-finition
Postes classifiés variables	23 540 F	28 400 F
Postes classifiés fixes	73 500 F	56 200 F

Analysez le plus efficacement possible les écarts sur frais indirects. A quoi va vous servir chacun des écarts ainsi dégagés ? Qui sera la personne susceptible de prendre des actions correctives ? et lesquelles ?

e.) Sachant que les pièces INF 1 ont toutes été vendues 950 F pièce, établissez un compte de résultat tant en comptabilité analytique qu'en comptabilité générale. Y a-t-il des problèmes de réconciliation entre les deux présentations ? Pourquoi ? Comment envisageriez-vous la réconciliation ?

6-16

L'entreprise Lechem & Basil fabrique deux produits P_1 et P_2 qu'elle commercialise directement par des V.R.P. Son usine et ses bureaux sont situés à Melle en Vendée, ville petite mais jolie, connue de par le monde pour l'excellence de ses mulets. On distingue : un service achats, deux départements production, un département commercial et une section d'entretien. Les coûts du centre de responsabilité administratif et financier ne sont pas incorporés dans les coûts de production.

Le département de production D_1 fabrique un produit P_0 qui sert à la fabrication des produits P_1 et P_2, lesquels sont fabriqués dans le département D_2. Toute la comptabilité-stock est tenue en standard (comptabilité intégrée) et les écarts entre les coûts réels et les coûts standard sont virés au compte d'exploitation dès qu'ils sont connus.

Le budget mensuel de Lechem & Basil est le suivant :

Service achats :

Activité : 5 500 kg	
Prix d'achat prévu de la matière MP1 :	20 francs
Prix d'achat prévu de la matière MP2 :	10 francs
Coûts spécifiques du département	42 000 F dont 9 000 F fixes

Département D_1 :

Activité du personnel : 5 000 heures de main-d'œuvre payées 24 francs T.C.C. de l'heure.

Activité pour le budget des frais indirects : 7 200 unités d'œuvre. L'unité d'œuvre qui a été retenue est l'heure de machine du département D_1.

Coût standard de l'unité d'œuvre : 15 francs dont 10 francs fixes (y compris l'abonnement d'entretien).

Département D_2 :

Activité du personnel : 4 800 heures de main-d'œuvre payées 24 francs T.C.C. de l'heure.

L'unité d'œuvre utilisée pour imputer les frais indirects est l'heure de main-d'œuvre directe du département D_2.

Coût standard de l'unité d'œuvre : 20 francs dont 9 francs fixes (y compris l'abonnement d'entretien).

Section entretien :

Un budget de frais fixes de 12 000 francs qui est alloué par un abonnement entre les sections consommatrices à raison de :

2 000 francs pour le service achats
4 000 francs pour le département D_1
6 000 francs pour le département D_2

Service commercial :

Activité : 600 000 francs de chiffre d'affaires.

Coûts budgétés du département 18 000 francs, dont 4 200 francs fixes.

Les prix de vente unitaires de P_1 et P_2 sont respectivement de 700 francs et 1 100 francs.

L'unité d'œuvre utilisée pour incorporer les coûts indirects lors des prestations de cette section est le « 100 francs de vente ».

Service administratif :

Budget de dépenses de 75 000 francs, considéré comme fixe. Ces coûts sont considérés comme non incorporables dans les coûts de fabrication.

Le département méthodes a établi des **gammes opératoires** pour chacun des produits. Elles sont utilisées tant pour prévoir les sorties de matières, que pour l'ordonnancement et pour la détermination des coûts de revient standard.

Gammes opératoires pour une unité de produit :	P_0	P_1	P_2
Matières MP1	3 kg	—	—
Matières MP2	—	2 kg	3 kg
Éléments P_0	—	1 élément	2 éléments
Main-d'œuvre directe dans D_1	3 heures	—	—
Main-d'œuvre directe dans D_2	—	6 heures	8 heures
Heures de machine dans D_1	5 heures	—	—
Heures de machine dans D_2	—	0,5 heure	0,75 heure

a.) Quel est le coût unitaire standard de production pour chacun des trois produits.

b.) A l'intérieur de chacun des départements D_1 et D_2, il y a des stocks de produits en cours de fabrication. Les ressources consommées sont débitées au compte d'en-cours et les produits fabriqués terminés sont crédités au compte d'en-cours et débités au compte stock de produits finis. On admettra qu'un produit encore en-cours à la fin du mois aura reçu la totalité des composants ou matières et 50 % des heures de main-d'œuvre et des heures de machine. Les produits en-cours à la fin du mois sont considérés comme des stocks et sont donc valorisés en standard.

Au début du mois de mars, il y avait 200 produits P_0 en-cours, 0 produit P_1 en-cours et 250 produits P_2 en-cours. A la fin du mois de mars les stocks d'en-cours de P_0, P_1 et P_2 sont de 100, 0 et 250 unités respectivement.

Les entrées en stocks de produits finis P_0, P_1 et P_2 ont été respectivement de 1 300, 500 et 200 unités. Les stocks initiaux de produits finis étaient de 100, 50 et 500 unités respectivement pour P_0, P_1 et P_2.

Combien d'unités de matières MP1, MP2, de P_0, d'heures de main-d'œuvre et d'unités d'œuvre pour l'imputation des frais indirects ont été (d'après les normes standard) mises en œuvre pendant le mois de mars, c'est-à-dire débitées au compte d'en-cours (tous les écarts ont été éventuellement isolés avant le compte d'en-cours) ?

c.) On a vendu 400 produits P_1 et 400 produits P_2.

Quels sont, en standard, les comptes de résultat, par produit et globalement, du 1er mars au 31 mars tels qu'ils peuvent être établis le 31 mars au soir.

d.) On a acheté aux fournisseurs 4 000 kg de matière MP_1 à 19,50 F le kg et 2 000 kg de matières MP_2 à 10,6 F le kg. Les stocks initiaux de MP_1 et MP_2 étaient respectivement de 300 kg et 700 kg.

Les bons de sortie de magasin indiquent qu'on a consommé 4 000 kg de matière MP1 et 1 600 kg de matière MP2 dont 610 kg pour le produit P_2.

Les frais réels spécifiques de la section achats ont été de 41 000 francs dont 9 000 francs pour les postes considérés comme fixes.

Les frais réels de la section d'entretien ont été de 12 000 francs.

Dégager les écarts sur matières détaillés par cause pour l'une des matières MP_1 ou MP_2.

e.) Les coûts réels de main-d'œuvre ont été de 23,5 francs de l'heure et les bons de travaux indiquent la répartition suivante des heures réelles :

D_1 : 3 750 heures

D_2 : 4 800 heures dont 3 000 heures pour P_1 et 1 800 heures pour P_2.

Dégager les écarts sur main-d'œuvre détaillés par cause et par produit pour le département de production D_2.

f.) Les frais indirects réels ont été les suivants :

	Achats	D_1	D_2	Commercial	Entretien
Frais variables	32 000 F	36 000 F	50 600 F	15 640 F	0
Frais fixes	9 000 F	68 000 F	40 000 F	4 200 F	12 000 F

Les unités d'œuvre réellement enregistrées en mars ont été les suivantes :

Achats	D_1	D_2	Commercial	Entretien
400 kg de MP1 ; 2 000 kg de MP2	6 000 heures machine	4 800 heures de M.-Œ.D. dont 3 000 pour P_1	6 800 unités d'œuvre	

Quels ont été les coûts réels d'unité d'œuvre en mars ?

g.) Quels sont les coûts de revient réels des ressources réellement mises en œuvre pendant les mois de mars (rappel : la comptabilité stock étant intégrée, les sorties de stocks sont valorisées aux coûts standard) pour chacun des départements de production (M.P., M.-Œ., U.Œ. pour D_1 et D_2) ?

6-17

L'entreprise Lapierre fabrique et vend des pièces de rechange et des accessoires automobiles qu'elle commercialise par l'intermédiaire de quelques grossistes, dont le plus gros contrôle, d'ailleurs, une chaîne de détaillants.

Il y a sept produits principaux, mais l'entreprise accepte de travailler à la commande lorsqu'elle pense que cela pourra donner lieu à une production ultérieure régulière. Les sept produits de base ont des saisonnalités assez prononcées qui permettent un certain lissage de la production.

Alexis Lapierre, jeune diplômé H.E.C., fils du P.D.G.-fondateur est contrôleur de gestion. Dès son retour du service militaire, il a mis en place un système de planification et de budgétisation qui comprend un plan à moyen terme, un budget annuel découpé en budgets mensuels avec révision semestrielle, avec des prévisions de profit et des prévisions, pour chaque département, des charges qu'il devrait encourrir.

Alexis Lapierre pense que ce système doit permettre de mieux gérer l'entreprise familiale et de mieux responsabiliser les chefs de service et les chefs d'atelier. A cette fin, chaque mois, toute personne responsable d'un centre d'activité, donc d'un budget, est invitée à constituer un dossier d'analyse présentant la performance du centre pour la période écoulée, en indiquant les points forts et les points faibles ainsi que les éventuelles actions correctement prises ou envisagées. Ce dossier est le support d'un entretien qui a lieu mensuellement entre Alexis Lapierre, le responsable et son supérieur hiérarchique.

Dans cet exercice nous concentrerons notre attention sur le département 007. Cet atelier, dirigé par M. Jacob Czapick ne travaille généralement que sur trois des sept produits principaux : les produits F04, RD9 et RG1. Tous trois sont fabriqués par usinage de billettes d'acier A40M3S qui sont produites par le département 012.

Éléments relatifs à l'évaluation de la performance du département 007 en novembre 19X6

1. Production prévue au plan de production annuel, révisé à mi-chemin pour le mois de novembre 19X6.
F04 : 800 unités — RD9 : 400 unités — RG1 : 500 unités.

2. Gammes opératoires résumées

	F04	RD9	RG1
Billettes d'acier	1	3	2
Heures de M.-Œ.	3	2	1,5
Heures machines	4	6	10

3. Les billettes d'acier cédées par le département 012 sont valorisées au coût standard de 30 francs pièce.

4. Les 32 ouvriers sont mensualisés mais on utilise un coût standard de la main-d'œuvre pour valoriser les produits. Ce taux standard est considéré comme direct compte tenu

de la capacité de production qui est utilisée prévisionnellement dans le plan de production. Ce taux inclut toutes les charges sociales. Pour le second semestre 19X6 ce taux standard de la main-d'œuvre « directe » a été fixé à 50 francs. Le second semestre inclut 100 jours ouvrés dont 21 en novembre. Compte tenu des temps de réglage, des temps morts et des temps de nettoyage, on a considéré qu'il y avait 6 heures productives par jour et par ouvrier.

5. Le budget de novembre des charges directes du département 007 se présente comme suit :

	Coûts fixes	Coûts variables par heure standard de machine
Fournitures	—	10 F
Manutention	4 000 F	7,5 F
Divers dont électricité	2 000 F	0,5 F
Salaires cadres T.C.C.	12 000 F	—
Salaires maîtrise T.C.C.	16 000 F	—
Amortissement	25 000 F	—
Assurance	4 000 F	—

Compte tenu de l'activité prévue on avait prévu de consommer 636 000 kWh d'électricité pendant le mois. Il était prévu que le département entretien intervienne environ pour 20 heures dans l'atelier 007.

6. Éléments réels accumulés par M. Czapick lui-même ou fournis à sa demande par la comptabilité et la paye.

a. Articles entrés en stock après inspection de qualité et de conformité à la sortie du département 007 :

800 unités de F04
300 unités de RD9
400 unités de RG1

b. Sorties du magasin de billettes A40M3S débitées au département (aucun stock de billettes ne se trouve dans l'atelier à la fin du mois) : 2 460 billettes.

c. Heures de main-d'œuvre productive réelles : 3 580 heures.

d. Salaires versés aux ouvriers (y compris d'éventuelles heures supplémentaires et toutes charges comprises) : 196 160 francs.

e. Coûts « indirects » de production enregistrés en novembre :

Fournitures	94 000 francs
Manutention	70 000 francs
Divers	10 000 francs
Salaires cadres	12 000 francs
Salaires maîtrise	16 500 francs
Amortissements	25 000 francs
Assurances	4 000 francs.

f. Les machines ont fonctionné 9 120 heures pendant le mois et les compteurs électriques ont enregistré des consommations de 590 000 kWh.

g. Les bons de travaux du département entretien indiquent que le département 007 a requis 28 heures d'ingénieur entretien.

Préparez le dossier analytique de M. Czapick afin de préparer la réunion de discussion et d'évaluation de la performance du département 007. (Si vous devez faire des hypothèses, précisez-les très clairement.)

Bibliographie

Ouvrages ou manuels de base :

ABTEY Bertrand H., **Comptabilité analytique de gestion,** Paris, CLET Éditions Banque, 1978.

BOULOT J.L., CRETAL J.P., JOLIVET J. et KOSKAS S., **Analyse et contrôle des coûts,** Paris, Publi-Union, 1975.

BRAULT Réjean et DUGRE Reginald, **De la Comptabilité analytique à la comptabilité de management,** Québec, Les Presses de l'Université de Laval, 1984.

CAUSSE Geneviève et LACRAMPE Serge, **Analyse et contrôle des coûts,** Paris, Masson, 1981.

CHIRON Daniel et LEQUIN Yves, **la Comptabilité de l'entreprise-2,** Paris, Éditions Sirey, 1985.

DUBRULLE L. et SERVAN R., **Comptabilité analytique de gestion,** Paris, Dunod, 1985.

HORNGREN Charles T. (traduction de A.J. Fernandez), **Comptabilité analytique de gestion,** Montréal, Québec, Éditions HRW Ltée, 1977.

LAUZEL Pierre et BOUQUIN Henri, **Comptabilité analytique et gestion,** Paris, Éditions Sirey, 4e édition 1985.

MARGERIN Jacques et AUSSET Gérard, **Comptabilité analytique : outil de gestion, aide à la décision,** St-Laurent du Var, Éditions SEDIFOR et Paris, Éditions d'Organisation, 3e édition, 1981.

PESQUEUX Yvon et MARTORY Bernard, **Pratique de la comptabilité analytique,** Paris, Dunod, 1983.

PLOIX DE ROTROU Roger et BENASSY Jean, **Votre Comptabilité analytique sur mesure,** Paris, Éditions Hommes et Techniques, 1984.

Ouvrages d'ouverture vers le contrôle de gestion

ABTEY Bertrand H., **Contrôle de gestion,** Paris, CLET, 1980.

ARDOIN Jean-Loup, MICHEL Daniel et SCHMIDT Jean, **le Contrôle de gestion,** Paris, Publi-Union, 1985.

ARDOIN Jean-Loup et JORDAN Hugues, **le Contrôleur de gestion,** Paris, Flammarion, 1978.

BURLAUD Alain et SIMON Claude, **Analyse des coûts et contrôle de gestion,** Paris, Vuibert, 1981.

CONSEIL NATIONAL DE LA COMPTABILITÉ (Ministère des Finances, France), **Plan comptable général,** Paris, Imprimerie Nationale, 1982.

CROTEAU Omer, OUELLETTE Léo-Paul, VERNET Félix et BOISVERT Hugues, **Prix de revient : planification, contrôle et analyse des coûts,** Montréal, Québec, Éditions du Renouveau Pédagogique, 1981.

GERVAIS Michel, **Contrôle de gestion,** Paris, Economica, 1981.

LAUZEL Pierre, **Contrôle de gestion et budgets,** Paris, Sirey, 1974.

MEHEUT Bernard, **Gestion budgétaire de l'entreprise,** Paris, Éditions Hommes et Techniques, 1982.

PHELIZON Jean-François, **Gestion stratégique des coûts et des risques dans l'entreprise,** Paris, Masson, 1984.

RENNESSON A. et JACQUIN F., **Byzance,** Paris, Éditions Hermès, 1985.

Ouvrages d'approfondissement technique ou professionnel :

AMAZIRH M.A., **le Contrôle de gestion dans la banque,** Paris, CLET Éditions Banque, 1978.

ASSOCIATION FRANÇAISE DE COMPTABILITÉ, **l'Alchimie des coûts, quatrième séminaire de recherche,** Paris, AFC et Villeurbanne, IUT, 1983.

CONSEIL NATIONAL DE LA COMPTABILITÉ (Ministère des Finances, France), **Guide comptable des industries mécaniques et de transformation des métaux, Tome 2 : Comptabilité analytique,** Paris, Éditions SEDOM, (sans date).

CONSEIL NATIONAL DE LA COMPTABILITÉ (Ministère des Finances, France), **Guide professionnel de comptabilité et de gestion de l'imprimerie et des industries graphiques,** Paris, Fédération Française des Syndicats Patronaux de l'Imprimerie et des Industries Graphiques, 1969.

CONSEIL NATIONAL DE LA COMPTABILITÉ (Ministère des Finances, France), **Guide comptable des industries françaises de la construction électrique et électronique,** Paris, Société Auxiliaire de Construction Électrique, 1966.

CONSEIL NATIONAL DE LA COMPTABILITÉ (Ministère des Finances, France), **Guide comptable professionnel pour les industries chimiques,** Paris, Union des Industries Chimiques, 1968.

CONSEIL NATIONAL DE LA COMPTABILITÉ (Ministère des Finances, France), **Guide comptable professionnel des entreprises du bâtiment et des travaux publics,** Tomes 1 et 2, Paris, Société de Diffusion des Techniques du Bâtiment et des Travaux Publics, 1967.

CONSEIL NATIONAL DE LA COMPTABILITÉ (Ministère des Finances, France), **Plan comptable des industries de l'ameublement,** Paris, Union Nationale des Industries Françaises de l'Ameublement, (sans date).

CONSEIL NATIONAL DE LA COMPTABILITÉ (Ministère des Finances, France), **Guide comptable des industries aéronautiques et spatiales,** Paris, Union Syndicale des Industries Aéronautiques et Spatiales, 1972.

DE BODT Gérard, **Direct costing et programmation économique de l'entreprise à produits multiples,** Paris, Dunod, 2e Édition, 1969.

GELARD Gilbert et PHAM Dang, **Comprendre le nouveau Plan comptable,** Paris, Éditions Montchrestien, 1984.

MAILLOT René, **la Gestion industrielle,** Paris, Entreprise Moderne d'Édition, 1971.

TASSINARI Robert, **la Maîtrise des coûts industriels,** Paris, Éditions d'Organisation, 1981.

INDEX

N° de projet 10007130 (2) 3,5 (OAB) 80° - Décembre 1991
Imprimerie Jean-Lamour, 54320 Maxéville
Imprimé en France